Microsoft Excel 97
Visual Basic
Schritt für Schritt

Reed Jacobson

Microsoft Excel 97 Visual Basic
Schritt für Schritt

Microsoft Press

Dieses Buch ist die deutsche Übersetzung von:
Reed Jacobson:
Microsoft Excel 97/Visual Basic Step by Step
Microsoft Press, Redmond, Washington 98052-6399
Copyright © 1997 by Reed Jacobson

Das in diesem Buch enthaltene Programmaterial ist mit keiner Verpflichtung oder Garantie irgendeiner Art verbunden. Autor, Übersetzer und der Verlag übernehmen folglich keine Verantwortung und werden keine daraus folgende oder sonstige Haftung übernehmen, die auf irgendeine Art aus der Benutzung dieses Programmaterials oder Teilen davon entsteht. Das Werk einschließlich aller Teile ist urheberrechtlich geschützt. Jede Verwertung außerhalb der engen Grenzen des Urheberrechtsgesetzes ist ohne Zustimmung des Verlags unzulässig und strafbar. Das gilt insbesondere für Vervielfältigungen, Übersetzungen, Mikroverfilmungen und die Einspeicherung und Verarbeitung in elektronischen Systemen.

15 14 13 12 11 10 9 8 7 6 5 4
01 00

ISBN: 3-86063-737-1

© Microsoft Press Deutschland
(ein Unternehmensbereich der Microsoft GmbH)
Edisonstraße 1, D-85716 Unterschleißheim
Alle Rechte vorbehalten

Übertragung ins Deutsche:
Sigrid Richter und Marcus O. Lerch für trans-it, München
Grafik und Satz: Christoph Held und Sid Gastl für Text und Form, München
Umschlaggestaltung: Hommer DesignProduction, München
Typografie: Hommer DesignProduction, München
Herstellung, Druck und Bindung: Kösel, Kempten

Inhaltsverzeichnis

	Schnellüberblick	**9**
	Zu diesem Buch	**13**
	Wo fangen Sie am besten an?	14
	Besuchen Sie unsere Site im World Wide Web	16
	Die Übungsdateien und zusätzliche Excel-Komponenten installieren	**17**
	Die erforderlichen Microsoft Excel-Komponenten installieren	18
	Die Übungsdateien verwenden	19
	Zugriffstasten verwenden	21
	Die Konfiguration anpassen	22
	Konventionen	**23**
Teil A	**Routineaufgaben automatisieren**	**25**
Lektion 1	**Mit einem Makro einfache Aufgaben ausführen**	**27**
	Wie Visual Basic mit Excel kommuniziert	27
	Ein einfaches Makro erstellen	30
	Mehrere Eigenschaften zugleich ändern	36
	Ein aufgezeichnetes Makro bearbeiten	41
	Aktionen in einem Makro aufzeichnen	44
	Zusammenfassung der Lektion	50
Lektion 2	**Mit Makros komplexe Aufgaben ausführen**	**53**
	Teile und herrsche	54
	Aufgabe 1: Die Berichtdatei öffnen	55

Inhaltsverzeichnis

	Aufgabe 2: Beschriftungen ergänzen	63
	Aufgabe 3: Eine Spalte mit Datumsangaben hinzufügen	69
	Aufgabe 4: Daten an die Datenbank anhängen	72
	Aufgabe 5: Die Tabelle löschen	80
	Alle Teile zusammenfügen	81
	Zusammenfassung der Lektion	83
Teil B	**Objekte erforschen**	**85**
Lektion 3	Die Objektbibliothek von Microsoft Excel erforschen	87
	Das Lokal-Fenster verwenden	88
	Im Direktfenster mehr über Objekte erfahren	99
	In der Hilfe Informationen über Objekte erhalten	106
	Die Liste der Eigenschaften und Methoden verwenden	113
	Den Objektkatalog verwenden	122
	Zusammenfassung der Lektion	127
Lektion 4	Bereichsobjekte erforschen	129
	Die Makroaufzeichnung von Auswahlen verbessern	130
	Bereiche erforschen	134
	Formeln erforschen	150
	Zusammenfassung der Lektion	164
Lektion 5	Grafische Objekte erforschen	167
	Grafische Objekte erforschen	168
	Diagramme erforschen	181
	Zusammenfassung der Lektion	195
Lektion 6	Pivot-Tabellen erforschen	197
	Pivot-Tabellen erstellen	197
	Pivot-Tabellen aussagekräftiger gestalten	206
	Zusammenfassung der Lektion	218

Inhaltsverzeichnis

Teil C	**Visual Basic erkunden**	**221**
Lektion 7	Visual Basic steuern	223
	Bedingungsausdrücke verwenden	224
	Schleifen erzeugen	234
	Komplexe Schleifen verwalten	244
	Zusammenfassung der Lektion	253
Lektion 8	Den Funktionsumfang von Microsoft Excel und Visual Basic erweitern	255
	Benutzerdefinierte Funktionen erstellen	256
	Fehlerbehandlung	265
	Zusammenfassung der Lektion	281
Teil D	**Die Verwendung von Makros vereinfachen**	**283**
Lektion 9	Makros über Ereignisse starten	285
	Benutzerdefinierte Symbolleisten und Menüs erstellen	286
	Benutzerdefinierte Befehlsschaltflächen erstellen	297
	Arbeitsblatt- und Arbeitsmappen-Ereignisse handhaben	313
	Zusammenfassung der Lektion	321
Lektion 10	Dialogfeld-Steuerelemente in Arbeitsblättern verwenden	323
	Ein Modell zur Berechnung von Darlehensraten implementieren	324
	Ein fehlerresistentes Darlehensberechnungsmodell erstellen	328
	Werte aus einer Liste abrufen	334
	Zusammenfassung der Lektion	345
Lektion 11	Benutzerdefinierte Formulare erstellen	347
	Die Benutzeroberfläche für ein Formular erstellen	348
	Die Funktionen eines Formulars definieren	366
	Ein Formular implementieren	375
	Zusammenfassung der Lektion	383

Lektion 12	**Ein Informationssystem erstellen**	**385**
	Das vorhandene Informationssystem untersuchen	386
	Daten aus einer Datenbank in einem Diagramm anzeigen	390
	Die Pivot-Tabelle mit Makros steuern	403
	Eine grafische Benutzeroberfläche erstellen	408
	Die Anwendung verpacken	419
	Zusammenfassung der Lektion	429
Teil E	**Anhänge**	**433**
Anhang A	**Alternative Techniken**	**435**
Anhang B	**Die Konfiguration anpassen**	**445**
	Die Microsoft Excel-Umgebung	445
	Die Umgebung des Visual Basic-Editors	447
	Über den Autor	**451**
	Stichwortverzeichnis	**453**

Schnellüberblick

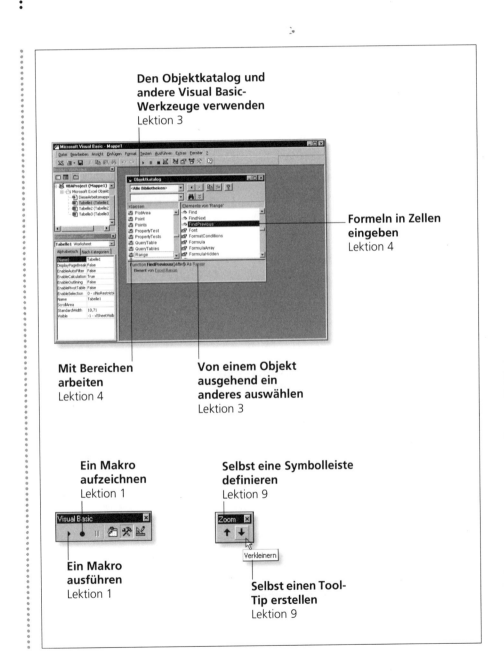

Schnellüberblick

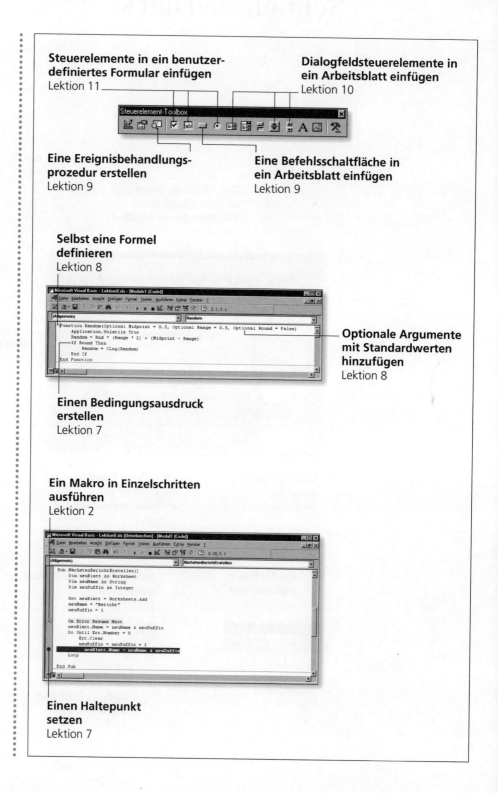

Schnellüberblick

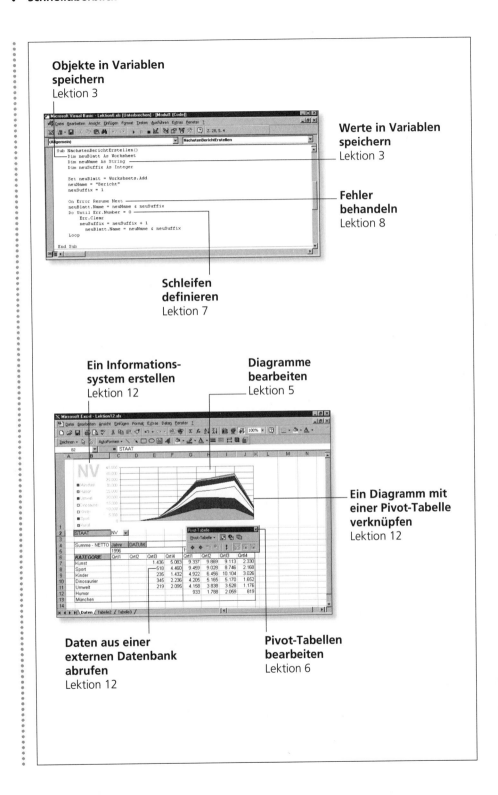

Zu diesem Buch

Microsoft Excel ist ein leistungsstarkes Programm, mit dem Sie Daten analysieren und präsentieren können. Eine der Stärken von Excel ist seine Makrosprache. Seit der ersten Excel-Version zeichnet sich Excel durch seine umfangreiche und flexible Makrosprache gegenüber anderen Tabellenkalkulationsprogrammen aus. Visual Basic für Applikationen wurde erstmals in Version 5 in Excel integriert. Excel war tatsächlich die erste verbreitete Anwendung, die über diese interessante, neue Architektur verfügte.

Die Version von Visual Basic für Applikationen, die Bestandteil von Excel 97 ist, weist in vielen Bereichen deutliche Verbesserungen gegenüber der ersten Version auf. Die neue Version von Visual Basic für Applikationen enthält eine komplette Entwicklungsumgebung, die mit der Entwicklungsversion von Visual Basic konsistent ist und von allen Microsoft Office-Anwendungen verwendet wird.

Wenn Sie in Excel Makros schreiben wollen, müssen Sie sich eigentlich nur zwei Fertigkeiten aneignen. Erstens müssen Sie lernen, wie Visual Basic verwendet wird. Alles, was Sie über Visual Basic lernen, können Sie nicht nur in Excel einsetzen, sondern auch in anderen Anwendungen, die Visual Basic unterstützen. Zweitens müssen Sie lernen, wie Excel gesteuert wird. Je mehr Sie über die Tabellenkalkulation Excel wissen, desto effizienter können Sie Makros zur Steuerung von Excel entwickeln. Obwohl der Hauptaugenmerk dieses Buches auf Visual Basic als Entwicklungsumgebung von Excel liegt, werden Ihnen zahlreiche Ausführungen und Beispiele helfen, mit der Tabellenkalkulation umzugehen.

Dieses Buch, *Microsoft Excel 97 Visual Basic Schritt für Schritt*, beschreibt, wie Sie bestimmte Aufgaben ausführen. Sie erhalten jeweils klare Anweisungen und Illustrationen zu den einzelnen Arbeitsschritten. In jeder Lektion lernen Sie einen anderen, wichtigen Bereich von Excel oder Visual Basic kennen.

Dieses Buch beschreibt die Verwendung von Microsoft Excel 97 (Version 8.0) oder Microsoft Office Professional 97 mit den Betriebssystemen Windows 95 und Windows NT 4.0. Wenn Sie nicht wissen, welche Software auf Ihrem System ausgeführt wird, starten Sie die Software, klicken Sie auf das Menü *Hilfe* (?) am oberen Bildschirmrand und wählen den Befehl *Info*. Entspricht Ihre Software nicht der Software, die in diesem Buch behandelt wird, ist möglicherweise ein anderes Buch aus der Reihe *Schritt für Schritt* für Ihre Software erhältlich. Um den entsprechenden Titel aus dieser Reihe ausfindig zu machen, besuchen Sie unsere World-Wide-Web-Site unter http://www.microsoft.com/germany/mspress.

Wo fangen Sie am besten an?

Dieses Buch ist sowohl auf Anwender zugeschnitten, die noch relativ wenig Erfahrung im Schreiben von Makros haben, als auch auf Programmierer, die mit anderen Programmiersystemen (wie Visual Basic oder COBOL) vertraut sind und Excel als Plattform für die Anwendungsentwicklung nutzen möchten. Sie werden mit diesem Buch am besten zurecht kommen, wenn Sie die grundlegenden Arbeitstechniken in Excel, wie die Eingabe von Werten und Formeln in Arbeitsblätter, bereits beherrschen.

Sich in Visual Basic einzuarbeiten und zu verstehen, wie Excel und Visual Basic zusammenarbeiten, kann wie eine kaum zu bewältige Aufgabe erscheinen. Dieses Buch wird Ihnen bei der Bewältigung dieser Aufgabe helfen. Es beginnt mit der Beschreibung einfacher, praktischer Aufgaben und führt Sie in komplexe Konzepte und leistungsfähige Anwendungen ein – Schritt für Schritt.

Dieses Buch ist in vier Teile gegliedert:

Teil A: Routineaufgaben automatisieren erläutert praxisnah einfache Einsatzmöglichkeiten von Makros in Excel. Sie lernen hier zudem die Makroaufzeichnungsfunktion von Excel und die Entwicklungsumgebung Visual Basic für Applikationen kennen.

Teil B: Objekte erforschen erleichtert das Verständnis, wie Excel und Visual Basic zusammenarbeiten. In diesem Teil erfahren Sie, was Objekte sind, in welcher Beziehung sie zueinander stehen und wie Sie die Objekte finden, die Sie zur Erstellung Ihrer eigenen Makros benötigen. Sie werden praktische Erfahrungen in der Verwendung einiger wichtiger Objekttypen von Excel sammeln: Bereiche, Grafiken und Pivot-Tabellen.

Teil C: Visual Basic erkunden erklärt, wie Sie mit Hilfe von Visual Basic die Beschränkungen aufgezeichneter Makros überwinden. Sie lernen, wie Sie Makros schreiben, die Entscheidungen treffen und Anweisungen wiederholt ausführen können. Sie lernen hier auch, wie Sie selbst Funktionen definieren, die Sie in Arbeitsblättern und in anderen Makros verwenden können.

Teil D: Die Verwendung von Makros vereinfachen führt Sie in die Welt komplexer Anwendungen ein. Sie erfahren, wie Sie Anwendungen benutzerfreundlich gestalten, indem Sie ActiveX-Steuerelemente in Arbeitsblätter und benutzerdefinierte Formulare einfügen. Sie lernen, wie Sie Anwendungen erstellen, die auf Benutzereingaben wie Mausklicks reagieren. Sie werden zudem eine komplette Anwendung entwickeln, die Daten aus einer externen Datenbank abruft und sie den Anwendern präsentiert.

Die folgende Übersicht soll Ihnen helfen, den für Sie am besten geeigneten Einstiegspunkt zu diesem Buch zu finden.

Sie steigen neu ein

❶ Installieren Sie die Übungsdateien, wie es im nachfolgenden Kapitel *Die Übungsdateien und zusätzliche Excel-Komponenten installieren* beschrieben ist.

❷ Machen Sie sich mit Hilfe der Online-Hilfe und der Dokumentation mit den grundlegenden Leistungsmerkmalen von Excel vertraut.

❸ Arbeiten Sie die Lektionen 1 und 2 nacheinander durch, um die Erstellung einfacher Makros zu erlernen. Wenn Sie anspruchsvollere Makros erstellen müssen, bearbeiten Sie die Lektionen 3 bis 8. Falls Sie Makros schreiben müssen, die von anderen Anwendern eingesetzt werden sollen, fahren Sie mit der Bearbeitung der Lektionen 9 bis 12 fort.

Sie steigen um

❶ Installieren Sie die Übungsdateien, wie es im nachfolgenden Kapitel *Die Übungsdateien und zusätzliche Excel-Komponenten installieren* beschrieben ist.

❷ Arbeiten Sie die Lektionen 1 und 2 durch, um sich mit der mächtigen Makroaufzeichnungsfunktion von Excel vertraut zu machen. Bearbeiten Sie die Lektionen 3 bis 6, um die wichtigsten Excel-Objekte kennenzulernen. Sie können die Lektionen 7, 8 und 10 überfliegen, da Sie mit den hier behandelten Themen aus anderen Versionen von Visual Basic wahrscheinlich schon vertraut sind. Arbeiten Sie die Lektionen 9, 11 und 12 durch, um die für Excel spezifischen Aspekte der Anwendungsentwicklung kennenzulernen.

Sie steigen auf

❶ Installieren Sie die Übungsdateien, wie es im nachfolgenden Kapitel *Die Übungsdateien und zusätzliche Excel-Komponenten installieren* beschrieben ist.

❷ Arbeiten Sie diejenigen Lektionen durch, die sich mit den Themen befassen, die für Sie relevant sind. Im Inhaltsverzeichnis und im Schnellüberblick können Sie sich anhand allgemeiner Themen orientieren; spezielle Themen oder Leistungsmerkmale von Excel können Sie im Index nachschlagen.

Zu diesem Buch

Sie schlagen nach

❶ Im Inhaltsverzeichnis und im *Schnellüberblick* können Sie sich anhand allgemeiner Themen orientieren; spezielle Themen können Sie im Index nachschlagen.

❷ Lesen Sie den Abschnitt *Zusammenfassung der Lektion* am Ende jeder Lektion, um sich rasch einen Überblick über die in den Lektionen behandelten Themen zu verschaffen. In der Zusammenfassung werden die Themen in derselben Reihenfolge aufgeführt, in der sie in der Lektion beschrieben werden.

Besuchen Sie unsere Site im World Wide Web

Wir laden Sie ein, die Web-Site von Microsoft Press zu besuchen. Sie finden sie unter folgender Adresse:

http://www.microsoft.com/germany/mspress/

Dort finden Sie Beschreibungen aller unserer Titel, Informationen über die Bestellung unserer Bücher, Hinweise auf besondere Ereignisse und Veranstaltungen, ergänzenden Inhalt von Büchern von Microsoft Press und vieles mehr.

Die aktuellsten Informationen über Software-Entwicklungen und die Firma Microsoft GmbH finden Sie in der folgenden Web-Site:

http://www.microsoft.com/germany

Wir freuen uns auf Ihren Besuch!

Die Übungsdateien und zusätzliche Excel-Komponenten installieren

Die Begleit-CD auf der Innenseite des hinteren Buchdeckels enthält die Dateien, die Sie für die Übungen in den einzelnen Lektionen verwenden werden. Da Ihnen diese Übungsdateien zur Verfügung stehen, müssen Sie die Beispieldateien für die Lektionen nicht selbst erstellen, was eventuell viel Zeit in Anspruch nehmen würde, sondern Sie können sich ganz auf die Lerninhalte der Lektionen und die Erstellung von Makros in Microsoft Excel konzentrieren. Mit Hilfe der Dateien und der schrittweisen Anleitungen können Sie alle Funktionen praktisch ausprobieren – eine einfache, aber sehr wirkungsvolle Methode, mit der Sie sich neue Kenntnisse viel besser aneignen und dauerhaft merken können.

Vergewissern Sie sich, daß dieses Buch für Ihre Software geeignet ist, bevor Sie das Siegel der Verpackung der Begleit-CD öffnen. Dieses Buch wurde für die Verwendung von Microsoft Excel 97 (Version 8.0) mit den Betriebssystemen Windows 95 oder Windows NT 4.0 geschrieben. Wenn Sie nicht wissen, welche Software auf Ihrem System ausgeführt wird, starten Sie die Software, klicken Sie auf das Hilfemenü *?* am oberen Bildschirmrand und anschließend auf *Info*. Entspricht Ihre Software nicht der Software, die in diesem Buch beschrieben wird, ist möglicherweise ein anderes Buch aus der Reihe *Schritt für Schritt* für Ihre Software erhältlich. Um den entsprechenden Titel aus dieser Reihe ausfindig zu machen, besuchen Sie unsere World-Wide-Web-Site unter *http://www.microsoft.com/germany/mspress*.

Die Übungsdateien auf der Festplatte installieren

Zur Installation der Übungsdateien auf der Festplatte führen Sie die folgenden Schritte aus. Danach können Sie die Dateien in den Übungen der verschiedenen Lektionen einsetzen.

❶ Nehmen Sie die CD aus der Verpackung auf der Innenseite des hinteren Buchdeckels, und legen Sie sie in das CD-ROM-Laufwerk ein.

❷ Klicken Sie auf die Schaltfläche *Start* in der Task-Leiste am unteren Bildschirmrand. Klicken Sie im Menü *Start* auf *Ausführen*.

Das Dialogfeld *Ausführen* wird geöffnet.

❸ Geben Sie in das Feld *Öffnen* **d:setup** ein (bzw. ersetzen Sie d: durch den Laufwerksbuchstaben, der Ihrem CD-ROM-Laufwerk zugeordnet ist;

Die Übungsdateien und zusätzliche Excel-Komponenten installieren

wenn dem Laufwerk beispielsweise der Buchstabe E zugeordnet ist, geben Sie **e:setup** ein).

❹ Klicken Sie auf *OK,* und befolgen Sie dann die Anweisungen auf dem Bildschirm. Das Fenster des Installationsprogramms wird geöffnet. Die empfohlenen Optionen sind bereits markiert. Übernehmen Sie diese Einstellungen, wenn Sie bei Ihren Übungen zu diesem Buch optimale Ergebnisse erzielen wollen.

❺ Nachdem die Dateien installiert wurden, nehmen Sie die CD aus dem Laufwerk und stecken sie zurück in die Hülle auf der Innenseite des hinteren Buchdeckels. Auf Ihrer Festplatte wurde ein Ordner mit dem Namen *Excel VBA Übungen* erstellt, und die Übungsdateien befinden sich in diesem Ordner. Es wurde ebenfalls eine Verknüpfung mit dem Ordner *Excel VBA Übungen* in den Ordner Favoriten eingefügt, damit Sie nicht lange nach den Übungsdateien suchen müssen.

Das Installationsprogramm hat nicht nur die Übungsdateien auf der Festplatte installiert, sondern auch auf dem Desktop eine Verknüpfung zur World Wide Web-Site von Microsoft Press erstellt. Wenn Ihr Computer für eine Verbindung zum Internet eingerichtet ist, können Sie auf das Verknüpfungssymbol klicken, um eine Verbindung zur Web-Site von Microsoft Press herzustellen. Sie können diese Web-Site auch unter der Adresse http://www.microsoft.com/germany/mspress/ erreichen.

Die erforderlichen Microsoft Excel-Komponenten installieren

Damit Sie die in diesem Buch beschriebenen Arbeitsschritte ausführen können, müssen Sie die Excel-Komponente *Datenzugriff* auf Ihrem Computer installiert haben. Diese Komponente enthält Werkzeuge für den Zugriff auf Daten externer Datenbanken. Sie sollten auch auf die Hilfedateien zu Visual Basic zugreifen können. Falls Sie den Installationstyp *Standard* oder *Minimal* gewählt haben, wurden diese Komponenten allerdings nicht zusammen mit Excel installiert. Bevor Sie mit der Bearbeitung der Lektionen beginnen, sollten Sie Ihre Excel-Installation überprüfen, indem Sie das Setup-Programm erneut aufrufen.

Die Entwicklerkomponenten von Excel installieren

❶ Starten Sie das Setup-Programm von Excel 97 (bzw. das Setup-Programm von Microsoft Office 97 Professional).

❷ Klicken Sie im Begrüßungsbildschirm auf die Schaltfläche *Hinzufügen/ Entfernen.*

❸ Falls Sie das Setup-Programm von Microsoft Office ausführen, klicken Sie in der Liste *Optionen* auf *Microsoft Excel* und anschließend auf die Schalt-

Die Übungsdateien und zusätzliche Excel-Komponenten installieren

fläche *Option ändern*. (Wenn Sie das Setup-Programm von Microsoft Excel ausführen, werden bereits Installationsoptionen angezeigt. Daher können Sie diesen Arbeitsschritt und Schritt 6 überspringen.)

❹ Wählen Sie in der Liste *Optionen* den Eintrag *Online-Hilfe und Beispiele*, und klicken Sie dann auf die Schaltfläche *Option ändern*.

❺ Klicken Sie auf die Schaltfläche *Alle auswählen*, um sämtliche Hilfedateien auszuwählen, und klicken Sie dann auf *OK*.

❻ Falls Sie das Setup-Programm von Microsoft Office ausführen, klicken Sie auf *OK*, um zum Fenster *Microsoft Office 97 - Wartungsinstallation* zurückzukehren.

❼ Wählen Sie aus der Liste *Optionen* den Eintrag *Datenzugriff*, und klicken Sie auf die Schaltfläche *Option ändern*.

❽ Klicken Sie auf die Schaltfläche *Alle auswählen*, um alle Datenzugriffskomponenten auszuwählen, und klicken Sie dann auf *OK*.

❾ Klicken Sie auf *Weiter*.

Das Setup-Programm installiert nun alle erforderlichen Dateien. Falls Sie diese Dateien bereits installiert haben, weist Sie das Setup-Programm darauf hin und fordert Sie auf, auf *Abbrechen* zu klicken, damit keine Änderungen vorgenommen werden.

Die Übungsdateien verwenden

In jeder Lektion dieses Buches wird genau erklärt, wann und wie Sie bestimmte Übungsdateien verwenden. Jedesmal, wenn Sie eine der Übungsdateien in einer Lektion verwenden sollen, finden Sie genaue Anleitungen dazu, wie die Datei geöffnet wird. Sie sollten die Übungsdateien immer unter einem anderen Namen speichern (wie in der Lektion angegeben), damit Sie auf die ursprüngliche Übungsdatei zurückgreifen können, wenn Sie Lektionen wiederholen möchten.

Zusammen mit den Übungsdateien wird der Ordner *Fertig* auf die Festplatte kopiert. Dieser Ordner enthält Arbeitsmappen, die den Bearbeitungsstand der Übungsdateien nach dem Abschluß der Lektionen wiedergeben. Falls Sie Schwierigkeiten bei der Durchführung bestimmter Übungen haben, können Sie die betreffende Arbeitsmappe aus dem Ordner *Fertig* öffnen und sich ansehen, wie das korrekt implementierte Makro arbeitet. Dies kann Ihnen dabei helfen, Fehlern auf die Spur zu kommen.

Damit Sie genau wissen, was auf der Begleit-CD enthalten ist, finden Sie im folgenden eine Aufstellung der Dateien, die Sie in den einzelnen Lektionen bearbeiten werden.

Die Übungsdateien und zusätzliche Excel-Komponenten installieren

Abhängig von Ihrer Windows 95-Konfiguration werden auf Ihrem System die Dateinamenserweiterungen unter Umständen nicht angezeigt.

Dateiname	Beschreibung
Lektion 1, 11	
Budget.xls	Eine Arbeitsmappe mit dem Jahresbudget der fiktiven Firma Müller Textilien.
Lektion 2, 6, 7, 12	
Aufträge.dbf	Die Auftragsdatenbank von Müller Textilien. Diese Datei enthält Daten über die monatlichen Aufträge für verschiedene T-Shirt-Aufdrucke. Die Datei ist in einem Format gespeichert, das sowohl von Excel als auch von den Datenbanktreibern, die zum Lieferumfang von Excel gehören, gelesen werden kann.
Lektion 2	
Auft1197.txt	Eine Textdatei mit den Auftragsdaten des letzten Monats.
Lektion 3	
Objekte.xls	Eine Arbeitsmappe mit einfachen Makros, die zeigen, was Objekte sind und wie man sie verwendet.
Lektion 4	
Bereiche.xls	Diese Arbeitsmappe enthält Makros und Beispieldaten, die zeigen, wie Arbeitsblattbereiche in Excel mit Visual Basic bearbeitet werden.
Lektion 5	
Grafiken.xls	Diese Arbeitsmappe enthält einfache Grafiken, die Sie im Verlauf dieser Lektion mit Hilfe von Makros verändern werden.
Lekton 7	
Steuerung.xls	Ein Arbeitsblatt mit einfachen Makros, die Sie mit Hilfe neuer Visual Basic-Funktionen erweitern werden.
Lektion 8	
Funktion.xls	Ein Arbeitsblatt mit einfachen Makros, die Sie mit Hilfe neuer Visual Basic-Funktionen erweitern werden.
Lektion 9	
Ereignisse.xls	Ein Arbeitsblatt, das lediglich einige einfache, aufgezeichnete Makros enthält, anhand derer die Verknüpfung von Makros mit Ereignissen erläutert wird. ▶

Die Übungsdateien und zusätzliche Excel-Komponenten installieren

Dateiname	Beschreibung
Lektion 10	
Kredit.xls	Ein Arbeitsblatt mit Beispieldaten, die Sie zur Erstellung einer einfach zu bedienenden Anwendung zur Berechnung von Darlehensraten verwenden werden.
Lektion 12	
Code12a.txt Code12b.txt Code12c.txt Code12d.txt Code12e.txt Code12f.txt	Diese Dateien enthalten Visual Basic-Code, den Sie zur Erstellung des Informationssystems verwenden werden. Lange Codesegmente wurden als Textdateien bereitgestellt, damit Sie den Code nicht eintippen müssen.

Die Übungsdateien löschen

Mit den folgenden Schritten können Sie die Übungsdateien, die das Installationsprogramm von *Schritt für Schritt* auf Ihre Festplatte kopiert hat, wieder von der Festplatte löschen.

❶ Klicken Sie auf *Start*, zeigen Sie auf *Einstellungen,* und klicken Sie auf *Systemsteuerung*.

❷ Doppelklicken Sie auf das Symbol *Software*, und wählen Sie im Dialogfeld *Eigenschaften von Software* das Register *Installieren/Deinstallieren* (sofern es nicht bereits angezeigt wird).

❸ Wählen Sie in der Liste den Eintrag *Microsoft Excel/Visual Basic Schritt für Schritt*, und klicken Sie auf *Hinzufügen/Entfernen*.

Daraufhin werden Sie aufgefordert, den Löschvorgang zu bestätigen.

❹ Klicken Sie auf *Ja*.
Die Übungsdateien werden nun deinstalliert.

❺ Klicken Sie auf OK, um das Dialogfeld *Eigenschaften von Software* zu schließen.

❻ Schließen Sie das Fenster *Systemsteuerung*.

Zugriffstasten verwenden

In Excel kann nahezu jede Aufgabe auf unterschiedliche Weise ausgeführt werden. In der Regel wählen Sie Befehle aus Menüs, drücken eine Zugriffstaste, klicken auf eine Schaltfläche in einer Symbolleist etc. Jeder Anwender hat eine andere Arbeitstechnik. Um die Beschreibungen möglichst klar zu gestalten, wird im Text meist nur eine Technik beschrieben. Allerdings enthält Anhang A eine Liste alternativer Arbeitstechniken für die beschriebenen Aufgabenstellungen. Sie sollten unterschiedliche Techniken ausprobieren. Möglicherweise bevorzugen Sie eine andere Technik, als die hier beschriebene.

Die Konfiguration anpassen

In diesem Buch wird davon ausgegangen, daß die Konfiguration von Excel der Konfiguration unmittelbar nach der Installation entspricht. Möglicherweise haben Sie Excel an Ihre Anforderungen angepaßt. In den meisten Fällen hat die Anpassung keinen Einfluß auf die Ausführung der hier beschriebenen Übungen. In einigen Fällen können die Abbildungen in diesem Buch eventuell nicht genau der Bildschirmanzeige auf Ihrem Computer entsprechen oder Übungsschritte nicht in der beschriebenen Weise auszuführen sein, da diese zum Teil auch von der Konfiguration von Excel abhängig sind. Anhang B beschreibt die Konfigurationseinstellungen, die sich auf die Bearbeitung der Übung auswirken können. Falls Sie Arbeitsschritte nicht in der beschriebenen Weise nachvollziehen können und Excel in irgendeiner Weise angepaßt haben, sollten Sie Ihre Einstellungen mit denen in Anhang B angegebenen vergleichen.

Konventionen

Sie können bei der Arbeit mit diesem Buch viel Zeit sparen, wenn Sie sich von vornherein mit der Art und Weise vertraut machen, wie hier Anweisungen und Tastatureingaben etc. dargestellt werden. Bitte lesen Sie sich die folgenden Abschnitte gründlich durch, denn sie enthalten auch Hinweise auf Teile des Buches, die vielleicht hilfreich für Sie sein werden.

Übungen

▨ Die Anleitungen für praktische Übungen, die Sie nachvollziehen sollen, werden in numerierten Schritten gegeben (❶, ❷, ❸ etc.). Der Kreis ● zeigt an, daß eine Übung aus nur einem Schritt besteht.

Typografische Konventionen

▨ Text, den Sie eingeben sollen, wird in **fett gedruckten Buchstaben** dargestellt.

▨ Neue Begriffe, Oberflächenbegriffe, wie beispielsweise die Namen von Menüs und Befehlen, im Text angeführter Programmcode sowie Buch- und Kapiteltitel sind in *Kursivschrift* gedruckt.

▨ Tastenbezeichnungen werden durch Tastensymbole dargestellt. Ein Pluszeichen zwischen zwei Tasten bedeutet, daß Sie die Tasten gleichzeitig drücken müssen. Die Anweisung „drücken Sie [Alt]+[⇥]" bedeutet beispielsweise, daß Sie die Alt-Taste gedrückt halten müssen, während Sie auf die Tabulatortaste drücken.

▨ Programmbeispiele oder mehrere, von Ihnen einzugebende Programmzeilen werden in nicht-proportionaler Schrift dargestellt.

```
ÄnderungenZulassen = False
```

Symbole in der Marginalienspalte

▨ Mit diesem Symbol sind Tips gekennzeichnet, in denen Ihnen zusätzliche Informationen gegeben werden oder die eine alternative Vorgehensweise für einen Schritt beschreiben.

Konventionen

■ Textpassagen, die mit diesem Symbol gekennzeichnet sind, enthalten Hinweise und Informationen, die Sie besonders beachten sollten. Sie finden in diesen Abschnitten unter anderem Hinweise zu Funktionen und allgemeinen Konzepten, die in der betreffenden Übung zum Einsatz kommen.

■ Dieses Symbol macht Sie auf wesentliche Zusatzinformationen aufmerksam, die Sie auf alle Fälle lesen und genau beachten sollten, bevor Sie mit der Lektion fortfahren. Mit diesem Symbol gekennzeichnete Textpassagen informieren Sie über Anforderungen, die zur Durchführung der betreffenden Übungen erfüllt sein müssen

■ Dieses Symbol macht Sie darauf aufmerksam, daß Sie im nebenstehenden Text erfahren, wie Sie zu dem besprochenen Thema weitere Hilfe erhalten. Meist wird auf die Online-Hilfe verwiesen. Am Ende jeder Lektion erhalten Sie Informationen, wie Sie die Online-Hilfe für Ihre Fragen einsetzen können.

■ Am Anfang jeder Lektion erhalten Sie einen Überblick über die Lerninhalte der Lektion und die Information, wieviel Zeit Sie benötigen, um die Lektion durchzuarbeiten. Dieses Symbol macht Sie auf diesen Abschnitt aufmerksam.

■ Außerdem sind die Schaltflächen, auf die Sie während der Durchführung der Übungen klicken müssen, stets neben dem entsprechenden Schritt abgebildet. Sie sehen hier beispielsweise die Schaltfläche *Makro ausführen*.

Weitere Informationen

■ In Bildschirmabbildungen werden die in den Übungen erstellten Benutzeroberflächen und das Erscheinungsbild der Bildschirmanzeige nach der Ausführung der beschriebenen Arbeitsschritte dargestellt. Häufig werden durch Beschriftungen die Teile einer Abbildung hervorgehoben, die Sie besonders beachten sollten.

■ Die grau schattierten Textabschnitte in diesem Buch enthalten Erläuterungen zu besonderen Programmiertechniken oder Funktionen und Hintergrundinformationen zu Leistungsmerkmalen, die im betreffenden Abschnitt behandelt werden.

■ In der Zusammenfassung am Ende jeder Lektion können Sie sich noch einmal einen schnellen Überblick darüber verschaffen, wie die in der Lektion behandelten Aufgaben durchgeführt werden.

■ Am Ende jeder Lektion finden Sie zudem eine Liste der Hilfethemen, die weiterführende Informationen zu dem in der Lektion behandelten Stoff enthalten.

Routineaufgaben automatisieren

1 Mit einem Makro einfache Aufgaben ausführen

Geschätzte Dauer:
40 Minuten

In dieser Lektion lernen Sie

- wie Sie ein Makro aufzeichnen und abspielen.
- wie Sie aufgezeichnete Makros interpretieren und bearbeiten.
- wie Sie ein Makro mit einer Tastenkombination aufrufen.

Wenn Sie die Übungsdateien, die zu diesem Buch gehören, noch nicht installiert haben, finden Sie weitere Informationen im Abschnitt *Die Übungsdateien installieren*.

Letzten Monat ist die Fernbedienung unseres Videorecorders verschwunden. Es war entsetzlich. Ich wollte den Spielfilm „Mysteriöses Theater 3000" aufzeichnen, der nachts um 1 Uhr gesendet werden sollte, doch das gelang mir nicht, weil die Zeiteinstellung nur über die Fernbedienung möglich ist. Glücklicherweise fand mein Mann nach zwei Wochen beim Aufräumen die Fernbedienung in der Spielzeugkiste unserer Tochter Miriam und gab mir das wertvolle Stück zurück. Ich bin glücklich, daß ich nun wieder alte Spielfilme aufzeichnen kann. Eines Tages werde ich sie mir sicher auch einmal ansehen.

Microsoft Visual Basic ist die Fernbedienung von Microsoft Excel 97. Sicher, Sie können mit Excel arbeiten, ohne jemals Visual Basic zu verwenden, doch die „Fernbedienung" Visual Basic erleichtert Ihnen nicht nur die Arbeit, sondern erlaubt Ihnen auch, Eigenschaften zu verwenden, auf die Sie über die Standardoberfläche sonst keinen Zugriff hätten. Und wenn Sie einmal mit Excels Fernbedienung vertraut sind, werden Sie sich fragen, wie Sie jemals ohne sie ausgekommen sind.

Wie Visual Basic mit Excel kommuniziert

Die ersten Makrosprachen von Tabellenkalkulationen imitierten die Benutzeroberfläche. Wenn Sie beispielsweise **B** (für „Bereich"), **N** (für „Name") und **E** (für „Erstellen") in der Benutzeroberfläche eingegeben haben, hätten Sie **BNE** im Makro verwendet, um den Prozeß zu automatisieren. Dieser Ansatz hatte einige Schwächen. Solche Makros waren schwer zu lesen und nicht gut an die grafische Benutzeroberfläche anzupassen. Was würden Sie eingeben, wenn ein Rechteck mit der Maus zu einer anderen Position verschoben werden soll?

Lektion 1   Mit einem Makro einfache Aufgaben ausführen

Um solche Probleme zu lösen, enthielten die frühen Versionen von Excel einen neuen Makrosprachentyp, der Makrobefehle umfaßte, die von der Benutzeroberfläche unabhängig waren. So gab es in Excel Version 4 mindestens drei unterschiedliche Möglichkeiten, einen Bereich zu kopieren: [Strg]+[C] drücken, auf die Schaltfläche *Kopieren* klicken und im Menü *Bearbeiten* den Befehl *Kopieren* auswählen. Alle Möglichkeiten wurden durch eine einzige Makrofunktion repräsentiert: =COPY(). Diese funktionsbasierten Makros hatten zwei entscheidende Nachteile. Excel-Makros waren Excel-spezifisch, die Sprache konnte nicht an andere Anwendungen angepaßt werden. Außerdem erhöhte sich die Anzahl der Funktionen mit jeder neuen Version, und es gab keine Unterstützung bei der Organisation oder der Gruppierung der vielfältigen Möglichkeiten.

Automatisierung

Excel mit Visual Basic für Applikationen bietet einen völlig neuen Ansatz, der *Automatisierung* (früher OLE-Automatisierung) genannt wird. Excel Version 5 war die erste große Anwendung, die sich der Vorteile dieses Konzepts bedient hat. Bei diesem Ansatz agiert Visual Basic als allgemein verwendbare Sprache, die nicht von der Anwendung abhängig ist. So ist nun jeder, der Visual Basic kennt, sofort in der Lage, Excel zu automatisieren, und jeder, der lernt, Excel-Makros in Visual Basic zu schreiben, kann sein Wissen bei jedem anderen Typ der Visual Basic-Programmierung anwenden.

Visual Basic ist nicht mit den Interna von Excel verknüpft. Statt dessen stellt Excel seine Fähigkeiten Visual Basic in Form einer Menge von Befehlen, einer sogenannten *Objektbibliothek*, zur Verfügung. Visual Basic kommuniziert mit der Objektbibliothek von Excel (vgl. Abbildung 1.1).

Abbildung 1.1
Der Zusammenhang zwischen Visual Basic und Excel.

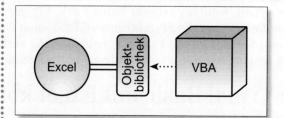

Visual Basic kann nicht nur Excel steuern, sondern auch jede beliebige andere Anwendung, die eine Objektbibliothek bereitstellt. Alle Microsoft Office-Programme sowie einige andere Microsoft-Anwendungen und Anwendungen anderer Firmen besitzen Objektbibliotheken (vgl. Abbildung 1.2).

Lektion 1   **Mit einem Makro einfache Aufgaben ausführen**

Abbildung 1.2
Mit Visual Basic Anwendungen steuern.

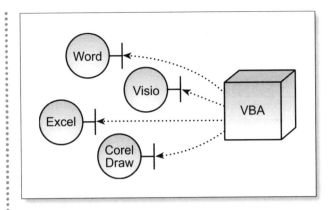

Visual Basic, das mit Excel ausgeliefert wird, ist nicht die einzige Sprache, die mit der Objektbibliothek kommunizieren kann. Jede andere Sprache, die die Automatisierung unterstützt, kann zur Steuerung von Excel verwendet werden. Sie können Excel also nicht nur mit Excels Visual Basic, sondern auch mit dem Visual Basic von Microsoft Word, mit der eigenständigen Visual Basic-Version und sogar mit C++ oder Delphi von Borland steuern (vgl. Abbildung 1.3).

Abbildung 1.3
Die Möglichkeiten, Excel zu steuern.

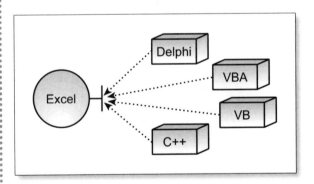

Excel-Objekte und ihre Bedeutung

Die Objektbibliothek legt die Fähigkeiten von Excel nicht nur Visual Basic gegenüber offen, sondern auch Ihnen, was weit wichtiger ist. Wenn Sie wissen, wie Sie eine Objektbibliothek lesen und interpretieren, werden Sie weitere Möglichkeiten und Anwendungen entdecken. Der beste Weg herauszufinden, wie Visual Basic mit Excel-Objekten kommuniziert, ist, einige einfache Makros aufzuzeichnen. Später werden Sie die Einschränkungen der Makroaufzeichnungsfunktion hinter sich lassen.

In Teil A dieses Buches lernen Sie, einfache Makros aufzuzeichnen und zu bearbeiten. In Teil B erfahren Sie, wie Excel-Objekte arbeiten. In Teil C

Lektion 1 Mit einem Makro einfache Aufgaben ausführen

lernen Sie die mächtigen Fähigkeiten von Visual Basic kennen, und in Teil D lernen Sie, wie Sie die Verwendung eines Makros vereinfachen.

Beginnen Sie die Lektion

❶ Starten Sie Excel.

❷ Klicken Sie in der Symbolleiste auf die Schaltfläche *Öffnen* und im Dialogfeld *Öffnen* auf *Suche in Favoriten*.

❸ Doppelklicken Sie zunächst auf den Ordner *Excel VBA Übungen* und dann auf die Arbeitsmappe *Budget*.

❹ Speichern Sie die Datei *Budget* unter dem Namen **Lektion1**.

Ein einfaches Makro erstellen

Excel bietet ein umfangreiches Sortiment an Werkzeugen wie Tastenkombinationen und Schaltflächen in Symbolleisten. Manchmal arbeiten diese Werkzeuge nicht ganz so, wie Sie es sich vorstellen. Zur Verbesserung eines dieser integrierten Werkzeuge werden Sie Ihr erstes Makro aufzeichnen.

Abbildung 1.4
Das Kontextmenü mit allen Symbolleisten.

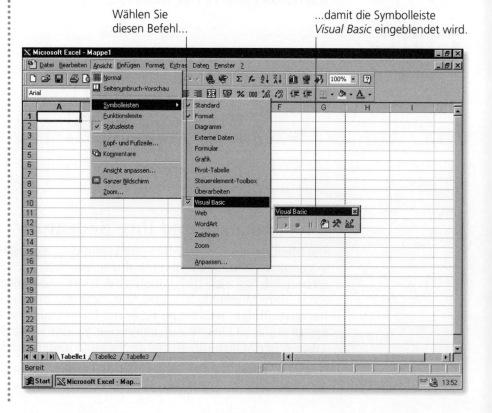

Lektion 1   Mit einem Makro einfache Aufgaben ausführen

Die Symbolleiste Visual Basic anzeigen

Bevor Sie damit beginnen, Makros zu erstellen, erledigen Sie noch eine Kleinigkeit, die Ihre Arbeit mit Makros sehr vereinfachen wird.

❶ Klicken Sie mit der rechten Maustaste in eine beliebige Symbolleiste. Ein Kontextmenü, das die Namen aller Symbolleisten enthält, wird angezeigt.

❷ Wählen Sie *Visual Basic* aus dem Kontextmenü.

Die Symbolleiste *Visual Basic* wird eingeblendet. Sie können diese Symbolleiste beliebig positionieren und ihre Darstellung verändern, genau wie bei jeder anderen Excel-Symbolleiste (vgl. Abbildung 1.4).

Sie sind nun bereit, ein Makro aufzuzeichnen. Klicken Sie einfach auf die Kreisfläche. Wenn Sie ein Makro ausführen möchten, klicken Sie auf das dreieckige Symbol.

Ein Währungsformat mit Hilfe einer Schaltfläche zuweisen

Die Symbolleiste *Format* enthält eine Schaltfläche, mit der Sie den ausgewählten Zellen das Währungsformat zuweisen können: die Schaltfläche *Währung*.

Abbildung 1.5
Das Arbeitsblatt *Budget* mit Währungsdaten.

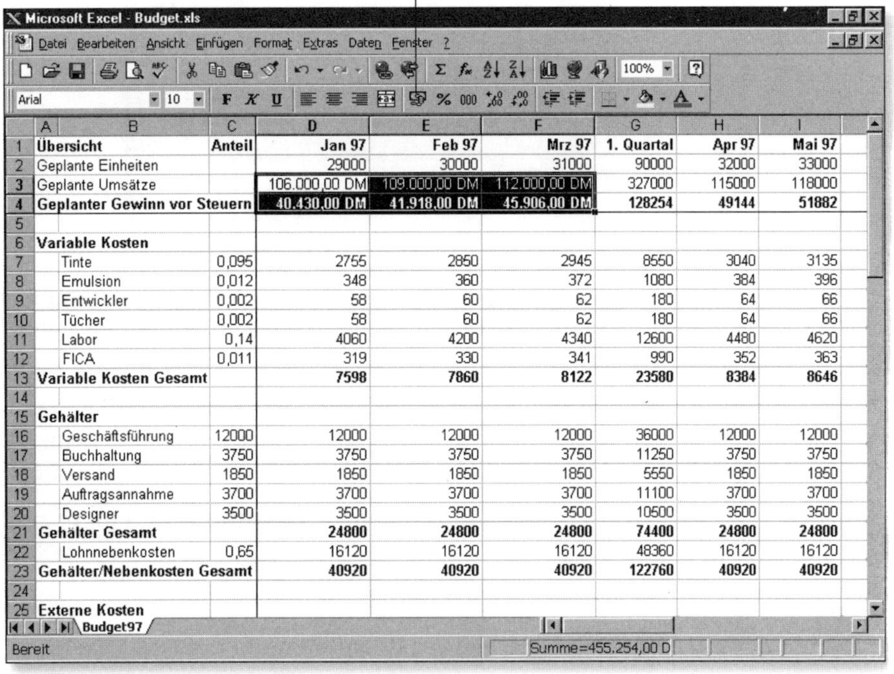

Klicken Sie hier, um der Auswahl das Währungsformat zuzuweisen.

	A	B	C	D	E	F	G	H	I
1	Übersicht		Anteil	Jan 97	Feb 97	Mrz 97	1. Quartal	Apr 97	Mai 97
2		Geplante Einheiten		29000	30000	31000	90000	32000	33000
3		Geplante Umsätze		106.000,00 DM	109.000,00 DM	112.000,00 DM	327000	115000	118000
4	**Geplanter Gewinn vor Steuern**			40.430,00 DM	41.918,00 DM	45.906,00 DM	128254	49144	51882
5									
6	**Variable Kosten**								
7		Tinte	0,095	2755	2850	2945	8550	3040	3135
8		Emulsion	0,012	348	360	372	1080	384	396
9		Entwickler	0,002	58	60	62	180	64	66
10		Tücher	0,002	58	60	62	180	64	66
11		Labor	0,14	4060	4200	4340	12600	4480	4620
12		FICA	0,011	319	330	341	990	352	363
13	**Variable Kosten Gesamt**			7598	7860	8122	23580	8384	8646
14									
15	**Gehälter**								
16		Geschäftsführung	12000	12000	12000	12000	36000	12000	12000
17		Buchhaltung	3750	3750	3750	3750	11250	3750	3750
18		Versand	1850	1850	1850	1850	5550	1850	1850
19		Auftragsannahme	3700	3700	3700	3700	11100	3700	3700
20		Designer	3500	3500	3500	3500	10500	3500	3500
21	**Gehälter Gesamt**			24800	24800	24800	74400	24800	24800
22		Lohnnebenkosten	0,65	16120	16120	16120	48360	16120	16120
23	**Gehälter/Nebenkosten Gesamt**			40920	40920	40920	122760	40920	40920
24									
25	**Externe Kosten**								

Summe=455.254,00 D

Lektion 1   Mit einem Makro einfache Aufgaben ausführen

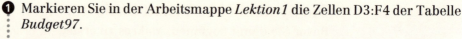

❶ Markieren Sie in der Arbeitsmappe *Lektion1* die Zellen D3:F4 der Tabelle *Budget97*.

❷ Klicken Sie in der Symbolleiste *Format* auf die Schaltfläche *Währung*.

Excel weist den ausgewählten Zellen das Währungsformat zu. Falls im gewählten Bereich nun nur Nummernzeichen angezeigt werden, verbreitern Sie die Spalten (vgl. Abbildung 1.5).

Wenn Sie auf die Schaltfläche *Währung* klicken, weist Excel den Zellen ein Währungsformat mit zwei Dezimalstellen zu. Sie werden dieses Format vielleicht in Ihrem Haushaltsbuch verwenden, aber nicht unbedingt in einem Budgetplan, da eine Genauigkeit auf zwei Dezimalstellen dort nicht angemessen ist. Sie möchten ein Makro erstellen, das Zellen ein Währungsformat ohne Dezimalstellen zuweist.

Ein Makro zur Zuweisung eines Währungsformats aufzeichnen

❶ Markieren Sie in der Tabelle *Budget97* die Zellen D7:F8.

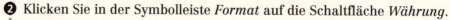

❷ In der Symbolleiste *Visual Basic* klicken Sie auf die Schaltfläche *Makro aufzeichnen*.

❸ Ersetzen Sie den voreingestellten Makronamen durch **FormatWährung**, und klicken Sie auf *OK* (vgl. Abbildung 1.6).

Abbildung 1.6
Das Dialogfeld *Neues Makro aufzeichnen*.

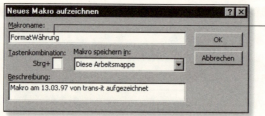

Geben Sie den Namen des neuen Makros hier ein.

Ein Makroname darf Groß- und Kleinbuchstaben, Unterstriche und Punkte, aber keine Leerzeichen enthalten.

Das Wort *Aufzeich.* wird in der Statusleiste angezeigt, und die Symbolleiste *Aufzeichnung beenden* wird eingeblendet. Sie zeichnen nun Ihr Makro auf.

❹ Klicken Sie im Menü *Format* auf den Befehl *Zellen* und dann auf das Register *Zahlen*. Wählen Sie *Währung* aus der Liste *Kategorie* aus. Im Feld *Dezimalstellen* geben Sie **0** ein und klicken auf *OK* (vgl. Abbildung 1.7).

Excel formatiert die ausgewählten Zellen im Format *Währung* ohne Dezimalstellen.

❺ Klicken Sie auf *Aufzeichnung beenden*.

❻ Speichern Sie die Arbeitsmappe *Lektion1*.

Lektion 1 Mit einem Makro einfache Aufgaben ausführen

Abbildung 1.7
Das Register *Zahlen* des Dialogfelds *Zellen*.

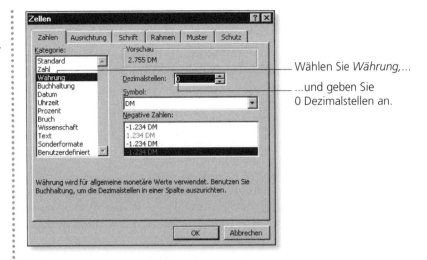

Wählen Sie *Währung,*...

...und geben Sie 0 Dezimalstellen an.

Das war's. Sie haben ein Makro aufgezeichnet, das ausgewählten Zellen ein Währungsformat zuweist. Nun möchten Sie das Makro wahrscheinlich ausprobieren, um zu sehen, wie es arbeitet.

Das Makro ausführen

❶ Wählen Sie in der Tabelle *Budget97* die Zellen D9:F10 aus.

❷ In der Symbolleiste *Visual Basic* klicken Sie auf *Makro ausführen*.

❸ Wählen Sie das Makro *FormatWährung* aus der Liste, und klicken Sie auf *Ausführen*.

Ihr Makro weist den ausgewählten Zellen Ihr selbst definiertes Währungsformat zu. Allerdings ist es etwas umständlich, das Makro aus dem Dialogfeld *Makro* heraus auszuführen.

Dem Makro eine Tastenkombination zuweisen

❶ In der Symbolleiste *Visual Basic* klicken Sie auf *Makro ausführen*.

❷ Markieren Sie das Makro *FormatWährung* in der Liste, und klicken Sie auf *Optionen*.

Abbildung 1.8
Das Dialogfeld *Makro-Optionen*.

Drücken Sie hier ⇧+W, um Strg+⇧+W als Tastenkombination zuzuweisen.

33

Lektion 1 Mit einem Makro einfache Aufgaben ausführen

Das Dialogfeld *Makro-Optionen* erlaubt Ihnen, die Tastenkombination zum Aufruf des Makros und dessen Beschreibung zu ändern.

❸ Sie möchten dem Makro die Tastenkombination (Strg)+(⇧)+(W) zuweisen. Aktivieren Sie das Feld *Tastenkombination*, und drücken Sie (⇧)+(W) (vgl. Abbildung 1.8).

Excel besitzt viele vordefinierte Tastenkombinationen mit (Strg), die Befehlen zugeordnet sind. Beispielsweise ist (Strg)+(C) die vordefinierte Tastenkombination für den Befehl *Kopieren* und (Strg)+(Z) die Tastenkombination für *Rückgängig*. Wenn Sie Ihrem Makro eine dieser Tastenkombinationen zuweisen, wird das Makro ausgeführt und nicht der vormals zugeordnete Befehl. Halten Sie sich stets an die Konvention, eine Kombination der Tasten (Strg)+(⇧) für Makros zu verwenden. Damit wird in der Regel das Überschreiben vordefinierter Tastenkombinationen vermieden.

Sie können eine Tastenkombination auch vor der Aufzeichnung eines Makros zuweisen.

❹ Klicken Sie auf *OK* und im Dialogfeld *Makro* auf *Abbrechen*, um zur Tabelle zurückzukehren.

❺ Wählen Sie die Zellen D11:F13 aus. Drücken Sie die Tastenkombination (Strg)+(⇧)+(W), um das Makro auszuführen.

❻ Speichern Sie die Arbeitsmappe *Lektion1*.

Sie haben nun erfolgreich ein Makro aufgezeichnet, ausgeführt und bearbeitet, alles, ohne das Makro selbst zu sehen. Brennen Sie nicht darauf, Ihr Werk nun auch anzusehen?

Das Makro ansehen

Das Makro ist in der Arbeitsmappe enthalten, doch Sie müssen den Visual Basic-Editor öffnen, wenn Sie es sich ansehen wollen.

❶ Klicken Sie in der Symbolleiste *Visual Basic* auf die Schaltfläche *Makro ausführen*.

❷ Klicken Sie auf *FormatWährung* und dann auf *Bearbeiten*.

In den Excel-Versionen 5 und 7 wurden neue Makros in einer Tabelle der Arbeitsmappe gespeichert. Excel 97 speichert Makros ebenfalls in der Arbeitsmappe, doch sie werden nicht in Tabellen angezeigt.

Das Fenster *Microsoft Visual Basic* wird eingeblendet. Visual Basic sieht wie ein separates Programm aus, doch es gehört zu Excel. Wenn Sie Excel verlassen, wird Visual Basic automatisch beendet. Im Visual Basic-Editor wird ein Fenster mit dem Namen *Modul1* angezeigt. (vgl. Abbildung 1.9)

Maximieren Sie das Fenster *Modul1*, damit es den gesamten Bildschirm ausfüllt, und verkleinern Sie dann das Microsoft Visual Basic-Fenster, so daß die Excel-Arbeitsmappe im Hintergrund zu sehen ist.

Falls weitere Fenster im Visual Basic-Editor sichtbar sind, schließen Sie sie.

Lektion 1 — Mit einem Makro einfache Aufgaben ausführen

Abbildung 1.9
Das Microsoft Visual Basic-Fenster wird vor dem Excel-Fenster angezeigt.

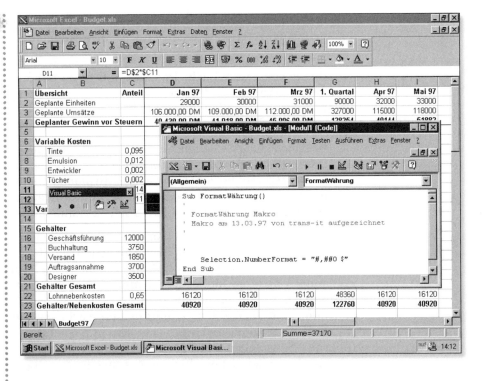

Das Fenster mit dem Namen *Modul1* enthält ein sogenanntes *Modul* und repräsentiert den Ort, an dem Makros abgelegt werden. Ihr Makro befindet sich im Modul *Modul1*. Das Makro sieht folgendermaßen aus:

Details über Formatcodes von Zahlen erhalten Sie, wenn Sie vom Assistenten mit dem Suchbegriff *benutzerdefinierte numerische Formate* Hilfe anfordern.

```
Sub FormatWährung()
'
' FormatWährung Makro
' Makro am 24.02.97 von xyz aufgezeichnet
'

'
    Selection.NumberFormat = "#,##0 $"
End Sub
```

Bei den fünf Zeilen des Makros, die mit einem Apostroph beginnen, handelt es sich um *Kommentare*. Texte, die in irgendeiner Zeile einem Apostroph folgen, werden als Kommentare interpretiert. Die Leerzeile zwischen den Kommentaren, der kein Apostroph vorangestellt ist, würde eine Tastenkombination enthalten, falls Sie diese während der Aufzeichnung zugewiesen hätten. Diese Kommentare werden unter anderem eingefügt, um Sie daran zu erinnern, Makros um beschreibende Texte zu ergänzen. Sie können Kommentare hinzufügen, ändern oder löschen, ohne die Funktionalität des Makros zu verändern. Kommentare werden grün angezeigt, damit sie sich von Anweisungen unterscheiden.

Das Makro ist in Visual Basic geschrieben und folgt den Standardkonventionen von Visual Basic. Das Makro beginnt mit *Sub*, gefolgt vom Makronamen. Warum wird die Bezeichnung *Sub* verwendet? Sie erhalten später in diesem Buch die Erklärung. In der letzten Zeile eines Makros steht immer *End Sub*.

Die Anweisung Selection.NumberFormat führt die eigentliche Arbeit aus. Das ist der Körper des Makros. *Selection* steht für „die aktuelle Auswahl". *NumberFormat* bezieht sich auf ein Attribut oder eine *Eigenschaft* der Auswahl. Sie interpretieren eine Visual Basic-Anweisung, indem Sie sie von rechts nach links lesen: „#,##0 $ soll das Zahlenformat der Auswahl sein".

Sie werden sich vielleicht wundern, warum die Bezeichnung *NumberFormat* hinter *Selection* steht, wenn Selection.NumberFormat die Bedeutung „Zahlenformat der Auswahl" hat. In einer Excel-Tabelle werden Anweisungen nicht im Imperativ formuliert, also nicht zuerst die Aktion und danach das Objekt beschrieben („Kopiere diese Zellen. Füge die Kopie in folgende Zellen ein."). Statt dessen wird zuerst das Objekt der Excel-Tabelle benannt und dann eine Aktion ausgeführt („Diese Zellen: kopieren. Diese Zellen: einfügen."). Wenn mehrere Operationen ausgeführt werden sollen, ist es effizienter, zunächst das Objekt anzugeben.

Makroanweisungen in Visual Basic werden in der gleichen Weise wie die Aktionen innerhalb einer Excel-Tabelle beschrieben. In einer Makroanweisung geben Sie zuerst an, woran gearbeitet werden soll, und dann, was getan wird.

Mehrere Eigenschaften zugleich ändern

Das Makro *FormatWährung* ändert ein einziges Attribut der aktuellen Auswahl, nämlich das Zahlenformat. In Excel-Makros wird ein Attribut *Eigenschaft* genannt. Im Makro *FormatWährung* ist *NumberFormat* eine Eigenschaft einer Zelle. Viele Makroanweisungen weisen einer Eigenschaft einen Wert zu. Wann immer die Makroaufzeichnung eine Anweisung erzeugt, die das Gleichheitszeichen „=" enthält, stellt das Wort vor dem Gleichheitszeichen eine Eigenschaft dar. Sie können auch eine Aktion aufzeichnen, mit der mehrere Eigenschaften gleichzeitig geändert werden.

Text mit einem Befehl vertikal anordnen

Excel besitzt eine Schaltfläche in einer Symbolleiste, über die Sie verschiedene Zellen miteinander verbinden und zentrieren können: die Schaltfläche *Verbinden und zentrieren*. Vielleicht möchten Sie Zellen jedoch vertikal entlang des Seitenrandes eines Berichts miteinander verbinden. In Excel steht keine Schaltfläche zur Verfügung, mit der Sie Zellen vertikal

Lektion 1   Mit einem Makro einfache Aufgaben ausführen

verbinden und den Text in diesen Zellen ausrichten können. Allerdings können Sie ein Makro aufzeichnen, das diese Aufgaben ausführt.

Damit verständlich wird, welche Schritte notwendig sind, verwenden Sie zunächst Menübefehle, um das Format zu erzeugen.

❶ Aktivieren Sie das Fenster *Budget97*.

❷ Wählen Sie den Bereich A6:A12 aus (vgl. Abbildung 1.10).

Die Beschriftung befindet sich über dem ausgewählten Bereich.

Abbildung 1.10
Der für die Beschriftung ausgewählte Bereich.

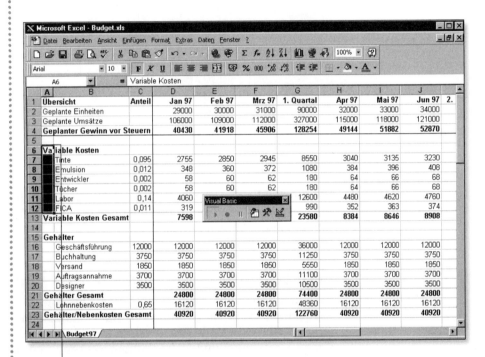

Markieren Sie die Zellen, die Sie verbinden wollen.

❸ Im Menü *Format* klicken Sie auf *Zellen* und dann auf das Register *Ausrichtung*.

Das Register *Ausrichtung* bietet verschiedene Möglichkeiten, Texte auszurichten, anzuordnen und Eigenschaften zu definieren.

❹ Klicken Sie auf *Zellen verbinden*, und ziehen Sie die rote Markierung unter *Ausrichtung* nach oben, bis ein Winkel von 90 Grad erreicht ist. (vgl. Abbildung 1.11)

❺ Klicken Sie auf *OK*, um die Zellen zu verbinden und die Beschriftung zu positionieren.

Lektion 1   Mit einem Makro einfache Aufgaben ausführen

Abbildung 1.11
Einstellungen im Dialogfeld *Zellen*.

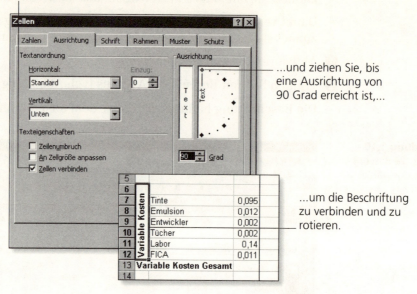

Markieren Sie *Zellen verbinden*...

...und ziehen Sie, bis eine Ausrichtung von 90 Grad erreicht ist,...

...um die Beschriftung zu verbinden und zu rotieren.

Die Möglichkeit, eine Beschriftung seitlich neben einem Zellbereich anzuordnen, kann viele Vorteile bieten. Sie vereinfachen den Vorgang, indem Sie ein Makro aufzeichnen.

Wo werden neue Makros abgelegt?

Wenn Sie ein neues Makro aufzeichnen, erzeugt Excel ein neues Modul. Jedesmal, wenn Sie ein weiteres Makro aufzeichnen, fügt Excel das neue Makro am Ende des gleichen Moduls ein. Sobald Sie die Arbeitsmappe schließen und erneut öffnen, werden Makros in einem neuen Modul aufgezeichnet. Sie haben keinerlei Kontrolle darüber, an welchem Ort neue Makros abgelegt werden.

Daß Makros in mehreren Modulen abgelegt werden, sollte kein Problem darstellen. Wenn Sie Makros über das Dialogfeld *Makro* auswählen und bearbeiten, wird automatisch in das richtige Modul aktiviert.

Ein Makro aufzeichnen, um Zellen vertikal zu verbinden

 Ordnen Sie die Fenster so an, daß sowohl das Fenster *Modul1* als auch das Excel-Fenster zu sehen sind. Wählen Sie den Bereich A15:A20 aus, und klicken Sie auf *Makro aufzeichnen*.

Lektion 1   Mit einem Makro einfache Aufgaben ausführen

❷ Im Dialogfeld *Makro aufzeichnen* ersetzen Sie den voreingestellten Makronamen durch **VertikalVerbinden**, die voreingestellte Beschreibung durch **Zellen vertikal verbinden** und definieren die Tastenkombination ⌈Strg⌉+ ⌈⇧⌉+⌈H⌉.

Falls Sie zwei Makros die gleiche Tastenkombination zuweisen, wird das Makro ausgeführt, das in der Liste der Makronamen zuerst aufgeführt ist. Eine Tastenkombination ist nur dann gültig, wenn die Arbeitsmappe geöffnet ist, zu der das Makro gehört.

❸ Klicken Sie auf *OK*.

Im Fenster *Modul* sehen Sie, daß die Zeilen mit den Einträgen Sub und End Sub sowie die Kommentarzeilen sofort in das Makro eingefügt werden.

❹ Im Menü *Format* klicken Sie auf *Zellen*. Im Register *Ausrichtung* des Dialogfelds *Zellen* markieren Sie *Zellen verbinden*, setzen die *Ausrichtung* auf *90* Grad und klicken auf *OK*.

Die Aufzeichnung bewirkt, daß mehrere Zeilen in das Makro aufgenommen werden.

❺ Klicken Sie auf *Aufzeichnung beenden*.

❻ Speichern Sie die Arbeitsmappe *Lektion1*.

❼ Klicken Sie auf *Makro ausführen*, wählen Sie *VertikalVerbinden*, und klicken Sie auf *Bearbeiten*, um sich den Makrocode im Visual Basic-Fenster anzusehen.

```
Sub VertikalVerbinden()
'
' VertikalVerbinden Makro
' Zellen vertikal verbinden
'
' Tastenkombination: Strg+Umschalt+H
'
    With Selection
        .HorizontalAlignment = xlGeneral
        .VerticalAlignment = xlBottom
        .WrapText = False
        .Orientation = 90
        .ShrinkToFit = False
        .MergeCells = True
    End With
End Sub
```

Das Makro enthält sechs verschiedene Einstellungen der Eigenschaften, die die Zellenausrichtung bestimmen. Nach jeder Eigenschaft folgt ein

Gleichheitszeichen. Diese Eigenschaften entsprechen den Steuerelementen, die Sie im Dialogfeld gesehen haben.

Die Einstellungen der Eigenschaften wirken sich auf die aktuelle Auswahl aus, genau wie bei der Definition der Eigenschaft *NumberFormat* im Makro *FormatWährung*. Im Makro *FormatWährung* ist allerdings der Eigenschaftsname durch einen Punkt direkt mit *Selection* verbunden. Damit wird angezeigt, daß sich die Eigenschaft auf die Zellen der aktuellen Auswahl bezieht. In diesem Makro dagegen steht jeder der Eigenschaftennamen für sich und weist lediglich einen vorangestellten Punkt auf.

Das Anweisungspaar, das mit *With* beginnt und mit *End With* endet, wird *With-Struktur* genannt. Es bedeutet folgendes: in jeder Zeile, die mit einem Punkt beginnt, wird implizit das Wort, das hinter *With* steht, vor dem Punkt eingefügt. With-Strukturen bewirken, daß der Code einfacher zu lesen ist, da sofort erkennbar ist, daß sich alle Eigenschaften auf die aktuelle Auswahl beziehen. With-Strukturen werden Ihnen in aufgezeichneten Makros häufig begegnen.

Unnötige Zeilen aus dem Makro entfernen

In vielen Dialogfeldern werden während der Aufzeichnung eines Makros alle möglichen Eigenschaften erfaßt, auch wenn Sie nur den Wert einer einzigen Eigenschaft ändern. Ihr Makro ist einfacher zu verstehen, wenn Sie unnötige Eigenschaften daraus entfernen.

Mit dem Makro *VertikalVerbinden* müssen nur die Werte der Eigenschaften *Orientation* und *MergeCells* geändert werden. Daher können Sie die weiteren Zeilen aus dem Makro löschen.

❶ Aktivieren Sie den Visual Basic-Editor, und klicken Sie im Editor-Fenster in den Randbereich links von *.HorizontalAlignment*. Damit wird die gesamte Zeile markiert.

❷ Drücken Sie ⎡Entf⎦.

❸ Wiederholen Sie die Schritte 1 und 2 für alle Eigenschaften außer *Orientation* und *MergeCells*. Falls Sie zuviel löschen, klicken Sie auf *Rückgängig*, um die Daten wiederherzustellen. Das vereinfachte Makro (die Kommentarzeilen werden ignoriert; wenn Sie wollen, löschen Sie sie) sollte wie folgt aussehen:

```
Sub VertikalVerbinden()
   With Selection
      .Orientation = 90
      .MergeCells = True
   End With
End Sub
```

Lektion 1   Mit einem Makro einfache Aufgaben ausführen

❹ Aktivieren Sie das Excel-Fenster, und wählen Sie die Zellen A25:A30.

❺ Drücken Sie [Strg]+[⇧]+[H].

Das Makro richtet die Beschriftung aus.

❻ Speichern Sie die Arbeitsmappe *Lektion1*.

Sie haben nun nicht nur ein Makro aufgezeichnet, sondern auch Teile davon gelöscht, und es funktioniert immer noch. Als nächstes werden Sie ein Makro aufzeichnen und einige Anweisungen in das Makro einfügen.

Ein aufgezeichnetes Makro bearbeiten

Eine typische Excel-Tabelle besitzt hellgraue Gitternetzlinien, welche die Begrenzungen der Zellen markieren. Manchmal mögen Ihnen die Gitternetzlinien im Weg sein. Zunächst werden Sie die Gitternetzlinien mit Menübefehlen entfernen und dann ein Makro aufzeichnen, um die Änderungen auszuführen.

Gitternetzlinien mit einem Befehl entfernen

❶ Im Menü *Extras* klicken Sie auf *Optionen* und dann auf das Register *Ansicht*.

❷ Entfernen Sie die Markierung aus *Gitternetzlinien* im Bereich *Fensteroptionen*.

❸ Klicken Sie auf *OK*.

Die Gitternetzlinien werden ausgeblendet.

❹ Wiederholen Sie Schritt 1, und markieren Sie *Gitternetzlinien*, damit sie wieder eingeblendet werden. Klicken Sie auf *OK*.

Gitternetzlinien sind eine Eigenschaft des Fensters. Sie können die Option *Gitternetzlinien* markieren, damit der Wert dieser Eigenschaft auf True gesetzt und die Gitternetzlinien eingeblendet werden. Sie können die Markierung aus dem Kontrollkästchen *Gitternetzlinien* entfernen, damit der Wert der Eigenschaft auf False gesetzt und die Gitternetzlinien ausgeblendet werden. Wir sehen uns nun an, wie die Gitternetzlinien mit einem Makro ausblendet werden.

Ein Makro aufzeichnen, um Gitternetzlinien auszublenden

❶ Klicken Sie auf *Makro aufzeichnen*.

❷ Ersetzen Sie den voreingestellten Makronamen durch **Gitternetzlinien-Entfernen**, und klicken Sie auf *OK*.

Lektion 1

Mit einem Makro einfache Aufgaben ausführen

Das Grundgerüst des Makros (Kommentare sowie die Zeilen Sub und End Sub) wird in das Modul aufgenommen.

❸ Im Menü *Extras* klicken Sie auf *Optionen*. Im Register *Ansicht* entfernen Sie die Markierung aus *Gitternetzlinien* und klicken auf *OK*.

Die Gitternetzlinien werden ausgeblendet.

❹ Klicken Sie auf *Aufzeichnung beenden*, und speichern Sie die Arbeitsmappe *Lektion1*.

❺ Klicken Sie auf *Makro ausführen*, wählen Sie *GitternetzlinienEntfernen*, und klicken Sie *Bearbeiten* an, um sich den Code anzusehen. Ignorieren Sie die Kommentarzeilen, und betrachten Sie folgenden Code:

```
Sub GitternetzlinienEntfernen()
    ActiveWindow.DisplayGridlines = False
End Sub
```

In Teil B erhalten Sie weitere Informationen über Objekte.

Dieses Makro ähnelt dem Makro *FormatWährung* stark. Sie lesen es als „False soll die Einstellung der Eigenschaft *DisplayGridlines* des aktiven Fensters sein". Sie werden nun nicht die Auswahl, sondern das aktive Fenster ändern. In beiden Fällen ändern Sie ein *Objekt*, also ein Excel-Element, das Sie mit Makros steuern können. Diesmal handelt es sich bei dem Objekt nicht um einen Zellbereich, sondern um ein Fenster.

Das Makro im Visual Basic-Editor ausführen

Sie können das Makro sehr leicht ändern, damit die Gitternetzlinien wieder eingeblendet werden.

❶ Ersetzen Sie im Makro *GitternetzlinienEntfernen* den Eintrag *False* durch **True**.

Sie können im Visual Basic-Editor Makros nicht über die ihnen zugeordnete Tastenkombinationen aufrufen. Allerdings benötigen Sie sie auch nicht, da in Visual Basic eine eigene Tastenkombination zum Aufruf von Makros, die gerade bearbeitet werden, verfügbar ist.

❷ Drücken Sie F5, um das Makro auszuführen.

In der aktuellen Excel-Tabelle werden die Gitternetzlinien wieder eingeblendet. In Visual Basic können Sie F5 drücken, um ein Makro auszuführen, während Sie es testen.

Wenn Sie im Visual Basic-Editor arbeiten und das Dialogfeld *Makro* einblenden möchten, um darin ein Makro auszuwählen, klicken Sie in einen Bereich außerhalb der Makroanweisungen, bevor Sie F5 drücken.

Lektion 1   **Mit einem Makro einfache Aufgaben ausführen**

Den Wert einer Eigenschaft mit einem Makro ändern

Sie könnten ein Makro erstellen, welches die Gitternetzlinien ausblendet, und eines, welches sie wieder einblendet. Bequemer ist ein einziges Makro, das den Wert der Eigenschaft ändert. Um den Wert einer Eigenschaft ändern zu können, müssen Sie zunächst den aktuellen Wert der Eigenschaft ermitteln. Sie speichern dazu den Wert der Eigenschaft in einem speziellen Container, einer *Variablen*. Sie weisen den aktuellen Wert der Eigenschaft einer Variablen zu, ändern dann den Wert der Variablen und weisen die Variable wieder der Eigenschaft zu. Und so geht es:

❶ Fügen Sie eine neue leere Zeile nach den Kommentaren ein.

❷ Markieren Sie *ActiveWindow.DisplayGridlines*, und halten Sie [Strg] gedrückt, während Sie die markierte Zeile in die Leerzeile ziehen.

Sie haben damit die Anweisung kopiert.

❸ Am Anfang der neuen Zeile geben Sie **neuGitter =** ein. Die neue Anweisung lautet nun *neuGitter = ActiveWindow.DisplayGridlines*. Der aktuelle Wert von *DisplayGridlines*, True oder False, wird in der Variablen *neuGitter* gespeichert.

Sie können Variablen einen beliebigen Namen zuweisen, sollten allerdings Bezeichnungen vermeiden, die von Excel oder Visual Basic verwendet werden. Fügen Sie ein Präfix wie *neu* zum Variablennamen hinzu, um potentielle Konflikten zu vermeiden.

❹ Doppelklicken Sie auf *True* in der Originalanweisung, und ersetzen Sie den Ausdruck durch **Not neuGitter**. Das Visual Basic-Schlüsselwort Not bewirkt, daß der Wert True in False und der Wert False in True geändert wird.

❺ Ändern Sie den Namen *GitternetzlinienEntfernen* in **Gitternetzlinien-Schalter**, damit die neue Funktion des Makros klarer beschrieben wird.

Das Makro sollte wie folgt aussehen:

```
Sub GitternetzlinienSchalter()
  neuGitter = ActiveWindow.DisplayGridlines
  ActiveWindow.DisplayGridlines = Not neuGitter
End Sub
```

Falls die Anweisung *Option Explicit* am Anfang des Moduls steht, löschen Sie den Ausdruck, bevor Sie das Makro ausführen.

❻ Speichern Sie die Arbeitsmappe *Lektion1*, und drücken Sie einige Male [F5], um das Makro zu testen.

Lektion 1 Mit einem Makro einfache Aufgaben ausführen

Das Makro liest den Wert der Eigenschaft, ändert ihn mit dem Schlüsselwort Not in den gegenteiligen Wert und weist der Eigenschaft den neuen, invertierten Wert zu.

Aktionen in einem Makro aufzeichnen

Inzwischen haben Sie sicher das Muster erkannt, nach dem einfache, arbeitserleichternde Makros erstellt werden: Sie versuchen, selbst eine interaktive Aktion auszuführen. Nachdem Sie wissen, wie die Aufgabe zu erledigen ist, starten Sie die Aufzeichnung, führen die entsprechenden Schritte aus und beenden die Aufzeichnung.

Bisher haben alle aufgezeichneten Makros den Wert einer oder mehrerer Eigenschaften eines Objekts geändert. Sie können auch Aktionen aufzeichnen, die den Wert einer Eigenschaft nicht verändern. Sehen Sie sich an, wie ein solches Makro aussieht.

Nehmen wir an, Sie möchten, daß die Formeln einiger Zellen der Tabelle *Budget97* den aktuellen Wert beibehalten. Zunächst werden Sie mit Menübefehlen die Formeln in Werte ändern, und danach erstellen Sie ein Makro, mit dem jede Formel in einen Wert umgewandelt werden kann.

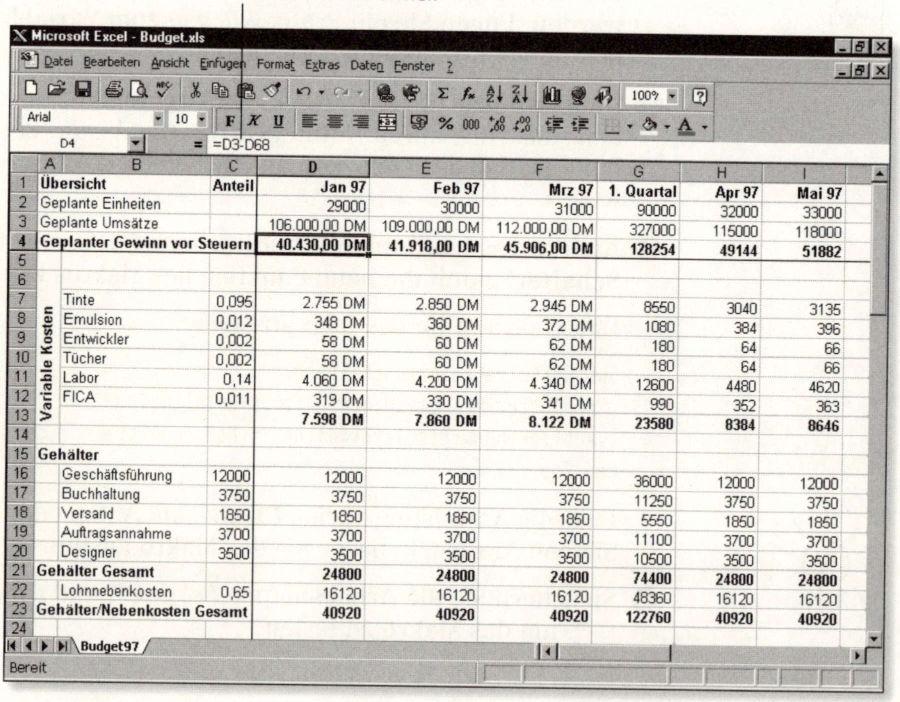

Abbildung 1.12
Eine Summenformel in der Tabelle *Budget97*.

Die Bearbeitungsleiste enthält eine Formel.

Lektion 1 Mit einem Makro einfache Aufgaben ausführen

Eine Formel mit Menübefehlen in einen Wert konvertieren

❶ Aktivieren Sie das Fenster *Budget97*, und klicken Sie auf Zelle D4.

Beachten Sie die Formel in der Bearbeitungsleiste: =D3-D68 (vgl. Abbildung 1.12).

❷ Klicken Sie im Menü *Bearbeiten* auf *Kopieren*.

❸ Ändern Sie die Auswahl nicht. Klicken Sie im Menü *Bearbeiten* auf *Inhalte einfügen*.

Das Dialogfeld *Inhalte einfügen* wird eingeblendet.

❹ Wählen Sie unter *Einfügen* die Option *Werte*, und klicken Sie auf *OK*.

Excel fügt das Formelergebnis in die Zelle ein und überschreibt die Formel. Der Laufrahmen um die Zelle ist noch sichtbar und weist darauf hin, daß Sie den Wert in weitere Zellen einfügen könnten.

❺ Drücken Sie [Esc], um den Kopiermodus zu beenden. Der Laufrahmen wird ausgeblendet.

Abbildung 1.13
Ein Wert im Arbeitsblatt *Budget*.

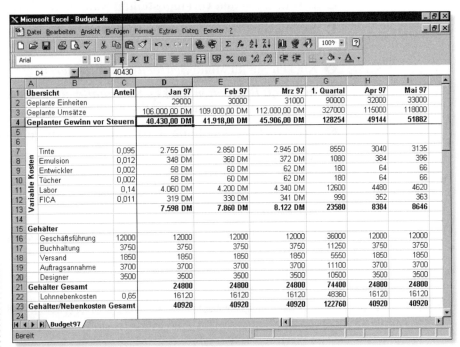

Lektion 1 Mit einem Makro einfache Aufgaben ausführen

Sehen Sie sich die Bearbeitungsleiste an: Die Zelle D4 enthält nun den Wert 40430,00 (vgl. Abbildung 1.13).

Während Sie über Menübefehle kopiert und eingefügt haben, ist Ihnen vielleicht aufgefallen, daß bei der Auswahl des Befehls *Kopieren* kein Dialogfeld eingeblendet worden ist. Sie sehen einen Laufrahmen um die Zellen sowie eine Nachricht in der Statusleiste, doch Sie müssen Excel nicht mitteilen, wie kopiert wird. Zur Ausführung des Befehls *Inhalte einfügen* sind dagegen zusätzliche Informationen erforderlich, und daher wird ein Dialogfeld eingeblendet. Einige Aktionen in Excel erfordern weitere Angaben dazu, wie die Aktion ausgeführt werden soll, andere dagegen nicht.

Eine Formel mit einem Makro in einen Wert konvertieren

Beachten Sie, wie sich die Makroaufzeichnung von Aktionen, bei denen ein Dialogfeld eingeblendet wird, gegenüber den anderen Aktionen unterscheidet.

❶ Markieren Sie in der Tabelle *Budget97* die Zelle E4.

Beachten Sie die Formel in der Bearbeitungsleiste: =E3-E68.

❷ Im Menü *Extras* klicken Sie auf *Makro* und dann auf *Aufzeichnen*.

❸ Ersetzen Sie den voreingestellten Namen durch **InWerteKonvertieren**.

❹ Definieren Sie die Tastenkombination [Strg]+[⇧]+[K], und klicken Sie auf *OK*.

❺ Klicken Sie im Menü *Bearbeiten* auf *Kopieren*.

❻ Im Menü *Bearbeiten* klicken Sie *Inhalte einfügen* und dann die Option *Werte* an. Klicken Sie auf *OK*.

❼ Drücken Sie [Esc], damit der Laufrahmen ausgeblendet wird.

❽ Klicken Sie auf *Aufzeichnung beenden*, und speichern Sie die Arbeitsmappe *Lektion1*.

Sehen Sie sich die Bearbeitungsleiste an. Die Zelle E4 enthält nun den Wert 41918,00.

❾ Wechseln Sie zu Visual Basic, um sich das aufgezeichnete Makro anzusehen.

```
Sub InWerteKonvertieren()
  Selection.Copy
  Selection.PasteSpecial Paste:=xlValues, Operation:=xlNone, _
    SkipBlanks:=False, Transpose:=False
  Application.CutCopyMode = False
End Sub
```

Lektion 1 Mit einem Makro einfache Aufgaben ausführen

Die Grundstruktur dieses Makros entspricht der Struktur der anderen Makros, die Sie in dieser Lektion erstellt haben. Die letzte Zeile beispielsweise weist der Eigenschaft *CutCopyMode* auf dieselbe Weise einen Wert zu, wie im Makro *GitternetzlinienSchalter* der Eigenschaft *DisplayGridlines* des aktiven Fensters ein anderer Wert zugewiesen worden ist. Die beiden Zeilen, die mit *Selection* beginnen, sind allerdings neu. Keine der beiden enthält ein einfaches Gleichheitszeichen.

Selection.Copy sieht so ähnlich aus wie *Selection.NumberFormat* im Makro *FormatWährung*. In diesem Makro war *NumberFormat* eine Eigenschaft der Auswahl, und Sie haben dieser Eigenschaft einen neuen Wert zugewiesen. *Copy* ist jedoch keine Eigenschaft, und deswegen fehlt das Gleichheitszeichen. Sie weisen *Copy* nichts zu, sondern kopieren einfach. Aktionen, bei denen nicht mit einem Gleichheitszeichen einer Eigenschaft ein Wert zugewiesen wird, also Aktionen wie Kopieren, werden *Methoden* genannt. Wie die Namen von Eigenschaften werden auch die Namen von Methoden von Excel aufgezeichnet und hinter dem Objektnamen angezeigt.

Wenn Sie den Befehl *Kopieren* aus dem Menü verwenden, werden Sie von Excel nicht nach zusätzlichen Informationen gefragt. Daher geben Sie auch keine weiteren Informationen an die Methode *Copy* weiter, wenn Sie diese Methode in einem Makro verwenden.

PasteSpecial ist auch eine Methode. *PasteSpecial* folgt kein Gleichheitszeichen, da es sich nicht um eine Eigenschaft handelt, der Sie einen Wert zuweisen. Mit dem Befehl *Inhalte einfügen* aus dem Menü *Bearbeiten* wird ein Dialogfeld eingeblendet, doch dieses Dialogfeld enthält keine Eigenschaften, die Sie ändern könnten. Sie werden lediglich gefragt, wie Sie die Aktion *Inhalte einfügen* ausführen möchten. Wenn Sie die Methode *PasteSpecial* in einem Makro einsetzen, übergeben Sie diese Zusatzinformation an die Methode. Solche Informationen werden *Argumente* genannt.

Die Art und Weise, in der Sie Methoden mit einem Objekt verwenden, läßt sich mit der Art und Weise vergleichen, in der Sie einem neunjährigen Kind Anweisungen geben. Bei einigen Anweisungen wie „Komm zum Essen" müssen Sie keine Zusatzinformationen geben. Bei anderen Anweisungen wie „Geh für mich in den Laden" müssen Sie zusätzlich angeben, was gekauft werden soll (Milch), wie das Kind zum Laden kommt (mit dem Fahrrad) und wann das Kind zurückkommen soll (sofort). Sie geben Ihrem Kind diese zusätzlichen Informationen wie Sie einer Excel-Methode Argumente übergeben. (Sie heißen Argumente, denn immer, wenn Sie Ihrem Kind sagen, daß etwas erledigt werden muß, müssen Sie argumentieren.)

Die vier Argumente, die Sie an *PasteSpecial* übergeben, entsprechen den vier Optionsgruppen des Dialogfelds *Inhalte einfügen*. Jedes Argument

Lektion 1 Mit einem Makro einfache Aufgaben ausführen

besteht aus dem Argumentnamen (zum Beispiel Paste) und dem Argumentwert (zum Beispiel xlValues), die durch einen Doppelpunkt und ein Gleichheitszeichen (:=) voneinander getrennt werden.

Verwechseln Sie Argumente nicht mit Eigenschaften. Wenn Sie einer Eigenschaft einen neuen Wert zuweisen, trennen Sie den Wert mit einem Gleichheitszeichen von der Eigenschaft, wie in der folgenden Anweisung:

```
ActiveWindow.DisplayWorkbookTabs = False
```

Sie lesen diese Anweisung folgendermaßen: „False soll der Wert der Eigenschaft DisplayWorkbookTabs des aktiven Fensters sein".

Die Zuweisung eines Wertes an eine Eigenschaft gleicht der Verwendung eines benannten Arguments mit einer Methode. Wenn Sie ein benanntes Argument mit einer Methode verwenden, trennen Sie den Methodennamen mit einem Leerzeichen vom Argumentnamen sowie den Argumentnamen mit Doppelpunkt und Gleichheitszeichen vom Argumentwert. Verwechseln Sie das einfache Gleichheitszeichen nicht mit der Kombination aus Doppelpunkt und Gleichheitszeichen.

Wenn Sie mehrere Argumente haben, trennen Sie sie durch Komma und Leerzeichen voneinander, wie im folgenden Beispiel:

```
Selection.PasteSpecial Paste:=xlValues, Operation:=xlNone
```

Ein Argument ähnelt sehr einer Eigenschaft, doch ein Argument folgt immer einem Methodennamen, während eine Eigenschaft einem Objekt folgt. Außerdem folgt einer Eigenschaft ein Gleichheitszeichen, einem Argument dagegen ein Doppelpunkt und ein Gleichheitszeichen.

Eine lange Anweisung lesbarer gestalten

Wenn eine Makroanweisung die Länge von 70 Zeichen überschreitet, wird während der Aufzeichnung nach einem passenden Wort ein Leerzeichen und ein Unterstrich (_) eingefügt und die Anweisung in der nächsten Zeile fortgesetzt. Der Unterstrich teilt dem Makro mit, daß die zweite Zeile als Teil der gleichen Anweisung behandelt werden soll. Sie können lange Anweisungen auch manuell in mehrere Zeilen aufteilen, solange Sie die Zeile jeweils nach einem Leerzeichen umbrechen. Wenn Sie Zeilen, die in einem Zusammenhang stehen, durch Tabulatoren einrücken, wird Ihr Makro lesbarer.

❶ Im Makro *InWerteKonvertieren* fügen Sie jedes Argument der Anweisung *PasteSpecial* in eine eigene Zeile ein, so daß jede Zeile, außer der letzten, mit einem Leerzeichen und einem Unterstrich endet.

```
Sub InWerteKonvertieren()
    Selection.Copy
    Selection.PasteSpecial _
```

Lektion 1 Mit einem Makro einfache Aufgaben ausführen

```
        Paste:=xlValues, _
        Operation:=xlNone, _
        SkipBlanks:=False, _
        Transpose:=False
    Application.CutCopyMode = False
End Sub
```

Wenn Sie eine Anweisung in mehrere Zeilen aufteilen, verändert sich dadurch die Funktion des Makros nicht. Das Makro ist nun nur einfacher zu lesen.

Warnung vor Viren

Wenn Sie eine Arbeitsmappe öffnen, die ein Makro enthält, blendet Excel einen Text ein, der Sie warnt, daß Makros eventuell Viren enthalten, die Ihren Computer beschädigen können.

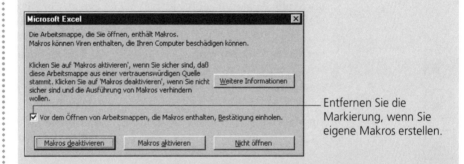

Abbildung 1.14
Virenwarnung von Excel.

Entfernen Sie die Markierung, wenn Sie eigene Makros erstellen.

Im Idealfall sollte Excel den Unterschied zwischen Arbeitsmappen, die Sie selbst erstellt haben und solchen, die Sie vom Web herunterladen, erkennen, doch diese Technologie ist noch nicht verfügbar. Daher warnt dieses Dialogfeld jeden, der eine Arbeitsmappe vom Internet herunterlädt, daß darin Makros enthalten sein könnten.

Wenn Sie beginnen, eigene Makros zu erstellen, sollten Sie die Markierung des Feldes *Vor dem Öffnen von Arbeitsmappen, die Makros enthalten, Bestätigung einholen* entfernen. Sie sehen das Dialogfeld sonst jedesmal, wenn Sie die eigenen Arbeitsmappen öffnen. Sie wissen aber, daß Arbeitsmappen Makros enthalten können und Sie bei Arbeitsmappen aus weniger vertrauenswürdigen Quellen vorsichtig sein sollten.

Wenn Sie eine Arbeitsmappe aus einer unbekannten Quelle erhalten und sie auf Makros prüfen wollen, schalten Sie die Warnung wieder ein. Hilfe erhalten Sie vom Assistenten mit dem Suchbegriff *Makrowarnungen*.

Lektion 1 Mit einem Makro einfache Aufgaben ausführen

❷ In Excel klicken Sie auf Zelle F4 und drücken [Strg]+[⇧]+[K], um das Makro auszuführen. In der Bearbeitungsleiste sehen Sie, wie die Formel in einen Wert geändert wird.

❸ Speichern Sie die Arbeitsmappe *Lektion1*, und beenden Sie Excel.

Mit den meisten Makros dieser Lektion werden die Einstellungen von Objekteigenschaften geändert, doch dieses Makro führt Objektmethoden aus. Eigenschaften und Methoden ähneln sich: beide werden durch einen Punkt von Objekten getrennt. Allerdings weisen Sie Eigenschaften neue Werte zu, während Sie Methoden ausführen und ihnen gelegentlich Argumente übergeben.

Zusammenfassung der Lektion

Möchten Sie	dann
die Symbolleiste Visual Basic einblenden,	klicken Sie mit der rechten Maustaste in eine beliebige Symbolleiste und im Kontextmenü auf *Visual Basic*.
ein Makro aufzeichnen,	klicken Sie in der Symbolleiste *Visual Basic* auf *Makro aufzeichnen*.
eine Aufzeichnung beenden,	klicken Sie auf *Aufzeichnung beenden*.
ein Makro ausführen,	klicken Sie auf *Makro ausführen*, wählen den Namen des Makros und klicken auf *Ausführen*.
ein Makro ansehen,	klicken Sie auf *Makro ausführen*, wählen den Namen des Makros und klicken auf *Bearbeiten*.
eine Tastenkombination hinzufügen,	klicken Sie auf *Makro ausführen*, wählen den Namen des Makros und klicken auf *Optionen*.
den Wert einer Eigenschaft speichern,	definieren Sie einen Variablennamen, und weisen der Variablen den Wert der Eigenschaft zu.
den Wert einer Eigenschaft ändern,	ändern Sie den Wert, den das aufgezeichnete Makro der Eigenschaft zuweist.
eine lange Anweisung in mehrere Zeilen aufteilen,	fügen Sie an geeigneten Stellen einen Zeilenumbruch, ein Leerzeichen und einen Unterstrich (_) ein. Die letzte Zeile darf nicht durch einen Unterstrich abgeschlossen werden.

Lektion 1   **Mit einem Makro einfache Aufgaben ausführen**

So erhalten Sie Online-Hilfe zum Thema:	Fordern Sie vom Assistenten mit folgendem Suchbegriff Hilfe an:
Makros aufzeichnen	**Makros aufzeichnen**

Ausblick auf die nächste Lektion

In der nächsten Lektion lernen Sie, wie Sie Makros miteinander verknüpfen, um komplexe Aufgaben zu automatisieren. Sie lernen außerdem, wie Sie Probleme erkennen und beheben, wenn Makros nicht so arbeiten, wie sie sollten.

2 Mit Makros komplexe Aufgaben ausführen

Geschätzte Dauer:
45 Minuten

In dieser Lektion lernen Sie

- wie Sie ein komplexes Projekt in verwaltbare Teile aufspalten.
- wie Sie ein Makro in Einzelschritten ausführen.
- wie Sie Werte eingeben, während ein Makro ausgeführt wird.
- wie Sie Zeigerbewegungen relativ zur aktiven Zelle aufzeichnen.
- wie Sie ein Makro erstellen, das andere Makros ausführt.

Rube Goldberg ist für seine ausgeklügelten Apparate berühmt, in denen ein Ball in einen Korb fällt, das Gewicht des Korbes einen Hebel bewegt, der wiederum eine Sprungfeder freigibt, die eine Katze weckt und so weiter. Die Werke Rube Goldbergs sind einfach toll anzusehen. Milton Bradley war jahrelang mit einem Mausefallenspiel erfolgreich, das auf einem der Konzepte Rube Goldbergs basierte. In der Lobby des Boston Logan International Airport gibt es Werke von Rube Goldberg: mächtige, ununterbrochen arbeitende Apparate, die irritierte Reisende stundenlang unterhalten.

Unterhaltung ist eine Sache, Ihren Job zu erledigen eine andere. Manchmal ähnelt die Liste der für einen Monatsbericht zu erledigenden Aufgaben der Beschreibung eines Apparats von Rube Goldberg. Zuerst importieren Sie die Auftragsdatei des aktuellen Monats und fügen einige Spalten ein. Dann sortieren Sie die Datei und drucken sie, sortieren sie nach anderen Gesichtspunkten und drucken nochmals. Als nächstes fügen Sie die Datei am Ende der kumulativen Auftragsdatenbank ein und so weiter. Jeder Schritt muß beendet werden, bevor mit dem nächsten begonnen werden kann, und Sie sorgen mittlerweile dafür, daß Ihr Urlaub nicht in den Zeitraum fällt, in dem der Bericht zu erstellen ist, denn es wäre einfach unmöglich, jemandem erklären zu müssen, wie die einzelnen Aufgaben ausgeführt werden müssen. Richtig?

Eine gute Anwendungsmöglichkeit für Makros wäre es, alle Schritte zusammenzufassen, um die mühselige Erstellung eines Rube Goldberg-

Lektion 2 Mit Makros komplexe Aufgaben ausführen

Berichts in ein Kinderspiel zu verwandeln. In dieser Lektion lernen Sie, wie dies zu bewerkstelligen ist.

Beginnen Sie mit der Lektion

❶ Starten Sie Microsoft Excel, und speichern Sie die leere Arbeitsmappe unter dem Namen *Lektion2* in dem Ordner, der die Übungsdateien dieses Buches enthält. Klicken Sie dazu in der Symbolleiste auf *Speichern* und dann auf *Suche in Favoriten*. Doppelklicken Sie auf den Ordner *Excel VBA Übungen*, geben Sie **Lektion2** als Dateinamen ein, und klicken Sie auf *Speichern*.

❷ Blenden Sie die Symbolleiste *Visual Basic* ein.

Teile und herrsche

Das Geheimnis in der Erstellung eines Makros zur Ausführung einer komplexen Ausgabe liegt darin, die Aufgabe aufzuteilen, ein Makro für jeden Teil zu erstellen und dann die Teile wieder zusammenzufügen. Wenn Sie einfach beginnen, ein Makro aufzuzeichnen, vierhundert Schritte auszuführen und sich dann zurücklehnen und auf das Beste hoffen, stehen Ihre Chancen 1 zu 400, daß das Makro korrekt arbeitet. Sehen Sie sich nun ein hypothetisches Beispiel an.

Als Buchhalter in der Abteilung Textildruck von Müllers Textilien ist der Monatsabschluß eines Ihrer Projekte. Sie würden dieses Projekt gerne automatisieren, damit Sie es an Ihre Mitarbeiter delegieren können, wenn

Abbildung 2.1
Die Aufträge vom November sind in einer Textdatei zusammengefaßt.

Staat	Kanal	Preis	Kategorie	Menge	Netto	Liste	EVK-Preis
WA	Einzelhandel	Mittel	Kinder	9	40,5	4,5	40,5
		Niedrig		143	434,06	3,5	500,5
		Hoch	Kunst	17	93,5	5,5	93,5
		Mittel		23	103,5	4,5	103,5
		Hoch	Sport	26	143	5,5	143
		Mittel		6	27	4,5	27
		Niedrig		4	14	3,5	14
		Hoch	München	13	71,5	5,5	71,5
		Mittel		7	31,5	4,5	31,5
		Niedrig		25	87,5	3,5	87,5
		Mittel	Dinosaurier	22	99	4,5	99
		Niedrig		22	77	3,5	77
		Mittel	Humor	143	554,32	4,5	643,5
		Niedrig		13	45,5	3,5	45,5
		Mittel	Umwelt	35	157,5	4,5	157,5
		Niedrig		40	140	3,5	140
	Großhandel	Mittel	Kinder	30	67,5	2,25	67,5
		Niedrig		10	17,5	1,75	17,5
		Hoch	Kunst	410	1.062,13	2,75	1.127,50
		Mittel		900	1.848,48	2,25	2.025,00
		Hoch	Sport	25	68,75	2,75	68,75
		Mittel		30	67,5	2,25	67,5
		Niedrig		5	8,75	1,75	8,75

Lektion 2 Mit Makros komplexe Aufgaben ausführen

Sie in Urlaub gehen. Derzeit bekommen Sie von der Auftragsverwaltung einen monatlichen Bericht mit einer Übersicht über die Aufträge des vergangenen Monats (vgl. Abbildung 2.1).

Der Bericht zeigt die Umsatzinformationen für jedes Land, jeden Handelskanal, für alle Kategorien und Preiskombinationen. Die Auftragsverwaltung exportiert den Bericht in eine Textdatei. Sie bereiten diese Datei auf und fügen diese Aufträge in die kumulative Auftragsdatenbank ein.

In dieser Lektion lernen Sie, wie Sie Makros für die Teilaufgaben aufzeichnen, aus denen dieses große, komplexe Projekt besteht, und wie Sie diese kleinen Makros dann in ein umfassendes Makro aufnehmen. Während der Bearbeitung dieser Aufgaben lernen Sie einige nützliche Techniken kennen, die Sie zur Erledigung Ihrer alltäglichen Routineaufgaben einsetzen können.

Aufgabe 1: Die Berichtdatei öffnen

Die Aufträge des aktuellen Monats (in unserem Beispiel November 1997) sind in der Textdatei Auft1197.txt abgelegt. Die erste Aufgabe besteht darin, die Datei zu öffnen, den Inhalt in Spalten aufzuteilen und die Datei in die Arbeitsmappe zu verschieben, welche das Makro enthält.

Die Berichtdatei öffnen

Sie sollten die Schritte 3 bis 6 einmal übungshalber ausführen, bevor Sie das Makro aufzeichnen.

Abbildung 2.2
Das Dialogfeld *Öffnen*.

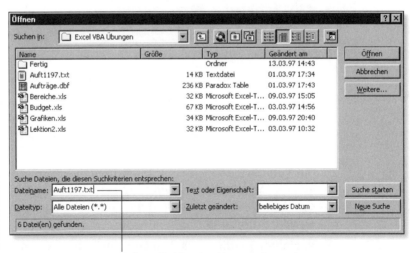

Geben Sie hier den Namen ein, auch wenn es sich nicht um eine Excel-Datei handelt.

Lektion 2 Mit Makros komplexe Aufgaben ausführen

❶ Wenn das Fenster der Arbeitsmappe *Lektion2* maximiert ist, klicken Sie auf *Fenster wiederherstellen*.

❷ In der Symbolleiste *Visual Basic* klicken Sie *Makro aufzeichnen* an und geben **DateiImportieren** als Makronamen ein. Klicken Sie auf *OK*.

❸ Klicken Sie *Öffnen* an, geben Sie als Dateiname **Auft1197.txt** ein, und klicken Sie auf *Öffnen* (vgl. Abbildung 2.2).

Der *Text-Assistent - Schritt 1 von 3* wird eingeblendet.

❹ Die ersten drei Zeilen der Datei enthalten den Titel des Berichts und eine Leerzeile. Ändern Sie daher den Wert von *Import beginnen in Zeile* in **4**. Da die weiteren voreingestellten Optionen des Text-Assistenten zu dieser Datei passen, klicken Sie auf *Ende* (vgl. Abbildung 2.3).

Abbildung 2.3
Das Dialogfeld *Text-Assistent - Schritt 1 von 3*.

Ändern Sie diesen Wert, um Zeilen zu ignorieren.

Die Textdatei wird geöffnet. Die Spalten sind in Excel-Spalten aufgeteilt.

❺ Ziehen Sie den unteren Rand des neuen Fensters nach oben, damit Sie die Register der Arbeitsmappe *Lektion2* sehen können. Dann ziehen Sie das Register der Tabelle *Auft1197* vor das Register *Tabelle1* der Arbeitsmappe *Lektion2* (vgl. Abbildung 2.4).

Die Tabelle *Auft1197* wird in die Arbeitsmappe *Lektion2* verschoben, und die Arbeitsmappe *Auft1197.txt* wird ausgeblendet (da sie keine einzige Tabelle mehr enthält, denn eine Arbeitsmappe muß wenigstens eine Tabelle enthalten).

Nachdem Sie dieses Makro getestet haben, werden Sie mehrere Kopien der Tabelle *Auft1197* vorfinden. Diese Kopien sind später nützlich, wenn Sie die Makros für die Teilaufgaben entwickeln. Da die Arbeitsmappe

Lektion 2   Mit Makros komplexe Aufgaben ausführen

Abbildung 2.4
Das Arbeitsblatt *Auft1197* vor der Arbeitsmappe *Lektion2*.

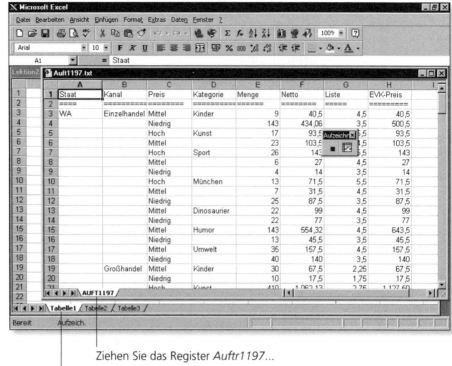

Ziehen Sie das Register *Auftr1197*...
...über das Register *Tabelle1* der Arbeitsmappe *Lektion2*.

schon eine Tabelle mit dem Namen *Auft1197* enthält, werden die neuen Kopien automatisch mit *Auft1197 (2)*, *Auft1197 (3)* usw. benannt.

❻ In Zeile 2 stehen Gleichheitszeichen, die Sie nicht benötigen. Klicken Sie auf Zelle A2 und im Menü *Bearbeiten* auf *Zellen löschen*. Im Dialogfeld *Zellen löschen* markieren Sie *Ganze Zeile* und klicken auf *OK* (vgl. Abbildung 2.5).

Abbildung 2.5
Das Dialogfeld *Zellen löschen*.

Markieren Sie diese Option, um die Zeile mit der aktiven Zelle zu löschen.

❼ Klicken Sie auf Zelle A1 und dann auf *Aufzeichnung beenden*.

Sie haben nun die importierte Datei in Spalten aufgeteilt und nicht benötigte Zeilen gelöscht.

Lektion 2 Mit Makros komplexe Aufgaben ausführen

Das Makro DateiImportieren schrittweise ausführen

Anstatt das Makro nur zu lesen, führen Sie es schrittweise aus und beobachten, wie es arbeitet. Notieren Sie sich, ob Änderungen daran vorzunehmen sind.

Wann immer Sie ein Makro in Einzelschritten ausführen, wird das Fenster *Visual Basic Editor* über der Arbeitsmappe eingeblendet. In diesem Fenster wird das gewählte Makro sowie die Anweisung angezeigt, die als nächste ausgeführt wird.

❶ Klicken Sie auf *Makro ausführen*, wählen Sie *DateiImportieren* aus der Liste *Makroname*, und klicken Sie auf die Schaltfläche *Schritt*.

Das Fenster *Microsoft Visual Basic* wird über der Arbeitsmappe eingeblendet und zeigt das aufgezeichnete Makro an. Die Anweisung, die als nächste ausgeführt wird, wird gelb hervorgehoben. Links davon sehen Sie einen gelben Pfeil (vgl. Abbildung 2.6).

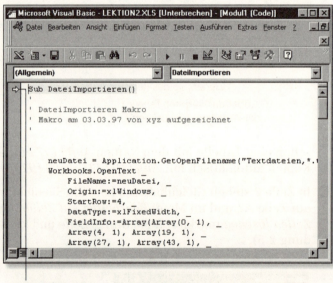

Abbildung 2.6
Das Visual Basic-Fenster mit dem aufgezeichneten Makro.

Der Pfeil zeigt, welche Anweisung als nächste ausgeführt wird.

Die hervorgehobene Anweisung ist die erste Anweisung des Makros. Es handelt sich um die Anweisung mit dem Makronamen:

```
Sub DateiImportieren()
```

❷ Drücken Sie F8, um die erste Anweisung im Rumpf des Makros hervorzuheben:

Lektion 2 **Mit Makros komplexe Aufgaben ausführen**

Ihr aufgezeichnetes Makro hat wahrscheinlich eine andere Zeilenaufteilung als dieses Beispiel.

```
Workbooks.OpenText _
  FileName:="C:\Excel VBA Übungen\Auft1197.txt", _
  Origin:= xlWindows, _
  StartRow:=4, _
  DataType:=xlFixedWidth, _
  FieldInfo:=Array(Array(0, 1), Array(8, 1), _
    Array(20, 1), Array(26, 1), Array(41, 1), _
    Array(49, 1), Array(59, 1), Array (67, 1))
```

Mit dieser langen Anweisung wird die Textdatei geöffnet. Sie erkennen sicherlich das Argument, das den Dateinamen angibt. Die Argumente *Origin* und *DataType* entsprechen den voreingestellten Werten im ersten Schritt des Text-Assistenten. Das Argument *StartRow* bezeichnet die Anzahl der Zeilen, die beim Importieren übergangen werden sollen. Das Argument *FieldInfo* legt fest, wie die Textdatei in Spalten aufgeteilt werden soll. Sie sollten sich freuen, daß diese Anweisung durch eine Makroaufzeichnung erstellt werden kann und Sie das nicht von Hand eingeben müssen!

Während der Makroaufzeichnung wird diese lange Anweisung in mehrere Zeilen aufgeteilt, indem am Ende jeder Zeile ein Leerzeichen und ein Unterstrich eingefügt werden. Allerdings erfolgt diese Aufteilung nicht unbedingt nach logischen Gesichtspunkten. Wenn Sie das Makro bearbeiten, sollten Sie die Anweisung in sinnvolle Zeilen aufteilen (durch einen Zeilenumbruch vor jedem neuen Argument, wird die Anweisung lesbarer). Orientieren Sie sich am obenstehenden Beispiel.

Diesen Monat öffnen Sie die Datei *Auft1197.txt*. Nächsten Monat werden Sie die Datei *Auft1297* öffnen. Notieren Sie, daß die Makroanweisung geändert werden muß, damit Sie die Datei auswählen können, die geöffnet werden soll. Im nächsten Abschnitt lernen Sie, wie Sie Ihr Makro allgemeiner gestalten.

In Anhang A werden alternative Verfahren zur schrittweisen Ausführung von Makros beschrieben.

❸ Drücken Sie [F8], um die Datei zu öffnen und die nächste Anweisung hervorzuheben. Es handelt sich hierbei um die erste Zeile der folgenden With-Struktur:

```
With ActiveWindow
  .Width = 452.25
  .Height = 254.25
End With
```

Diese vier Anweisungen sind hinzugefügt worden, als Sie das Fenster verkleinert haben (die Werte für Width und Height, die Sie sehen, differieren wahrscheinlich von den hier im Buch genannten). Wenn Sie das Makro bearbeiten, können Sie diese Anweisungen löschen, ohne die Funktionalität des Makros zu verändern.

Lektion 2 Mit Makros komplexe Aufgaben ausführen

❹ Drücken Sie F8, um die Anweisungen auszuführen, die das Fenster verkleinern. Unter Umständen enthält Ihr Makro mehr als vier Anweisungen, welche die Größe des Fensters beeinflussen. Notieren Sie sich, daß diese Anweisungen gelöscht werden sollen.

Die nächste Anweisung ist nun hervorgehoben:

```
Sheets("Auft1197").Select
```

Mit dieser Anweisung wird die Tabelle *Auft1197* als aktive Tabelle ausgewählt, auch wenn sie bereits aktiv war (bei der Aufzeichnung eines Makros kann nicht vorsichtig genug vorgegangen werden). Auch diese Anweisung können Sie später löschen.

Sie können viele Anweisungen bearbeiten, während Sie ein Makro schrittweise ausführen. Beispielsweise könnten Sie die Select-Anweisung löschen. Einige Änderungen hätten allerdings zur Folge, daß Sie das Makro erneut ausführen müssen. Sie dürfen etwa eine With-Struktur nicht löschen (allerdings können Sie einzelne Anweisungen innerhalb einer With-Struktur löschen). Visual Basic warnt Sie vor Veränderungen, die einen Neustart des Makros erfordern.

❺ Drücken Sie F8, um die nächste Anweisung hervorzuheben:

```
Sheets("Auft1197").Move _
    Before:=Workbooks("Lektion2.xls").Sheets(1)
```

Mit dieser Anweisung wird die neue Tabelle in die Arbeitsmappe *Lektion2* verschoben. Wenn Sie das Makro allerdings nächsten Monat ausführen, wird die Tabelle nicht *Auft1197* heißen, sondern *Auft1297*. Ändern Sie *Sheets("Auft1197")* in *ActiveSheet,* damit Ihr Makro in jedem Monat funktioniert.

❻ Drücken Sie F8, um die nächste Anweisung hervorzuheben:

```
Range("A2").Select
```

Mit dieser Anweisung wird die Zelle A2 der Tabelle ausgewählt.

❼ Drücken Sie F8, um die Zelle A2 zu wählen und die nächste Anweisung hervorzuheben:

```
Selection.EntireRow.Delete
```

Da A2 die gewählte Zelle ist und die Anweisung die gesamte Zeile der gewählten Zelle löscht, wird mit dieser Anweisung die Zeile 2 gelöscht.

❽ Drücken Sie F8, um die Zeile zu löschen und die nächste Anweisung hervorzuheben:

```
Range("A1").Select
```

Mit dieser Anweisung wird die Zelle A1 ausgewählt.

Lektion 2 Mit Makros komplexe Aufgaben ausführen

❾ Drücken Sie [F8], um die Zelle A1 auszuwählen und die letzte Makroanweisung hervorzuheben:

```
End Sub
```

❿ Drücken Sie [F8], um das Makro zu beenden.

Die folgende Aufzählung gibt einen Überblick über die Änderungen, die Sie am Makro vornehmen müssen:

- Der Anwender entscheidet, welche Datei geöffnet werden soll.
- Unnötige Anweisungen werden gelöscht.
- Das Makro soll mit Dateien beliebiger Monate funktionieren.

Im nächsten Abschnitt lernen Sie, wie Sie diese Änderungen durchführen.

Das Makro allgemeiner gestalten

Excel bietet eine Methode, mit der der Anwender aufgefordert werden kann, eine Datei zu öffnen. Mit dem Aufruf dieser Methode wird aber keine Datei geöffnet, sondern lediglich der Dateiname zurückgegeben, den Sie dann der Methode OpenText übergeben.

❶ Teilen Sie die Anweisung, die mit *Workbooks.Open* beginnt, in mehrere Zeilen auf, damit sie einfacher zu lesen ist. Schließen Sie jede Zeile mit einem Leerzeichen und einem Unterstrich ab. Folgen Sie dem Beispiel zu Beginn des vorhergehenden Abschnitts *Das Makro DateiImportieren ausführen*.

❷ Vor der Anweisung *Workbooks.OpenText* fügen Sie eine neue Zeile ein, in die Sie folgende Anweisung eingeben:

```
neuDatei = Application.GetOpenFilename("Textdateien,*.txt")
```

Sobald Sie den Punkt hinter *Application* eingegeben haben, blendet Visual Basic eine Liste aller Methoden und Eigenschaften ein, die mit einem Application-Objekt verwendet werden können. Das ist die *Liste der Elemente. Elemente* können sowohl Methoden als auch Eigenschaften sein. Wenn Sie ein G eingeben, zeigt die Liste alle Methoden und Eigenschaften, die mit diesem Buchstaben beginnen. Sie können [↓] drücken und *GetOpenFilename* wählen und dann [↹] drücken, damit die Methode in das Makro eingefügt wird.

Wenn Sie die öffnende Klammer eingeben, zeigt Visual Basic mögliche Argumente der Methode *GetOpenFilename* an. Man nennt diesen Hinweis *QuickInfo*. Vorerst ignorieren Sie diese Informationen. Geben Sie die Wörter in Klammern so ein, wie sie oben vorgegeben sind.

Mit dem Aufruf der Methode *Application.GetOpenFilename* wird das Dialogfeld *Öffnen* angezeigt, so als ob Sie in der Symbolleiste *Öffnen* ange-

Lektion 2 Mit Makros komplexe Aufgaben ausführen

klickt hätten. Die Wörter in Klammern teilen der Methode mit, nur Textdateien anzuzeigen, also Dateien mit der Erweiterung *.txt* (geben Sie die Anführungszeichen genau wie vorgegeben ein). Das Wort *neuDatei* zu Beginn der Anweisung ist eine Variable, in der der angegebene Dateiname gespeichert wird.

Falls die Anweisung *Option Explicit* am Anfang des Moduls steht, löschen Sie den Ausdruck, bevor Sie fortfahren.

❸ In der Anweisung *Workbooks.OpenText* markieren Sie den gesamten Dateinamen einschließlich der Anführungszeichen und löschen ihn. Geben Sie statt dessen **neuDatei** ein.

Der erste Teil der Anweisung sollte nun wie folgt aussehen:

```
Workbooks.OpenText _
    Filename:=neuDatei, _
    Origin:=xlWindows, _
    StartRow:=4, _
```

Wenn diese Anweisung ausgeführt wird, enthält die Variable *neuDatei* den Dateinamen.

❹ Löschen Sie die Anweisungen, welche die Fenstergröße verändern, und auch die Anweisung, mit der die Tabelle *Auft1197* ausgewählt wird.

❺ Ändern Sie die Wörter *Sheets("Auft1197").Move* in **ActiveSheet.Move**.

Das Makro sollte nun wie folgt aussehen:

```
Sub DateiImportieren()
  neuDatei = Application.GetOpenFilename("Textdateien,*.txt")
  Workbooks.OpenText _
    FileName:=neuDatei, _
    Origin:=xlWindows, _
    StartRow:=4, _
    DataType:=xlFixedWidth, _
    FieldInfo:=Array(Array(0, 1), Array(8, 1), _
      Array(20, 1), Array(26, 1), Array(41, 1), _
      Array(49, 1), Array(59, 1), Array(67, 1))
  ActiveSheet.Move Before:=Workbooks("Lektion2.xls").Sheets(1)
  Range("A2").Select
  Selection.EntireRow.Delete
  Range("A1").Select
End Sub
```

❻ Drücken Sie F5, um das Makro auszuführen. Vergewissern Sie sich, daß es korrekt arbeitet. Es sollte das Dialogfeld *Öffnen* einblenden (und nur Textdateien anzeigen) und dann die von Ihnen gewählte Datei öffnen sowie die Tabelle in die Arbeitsmappe *Lektion2* verschieben.

❼ Speichern Sie die Arbeitsmappe *Lektion2*.

Lektion 2 Mit Makros komplexe Aufgaben ausführen

Damit ist das Makro Ihrer ersten Aufgabe für den Monatsabschluß vollständig. Inzwischen sollten Sie einige Kopien der Tabelle *Auft1197* in der Arbeitsmappe *Lektion2* besitzen. Sie können nun mit der nächsten Aufgabe fortfahren.

Aufgabe 2: Beschriftungen ergänzen

Wenn die Auftragsverwaltung einen zusammenfassenden Bericht erstellt, wird eine Beschriftung nur ein einziges Mal in eine Spalte eingetragen. Der Verzicht auf doppelte Beschriftungen fördert die Lesbarkeit des Berichts, doch der Computer benötigt die Beschriftungen, um die Daten korrekt sortieren und zusammenfassen zu können. Sie müssen daher die fehlenden Beschriftungen ergänzen (vgl. Abbildung 2.7).

Sie nehmen nun vielleicht an, daß Sie ein komplexes Makro schreiben müssen, das jede Zelle untersucht und bestimmt, ob sie leer ist und welcher Wert eingetragen werden soll. Tatsächlich werden Sie Excels integrierte Funktionen verwenden, und damit die Hauptarbeit erledigen. Da in diesem Teil des Projekts einige sehr mächtige Tabellenfunktionen vorgestellt werden, werden Sie sich die Schritte zunächst ansehen, bevor Sie das Makro aufzeichnen.

Abbildung 2.7
Die importierten Aufträge vom November.

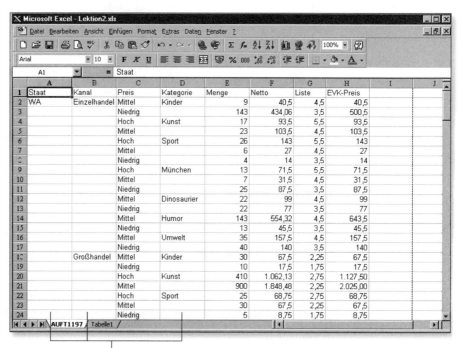

Fügen Sie in die leeren Zellen die darüberstehende Beschriftung ein.

Nur leere Zellen auswählen

Sehen Sie sich an, wo fehlende Beschriftungen ergänzt werden müssen. Welche Werte sollen jeweils in die leeren Zellen eingetragen werden? Sie bestimmen, daß jede leere Zelle den Wert der ersten nicht leeren Zelle darüber erhalten soll. Wenn Sie jede leere Zelle wählen und eine Formel einfügen, die auf die darüberstehende Zelle zeigt, hätten Sie das gewünschte Ergebnis. Der Bereich der leeren Zellen ist allerdings nicht regelmäßig geformt, so daß die Aussicht, mit Hilfe einer Formel Daten in die Zellen einzutragen, eher vage ist. Excel bietet Ihnen glücklicherweise die Möglichkeit, einen unregelmäßigen Bereich leerer Zellen auszuwählen.

❶ In der Arbeitsmappe *Lektion2* klicken Sie auf die Zelle A1.

❷ Im Menü *Bearbeiten* klicken Sie *Gehe zu* an.

Das Dialogfeld *Gehe zu* wird eingeblendet.

In Anhang B werden alternative Verfahren zum Aufruf dieses Dialogfelds vorgestellt.

❸ Im Dialogfeld *Gehe zu* klicken Sie auf *Inhalte* (vgl. Abbildung 2.8).

Abbildung 2.8
Das Dialogfeld *Gehe zu*.

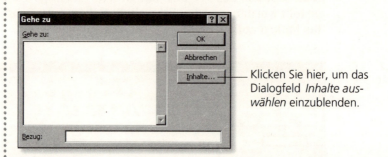

Klicken Sie hier, um das Dialogfeld *Inhalte auswählen* einzublenden.

Sie können auch `Strg`+`⇧`+`*` *drücken, um den aktuellen Bereich zu wählen.*

❹ Wählen Sie im Dialogfeld *Inhalte auswählen* die Option *Aktueller Bereich*, und klicken Sie auf *OK* (vgl. Abbildung 2.9).

Excel wählt den *aktuellen Bereich*, also das Rechteck der Zellen inklusive der aktiven Zelle, der von leeren Zellen oder der Tabellenbegrenzung umgeben ist.

❺ Klicken Sie im Menü *Bearbeiten* auf *Gehe zu* und dann auf *Inhalte*.

❻ Im Dialogfeld *Inhalte auswählen* wählen Sie die Option *Leerzellen* und klicken auf *OK*.

Nun sind nur noch die leeren Zellen der Auswahl markiert. In diese Zellen müssen neue Werte eingegeben werden (vgl. Abbildung 2.10).

Die Auswahlmöglichkeiten des Dialogfensters *Inhalte auswählen* können Ihnen und Ihrem Makro viel Arbeit ersparen.

Lektion 2 — Mit Makros komplexe Aufgaben ausführen

Abbildung 2.9
Das Dialogfeld *Inhalte auswählen*.

Klicken Sie hier, um den aktuellen Bereich auszuwählen.

Abbildung 2.10
Mit der Option *Leerzellen* haben Sie alle Zellen gewählt, in die eine Beschriftung eingefügt wird.

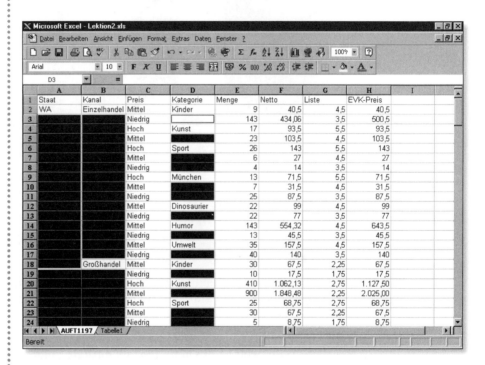

Die ausgewählten Zellen mit Werten füllen

Sie möchten nun in jede der leeren Zellen eine Formel eintragen, die auf die darüberstehende Zelle zeigt. Wenn Sie eine Formel eingeben, trägt Excel sie normalerweise nur in die aktive Zelle ein. Sie können Excel allerdings auch höflich darum bitten, die Formel gleichzeitig in alle ausgewählten Zellen einzutragen.

❶ Nun sind alle leeren Zellen ausgewählt, und D3 ist die aktive Zelle. Geben Sie ein Gleichheitszeichen (=) ein, und drücken Sie ↑.

65

Lektion 2   Mit Makros komplexe Aufgaben ausführen

Abbildung 2.11
Das Arbeitsblatt mit eingefügten Beschriftungen.

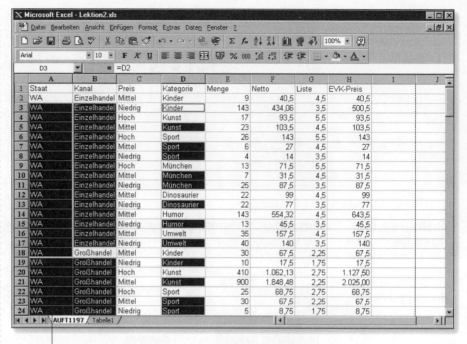

Drücken Sie Strg+←, um die gewählten Zellen zu füllen.

Wenn der Zellbezug D2 in Zelle D3 steht, bedeutet dies „eine Zelle über mir in der gleichen Spalte".

❷ Drücken Sie Strg+←, um die Formel in alle aktuell ausgewählten Zellen einzutragen (vgl. Abbildung 2.11).

Wenn Sie eine Formel eingeben und Strg+← drücken, während mehrere Zellen ausgewählt sind, wird die Formel in sämtliche ausgewählte Zellen kopiert. Drücken Sie dagegen nur ←, wird die Formel nur in die aktive Zelle eingetragen.

Jede Zelle, welche die neue Formel enthält, zeigt nun auf die darüberliegende Zelle.

❸ Drücken Sie Strg+⇧+*, um den aktuellen Bereich auszuwählen.

❹ Klicken Sie im Menü *Bearbeiten* auf *Kopieren*. Dann klicken Sie im Menü *Bearbeiten* auf *Inhalte einfügen*, im Dialogfenster *Inhalte einfügen* auf *Werte* und zuletzt auf *OK*.

❺ Drücken Sie Esc, um den Kopiermodus zu beenden, und klicken Sie auf Zelle A1.

Nun enthält der Zellenblock als Werte die fehlenden Beschriftungen, damit der Inhalt der Zellen nicht geändert wird, falls Sie die Daten neu sortieren sollten. Wählen Sie eine andere Kopie der importierten Tabelle, und führen Sie alle Schritte nochmals aus, wobei Sie diesmal die Makroaufzeichnung einschalten.

Das Eintragen der fehlenden Werte aufzeichnen

❶ Wählen Sie eine Kopie der Tabelle *Auft1197* (eine, in die noch keine Werte eingefügt worden sind), oder führen Sie das Makro *DateiImportieren* nochmals aus.

❷ Klicken Sie auf *Makro aufzeichnen*, geben Sie als Makronamen **BeschriftungEinfügen** ein, und klicken Sie auf *OK*.

❸ Klicken Sie auf die Zelle A1 (auch dann, wenn sie schon gewählt ist), und drücken Sie [Strg]+[⇧]+[*]. Im Menü *Bearbeiten* klicken Sie auf *Gehe zu* und dann auf *Inhalte*. Markieren Sie die Option *Leerzellen,* und klicken Sie auf *OK*.

❹ Geben Sie = ein, drücken Sie [↑] und dann [Strg]+[↵].

❺ Drücken Sie [Strg]+[⇧]+[*].

❻ Wählen Sie im Menü *Bearbeiten* den Befehl *Kopieren*. Dann wählen Sie im Menü *Bearbeiten* den Befehl *Inhalte einfügen*, markieren die Option *Werte* und klicken auf *OK*.

❼ Drücken Sie [Esc], um den Kopiermodus zu beenden, und klicken Sie dann auf die Zelle A1.

❽ Klicken Sie auf *Aufzeichnung beenden*.

Sie haben das Makro *BeschriftungEinfügen* jetzt aufgezeichnet. Sehen Sie es sich nun an.

Das Makro BeschriftungEinfügen schrittweise ausführen

❶ Wählen Sie eine Kopie der Tabelle *Auft1197* (eine Kopie, in die noch keine Werte eingefügt worden sind), oder führen Sie das Makro *DateiImportieren* noch einmal aus.

❷ Klicken Sie *Makro ausführen* an, wählen Sie das Makro *BeschriftungEinfügen*, und klicken Sie auf *Schritt*.

Das Visual Basic-Fenster wird eingeblendet und zeigt die erste Makroanweisung hervorgehoben an.

❸ Drücken Sie [F8], um die erste Anweisung im Rumpf des Makros hervorzuheben:

```
Range("A1").Select
```

Lektion 2 **Mit Makros komplexe Aufgaben ausführen**

Mit dieser Anweisung wird die Zelle A1 ausgewählt. Es spielt keine Rolle, wie der Zeiger in die Zelle A1 bewegt worden ist, ob Sie auf die Zelle geklickt, [Strg]+[Pos1] gedrückt oder verschiedene Pfeiltasten betätigt haben. Während der Makroaufzeichnung ist nur das Ergebnis des Auswahlprozesses von Interesse.

❹ Drücken Sie [F8], um die Zelle A1 zu wählen und die nächste Anweisung hervorzuheben:

```
Selection.CurrentRegion.Select
```

Mit dieser Anweisung wird der aktuelle Bereich der aktuellen Auswahl ausgewählt.

❺ Drücken Sie [F8], um den aktuellen Bereich auszuwählen und die nächste Anweisung hervorzuheben:

```
Selection.SpecialCells(xlCellTypeBlanks).Select
```

Mit dieser Anweisung werden die leeren Zellen innerhalb des ausgewählten Bereichs markiert. (Der Ausdruck *SpecialCells* bezieht sich auf die Zellen, die Sie mit Hilfe des Dialogfelds *Inhalte auswählen* ausgewählt haben.)

❻ Drücken Sie [F8], um nur die leeren Zellen auszuwählen und die nächste Anweisung hervorzuheben:

```
Selection.FormulaR1C1 = "=R[-1]C"
```

> Weitere Informationen über die Z1S1-Notation erhalten Sie, wenn Sie vom Assistenten mit dem Suchbegriff *Z1S1-Bezug* Hilfe anfordern (im aktiven Excel-Fenster).

Diese Anweisung weist die Formel *=R[-1]C* dem gesamten ausgewählten Bereich zu. Als Sie die Formel manuell eingegeben haben, wurde die Formel =C2 und nicht =R[-1]C angezeigt. Die Formel =C2 bedeutet „übernimm den Wert aus der Zelle über mir", aber nur, solange es sich bei der aktiven Zelle um C3 handelt. Die Formel =R[-1]C bedeutet ebenfalls „übernimm den Wert aus der Zelle über mir", allerdings ist sie unabhängig davon, welche Zelle gerade aktiv ist.

Sie könnten diese Anweisung in *Selection.Formula = "=C2"* ändern, und das Makro würde die gleiche Funktionalität besitzen, vorausgesetzt, bei der Ausführung des Makros würde die gleiche Auftragsdatei wie bei dessen Aufzeichnung verwendet und C3 wäre die aktive Zelle. Wenn der Befehl, mit dem leere Zellen ausgewählt werden, in einer anderen aktiven Zelle resultiert, würde das veränderte Makro fehlschlagen. Bei der Makroaufzeichnung wird die Notation Z1S1 verwendet, damit Ihr Makro in jeder Umgebung korrekt arbeitet.

❼ Drücken Sie [F5], um die restlichen Anweisungen des Makros auszuführen:

```
Selection.CurrentRegion.Select
Selection.Copy
Selection.PasteSpecial Paste:=xlValues, Operation:=xlNone, _
    SkipBlanks:=False, Transpose:=False
```

Lektion 2 — Mit Makros komplexe Aufgaben ausführen

```
Application.CutCopyMode = False
Range("A1").Select
```

Mit diesen Anweisungen werden der aktuelle Bereich ausgewählt, die Formeln in Werte konvertiert, der Kopiermodus beendet und die Zelle A1 ausgewählt.

❽ Speichern Sie die Arbeitsmappe *Lektion2*.

Damit ist das Makro Ihrer zweiten Aufgabe für den Monatsabschluß vollständig. Sie können nun mit der nächsten Aufgabe fortfahren.

Aufgabe 3: Eine Spalte mit Datumsangaben hinzufügen

Der zusammenfassende Bericht über die Aufträge, an dem Sie arbeiten, besitzt keine Datumsangaben in den Zeilen, da die zugrundeliegende Textdatei nur Zahlen eines bestimmten Monats umfaßt. Bevor Sie diese neuen Datensätze in die Auftragsdatenbank aufnehmen, müssen Sie jedem Datensatz den aktuellen Monat hinzufügen.

Ein konstantes Datum hinzufügen

Zuerst erstellen Sie ein Makro, das in einen Bereich das Datum *Nov 97* einträgt. Es wird eine neue Spalte A einfügen und das Datum in jede Zeile aufnehmen, die Daten enthält.

❶ Wählen Sie eine Tabelle, die bereits die eingefügten Beschriftungen enthält. Klicken Sie auf *Makro aufzeichnen*, geben Sie als Makronamen **DatumEinfügen** ein, und klicken Sie auf *OK*.

❷ Klicken Sie auf die Zelle A1 und im Menü *Einfügen* auf *Spalten*.

Excel fügt eine neue Spalte A ein, wobei die anderen Spalten nach rechts verschoben werden.

❸ In Zelle A1 geben Sie **Datum** ein und drücken ⏎.

❹ Drücken Sie Strg+⇧+*, um den aktuellen Bereich auszuwählen.

❺ Im Menü *Bearbeiten* klicken Sie auf *Gehe zu* und dann auf *Inhalte*. Markieren Sie *Leerzellen*, und klicken Sie auf *OK*. Sie haben damit festgelegt, in welche Zellen das Datum eingefügt werden soll.

❻ Geben Sie **Nov 97** ein, und drücken Sie Strg+⏎, damit das Datum in alle Zellen eingefügt wird.

Excel trägt das Datum in diese Zellen ein.

❼ Klicken Sie auf Zelle A1 und dann auf *Aufzeichnung beenden*.

Lektion 2 • Mit Makros komplexe Aufgaben ausführen

Das Makro schrittweise ausführen

❶ Die Zelle A1 ist ausgewählt. Im Menü *Bearbeiten* klicken Sie auf *Zellen löschen*, auf *Ganze Spalte* und dann auf *OK*.

❷ Klicken Sie *Makro ausführen* an, wählen Sie das Makro *DatumEinfügen*, und klicken Sie auf *Schritt*.

Ihr Makro sollte wie folgt aussehen:

```
Sub DatumEinfügen()
    Range("A1").Select
    Selection.EntireColumn.Insert
    ActiveCell.FormulaR1C1 = "Datum"
    Range("A2").Select
    Selection.CurrentRegion.Select
    Selection.SpecialCells(xlCellTypeBlanks).Select
    Selection.FormulaR1C1 = "Nov-97"
    Range("A1").Select
End Sub
```

❸ Drücken Sie [F8], um das Makro schrittweise abzuarbeiten.

Dieses Makro ist recht unkompliziert. Beachten Sie, daß die Anweisung, die das Wort *Datum* einfügt, nur die „Formel" der aktiven Zelle ändert, während die Anweisung, die das aktuelle Datum einfügt, sich auf die „Formel" der gesamten Auswahl auswirkt. Wenn Sie die Eingabe einer Formel mit [↵] abschließen, wird im Makro der Ausdruck *ActiveCell* verwendet. Wenn Sie die Eingabe einer Formel mit [Strg]+[↵] abschließen, wird im Makro dagegen der Ausdruck *Selection* eingesetzt. (Falls die Auswahl nur aus einer einzigen Zelle besteht, sind *ActiveCell* und *Selection* gleichbedeutend.)

Bei der Makroaufzeichnung wird die Eingabe eines Wertes in eine Zelle immer mit der Formeleigenschaft R1C1 aufgezeichnet, auch wenn Sie nur eine Beschriftung eingeben, da die Aufzeichnungsfunktion nicht unterscheiden kann, ob eine Formel oder eine Beschriftung eingegeben wird.

Zur Datumseingabe auffordern

Ihr aufgezeichnetes Makro wird nun dann einwandfrei arbeiten, wenn die Datei des gleichen Monats verwendet wird. Wenn Sie dieses Makro das nächste Mal verwenden, arbeiten Sie aber mit den Aufträgen vom Dezember. Sie werden das Makro ändern, damit es Sie während der Ausführung nach dem aktuellen Datum fragt.

❶ Fügen Sie im Makro *DatumEinfügen* hinter den Kommentaren eine neue Zeile ein. Geben Sie die folgende neue Anweisung ein:

Lektion 2 Mit Makros komplexe Aufgaben ausführen

```
neuDatum = InputBox("Geben Sie das Datum im Format MMM JJ ein")
```

InputBox ist eine Visual Basic-Funktion, die während der Ausführung eines Makros nach Informationen fragt. Die Wörter in Klammern stellen die Nachricht dar, die angezeigt wird. Die Variable *neuDatum* speichert das Datum, bis das Makro darauf zurückgreift.

Die Funktion *InputBox* ist nützlich, wenn ein Makro in einer leicht veränderten Umgebung ablauffähig sein soll.

❷ Im Makro wählen Sie den Text "*Nov-97*" und löschen ihn. Vergewissern Sie sich, daß auch die Anführungszeichen gelöscht werden.

❸ Geben Sie statt dessen **neuDatum** an der gleichen Stelle ein.

Die geänderte Anweisung sollte wie folgt aussehen:

```
Selection.FormulaR1C1 = neuDatum
```

❹ Aktivieren Sie eine Tabelle, in die noch die Datumsspalte eingefügt werden muß. Alternativ löschen Sie die Datumsspalte oder führen das Makro *BeschriftungEinfügen* erneut aus.

❺ Klicken Sie *Makro ausführen* an, wählen Sie das Makro *DatumEinfügen*, und klicken Sie auf *Ausführen*.

Das Makro fordert zur Eingabe des Datums auf, um es in die entsprechenden Zellen der Spalte A einzufügen.

Wenn Sie *Abbrechen* anklicken, verändert das Makro die Datumszellen nicht. In Lektion 7 lernen Sie, wie während der Makroausführung festgestellt wird, ob der Anwender auf *Abbrechen* geklickt hat.

❻ Geben Sie **Nov 97** ein, und klicken Sie auf *OK* (vgl. Abbildung 2.12).

Abbildung 2.12
Eingabeaufforderung für eine Datumseingabe.

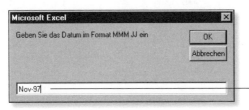

Geben Sie hier ein Datum ein, das vom Makro in das Arbeitsblatt eingefügt werden soll.

❼ Speichern Sie die Arbeitsmappe *Lektion2*.

Damit ist das Makro Ihrer dritten Aufgabe vollständig. Sie werden nun die neuen Daten in die Datenbank aufnehmen.

71

Lektion 2   Mit Makros komplexe Aufgaben ausführen

Aufgabe 4: Daten an die Datenbank anhängen

Nun, da Sie die Monatsangabe in die importierte Tabelle Auft1197 eingefügt haben, besitzt sie die gleichen Spalten wie die Auftragsdatenbank. Sie werden die Tabelle kopieren und an die Datenbank anfügen. Die Spaltentitel werden dabei ignoriert.

Eine Tabelle an eine Datenbank anfügen

Zuerst werden Sie, mit Ausnahme der Überschriften, die Daten der Tabelle Auft1197 kopieren. Danach öffnen Sie die Datenbank und wählen die erste leere Zelle am Ende der Datenbank. Sie benennen den Zellbereich der Datenbank um, um die neuen Zeilen darin einzuschließen, und schließen die Datenbankdatei.

Um sich mit der Aufgabe vertraut zu machen, führen Sie die Schritte 2 bis 10 zunächst aus, ohne ein Makro aufzuzeichnen.

❶ Wählen Sie eine der Tabellen mit dem Titel *Auft1197*, in die sowohl die Beschriftungen als auch die Datumsangaben eingefügt worden sind. Klicken Sie auf *Makro aufzeichnen*, geben Sie als Makronamen **Datenbank-Anhängen** ein, und klicken Sie auf *OK*.

Abbildung 2.13
Die letzten Datensätze der Datenbank.

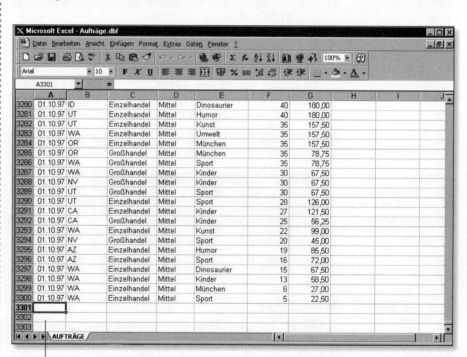

Sie möchten die Datensätze unter der letzten Datenzeile einfügen.

Lektion 2 Mit Makros komplexe Aufgaben ausführen

❷ Klicken Sie auf Zelle A1. Im Menü *Bearbeiten* klicken Sie auf *Zellen löschen* und dann auf *Ganze Zeile*. Klicken Sie auf *OK*.

Damit wird die Titelzeile gelöscht, da sie nicht in den Bereich gehört, der in die Datenbank kopiert werden soll.

❸ Drücken Sie [Strg]+[⇧]+[*], um den aktuellen Bereich auszuwählen. Im Menü *Bearbeiten* klicken Sie auf *Kopieren*.

❹ Klicken Sie in der Symbolleiste auf *Öffnen*, geben Sie als *Dateiname* **Aufträge.dbf** ein, und klicken Sie *Öffnen* an.

Die Datenbankdatei *Aufträge.dbf* wird geöffnet. Die Zelle A1 ist gewählt. (Die Daten sehen hier anders aus als die in der Datei *Auft1197*, da sie anders formatiert sind.)

❺ Drücken Sie [Strg]+[↓], um zur letzten Zeile der Datenbank zu gelangen.

❻ Drücken Sie [↓], um die erste Zelle unter der letzten Datenzeile auszuwählen (das sollte Zelle A3301 sein) (vgl. Abbildung 2.13).

❼ Im Menü *Bearbeiten* klicken Sie auf *Einfügen*, um die kopierten Zeilen anzuhängen, und drücken dann [Esc], um die Meldungen aus der Statusleiste zu entfernen. Die angehängten Zeilen enthalten zwei zusätzliche Spalten (vgl. Abbildung 2.14).

Abbildung 2.14
Die erweiterte Datenbank.

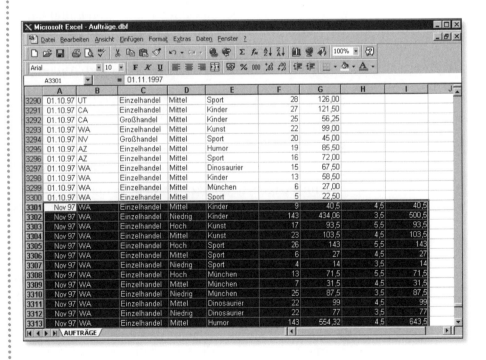

73

Lektion 2 Mit Makros komplexe Aufgaben ausführen

Abbildung 2.15
Das Dialogfeld
Namen festlegen.

Geben Sie hier den Namen ein, doch wählen Sie keinen aus der Liste.

❽ Drücken Sie [Strg]+[⇧]+[*], um den gesamten neuen Datenbankbereich zu markieren, einschließlich der eben angehängten Zeilen.

Wenn Sie in Excel eine dBase-Datei öffnen, wird der Bereich, der die Datensätze enthält, automatisch Datenbank genannt. Beim Speichern der aktualisierten Datei Aufträge.dbf als dBase-Datei werden nur die Werte innerhalb des Datenbank genannten Bereichs gespeichert, alle weiteren Werte der Tabelle dagegen ignoriert. Sie müssen die Definition des Datenbankbereichs erweitern, um die neuen Zeilen einzuschließen und damit zu gewährleisten, daß auch sie gespeichert werden.

❾ Im Menü *Einfügen* klicken Sie auf *Namen* und dann auf *Festlegen*. Als *Namen der Arbeitsmappe* geben Sie **Datenbank** ein und klicken auf *OK*.

Wählen Sie keinen Eintrag aus der Namensliste aus, da sonst die aktuelle Bereichsdefinition beibehalten wird (vgl. Abbildung 2.15).

Nun ist die gesamte Datenbank einschließlich der neuen Zeilen in die Definition des Datenbankbereichs aufgenommen worden und wird mit der Datei gespeichert.

❿ Im Menü *Datei* klicken Sie auf *Schließen*. Klicken Sie *Nein* an, wenn Sie gefragt werden, ob Änderungen gespeichert werden sollen.

Zum jetzigen Zeitpunkt möchten Sie die Datenbank mit den neuen Zeilen noch nicht in der Datei *Aufträge.dbf* speichern, da Sie das Makro zunächst testen wollen.

⓫ Klicken Sie auf Zelle A1 und auf *Aufzeichnung beenden*.

Das Makro DatenbankAnhängen schrittweise ausführen

Führen Sie das Makro schrittweise aus, und sehen Sie sich an, wie es arbeitet. Notieren Sie sich, welche Änderungen notwendig sind.

❶ Aktivieren Sie eine Tabelle, welche die Beschriftungen sowie die Datumsangaben enthält. Falls notwendig, führen Sie die Makros *DateiImportieren*, *BeschriftungEinfügen* und *DatumEinfügen* noch einmal aus.

Lektion 2   **Mit Makros komplexe Aufgaben ausführen**

❷ Klicken Sie *Makro ausführen* an, wählen Sie das Makro *DatenbankAnhängen*, und klicken Sie auf *Schritt*. Sehen Sie sich die ersten fünf Zeilen des Makros an:

```
Sub DatenbankAnhängen()
  Range("A1").Select
  Selection.EntireRow.Delete
  Selection.CurrentRegion.Select
  Selection.Copy
```

Diese Anweisungen gleichen denen in früher aufgezeichneten Makros.

❸ Drücken Sie fünfmal [F8], um die ersten fünf Anweisungen des Makros auszuführen.

Im Visual Basic-Fenster sollte die Open-Anweisung hervorgehoben sein:

```
Workbooks.Open Filename:="C:\Excel VBA Übungen\Aufträge.dbf"
```

Mit dieser Anweisung wird die Datenbank geöffnet.

Wenn Sie alle Angaben außer *Aufträge.dbf* aus dem Pfadnamen löschen, sucht das Makro die Datei im aktuellen Ordner. Das ist sinnvoll, falls Sie das Projekt in einem anderen Ordner ablegen.

❹ Drücken Sie [F8], um die Anweisung mit der Methode Open auszuführen und die nächste Anweisung hervorzuheben:

```
Selection.End(xlDown).Select
```

Diese Anweisung ist äquivalent zu [Strg]+[↓]. Damit wird, ausgehend von der aktiven Zelle, zum Dateiende hin nach der letzten nicht leeren Zelle gesucht, und diese Zelle wird ausgewählt.

❺ Drücken Sie [F8], um die letzte Zelle der Datenbank auszuwählen und die nächste Anweisung hervorzuheben:

```
Range("A3301").Select
```

Mit dieser Anweisung wird die Zelle A3301 ausgewählt. Es handelt sich um die erste Zelle unterhalb der Datenbank dieses Monats; im nächsten Monat wäre es allerdings die falsche Zelle. Diese Anweisung wurde während der Aufzeichnung erzeugt, als Sie [↓] gedrückt haben. Sie benötigen allerdings eine Anweisung, die nicht eine bestimmte Zelle, sondern allgemein die Zelle unterhalb der aktiven Zelle auswählt. Notieren Sie, daß die Anweisung geändert werden muß.

❻ Drücken Sie [F8], um Zelle A3301 auszuwählen und die nächste Anweisung hervorzuheben. Die beiden nächsten Anweisungen gehören zusammen:

```
ActiveSheet.Paste
Application.CutCopyMode = False
```

Lektion 2 Mit Makros komplexe Aufgaben ausführen

Mit diesen Anweisungen werden die neuen Zeilen in die Datenbank eingefügt und die Meldungen aus der Statusleiste entfernt.

❼ Drücken Sie zweimal F8. Die nächsten beiden Anweisungen definieren den Datenbankbereich neu:

```
Selection.CurrentRegion.Select
ActiveWorkbook.Names.Add Name:="Datenbank", RefersToR1C1:= _
   "=Aufträge!R1C1:R3478C9"
```

Mit der ersten Anweisung wird der aktuelle Bereich ausgewählt, also der richtige neue Datenbankbereich. Mit der zweiten Anweisung wird dem Bereich R1C1:R3478C9 (A1:I3478) der Name *Datenbank* zugewiesen. Dies entspricht nicht Ihren Vorstellungen. Sie möchten, daß der Name *Datenbank* nicht einem bestimmten Bereich zugeordnet wird, sondern jeweils dem Bereich, der zum Zeitpunkt der Ausführung der Anweisung aktuell ist. Notieren Sie, daß diese Anweisung geändert werden muß.

❽ Drücken Sie zweimal F8, damit die Anweisung hervorgehoben wird, mit der die Arbeitsmappe geschlossen wird:

```
ActiveWorkbook.Close
```

Mit dieser Anweisung wird die aktive Arbeitsmappe geschlossen. Falls Sie an der Arbeitsmappe Änderungen vorgenommen haben, werden Sie auch gefragt, ob die Änderungen gespeichert werden sollen. Sie können diese Abfrage ändern, damit immer oder – während des Testens – nie gespeichert wird.

❾ Drücken Sie F8, um die Arbeitsmappe mit der Datenbank zu speichern. Klicken Sie auf *Nein*, wenn Sie gefragt werden, ob die Änderungen gespeichert werden sollen. Es sind nur noch zwei Anweisungen auszuführen:

```
   Range("A1").Select
End Sub
```

❿ Drücken Sie zweimal F8, um das Makro zu beenden.

Das Makro funktioniert nur deswegen, weil Sie es unter den gleichen Bedingungen wie bei dessen Aufzeichnung ausführen, d. h. mit identischen Dateien. Hier noch einmal eine Zusammenfassung dessen, was Sie ändern müssen:

- Die erste Zeile unterhalb der Datenbank auswählen.
- Der aktuellen Auswahl den Namen Datenbank zuweisen.
- Die Eingabeaufforderung beim Schließen der Datenbank entfernen.

In den nächsten Abschnitten lernen Sie, wie Sie solche Änderungen vornehmen.

Lektion 2 Mit Makros komplexe Aufgaben ausführen

Eine relative Zeigerbewegung aufzeichnen

Sehen Sie sich die beiden Anweisungen des Makros *DatenbankAnhängen* näher an, die den Zeiger in die erste leere Zelle unterhalb der Datenbank bewegen. Stellen Sie sich vor, was geschieht, wenn Sie das Makro nächsten Monat ausführen und die Datenbank mehr Zeilen umfaßt. Die Anweisung

```
Selection.End(xlDown).Select
```

wählt die unterste Zeile, doch die Anweisung

```
Range("A3301").Select
```

wählt dann immer noch die absolute Zelle A3301.

Wenn Sie eine Zelle wählen, ist bei der Makroaufzeichnung nicht klar, ob die gewählte absolute Zelle gewünscht ist oder aber eine Zelle relativ zum Ausgangspunkt. Beispielsweise wählen Sie eine Zelle in Zeile 1, um eine Spaltenbeschriftung zu ändern. In diesem Fall wünschen Sie immer die gleiche absolute Zelle, unabhängig vom Ausgangspunkt. Wenn Sie dagegen nach der ersten leeren Zelle am Ende einer Datenbank suchen, soll das Makro eine Zelle relativ zum Ausgangspunkt wählen.

Bei der Makroaufzeichnung ist nicht klar, ob Sie absolute Zelladressen oder relative Bewegungen aufzeichnen möchten, doch Sie können wählen. Zeichnen Sie eine neue Anweisung auf, welche die falsche Anweisung ersetzt. Sie werden diese neue Anweisung in einem neuen, temporären Makro aufzeichnen und kopieren. Danach löschen Sie das temporäre Makro.

❶ Klicken Sie *Makro aufzeichnen* an, geben Sie als Makronamen **LöschMich** an, und klicken Sie auf *OK*.

❷ In der Symbolleiste *Aufzeichnung beenden* klicken Sie auf *Relativer Bezug*.

Wenn Sie diese Schaltfläche aktivieren, wird jede neue Zellauswahl *relativ* zur Originalauswahl aufgezeichnet. Nun müssen Sie die Anweisung, welche die Zelle A3301 wählt, durch eine andere ersetzen, die eine relative Bewegung ausführt.

Sie möchten eine Aktion aufzeichnen, bei der der Zeiger um eine Zelle nach unten bewegt wird. Daher können Sie das Makro von einem beliebigen Ausgangspunkt aus in einer beliebigen Tabelle aufzeichnen.

❸ Drücken Sie einmal ↓, um die relative Bewegung aufzuzeichnen.

❹ Klicken Sie auf *Relativer Bezug*, um die Schaltfläche zu deaktivieren, und dann auf *Aufzeichnung beenden*.

❺ Sehen Sie sich das Makro *LöschMich* an.

Mit Makros komplexe Aufgaben ausführen

Die neu aufgezeichnete Anweisung sollte wie folgt aussehen:

```
ActiveCell.Offset(1,0).Range("A1").Select
```

Die Anweisung bedeutet „wähle die Zelle unter der aktiven Zelle". Zu diesem Zeitpunkt müssen Sie nicht verstehen, wie diese Anweisung arbeitet. Vertrauen Sie der Aufzeichnungsfunktion. Wahrscheinlich wundern Sie sich aber über den Ausdruck *Range("A1")*, wo es doch keinen Bezug zur Zelle A1 gibt. Diese Anweisung berechnet einen neuen Bereich, der aus einer einzigen Zelle besteht und eine Zelle unterhalb der aktiven Zelle liegt. Das Makro behandelt den neuen Bereich, als sei er in der oberen linken Ecke in einer vollkommen „virtuellen" Tabelle positioniert, und wählt die Zelle A1 dieser imaginären Tabelle!

❻ Markieren Sie die neue Anweisung, und kopieren Sie sie. Wählen Sie *Range("A3301").Select*, löschen Sie den Ausdruck, und fügen Sie statt dessen die neue Anweisung ein.

❼ Löschen Sie das Makro *LöschMich*, indem Sie alle Anweisungen von *Sub LöschMich* bis *End Sub* wählen und ⌊Entf⌋ betätigen.

> In Lektion 4 erhalten Sie detaillierte Informationen über die Methode Offset.

Mit der Schaltfläche *Relativer Bezug* steuern Sie, ob eine Auswahl absolut oder relativ zur aktiven Zelle aufgezeichnet werden soll. Sie können die Option *Relativer Bezug* während der Makroaufzeichnung beliebig oft aktivieren und deaktivieren.

Die aktuelle Auswahl benennen

Die Makroanweisung, die den Namen des Datenbankbereichs definiert, enthält ein potentiell gefährliches Problem:

```
ActiveWorkbook.Names.Add Name:="Datenbank", RefersToR1C1:= _
    "=Aufträge!R1C1:R3478C9"
```

Diese Anweisung weist dem Bereich, den die Datenbank am Monatsende einnimmt, den Namen *Datenbank* zu. Wenn Sie diese Anweisung nicht vor dem nächsten Monat ändern, werden die Aufträge vom Dezember aus der Datenbank entfernt, wenn Sie sie speichern. Hier haben wir ein Beispiel dafür, daß während der Makroaufzeichnung unter Umständen eine komplizierte Anweisung generiert wird, wenngleich eine einfache Anweisung die Aufgabe besser erfüllen würde.

❽ Ersetzen Sie die gesamte aufgezeichnete Anweisung durch die folgende Anweisung:

```
Selection.Name = "Datenbank"
```

Name ist eine Eigenschaft eines Bereichs, also benennen Sie den Bereich, indem Sie einfach ein Wort in Anführungszeichen der Eigenschaft *Name* als Wert zuweisen.

Lektion 2 Mit Makros komplexe Aufgaben ausführen

Änderungen speichern, ohne die Datei zu schließen

Die Anweisung, welche die Datenbank schließt, sieht folgendermaßen aus:

```
ActiveWorkbook.Close
```

Sie bewirkt, daß eine Eingabeaufforderung eingeblendet wird, die Sie fragt, ob Änderungen gespeichert werden sollen. Manchmal, wenn Sie einen Prozeß automatisieren, wissen Sie schon, daß Sie Änderungen immer (oder niemals) speichern möchten. Die Methode *Close* besitzt ein optionales Argument, über das Sie angeben, ob Änderungen gespeichert werden sollen. Jetzt während der Testphase soll die Anweisung bewirken, daß die Änderungen *nicht* gespeichert werden.

❶ Ändern Sie die Anweisung folgendermaßen:

```
ActiveWorkbook.Close SaveChanges:=False
```

Das Argument von *SaveChanges* beantwortet die Frage des Dialogfelds, bevor sie gestellt worden ist.

❷ Führen Sie nun das Makro aus, und testen Sie es selbst.

❸ Wenn Sie den Test beendet haben und das Makro verwenden wollen, ändern Sie *False* in **True**.

❹ Speichern Sie die Arbeitsmappe *Lektion2*.

Ein technischer Hinweis: Da es sich bei der aktiven Arbeitsmappe um eine dBase-Datei handelt, bewirkt das Setzen des SaveChanges-Arguments auf True, daß Excel Sie nicht danach fragt, ob die Änderungen gespeichert werden sollen. Trotzdem wird ein Dialogfeld eingeblendet, um zu überprüfen, ob die Datei als dBase-Datei gespeichert werden soll. Falls es sich bei der aktiven Arbeitsmappe um eine Excel-Arbeitsmappe handelt, bewirkt das SaveChanges-Argument, daß Excel die Arbeitsmappe einfach speichert.

Hier sehen Sie die endgültige Version des Makros *DatenbankAnhängen*:

```
Sub DatenbankAnhängen()
  Range("A1").Select
  Selection.EntireRow.Delete
  Selection.CurrentRegion.Select
  Selection.Copy
  Workbooks.Open Filename:="C:\Excel VBA Übungen\Aufträge.dbf"
  Selection.End(xlDown).Select
  ActiveCell.Offset(1, 0).Range("A1").Select
  ActiveSheet.Paste
  Application.CutCopyMode = False
  Selection.CurrentRegion.Select
  Selection.Name = "Datenbank"
```

Lektion 2 **Mit Makros komplexe Aufgaben ausführen**

```
    ActiveWorkbook.Close SaveChanges:=False
    Range("A1").Select
End Sub
```

Wenn Sie möchten, führen Sie das Makro nun noch einmal aus. Es arbeitet wie zuvor, kann aber auch in den folgenden Monaten eingesetzt werden, wenn die Datenbank weitere Datensätze enthält.

Sie sind fast fertig. Nur noch eine Aufgabe bleibt: Sie müssen die importierte Tabelle löschen.

Aufgabe 5: Die Tabelle löschen

Sie haben die Textdatei importiert, um die Beschriftungen und Datumsangaben einzufügen, bevor die Daten in die Datenbank eingetragen werden. Nachdem die Daten in die Datenbank aufgenommen worden sind, benötigen Sie die importierte Tabelle nicht mehr.

Ein Makro aufzeichnen, das die aktive Tabelle löscht

❶ Aktivieren Sie eine erweiterbare Tabelle, klicken Sie auf *Makro aufzeichnen*, geben Sie als Makronamen **TabelleLöschen** ein, und klicken Sie auf *OK*.

❷ Im Menü *Bearbeiten* klicken Sie auf *Blatt löschen* und bestätigen, indem Sie *OK* anklicken.

❸ Klicken Sie auf *Aufzeichnung beenden*.

❹ Wählen Sie eine andere erweiterbare Tabelle, und führen Sie das Makro *TabelleLöschen* schrittweise aus:

```
Sub TabelleLöschen()
    ActiveWindow.SelectedSheets.Delete
End Sub
```

Die aufgezeichnete Anweisung bezieht sich auf „ausgewählte Tabellen des aktiven Fensters", denn es ist möglich, mehrere Tabellen zugleich zu wählen und zu löschen. (Halten Sie [Strg] gedrückt, während Sie verschiedene Tabellenregister anklicken, um zu sehen, wie mehrere Tabellen zugleich gewählt werden. Dann klicken Sie auf eine nicht gewählte Tabelle, ohne [Strg] zu drücken, um die Auswahl rückgängig zu machen.) Da Sie nun nur eine Tabelle löschen, könnten Sie die Anweisung in *ActiveSheet.Delete* ändern, doch das ist nicht notwendig.

Das einzige Problem dieses Makros besteht darin, daß die Löschung immer bestätigt werden muß. Wenn das Makro einmal als Teil eines größeren Projekts importierte Tabellen löschen soll, wollen Sie nicht jedesmal den Vorgang bestätigen.

Lektion 2 — Mit Makros komplexe Aufgaben ausführen

Die Eingabeaufforderung des Makros unterdrücken

Die Methode Delete besitzt kein optionales Argument, mit dem die Eingabeaufforderung unterbunden werden könnte. Sie müssen daher eine neue Anweisung hinzufügen.

❶ Klicken Sie auf *Makro ausführen*, wählen Sie das Makro *TabelleLöschen*, und klicken Sie *Bearbeiten* an.

❷ Nach der Anweisung *Sub DeleteSheet()* fügen Sie eine neue Zeile ein. Geben Sie folgende Anweisung ein:

```
Application.DisplayAlerts = False
```

DisplayAlerts ist eine Eigenschaft der Excel-Anwendung. Wenn Sie deren Wert auf False setzen, wird angenommen, daß Sie in allen Eingabeaufforderungen, die normalerweise eingeblendet würden, die voreingestellte Antwort wählen. Die Einstellung von *DisplayAlerts* ist nur solange gültig, wie das Makro ausgeführt wird. Sie müssen den Wert nicht auf True zurücksetzen. Doch passen Sie auf, und führen Sie dieses Makro niemals aus, wenn Ihre aktive Tabelle für Sie wichtig ist. Selbstverständlich denken Sie auch daran, Ihre Arbeit öfter zu speichern.

Die Liste der Elemente unterstützt Sie bei der Eingabe der Wörter *DisplayAlerts* und *False*. Wenn Sie ein Wort aus der Liste wählen, drücken Sie ⤶, um es in die Anweisung aufzunehmen.

❸ Speichern Sie die Arbeitsmappe *Lektion2*.

❹ Wählen Sie eine erweiterbare Tabelle, und führen Sie das Makro *TabelleLöschen* aus.

Alle Teile zusammenfügen

Sie haben alle Makros für die verschiedenen Aufgaben erstellt und sind bereit, Ihr komplexes Projekt auszuführen:

- Das Makro *DateiImportieren* öffnet die Textdatei.
- Das Makro *BeschriftungEinfügen* bringt die Datei in ein Format, das dem Format der Datenbank entspricht.
- Das Makro *DatumEinfügen* bewirkt, daß sich in der Datenbank die monatlichen Aufträge voneinander unterscheiden.
- Das Makro *DatenbankAnhängen* fügt die neuen Zeilen am Ende der gespeicherten Datenbank an.
- Das Makro *TabelleLöschen* entfernt die temporäre Tabelle.

Jedes Makro ist vorbereitet und getestet. Nun fügen Sie die einzelnen Teile zusammen.

Lektion 2 — Mit Makros komplexe Aufgaben ausführen

Abbildung 2.16
Das Dialogfeld mit allen Makros.

Führen Sie alle Makros aus, um ein alles umfassendes Makro zu erstellen.

Ein Makro aufzeichnen, das andere Makros ausführt

Der einfachste Weg, Makros zusammenzuführen, besteht darin, ein Makro aufzuzeichnen, das andere Makros ausführt.

❶ Klicken Sie auf *Makro aufzeichnen*, geben Sie als Makronamen **MonatlichesProjekt** ein, und klicken Sie auf *OK*.

❷ Klicken Sie auf *Makro ausführen*, wählen Sie *DateiImportieren*, und klicken Sie *Ausführen* an.

❸ Wählen Sie die Textdatei, die importiert werden soll, und klicken Sie *Öffnen* an.

❹ Klicken Sie auf *Makro ausführen*, auf *BeschriftungEinfügen* und auf *Ausführen*.

❺ Klicken Sie auf *Makro ausführen*, auf *DatumEinfügen* und auf *Ausführen*.

❻ Geben Sie ein passendes Datum ein, und klicken Sie auf *OK*.

❼ Klicken Sie auf *Makro ausführen*, auf *DatenbankAnhängen* und auf *Ausführen*.

❽ Klicken Sie auf *Makro ausführen*, auf *TabelleLöschen* und auf *Ausführen*.

❾ Klicken Sie auf *Aufzeichnung beenden*.

Sehen Sie sich nun an, was Sie gerade aufgezeichnet haben.

❿ Klicken Sie auf *Makro ausführen*, wählen Sie das Makro *MonatlichesProjekt*, und klicken Sie *Bearbeiten* an. Hier sehen Sie das Makro, das andere Makros ausführt:

```
Sub MonatlichesProjekt()
'
' MonatlichesProjekt Makro
' Makro am 27.02.97 von xyz aufgezeichnet
```

Lektion 2   Mit Makros komplexe Aufgaben ausführen

```
    '
    '
    Application.Run "Lektion2.xls!DateiImportieren"
    Application.Run "Lektion2.xls!BeschriftungEinfügen"
    Application.Run "Lektion2.xls!DatumEinfügen"
    Application.Run "Lektion2.xls!DatenbankAnhängen"
    Application.Run "Lektion2.xls!TabelleLöschen"
End Sub
```

Das Makro *MonatlichesProjekt* führt nun alle untergeordneten Makros nacheinander aus. Die untergeordneten Makros werden *Sub-Prozeduren* genannt. Davon leitet sich auch der Ausdruck Sub in der ersten Zeile eines Makros ab.

Die Sub-Prozedur-Anweisungen vereinfachen

Die während der Makroaufzeichnung entstandenen Anweisungen sehen einigermaßen unhandlich aus. Sie können sie vereinfachen, damit sie besser zu lesen und schneller auszuführen sind.

❶ Löschen Sie alles aus den Anweisungen der aufgezeichneten Sub-Prozeduren außer den Namen der Makros.

Ihr Makro sollte nun wie folgt aussehen:

```
Sub MonatlichesProjekt()
    DateiImportieren
    BeschriftungEinfügen
    DatumEinfügen
    DatenbankAnhängen
    TabelleLöschen
End Sub
```

❷ Speichern Sie die Arbeitsmappe *Lektion2*.

❸ Drücken Sie F5, um das Makro *MonatlichesProjekt* zu testen. Sie können ebenso F8 drücken, und sich schrittweise durch das Makro und jede der Sub-Prozeduren bewegen.

Zusammenfassung der Lektion

Möchten Sie	dann
den aktuellen Bereich auswählen,	drücken Sie Strg+0+*.
leere Zellen im aktuellen Bereich auswählen,	klicken Sie im Menü *Bearbeiten* auf *Gehe zu*, auf *Inhalte* und dann auf die Option *Leerzellen*. ▶

Lektion 2 — Mit Makros komplexe Aufgaben ausführen

Möchten Sie	dann
alle ausgewählten Zellen zugleich füllen,	drücken Sie [Strg]+[←] statt [←].
beobachten, wie ein Makro schrittweise ausgeführt wird,	wählen Sie das Makro im Dialogfeld *Makro* aus, und klicken Sie auf *Schritt*. Drücken Sie [F8], um die nächste Anweisung auszuführen.
daß Ihr Makro den ausgewählten Bereich beispielsweise mit dem Namen *BereichTesten* benennt,	verwenden Sie die Anweisung *Selection.Name* = "BereichTesten".
dem Anwender erlauben, einen Dateinamen aus einem Dialogfeld auszuwählen,	verwenden Sie die Methode *Application.GetOpenFilename*.
zur Eingabe eines Wertes auffordern, während ein Makro ausgeführt wird,	verwenden Sie die Funktion InputBox.
Bewegungen relativ zur aktiven Zelle aufzeichnen,	klicken Sie in der Symbolleiste *Aufzeichnung beenden* auf die Schaltfläche *Relativer Bezug*.
ein Makro erstellen, das andere Makros ausführt,	tragen Sie die Namen der anderen Makros in den Anweisungsteil des Hauptmakros ein.

So erhalten Sie Online-Hilfe zum Thema:	Fordern Sie vom Assistenten mit folgendem Suchbegriff Hilfe an:
Visual Basic-Makros bearbeiten	**Makros bearbeiten** (im aktiven Excel-Fenster)
Makros in Einzelschritten ausführen	**Einzelschritt** (im aktiven Visual Basic-Fenster)

Ausblick auf die nächste Lektion

In dieser Lektion haben Sie gelernt, wie Sie ein komplexes Projekt in Teilaufgaben unterteilen, wie Sie Makros zur Ausführung jeder Teilaufgabe aufzeichnen und testen und dann die einzelnen Teile wieder in einem einzigen Makro zusammenfassen. Sie haben ein Makro erstellt, das Ihnen eine Menge Arbeit abnimmt. Den größten Teil des Makros haben Sie aufgezeichnet. In der nächsten Lektion lernen Sie, wie Sie Objekte bearbeiten, ohne Makroaufzeichnungen zu verwenden.

Objekte erforschen

3 Die Objektbibliothek von Microsoft Excel erforschen

Geschätzte Dauer:
45 Minuten

In dieser Lektion lernen Sie

- wie Sie Werte und Objekte in Variablen speichern.
- wie Sie die Werte von Objekteigenschaften ändern.
- wie Sie Objekten auswählen.
- wie Sie verschiedene Ressourcen in Microsoft Excel verwenden, um Objekte kennenzulernen.

Letztes Jahr im Sommer haben sich mein Mann und ich am Geburtstag unserer Tochter ein Suchspiel für die Geburtstagsgesellschaft ausgedacht. Ich habe den Kindern Zettel gegeben, die zum Beispiel folgenden Hinweis enthielten: „Sucht im Kamin im Wohnzimmer". Als nun alle zum Kamin kamen, fanden sie den nächsten Hinweis: „Sucht im Backofen". Im Backofen lag der Hinweis: „Seht hinter dem Gartenhäuschen nach". Dort fanden die Kinder einen Korb mit Spielsachen und einigen Süßigkeiten. Das war lustig!

Einer der Hinweise, nicht unbedingt der letzte, führte zu einem Korb. Jeder der anderen Hinweise zeigte auf den Ort eines weiteren Hinweises. Die Kinder waren nur am Korb interessiert, doch ohne die Kette von Hinweisen konnten sie nicht dahin gelangen.

In einem Makro führen einige Methoden und Eigenschaften Aktionen aus und andere zeigen oder *verwei*sen auf Objekte. Sobald Sie aufgezeichnete Anweisungen ändern oder eigene Anweisungen schreiben, müssen Sie verstehen, wie Methoden und Eigenschaften verwendet werden, die einen Verweis auf Objekte enthalten. In dieser Lektion lernen Sie, wie Methoden und Eigenschaften auf Objekte verweisen und wie Sie die Werkzeuge von Visual Basic verwenden, um mehr über Objekte in Erfahrung zu bringen.

Beginnen Sie mit der Lektion

Starten Sie Excel. Öffnen Sie die Arbeitsmappe *Objekte.xls,* die sich im Ordner *Excel VBA Übungen* befindet, und speichern Sie eine Kopie unter dem Namen **Lektion3**.

Lektion 3 Die Objektbibliothek von Microsoft Excel erforschen

Das Lokal-Fenster verwenden

Methoden und Eigenschaften lassen sich in zwei Gruppen einteilen. Die Methoden und Eigenschaften der einen Gruppe, beispielsweise Copy, PasteSpecial, NumberFormat und FormulaR1C1, stehen am Ende einer Anweisung und führen eine Aktion aus. Ich nenne sie *Aktionswörter*. Die der anderen Gruppe, beispielsweise Application, ActiveWindow und Range("A1"), verweisen auf Objekte.

Technisch bedeutet ein Wort wie *ActiveCell* „eine Eigenschaft, die einen Verweis auf das Objekt Aktive Zelle zurückgibt". Informell können Sie es einfach Objekt nennen, denn darauf verweist es.

Sie können ein Objekt, oder besser einen Verweis auf ein Objekt, ebenso in einer Variablen speichern wie einen Wert. Visual Basic verfügt über ein mächtiges Werkzeug, mit dem Sie sich über den Inhalt einer Variablen informieren können: das Lokal-Fenster.

Werte in Variablen speichern

Zunächst beobachten Sie das Lokal-Fenster, während ein Makro einige einfache Werte in einer Variablen speichert. Es handelt sich um ein sehr simples Makro, das einer Variablen unterschiedliche Werte zuweist.

 ❶ Klicken Sie in der Arbeitsmappe *Lektion3* auf *Makro ausführen*, wählen Sie *WertSpeichern*, und klicken Sie auf *Bearbeiten*.

```
Sub WertSpeichern()
  neuWert = 500
  neuWert = "Katze"
  neuWert = True
  neuWert = #5/1/95#
  neuWert = 125.3
End Sub
```

❷ Im Menü *Ansicht* klicken Sie auf *Lokal-Fenster*.

Das Fenster *Lokale Ausdrücke* wird eingeblendet, doch es ist leer. In diesem Fenster werden Variablen angezeigt, während Sie ein Makro in Einzelschritten ausführen (vgl. Abbildung 3.1).

Wenn das Lokal-Fenster im gleichen Bereich wie das Fenster *Modul1* eingeblendet wird (wenn es *verankert* ist), halten Sie die Taste [Strg] gedrückt, während Sie das Lokal-Fenster an der Titelleiste vom Codefenster wegziehen. Durch das Drücken von [Strg] wird erreicht, daß ein Visual Basic-Fenster nicht an einem anderen Fenster verankert wird.

❸ Klicken Sie auf das Fenster *Modul1*, und drücken Sie [F8], um das Makro schrittweise auszuführen.

Lektion 3 Die Objektbibliothek von Microsoft Excel erforschen

Abbildung 3.1
Das Lokal-Fenster (unten) zeigt den Wert von Variablen an.

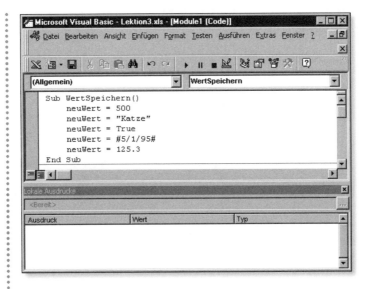

Das Lokal-Fenster zeigt nun *Modul1* an (ignorieren Sie diesen Eintrag) sowie die Variable *neuWert*. In der Spalte *Wert* wird für *neuWert* der Eintrag *Leer* angezeigt (was bedeutet, daß Sie der Variablen bisher nichts zugewiesen haben). In der Spalte *Typ* wird die Variable *neuWert* durch den Eintrag *Variant/Empty* als leere Variable vom Typ Variant (vgl. Abbildung 3.2) beschrieben (was bedeutet, daß Sie der Variablen etwas zuweisen können).

Abbildung 3.2
Das Lokal-Fenster mit der leeren Variablen *neuWert*.

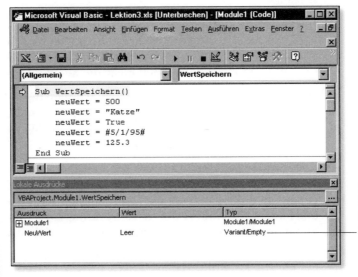

Eine Variable ist leer (Empty), bis Sie ihr einen Wert zuweisen.

Lektion 3 — Die Objektbibliothek von Microsoft Excel erforschen

❹ Drücken Sie zweimal F8, damit der Variablen der Wert 500 zugewiesen wird.

Nun zeigt das Lokal-Fenster den Wert 500 an (vgl. Abbildung 3.3). In der Spalte *Typ* steht der Typ *Integer*. Ein Wert vom Typ Integer ist eine ganze Zahl, also eine Zahl ohne Dezimalstellen.

Abbildung 3.3
Das Lokal-Fenster mit der Integer-Variablen *neuWert*.

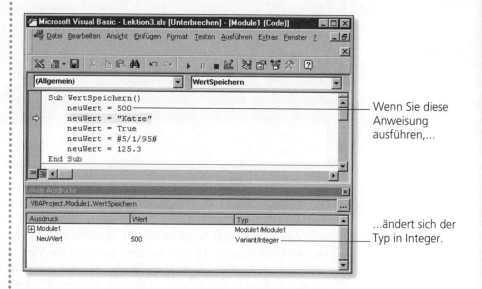

❺ Drücken Sie nochmals F8, um der Variablen den Wert *"Katze"* zuzuweisen.

Das Lokal-Fenster zeigt den neuen Wert an und kennzeichnet ihn als Wert vom Typ *String*. Ein Wert vom Typ String ist eine beliebige Zeichenfolge. Wenn Sie einen Wert vom Typ String nicht in Anführungszeichen einschließen, interpretiert Visual Basic die Zeichenfolge als Variablennamen.

❻ Drücken Sie nochmals F8, um der Variablen den Wert *True* zuzuweisen. Das Lokal-Fenster zeigt nun den Typ *Boolean* an. Boolean ist einfach eine Bezeichnung für einen Datentyp, der nur die Werte True (Wahr) und False (Falsch) annehmen kann.

❼ Drücken Sie nochmals F8, um der Variablen den Wert #5/1/95# zuzuweisen. Das Lokal-Fenster zeigt nun den Typ *Date* an. Die Nummernzeichen geben an, daß es sich um ein Datum handelt und nicht um die Zahl 5 dividiert durch 1 dividiert durch 95. Nummernzeichen bezeichnen Datumsangaben ebenso, wie Anführungszeichen Zeichenfolgen kennzeichnen.

❽ Drücken Sie F8, um der Variablen den Wert 125,3 zuzuweisen. In der Spalte *Typ* wird nun *Double* angezeigt. Ein Wert vom Typ Double ist eine Zahl mit Dezimalstellen. Im allgemeinen haben kleine Zahlen, die zum

Zählen verwendet werden, den Typ Integer, und große Zahlen, die für ernsthafte Berechnungen verwendet werden, den Typ Double.

❾ Drücken Sie [F8], um die Sub-Prozedur zu beenden.

Sie brauchen sich gewöhnlich nicht darum zu kümmern, welchen Datentyp ein Wert besitzt. Wie Sie sehen, hat Visual Basic die Variable *neuWert* automatisch geändert, damit Sie beliebige Werttypen zuweisen können. Zahlen, Zeichenfolgen, Datumsangaben und Wahrheitswerte sind nur unterschiedliche Typen einfacher Werte. Im Lokal-Fenster sehen Sie den Wert in der Spalte *Wert*. Nun werden Sie erfahren, wie eine Variable aussieht, der Sie einen Objektverweis zuweisen.

Objektverweise in Variablen speichern

Wenn Sie einer Variablen einen Wert zuweisen, verwenden Sie einfach ein Gleichheitszeichen. Wenn Sie einer Variablen einen Objektverweis zuweisen, verwenden Sie zwar auch ein Gleichheitszeichen, doch Sie müssen auch das Schlüsselwort Set an den Anfang der Anweisung setzen.

❶ Klicken Sie auf die Prozedur *ObjektSpeichern*. Es handelt sich um eine einfache Testprozedur, die Ihnen den Unterschied zwischen der Zuweisung eines Werts und der eines Objektverweises zeigt.

```
Sub ObjektSpeichern()
    neuObjekt = Range("A1")
    Set neuObjekt = Range("A1")
End Sub
```

Abbildung 3.4
Das Lokal-Fenster mit der String-Variablen *neuWert*.

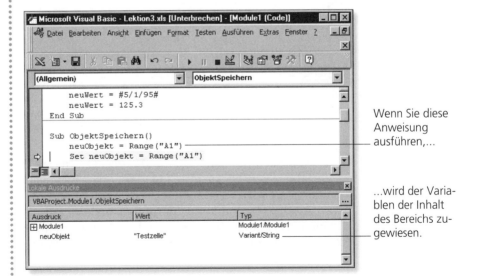

Lektion 3 : Die Objektbibliothek von Microsoft Excel erforschen

❷ Drücken Sie F8, um das Makro in Einzelschritten auszuführen. Sie sehen wieder *Modul1* und eine leere Variable.

❸ Drücken Sie zweimal F8, um der Variablen den Bereich *Range("A1")* zuzuweisen. Die Zelle A1 enthält als Wert die Zeichenfolge *"Testzelle"*. Das Lokal-Fenster zeigt, daß die Variable nun den Wert *"Testzelle"* vom Typ String enthält (vgl. Abbildung 3.4). In dieser Anweisung wurde der Variablen nicht mit dem Schlüsselwort Set der Bereich zugewiesen. Visual Basic hat den Wert aus der Zelle gelesen und in die Variable kopiert.

❹ Drücken Sie nochmals F8, um der Variablen den Bereich Range("A1") zuzuweisen, diesmal unter Verwendung des Schlüsselworts Set. Das Lokal-Fenster zeigt jetzt keinen Wert für *neuObjekt* an, sondern ein Pluszeichen neben der Variablen *neuObjekt* und unter *Typ* den Eintrag *Variant/Object/Range*. Die Variable enthält nun einen Verweis auf ein Objekt, genauer gesagt, auf ein Objekt vom Typ *Range*, also einen Bereich (vgl. Abbildung 3.5).

Abbildung 3.5
Das Lokal-Fenster mit der Variablen *neuWert*.

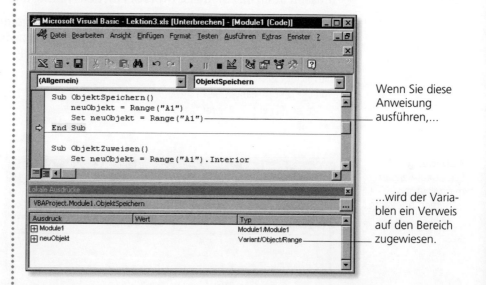

❺ Klicken Sie im Fenster *Lokale Ausdrücke* auf das Pluszeichen neben der Variablen *neuObjekt*. Eine Liste mit allen Eigenschaften des Bereichsobjekts A1 wird eingeblendet (vgl. Abbildung 3.6). Die Liste enthält nur Eigenschaften und keine Methoden. Jede Eigenschaft besitzt entweder einen Wert oder ein vorangestelltes Pluszeichen. Bei den Eigenschaften mit einem Pluszeichen handelt es sich um Verweise auf ein anderes Objekt. Die Eigenschaften ohne Pluszeichen repräsentieren einen Wert.

❻ Im unteren Listenbereich finden Sie die Eigenschaft *Value*. Als Wert der Zelle wird die Zeichenfolge *"Testzelle"* angezeigt. Visual Basic hat diese

Lektion 3   Die Objektbibliothek von Microsoft Excel erforschen

Abbildung 3.6
Das Lokal-Fenster mit den Eigenschaften des Objekts.

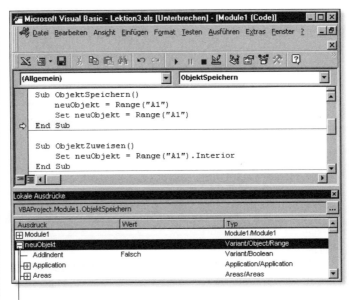

Klicken Sie hier, um die Eigenschaften des Objekts anzuzeigen.

Eigenschaft verwendet, als der Variablen *neuObjekt* der Bereich *Range ("A1")* ohne das Schlüsselwort Set zugewiesen worden ist.

Verwenden Sie das Gleichheitszeichen, um einer Variablen einen Wert zuzuweisen. Einen Objektverweis weisen Sie zu, indem Sie das Gleichheitszeichen verwenden und das Schlüsselwort Set an den Anfang der Anweisung setzen.

Die Werte von Objekteigenschaften ändern

Sie können den Wert einer Eigenschaft direkt im Lokal-Fenster ändern. Einige Eigenschaften können allerdings nur gelesen (sie besitzen das Attribut *read-only*) und nicht geändert werden. Wenn Sie eine Eigenschaft im Lokal-Fenster ändern, hat dies den gleichen Effekt wie die Änderung der Eigenschaft über eine Visual Basic-Anweisung. Sie können also die Eigenschaften interaktiv ändern und verschiedene Werte ausprobieren, um die passende Einstellung zu finden.

❶ Blättern Sie im Lokal-Fenster von der Eigenschaft *Value* nach oben zur Eigenschaft *ColumnWidth*. Falls nötig, ordnen Sie die Fenster neu an, damit Sie die Zelle A1 in Excel sehen können. Ihr Bildschirm sollte nun etwa wie Abbildung 3.7 aussehen.

❷ Klicken Sie auf *ColumnWidth*, um die gesamte Zeile zu wählen. Dann klicken Sie in der Spalte *Wert* auf *8,43*, damit nur die Zahl gewählt wird. Es handelt sich um die voreingestellte Spaltenbreite.

Lektion 3 Die Objektbibliothek von Microsoft Excel erforschen

Abbildung 3.7
Das Lokal-Fenster zeigt die Einstellungen des Excel-Fensters.

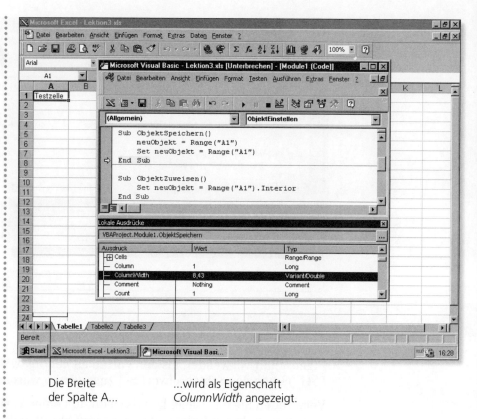

Die Breite der Spalte A... ...wird als Eigenschaft *ColumnWidth* angezeigt.

❸ Geben Sie **25** ein, und drücken Sie ⏎. Die Spaltenbreite wird geändert. Die Änderung des Werts der Eigenschaft bewirkt, daß das Objekt auch auf dem Bildschirm verändert wird (vgl. Abbildung 3.8).

❹ Fügen Sie im Modul-Fenster von Visual Basic über der Anweisung End Sub eine neue Zeile ein. Geben Sie folgende Anweisung ein: **neuObjekt.ColumnWidth = 5**. Diese Visual Basic-Anweisung ist äquivalent zur Änderung des Werts der Eigenschaft *ColumnWidth* im Lokal-Fenster.

❺ Klicken Sie *Column* an, um die Zeile mit der Eigenschaft *Column* zu wählen. Dann klicken Sie auf die 1 in der Spalte *Wert*.

Diesmal wird nichts verändert. Sie können eben nicht einfach die Spalte ändern, in der sich die Zelle A1 befindet, indem Sie der Eigenschaft *Column* einen neuen Wert zuweisen. *Column* ist eine Eigenschaft, die nur gelesen werden kann.

❻ Ziehen Sie den gelben Pfeil, der auf die Anweisung End Sub zeigt, auf die neue ColumnWidth-Anweisung, die Sie gerade eingegeben haben (vgl. Abbildung 3.9).

Lektion 3 Die Objektbibliothek von Microsoft Excel erforschen

Abbildung 3.8
Im Lokal-Fenster die Einstellungen des Excel-Fensters ändern.

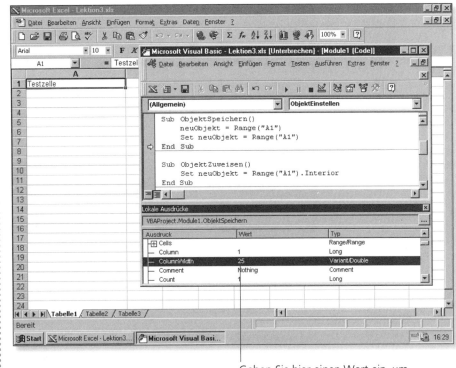

Geben Sie hier einen Wert ein, um die Spaltenbreite in Excel zu ändern.

Abbildung 3.9
Das Visual Basic-Fenster mit den Makroanweisungen.

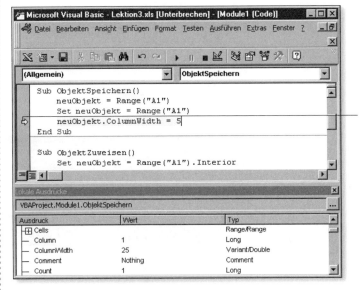

Ziehen Sie den Pfeil auf eine andere Anweisung, um sie auszuführen

Lektion 3: Die Objektbibliothek von Microsoft Excel erforschen

Abbildung 3.10
Das Lokal-Fenster mit der Eigenschaft *Interior*.

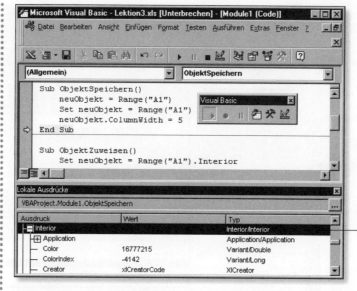

Die Eigenschaft *Interior* repräsentiert ein Objekt mit eigenen Eigenschaften.

Abbildung 3.11
Im Lokal-Fenster eine Zelle des Excel-Fensters ändern.

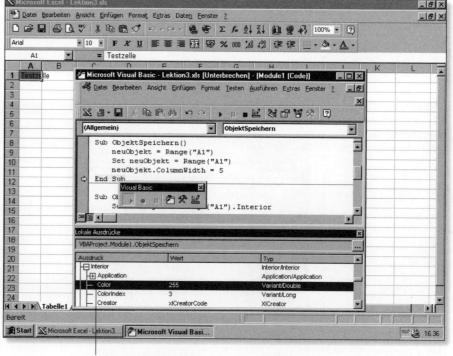

Geben Sie **vbRed** ein, um die Farbe der Zelle zu ändern.

Lektion 3   Die Objektbibliothek von Microsoft Excel erforschen

Wenn Sie den Pfeil an eine andere Position ziehen, wird als nächstes eine andere Anweisung ausgeführt.

❼ Drücken Sie ⌈F8⌉, um die neue Anweisung auszuführen. Die Spaltenbreite wird verringert.

Das Lokal-Fenster bietet Ihnen eine schnelle Übersicht über alle Eigenschaften, die zu einem bestimmten Objekt gehören. Das Lokal-Fenster zeigt außerdem, welche Eigenschaften Werte enthalten (diejenigen mit einem Wert in der Spalte *Wert*) und welche Eigenschaften einen Verweis auf ein Objekt enthalten (diejenigen mit einem Pluszeichen). Es erleichtert außerdem die Suche nach Eigenschaften, die Werte enthalten und nur gelesen werden können: klicken Sie den Wert an, und probieren Sie, ob Sie ihn ändern können.

Als nächstes sehen wir uns eine der Eigenschaften genauer an, die einen Verweis auf ein Objekt enthalten.

Neue Objekte orten

❶ Während das Makro *ObjektSpeichern* immer noch bei der Anweisung End Sub angehalten ist, klicken Sie auf das Pluszeichen neben der Eigenschaft *Interior* von *neuObjekt*.

Die Eigenschaft *Interior* eines Bereichsobjekts gibt einen Verweis auf ein neues Objekt zurück, ein *Interior*-Objekt (vgl. Abbildung 3.10). Das Interior-Objekt steuert Farbe und Muster einer Zelle. Interior ist ein separates Objekt, weil viele Objekte unterschiedliche Interior-Objekte besitzen können. Dazu gehören selbstverständlich viele Komponenten eines Diagramms.

❷ Klicken Sie auf die Eigenschaft *Color* und dann auf die Zahl 16777215 in der Spalte *Wert*.

Theoretisch kann eine Zelle jeden der 16.777.215 möglichen Werte besitzen, von 0 (Schwarz) bis 16.777.215 (Weiß). In der Praxis übernimmt Excel 56 dieser Farben in eine Palette. Wenn Sie der Eigenschaft *Color* eine Zahl zwischen 0 und 16.777.215 zuweisen, „rundet" Excel die Zahl auf die nächstliegende Farbe der Palette. Glücklicherweise bietet Ihnen Visual Basic einige vordefinierte Namen für übliche Farben an.

❸ Geben Sie **vbRed** als Wert von *Color* ein, und drücken Sie ⌐.

Das Innere der Zelle A1 wird nun rot dargestellt, der Wert der Eigenschaft *Color* ändert sich in 255 (die Farbnummer für Rot), und bei *ColorIndex* wird jetzt 3 angezeigt (vgl. Abbildung 3.11).

Die Eigenschaft *ColorIndex* hat einen Wert zwischen 0 und 56, der einer Farbe in der Farbpalette von Excel entspricht. Die Werte entsprachen in früheren Versionen der Reihenfolge der Felder in der Farbpalette der Symbolleiste *Format*. Die Farben wurden inzwischen nach logischeren

Gesichtspunkten neu angeordnet, die Werte der Eigenschaft *ColorIndex* aus Gründen der Kompatibilität mit älteren Versionen jedoch nicht verändert. Es ist heute also nicht mehr möglich, diese Werte direkt den Feldern der Farbpalette zuzuordnen.

❹ Klicken Sie auf die Eigenschaft *ColorIndex* und dann auf die Zahl 3. Geben Sie **34** ein, und drücken Sie ⏎.

Mit der Änderung der Eigenschaft *ColorIndex* wird auch die Eigenschaft *Color* geändert (vgl. Abbildung 3.12).

Abbildung 3.12
Das Lokal-Fenster mit geänderten Farbeinstellungen.

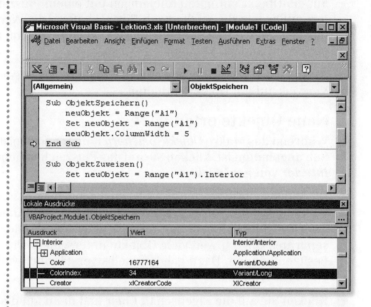

Die Füllfarbe der Zelle ändert sich in ein fröhliches Hellblau.

❺ Geben Sie im Codefenster unmittelbar über der Anweisung End Sub den Text **neuObjekt.Interior.ColorIndex = 45** ein.

❻ Ziehen Sie den gelben Zeiger auf die neue Anweisung, und drücken Sie F8.

Die Füllfarbe der Zelle ändert sich zu Orange.

❼ Drücken Sie F5, um die Ausführung des Makros zu beenden.

Dieser Abschnitt hatte nicht die Absicht, Sie über mögliche Füllfarben von Zellen aufzuklären, sondern zu zeigen, wie Objekte über Eigenschaften miteinander verknüpft sind. Sie können den Eigenschaften, gleichgültig, ob sie Verweise auf andere Objekte oder Werte enthalten, im Lokal-Fenster andere Werte zuweisen und auf diese Weise verschiedene Einstellungen ausprobieren.

Lektion 3   Die Objektbibliothek von Microsoft Excel erforschen

Im Direktfenster mehr über Objekte erfahren

Jedes Excel-Objekt verfügt über Methoden und Eigenschaften, die es Ihnen erlauben, andere Objekten auszuwählen und anzuzeigen. Sie können Objekte in der Objekthierarchie auswählen. Jedes Excel-Objekt besitzt die Eigenschaft *Parent*, über die Sie über- und untergeordnete Objekte bestimmen können. In diesem Abschnitt lernen Sie, wie Sie Objekte in der Excel-Objekthierarchie auswählen. Sie verwenden dazu ein mächtiges Visual Basic-Werkzeug: das Direktfenster.

Über die Eigenschaft Parent Objekte auswählen

❶ Klicken Sie auf das Makro *ObjektZuweisen*. Es sieht wie folgt aus:

```
Sub ObjektZuweisen()
   Set neuObjekt = Range("A1").Interior
End Sub
```

Es handelt sich um ein triviales Makro, das einer Variablen den Inhalt der Zelle A1 zuweist.

❷ Drücken Sie dreimal [F8], um das Objekt der Variablen zuzuweisen.

Beobachten Sie das Lokal-Fenster. Der Objekttyp ist nun *Variant/Object/Interior* (vgl. Abbildung 3.13).

Abbildung 3.13
Das Lokal-Fenster mit dem geänderten Typ.

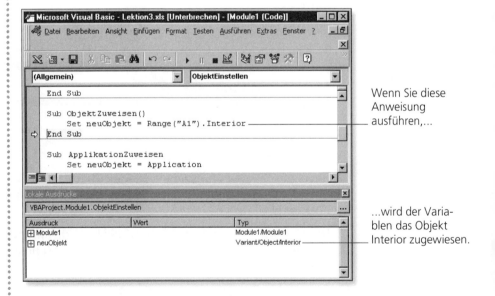

Wenn Sie diese Anweisung ausführen,...

...wird der Variablen das Objekt Interior zugewiesen.

99

Lektion 3 — Die Objektbibliothek von Microsoft Excel erforschen

❸ Klicken Sie im Menü *Ansicht* auf *Direktfenster*. Falls das Fenster an einem anderen Fenster verankert ist, halten Sie [Strg] gedrückt und ziehen es von dem anderen Fenster weg.

Im Direktfenster können Sie beliebige Anweisungen eingeben und sofort ausführen, ohne das Makro im Modul zu ändern.

❹ Im Direktfenster geben Sie **Set neuObjekt = neuObjekt.Parent** ein und drücken [←].

Die Beschreibung in der Spalte *Typ* im Lokal-Fenster zeigt, daß es sich um ein Objekt vom Typ *Range* handelt, da die Eigenschaft *Parent* dieses Interior-Objekts den Wert *Range* hat, also ein Bereich ist (vgl. Abbildung 3.14).

Abbildung 3.14
Mit Anweisungen im Direktfenster läßt sich der Typ im Lokal-Fenster ändern.

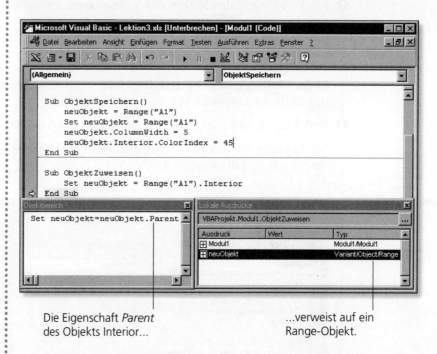

Die Eigenschaft *Parent* des Objekts Interior...

...verweist auf ein Range-Objekt.

❺ Bewegen Sie den Mauszeiger wieder über die Anweisung im Direktfenster (der Zeiger muß nicht am Anweisungsende stehen), und drücken Sie nochmals [←].

Der Variablentyp ändert sich in *Worksheet*, da einer Zelle ein Arbeitsblatt übergeordnet ist, die Parent-Eigenschaft der Zelle also auf das Objekt *Worksheet* verweist.

❻ Führen Sie die Anweisung nochmals aus.

Diesmal ändert sich der Typ in *ThisWorkbook*.

Lektion 3 Die Objektbibliothek von Microsoft Excel erforschen

❼ Führen Sie die Anweisung nochmals aus.

Der Typ ändert sich in *Application*.

❽ Nur zum Spaß führen Sie die Anweisung ein letztes Mal aus.

Der Typ ändert sich nicht, es wird noch immer *Application* angezeigt.

❾ Drücken Sie F5, um das Makro zu beenden.

Jedes Objekt besitzt ein übergeordnetes Objekt, auf das mit der Eigenschaft Parent verwiesen wird. Da sich an der Spitze der Objekthierarchie ein Application-Objekt befindet, ist das Objekt *Application* sich selbst übergeordnet. Diese spezielle Objekthierarchie begann bei *Interior* und setzte sich von *Range* über *Worksheet* und *ThisWorkbook* bis zu *Application* fort.

Über Auflistungen untergeordnete Objekte auswählen

Eine geöffnete Arbeitsmappe enthält in der Regel mehrere Blattregister am unteren Fensterrand. Wenn Sie die Excels Objekthierarchie nach oben hin durchsuchen, läßt sich einfach bestimmen, welche Arbeitsmappe einem Arbeitsblatt übergeordnet ist, doch zum Blättern in der umgekehrten Richtung (nach unten), sind genauere Informationen vonnöten.

In der Objektbibliothek sind Objekte, die in einem Zusammenhang stehen, in Gruppen, den sogenannten *Auflistungen,* zusammengefaßt. Wenn Sie die Objekthierarchie von der Spitze nach unten hin durchsuchen, müssen Sie einzelne Objekte aus der jeweiligen Auflistung auswählen, indem Sie entweder deren Nummer oder den Namen angeben.

❶ Klicken Sie das Makro *ApplikationZuweisen* an. Es sieht wie folgt aus:

```
Sub ApplikationZuweisen()
  Set neuObjekt = Application
End Sub
```

Dieses einfache Makro geht von der obersten Hierarchieebene aus. Es weist der Variablen *neuObjekt* das Objekt *Application* zu.

Abbildung 3.15
Das Lokal-Fenster mit der Objekthierarchie.

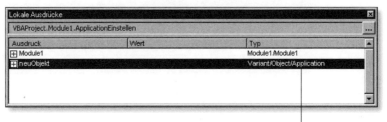

Das oberste Objekt ist das Application-Objekt.

Lektion 3   Die Objektbibliothek von Microsoft Excel erforschen

❷ Drücken Sie dreimal [F8], um der Variablen das Objekt *Application* zuzuweisen.

Das Lokal-Fenster zeigt an, daß die Variable einen Verweis auf das Objekt *Application* enthält (vgl. Abbildung 3.15). Eine der Eigenschaften von *Application* ist *Workbooks*. Die Eigenschaft *Workbooks* gibt einen Verweis auf ein Objekt zurück, das eine Auflistung von Workbooks-Objekten darstellt. Sie können ein einzelnes Objekt aus der Auflistung angeben.

❸ Im Direktfenster geben Sie **Set neuObjekt = Workbooks(1)** ein und drücken [←].

Das Lokal-Fenster zeigt, daß die Variable nun einen Verweis auf das Objekt *ThisWorkbook* enthält, also auf ein *Workbook*-Objekt (vgl. Abbildung 3.16). Sie können in Klammern nach der Auflistung ein einzelnes Objekt der Auflistung angeben. Die in der Auflistung enthaltenen Arbeitsmappen sind in der Reihenfolge numeriert, in der sie geöffnet worden

Abbildung 3.16
Das Lokal-Fenster zeigt die untergeordneten Hierarchieebenen an.

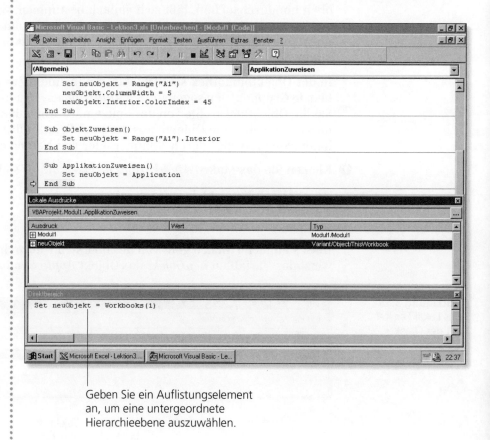

Geben Sie ein Auflistungselement an, um eine untergeordnete Hierarchieebene auszuwählen.

Lektion 3 — Die Objektbibliothek von Microsoft Excel erforschen

sind. Wenn Sie eine Arbeitsmappe schließen, ändern sich die Nummern aller folgenden Arbeitsmappen.

Eine der Eigenschaften eines Workbook-Objekts ist *Worksheets*. Die Eigenschaft *Worksheets* liefert einen Verweis auf ein Objekt, das eine Auflistung von Worksheet-Objekten enthält. Auch hier können Sie ein einzelnes Objekt der Auflistung angeben.

❹ Im Direktfenster geben Sie **Set neuObjekt = Worksheets("Tabelle2")** ein und drücken ⏎.

Das Lokal-Fenster zeigt an, daß die Variable nun einen Verweis auf ein Sheet2-Objekt enthält, also auf ein Worksheet-Objekt (vgl. Abbildung 3.17). *Worksheets* ist eine Eigenschaft, die eine Auflistung zurückgibt. Sie können in Klammern entweder durch eine Zahl oder den in Anführungszeichen gesetzten Namen ein einzelnes Element der Auflistung bezeichnen. Diese Zahl wird auch *Index* genannt. Die Numerierung der Worksheet-Objekte der Auflistung basiert auf der aktuellen Position im Blattregisters. Wenn Sie ein Arbeitsblatt verschieben, ändert sich dessen Nummer. Drücken Sie F5, um das Makro zu beenden.

Abbildung 3.17
Ein Element aus einer Auflistung auswählen.

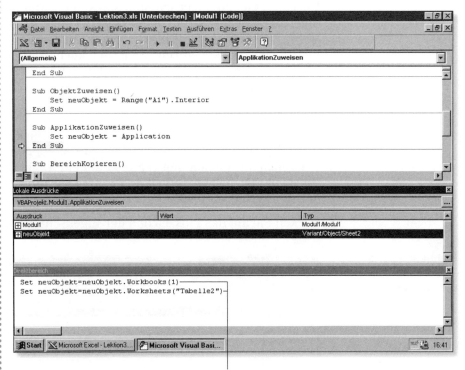

Sie können ein Element über den Namen oder die Nummer auswählen.

Lektion 3 Die Objektbibliothek von Microsoft Excel erforschen

Wenn Sie ein Objekt einer Auflistung bezeichnen möchten, können Sie entweder dessen Nummer oder den Namen angeben. Beide Angaben verweisen auf das gleiche Objekt. Wählen Sie die der jeweiligen Situation angemessene Methode.

Sie können auch dann Anweisungen im Direktfenster ausführen, ohne parallel dazu ein Makro schrittweise zu testen. Allerdings werden dann auch keine Variablen im Lokal-Fenster angezeigt.

Objekte in der Objekthierarchie auswählen

Alle Excel-Objekte haben in der Hierarchie der Objektbibliothek ihren angestammten Platz. Sie finden heraus, wo ein Objekt in der Hierarchie angesiedelt ist, wenn Sie nach der Parent-Eigenschaft suchen, die auf das Objekt verweist. Das bedeutet aber nicht, daß Sie die Hierarchie nur nach oben oder unten hin durchsuchen können.

❶ Wählen Sie das Makro *ApplikationZuweisen*, und drücken Sie dreimal F8, um der Variablen das Objekt *Application* zuzuweisen.

❷ Klicken Sie auf das Pluszeichen neben *neuObjekt*.

Die Liste zeigt die Eigenschaften eines Application-Objekts an (vgl. Abbildung 3.18). Der erste Listeneintrag ist die Eigenschaft ActiveCell, die einen Verweis auf ein Range-Objekt enthält. Sie können direkt vom Application-Objekt zur aktiven Zelle wechseln, auch wenn das Application-Objekt nicht das übergeordnete Objekt des Range-Objekts ist. (Dem Range-Objekt ist die Worksheets-Auflistung übergeordnet.)

❸ Klicken Sie auf das Pluszeichen neben *ActiveCell*.

Die Liste zeigt die Eigenschaften des Range-Objekts an (vgl. Abbildung 3.19). Die zweite Eigenschaft in der Liste ist *Application*. Sie ist mit einem Pluszeichen versehen und verweist auf ein Application-Objekt. Jedes Objekt besitzt die Eigenschaft *Application*, die direkt auf die oberste Ebene der Hierarchie verweist.

❹ Klicken Sie auf das Pluszeichen der Eigenschaft *Application*.

Abbildung 3.18
Die oberste Hierarchieebene.

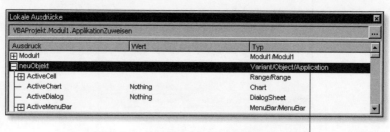

ActiveCell ist eine Eigenschaft des Application-Objekts.

Lektion 3   Die Objektbibliothek von Microsoft Excel erforschen

Abbildung 3.19
Die zweite Hierarchieebene.

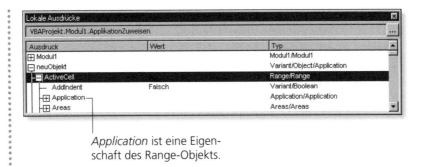

Application ist eine Eigenschaft des Range-Objekts.

In der Liste wird eine weitere Eigenschaft *ActiveCell* angezeigt.

❺ Klicken Sie auf das Pluszeichen neben *ActiveCell* und dann auf das Pluszeichen neben der untergeordneten Eigenschaft *Application*. (Wieviele mag es davon geben?) Die Liste wird erweitert und sollte nun wie in Abbildung 3.20 aussehen.

❻ Wenn es Sie langweilt, klicken Sie auf das Minuszeichen neben *neuObjekt*, um wieder zum Ausgangspunkt zurückzukehren. (Ich habe diesen Schritt 88 mal ausgeführt und damit einen Bildschirm mit der Auflösung 1280x1024 gefüllt.) Drücken Sie F5, um das Makro zu beenden.

Ein Verweis auf ein Objekt ist unabhängig von der Art und Weise, in der der Verweis übergeben oder ausgewählt wurde. Wenn die Zelle A1 die aktive Zelle ist, dann resultieren die Ausdrücke ActiveCell, Application.ActiveCell, ActiveSheet.ActiveCell, Range("A1"), ActiveSheet.Range("A1") und Application.ActiveWorkbook.ActiveSheet.Range("A1") sowie etwa 6273 weitere Ausdrücke in einem Verweis auf das gleiche Objekt!

Sie können die Hierarchie sequentiell nach oben und unten durchsuchen, aber auch mit Hilfe von Methoden und Eigenschaften, die auf ein Objekt in einem anderen Teil des Baumes verweisen, Objekte auswählen. Sobald

Abbildung 3.20
Jedes Objekt verfügt über die Eigenschaften *Application* und *ActiveCell*.

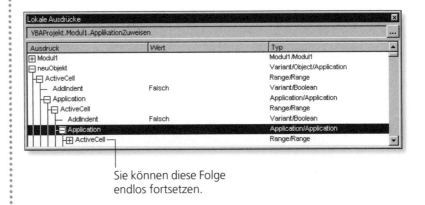

Sie können diese Folge endlos fortsetzen.

Lektion 3 Die Objektbibliothek von Microsoft Excel erforschen

ein Objektverweis zurückgegeben wird, ist nicht mehr nachvollziehbar, wie Sie den Verweis erhalten haben. Diese Art Objekte auszuwählen entspricht einem sehr effizienten Geldwäscheverfahren.

In der Hilfe Informationen über Objekte erhalten

Sie lernen viel über Excel-Objekte, wenn Sie sich die Hierarchie im Lokal-Fenster und im Direktfenster ansehen, doch dieses Verfahren eignet sich kaum dazu, einen allgemeinen Überblick zu gewinnen. Die Online-Hilfe zu Excels Visual Basic enthält ein Übersichtsdiagramm, das Ihnen hilft, sich einen Überblick über die Stellung der Objekte innerhalb der Objekthierarchie zu verschaffen.

Die Objekthierarchie in der Online-Hilfe

❶ Klicken Sie auf das Wort *Application* im Makro *ApplikationZuweisen*, und drücken Sie [F1].

Eine Beschreibung der Eigenschaft Application wird angezeigt (vgl. Abbildung 3.21). Sie lesen, daß die Eigenschaft Application einen Verweis auf ein Application-Objekt zurückgibt.

Abbildung 3.21
Der Hilfetext zur Eigenschaft Application.

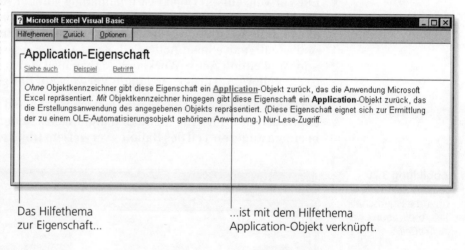

Das Hilfethema zur Eigenschaft...   ...ist mit dem Hilfethema Application-Objekt verknüpft.

❷ Klicken Sie das Wort *Application* im ersten Satz an.

Eine Beschreibung des Application-Objekts wird eingeblendet (vgl. Abbildung 3.22). Sie sehen außerdem ein Diagramm mit einem Application-Objekt.

❸ Klicken Sie auf das Feld *Application*.

Lektion 3 Die Objektbibliothek von Microsoft Excel erforschen

Abbildung 3.22
Verknüpfungen im Hilfetext.

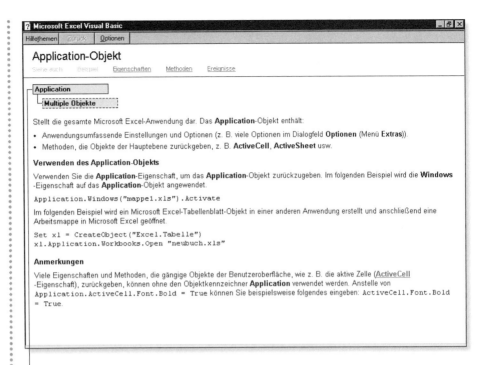

Klicken Sie hier, um das gesamte Objektmodell anzuzeigen.

Es wird eine Übersicht sämtlicher Excel-Objekte angezeigt (vgl. Abbildung 3.23).

Dieses Diagramm zeigt etwa ein Drittel der Excel-Objektmodelle. Sie sehen oben das Objekt Application (das die Anwendung repräsentiert). Es ist einem Workbook-Objekts übergeordnet (das Workbook-Objekt wird blau dargestellt, sollte aber gelb sein, da es aus einer Auflistung stammt). Das Workbook-Objekt (eine Arbeitsmappe) ist einem Worksheet-Objekt (einem Arbeitsblatt) übergeordnet (das in gelb dargestellt wird, da es aus einer Auflistung stammt).

❹ Klicken Sie auf den roten Pfeil neben dem Worksheet-Objekt.

Dieses Diagramm zeigt weitere Teile des Objektmodells, beginnend mit dem Worksheet-Objekt (vgl. Abbildung 3.24).

Weitere Informationen über Range-Objekte sowie Auflistungen finden Sie in Lektion 4.

Das Worksheet-Objekt ist einem Range-Objekt übergeordnet. Das Range-Objekt wird blau dargestellt, da es sich nicht um eine Auflistung handelt. Das Range-Objekt ist einem Interior-Objekt übergeordnet. Damit führen die Verweise von Interior über Range und Worksheet zu Workbook und von da zu Application. Sie haben dies schon in einem der vorherigen Abschnitte gesehen.

Lektion 3 Die Objektbibliothek von Microsoft Excel erforschen

Abbildung 3.23
Das Modell der Microsoft Excel-Objekte.

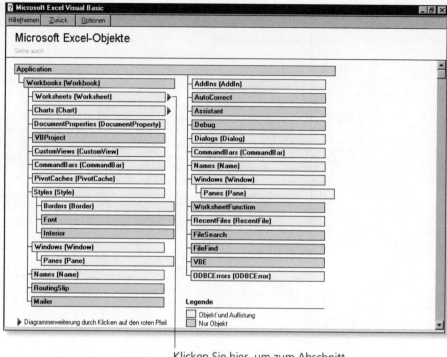

Klicken Sie hier, um zum Abschnitt Worksheet zu wechseln.

❺ Klicken Sie auf das rote Dreieck rechts neben dem Worksheet-Objekt, um zurück zum oberen Teil des Objektmodells zu gelangen.

Rechts vom Hauptteil des Modells werden weitere Objekte angezeigt, die dem Application-Objekt untergeordnet sind. Sie werden die meisten dieser Objekte nur in komplexeren Projekten verwenden.

In der Hilfe nach Methoden suchen

Sie können die Beschreibung eines beliebigen Objekts aufrufen, indem Sie das Diagrammfeld des Objekts anklicken. Wenn Sie zur Beschreibung eines Objekts wechseln, erhalten Sie Informationen über die Methoden und Eigenschaften dieses Objekts.

❶ Klicken Sie auf das Feld des Objekts *Workbooks*.

Die Beschreibung des Objekts der Workbooks-Auflistung wird eingeblendet. Im oberen Bereich werden die Eigenschaften und Methoden des Objekts der Workbooks-Auflistung angezeigt (vgl. Abbildung 3.25).

❷ Klicken Sie auf *Eigenschaften*.

Das Dialogfeld zeigt alle Eigenschaften der Workbooks-Auflistung an (vgl. Abbildung 3.26).

108

Lektion 3 Die Objektbibliothek von Microsoft Excel erforschen

Abbildung 3.24
Das Objektmodell ab dem Worksheet-Objekt.

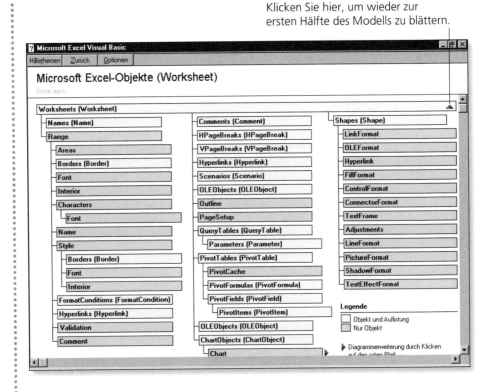

Jedes Objekt besitzt die Eigenschaften Parent, Application und Creator. In dieser Lektion haben Sie schon einiges über die Eigenschaften Parent und Application gelernt. Die Eigenschaft Creator ist nur auf Macintosh-Computern nützlich. Alle Objekte einer Auflistung besitzen die Eigenschaften Count und Item. Count teilt Ihnen mit, wie viele Objekte die Auflistung umfaßt. Item stellt eine weitere Möglichkeit dar, auf ein einzelnes Objekt aus einer Auflistung zuzugreifen.

❸ Klicken Sie auf *Abbrechen* und dann auf die Option *Methoden*.

Es werden die Methoden angezeigt, die für eine Workbooks-Auflistung verfügbar sind (vgl. Abbildung 3.27). Sie können eine neue Arbeitsmappe zur Auflistung hinzufügen (Add), alle Arbeitsmappen gleichzeitig schließen (Close), eine bestehende Arbeitsmappe öffnen (Open) oder eine Textdatei öffnen und den Inhalt auf Spalten aufteilen (OpenText). (In Lektion 2 wurde während der Aufzeichnung eine Anweisung mit der Methode OpenText erstellt. Hier können Sie sich ansehen, welche Bedeutung diese Anweisung hat.)

❹ Doppelklicken Sie auf *Add-Methode*. Daraufhin wird der Hilfetext zu dieser Methode eingeblendet (vgl. Abbildung 3.28).

Lektion 3 Die Objektbibliothek von Microsoft Excel erforschen

Abbildung 3.25
Der Hilfetext zur Workbooks-Auflistung.

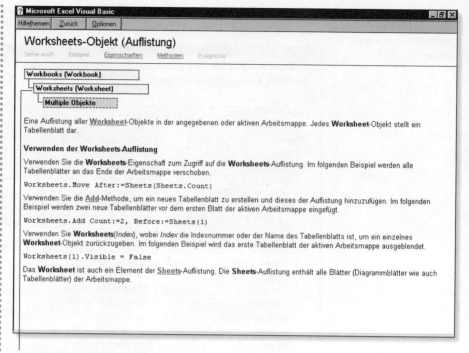

Das Objekt Workbook gehört zu einer Workbooks-Auflistung.

Abbildung 3.26
Die Eigenschaften der Workbooks-Auflistung.

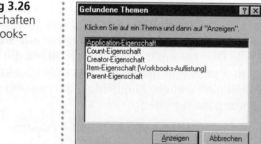

Der erste Abschnitt beschreibt, wie mit der Methode Add eine neue Arbeitsmappe erstellt (optional mit einer Dateivorlage) und dann ein Workbook-Objekt zurückgegeben wird. Dies bedeutet folgendes: Wenn Sie mit der Methode Add eine neue Arbeitsmappe erstellen, erhalten Sie einen Verweis, den Sie mit Set einer Variablen zuweisen können. Im nächsten Abschnitt lernen Sie mehr darüber.

❺ Das Wort *Workbook* ist hervorgehoben. Sie können direkt zum Thema Workbook-Objekt wechseln. Klicken Sie auf den Querverweis *Workbook*.

Lektion 3 Die Objektbibliothek von Microsoft Excel erforschen

Abbildung 3.27
Die Methoden der Workbooks-Auflistung.

Abbildung 3.28
Der Hilfetext zur Add-Methode.

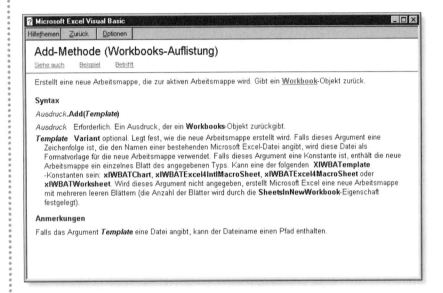

Daraufhin wird der Hilfetext zur Objektklasse Workbook eingeblendet (vgl. Abbildung 3.29).

Wie Sie sehen, unterscheidet sich ein Workbook-Objekt von einem Objekt einer Workbooks-Auflistung. Das Thema *Workbooks-Objekte* enthält eine eigene Liste mit Eigenschaften und Methoden. (Nähere Informationen zu Ereignissen finden Sie in Lektion 9.)

❻ Klicken Sie auf die Verknüpfung *Methoden*. Daraufhin werden die Methoden eingeblendet, die für Workbook-Objekte verfügbar sind (vgl. Abbildung 3.30).

Ein Workbook-Objekt bietet wesentlich mehr Methoden an als ein Objekt einer Workbooks-Auflistung.

❼ Doppelklicken Sie auf *Close-Methode*. Daraufhin wird der Hilfetext zu dieser Methode eingeblendet (vgl. Abbildung 3.31).

Lektion 3   Die Objektbibliothek von Microsoft Excel erforschen

Abbildung 3.29
Der Hilfetext zur Objektklasse Workbook.

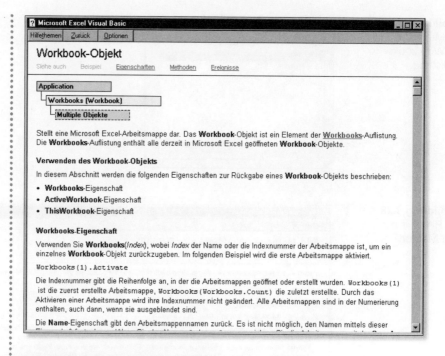

Abbildung 3.30
Die Methoden eines Workbook-Objekts.

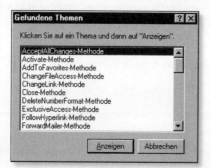

Wenn Sie das Schließen einer Datei aufzeichnen, werden nie Argumente mit der Methode Close verwendet. In der Hilfe haben Sie aber erfahren, daß optionale Argumente existieren. Sehr nützlich ist das Argument SaveChanges, das Ihnen erlaubt, eine Arbeitsmappe zu schließen, ohne den Vorgang bestätigen zu müssen.

❽ Schließen Sie das Hilfefesnter, um zu Excel Visual Basic zurückzukehren.

Die Online-Hilfe ist nützlich, wenn Sie mehr über Objekte und deren Methoden und Eigenschaften erfahren wollen oder nach bestimmten Informationen suchen. Wenn Sie nur eine vage Vorstellung von einer Methode oder einer Eigenschaft haben, bietet Visual Basic Ihnen

Lektion 3 Die Objektbibliothek von Microsoft Excel erforschen

Abbildung 3.31
Der Hilfetext zur Methode Close.

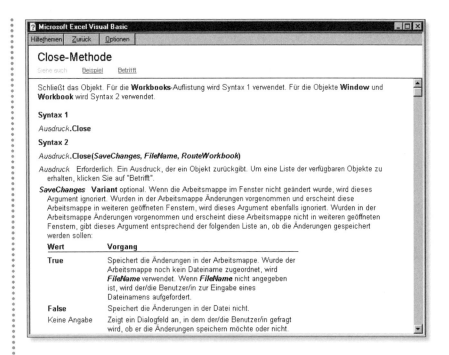

bequeme Werkzeuge, um die Schreibweise einer Methode oder den Namen eines Arguments in Erfahrung zu bringen.

Die Liste der Eigenschaften und Methoden verwenden

Ein nützliches Werkzeug von Visual Basic ist die Liste der Eigenschaften und Methoden, die eingeblendet wird, während Sie Anweisungen eingeben. Diese Liste erleichtert die Eingabe von Methoden und Eigenschaften. Sehen Sie sich an, wie diese Liste das Erstellen von Makros vereinfacht.

Eine Arbeitsmappe hinzufügen und schließen

Erstellen Sie mit den Methoden, die Sie in der Online-Hilfe kennengelernt haben, ein neues Makro.

❶ Geben Sie am Ende des Moduls **Sub MappeErstellen** ein, und drücken Sie ⏎, um ein neues Makro zu erstellen.

Sie müssen die Klammern am Ende der Zeile nicht eingeben. Visual Basic fügt sowohl die Klammern als auch die Anweisung End Sub ein.

❷ Drücken Sie ⇥, um den Rumpf des Makros einzurücken, und geben Sie **Workbooks.** ein. Vergessen Sie den Punkt am Wortende nicht.

Lektion 3   Die Objektbibliothek von Microsoft Excel erforschen

Abbildung 3.32
Die Liste der verfügbaren Methoden und Eigenschaften.

Wenn Sie nach dem Namen eines Objekts, das Visual Basic erkennt, einen Punkt eingeben,...

...wird eine Liste der Methoden und Eigenschaften des Objekts eingeblendet.

Sobald Sie den Punkt eingeben, blendet Visual Basic eine Liste mit allen für die Workbooks-Auflistung verfügbaren Methoden und Eigenschaften ein (vgl. Abbildung 3.32).

Diese Liste entspricht einer Kombination aus zwei Listen, die Sie in der Online-Hilfe gesehen haben. Methoden und Eigenschaften werden durch ein Symbol unterschieden. Das Symbol für Eigenschaften sieht wie ein Finger aus, der auf ein Feld deutet, während das Symbol für Methoden einer grünen Muschel ähnelt, die durch das Weltall saust.

❸ Das erste Wort der Liste, *Add,* ist schon hervorgehoben. Drücken Sie ⇥, um *Add* in die Anweisung aufzunehmen, und dann ⏎, um die Einfügemarke in die nächste Zeile zu bewegen.

Die Eingabe der Methode Add war kinderleicht, nicht? Sie mußten nur das Wort *Workbooks* eingeben. Vielleicht ist Ihnen auch das zu mühselig.

❹ Drücken Sie (Strg)+(Leer) und dann (↓), bis *ActiveWorkbook* hervorgehoben ist. Drücken Sie ⇥. War das nicht einfach?

❺ Geben Sie einen Punkt ein.

Lektion 3   Die Objektbibliothek von Microsoft Excel erforschen

Abbildung 3.33
Die Liste der globalen Methoden und Eigenschaften.

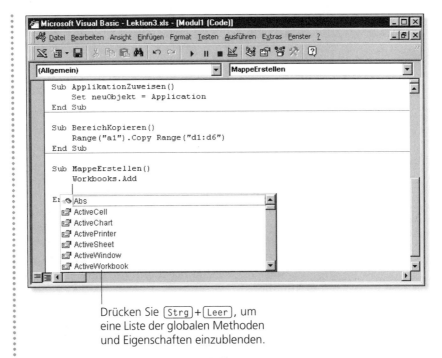

Drücken Sie [Strg]+[Leer], um eine Liste der globalen Methoden und Eigenschaften einzublenden.

Abbildung 3.34
Auswahl aus der Liste der Methoden und Eigenschaften.

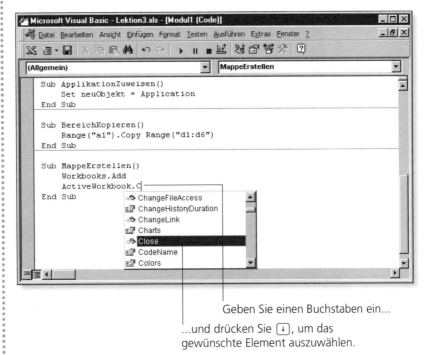

Geben Sie einen Buchstaben ein...

...und drücken Sie [↓], um das gewünschte Element auszuwählen.

Lektion 3

Die Objektbibliothek von Microsoft Excel erforschen

Wieder zeigt Visual Basic die Liste der Methoden und Eigenschaften an, die für das Objekt Workbook verfügbar sind, sobald Sie den Punkt eingeben (vgl. Abbildung 3.33).

❻ Geben Sie **C** ein, damit die Liste schneller nach unten geblättert wird, wählen Sie *Close*, und drücken Sie [↹] (vgl. Abbildung 3.34). Drücken Sie jetzt noch nicht [↵].

Sie haben in der Online-Hilfe erfahren, daß die Methode *Close* optionale Argumente besitzt. Sehen Sie nun, was passiert, wenn Sie eines dieser Argumente eingeben.

❼ Geben Sie ein Leerzeichen ein.

Visual Basic blendet QuickInfo mit den zulässigen Argumenten der Methode Close ein (vgl. Abbildung 3.35). Sie möchten *Close* mitteilen, daß das Speichern von Änderungen nicht bestätigt werden soll. Da das Argument *SaveChanges* als erstes Argument in der Liste steht, brauchen Sie den Namen des Arguments nicht einzugeben, doch Sie möchten einen Wert angeben.

Abbildung 3.35
QuickInfo zeigt die für eine Methode verfügbaren Argumente an.

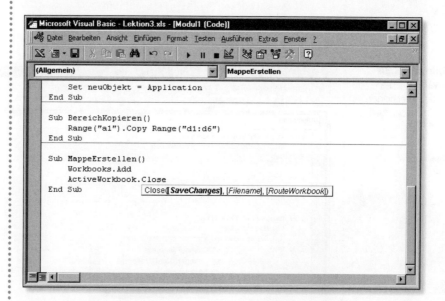

❽ Geben Sie **False** ein.

❾ Testen Sie das Makro, indem Sie fünfmal [F8] drücken.

Sie sehen, wie die neue Arbeitsmappe angezeigt und dann wieder ausgeblendet wird.

Lektion 3   Die Objektbibliothek von Microsoft Excel erforschen

Die Liste der Elemente teilt Ihnen nicht nur mit, welche Methoden und Eigenschaften zur Verfügung stehen, sondern unterstützt auch schreibfaule Programmierer. Großartig, oder?

Die Liste der Konstanten verwenden

Viele Eigenschaften und Argumente erlauben nur eine begrenzte Anzahl von Werten. Solch eine begrenzte Wertemenge wird auch *numerierte Liste* genannt, weil Sie die Werte numerieren können. Visual Basic stellt Ihnen die Liste der Konstanten zur Verfügung, die Sie bei der Auswahl eines Werts aus einer Liste unterstützt.

❶ Fügen Sie im Makro *MappeErstellen* nach der Anweisung *Workbooks.Add* eine neue Zeile ein. Geben Sie **ActiveWindow.WindowState=** ein. Alternativ führen Sie folgende Arbeitsschritte aus: Drücken Sie (Strg)+(Leer), wählen Sie *AktivWindow* aus der Liste, geben Sie einen Punkt ein, wählen Sie *WindowState* aus der Liste, und geben Sie ein Gleichheitszeichen ein. Natürlich können Sie die beiden Methoden auch miteinander kombinieren.

Die Eigenschaft *WindowState* steuert, ob das Fenster minimiert, maximiert oder veränderbar ist. Sobald Sie das Gleichheitszeichen eingegeben haben, zeigt Visual Basic eine Liste mit den drei verfügbaren Werten an: *xlMaximized*, *xlMinimized* und *xlNormal* (vgl. Abbildung 3.36).

❷ Wählen Sie *xlMinimized* aus der Liste, und drücken Sie (←).

Abbildung 3.36
Visual Basic zeigt für einige Eigenschaften eine Werteliste an.

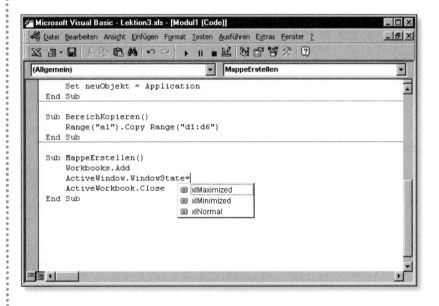

117

Lektion 3 Die Objektbibliothek von Microsoft Excel erforschen

Abbildung 3.37
Die Liste der möglichen Argumente.

QuickInfo zeigt die Argumente an. Drücken Sie ⌜Esc⌝, um die Werteliste einzublenden.

❸ Geben Sie **Windows.Arrange** ein (oder konstruieren Sie den Ausdruck mit der Liste der Konstanten), und drücken Sie ⌜Leer⌝.

Visual Basic blendet QuickInfo ein und zeigt die verfügbaren Argumente für die Methode *Arrange* an (vgl. Abbildung 3.37). *ArrangeStyle* ist das erste Argument, das steuert, wie das Fenster angeordnet wird. Nach dem Argumentnamen sehen Sie den Ausdruck *As XlArrangeStyle = xlArrangeStyleTiled*. Das bedeutet, daß die Objektbibliothek von Excel eine Liste mit dem Namen *XlArrangeStyle* enthält, die alle für dieses Argument verfügbaren Werte enthält. Der Ausdruck = *xlArrangeStyleTiled* bedeutet folgendes: wenn Arrange kein Argument übergeben wird, werden die Fenster geteilt.

❹ Drücken Sie ⌜Esc⌝, um QuickInfo zu entfernen. Nun werden nur noch die verfügbaren Werte angezeigt (vgl. Abbildung 3.38).

❺ Wählen Sie *xlArrangeStyleCascade*, und drücken Sie ⌜↹⌝, um den Wert in die Anweisung aufzunehmen.

❻ Klicken Sie in der Symbolleiste *Visual Basic* auf *Speichern*, um die Arbeitsmappe zu speichern, und drücken Sie dann fünfmal ⌜F8⌝, um Teile des Makros in Einzelschritten auszuführen. Übergehen Sie die Anweisung, mit der die Arbeitsmappe geschlossen wird! (Falls Sie sie doch schließen, hoffen ich, daß Sie die Arbeitsmappe gespeichert haben, als ich Sie dazu aufforderte.)

Lektion 3 Die Objektbibliothek von Microsoft Excel erforschen

Abbildung 3.38
Die Liste der für ein Argument zulässigen Werte.

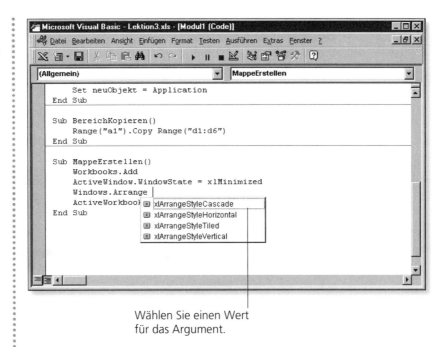

Wählen Sie einen Wert für das Argument.

Das Makro erstellt eine neue Arbeitsmappe, minimiert sie und ordnet die andere Arbeitsmappe neu an. Wenn Sie nun die letzte Anweisung ausführen, wird nicht die neue Arbeitsmappe, sondern die Arbeitsmappe *Lektion3* geschlossen.

❼ Klicken Sie auf *Beenden*, um das Makro zu beenden, ohne die Arbeitsmappe zu schließen.

Variablen deklarieren, um die Listenanzeige zu aktivieren

Wenn Sie eine neue Arbeitsmappe erstellen, können Sie über die Eigenschaft ActiveWorkbook darauf verweisen, sofern Sie nicht eine andere Arbeitsmappe zuerst geöffnet haben. Sie müssen in der Lage sein, den Verweis auf die ursprüngliche Arbeitsmappe zu speichern, damit Sie zu ihr zurückgelangen können. Einen Verweis speichern? Haben wir nicht bereits etwas über das Speichern von Verweisen gelernt? Erinnern Sie sich an die Beschreibung der Methode Add in der Online-Hilfe, die besagt, daß die Methode Add einen Verweis auf die neue Arbeitsmappe zurückgibt. Sie verwenden nun Set, um diesen Verweis in einer Variablen zu speichern.

❶ Löschen Sie die Anweisung *ActiveWorkbook.Close* am Ende des Makros.

Lektion 3   Die Objektbibliothek von Microsoft Excel erforschen

❷ Fügen Sie **Set neuMappe** = vor der Anweisung *Workbooks.Add* ein. Die resultierende Anweisung sollte wie folgt lauten: *Set neuMappe = Workbooks.Add*.

Im Abschnitt *Eine Arbeitsmappe hinzufügen und schließen* wurde automatische eine Liste der Eigenschaften und Methoden eingeblendet, nachdem Sie den Punkt nach *ActiveWorkbook* eingegeben haben. Sie haben nun eine Anweisung eingegeben, mit der der Variablen *neuMappe* ein Verweis auf eine Arbeitsmappe zugewiesen wird. Wird die Liste wieder angezeigt, wenn Sie einen Punkt hinter *neuMappe* eingeben?

❸ Fügen Sie vor der Anweisung End Sub eine neue Zeile ein. Geben Sie **neuMappe.** ein (vergessen Sie den Punkt nicht). Nichts geschieht. Die Liste wird nicht eingeblendet (vgl. Abbildung 3.39). Aber warum nicht?

Abbildung 3.39
Wenn Visual Basic den Objekttyp nicht erkennt, werden keine Listen eingeblendet.

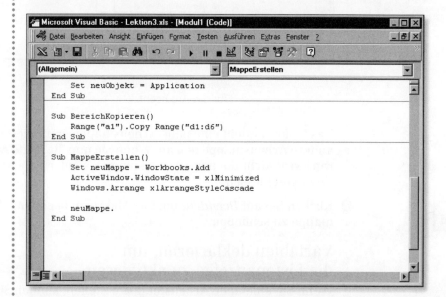

Das Wort *neuMappe* bezeichnet eine Variable. Wenn Sie sich ein Wort ausdenken und damit eine Variable bezeichnen, ist sie für Visual Basic vom Typ *Variant*. Variant bedeutet, daß Sie der Variablen alles mögliche zuweisen können: der Typ ändert sich entsprechend Ihren Zuweisungen von Objekten oder Werten von Integer zu String, zu Workbook oder zu Range. Visual Basic kann die Liste der Elemente nicht automatisch einblenden, da nicht bekannt ist, welcher Werte- oder Objekttyp der Variablen zugewiesen wird. Sie könnten Visual Basic allerdings versprechen, daß Sie der Variablen *neuMappe* niemals etwas anderes als eine Arbeitsmappe zuweisen werden.

❹ Löschen Sie den Punkt, den Sie gerade eingegeben haben.

Lektion 3   Die Objektbibliothek von Microsoft Excel erforschen

Geben Sie am Anfang des Makros unter der Anweisung Sub *MappeErstellen* die Anweisung **Dim neuMappe As Workbook** ein.

Mit dieser Anweisung wird die Variable für Visual Basic *deklariert*. Dies bedeutet, Sie erklären Visual Basic, daß *neuMappe* eine Variable ist und Sie ihr ausschließlich Verweise auf ein Workbook-Objekt zuweisen werden.

(*Dim* ist ein archaischer Ausdruck. Es handelt sich um die Abkürzung von *Dimension* und hat etwas damit zu tun, daß Sie dem Computer mitteilen müssen, wieviel Platz Sie für die Variable brauchen.)

❺ Und nun zurück zur Anweisung, die mit *neuMappe* beginnt. Die Spannung steigt, Sie geben den Punkt ein, und – phantastisch – die Liste der Methoden und Eigenschaften wird eingeblendet (vgl. Abbildung 3.40). Wählen Sie *Close*, und geben Sie **False** als Argument ein.

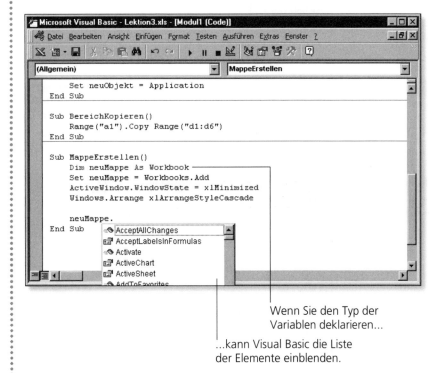

Abbildung 3.40
Für deklarierte Variablen wird automatisch die Liste der Elemente eingeblendet.

Wenn Sie den Typ der Variablen deklarieren...

...kann Visual Basic die Liste der Elemente einblenden.

❻ Speichern Sie die Arbeitsmappe, und drücken Sie mehrmals F8, um das Makro abzuarbeiten.

Sie können eine Variable erstellen, indem Sie ihr einfach einen Wert oder ein Objekt zuweisen oder indem Sie Dim verwenden und damit Visual

Lektion 3 — Die Objektbibliothek von Microsoft Excel erforschen

Basic hoch und heilig versprechen, daß sie eine Variable eines nicht veränderbaren Typs verwenden werden.

Den Objektkatalog verwenden

Visual Basic bietet ein weiteres Werkzeug, das Sie bei der Erforschung der Objektbibliothek von Excel unterstützt. Tatsächlich handelt es sich wahrscheinlich um die mächtigste aller Werkzeuge: den Objektkatalog.

Ein neues Argument für eine Methode suchen

Ich habe das Makro *BereichKopieren* in der Arbeitsmappe *Lektion3* aufgezeichnet, als ich die Zelle A1 kopiert und in den Bereich D1:D6 eingefügt habe:

```
Sub BereichKopieren()
    Range("A1").Select
    Selection.Copy
    Range("D1:D6")
    ActiveSheet.Paste
    Application.CutCopyMode = False
End Sub
```

Dieses Makro wählt zunächst den Quellbereich aus, kopiert ihn, wählt den Zielbereich, fügt die Zellen ein und gibt den Kopierpuffer frei. Die Makroaufzeichnung gibt Ihnen keinerlei Hinweis darauf, wie dieses Makro einfacher zu gestalten wäre, doch der Objektkatalog hilft Ihnen.

Abbildung 3.41
Der Objektkatalog von Visual Basic.

Die Klasse <global>...

...zeigt Methoden und Eigenschaften, denen kein Objekt voranstehen muß.

Lektion 3   **Die Objektbibliothek von Microsoft Excel erforschen**

❶ Klicken Sie in der Symbolleiste *Visual Basic* auf *Objektkatalog*. Das Fenster *Objektkatalog* wird eingeblendet (vgl. Abbildung 3.41).

Der Objektkatalog enthält zwei Listen. Die linke Liste hat den Titel *Klassen*, eine andere Bezeichnung für Objekttypen, und die rechte Liste hat den Titel *Elemente*, eine andere Bezeichnung für Methoden und Eigenschaften.

Wenn der Objektkatalog wie das Lokal-Fenster und das Direktfenster nicht verankert sein soll, klicken Sie mit der rechten Maustaste in das Fenster *Objektkatalog*. Klicken Sie *Verankerbar* an. Falls das Fenster noch immer verankert sein sollte, halten Sie [Strg] gedrückt, während Sie das Fenster an der Titelleiste zur Seite ziehen.

Die Liste *<global>* zeigt Elemente und Methoden, die Sie verwenden können, ohne ein Objekt voranzustellen.

❷ In der linken Liste sollte *<global>* markiert sein. Falls dieser Eintrag nicht markiert ist, wählen Sie ihn aus (den ersten Eintrag der Liste). In der rechten Liste klicken Sie *ActiveCell* an.

Im Feld am unteren Rand des Fensters *Objektkatalog* werden nun Informationen zu ActiveCell eingeblendet (vgl. Abbildung 3.42).

Abbildung 3.42
Im Objektkatalog wurde *ActiveCell* ausgewählt.

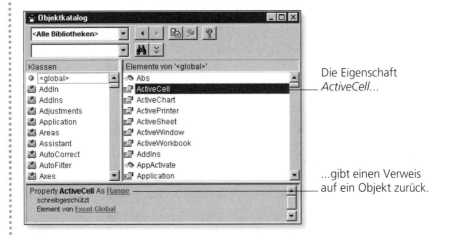

Die Beschreibung *Property ActiveCell As Range* informiert Sie darüber, daß ActiveCell eine Eigenschaft ist und einen Verweis auf ein Range-Objekt zurückgibt. In anderen Worten: das von *ActiveCell* zurückgegebene Objekt gehört zur Klasse Range. Ist das einem Elementnamen folgende Wort grün und unterstrichen dargestellt, handelt es sich um einen Querverweis, der zudem angibt, daß das Element einen Verweis auf diese Art von Objekt zurückgibt. Sie können diesen Querverweis anklicken, um Hilfeinformationen über die betreffende Objektklasse abzurufen.

❸ Klicken Sie auf *Range*.

Lektion 3 Die Objektbibliothek von Microsoft Excel erforschen

Abbildung 3.43
Der Objektkatalog mit Informationen über die Klasse Range.

Die Klasse Range...   ...enthält Methoden und Eigenschaften, die Sie mit einem Range-Objekt verwenden können.

In der linken Liste der Klassen wird die Klasse *Range* angezeigt. Die rechte Liste der Elemente zeigt nun alle für Range-Objekte verfügbaren Methoden und Eigenschaften an (vgl. Abbildung 3.43).

Falls nur Eigenschaften eingeblendet werden, klicken Sie mit der rechten Maustaste in die Liste, und entfernen Sie die Markierung von *Elemente gruppieren*.

Die Liste der Elemente enthält die gleichen Eigenschaften und Methoden, die eingeblendet werden, wenn Sie **ActiveCell** und danach einen Punkt eingeben. Beachten Sie die Symbole, welche die Elemente als Methoden oder Eigenschaften identifizieren. Diese Methoden und Eigenschaften lassen sich mit jedem beliebigen Objekt der Klasse Range einsetzen.

❹ Suchen Sie in der Liste der Elemente nach *Copy*, und klicken Sie diese Methode an.

Im Feld unter dem Objektkatalog wird eine Beschreibung der Methode Copy angezeigt (vgl. Abbildung 3.44).

Bei der Makroaufzeichnung wird die Methode Copy ausschließlich ohne Argumente verwendet (die Zelle wird in die Zwischenablage kopiert), doch die Beschreibung unter dem Objektkatalog zeigt Ihnen, daß Sie der Methode Copy einen Zielbereich vorgeben können. Das Argument *Destination* steht in eckigen Klammern, ist also optional.

❺ Schließen Sie das Fenster *Objektkatalog*.

Abbildung 3.44
Der Objektkatalog mit Informationen zur Methode Copy.

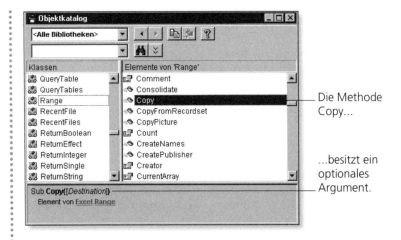

Die Methode Copy...

...besitzt ein optionales Argument.

❻ Im Fenster *Modul* löschen Sie alle Anweisung aus dem Rumpf des Makros *BereichKopieren* (also alle Zeilen zwischen den Anweisungen Sub und End Sub) bis auf eine leere Zeile.

❼ Geben Sie **Range("A1").Copy** ein, und drücken Sie [Leer]. QuickInfo zeigt das optionale Argument *Destination* (vgl. Abbildung 3.45). Geben Sie das Argument **Range("D1:D6")** ein.

Abbildung 3.45
QuickInfo mit Informationen zur Methode Copy.

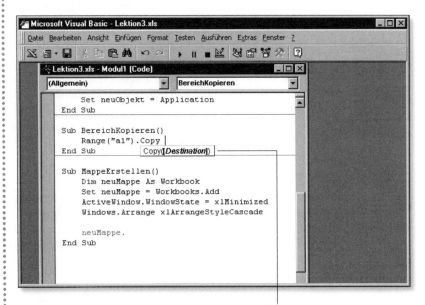

QuickInfo zeigt das optionale Argument.

❽ Drücken Sie F5, um das Makro zu testen. Das fertige Makro sieht wie folgt aus:

```
Sub BereichKopieren()
  Range("A1").Copy Range("D1:D6")
End Sub
```

Das geänderte Makro wählt den gleichen Bereich aus, es ist jedoch lesbarer als das aufgezeichnete Makro. Die Makroaufzeichnung zeigt Ihnen zwar, daß eine Methode Copy existiert, informiert Sie aber nicht über mögliche Argumente. Die Liste der Elemente zeigt die Methode Copy an, doch Sie müssen die Methode in eine Anweisung eingeben, wenn auch die Argumente angezeigt werden soll. Im Objektkatalog informieren Sie sich über die Argumente von Methoden, indem Sie einfach die Liste der Elemente durchblättern.

❾ Speichern Sie die Arbeitsmappe *Lektion3*, und beenden Sie Excel.

Der Objektkatalog ist das mächtigste Instrument zur Erforschung der reichhaltigen Fülle von Excel-Objekten.

Verankerbare Ansichten

Die Fenster des Visual Basic Editors können verwirrend wirken. Sie werden verstehen, wie diese Fenster arbeiten, wenn Sie sie mit den Fenstern in der Excel-Umgebung vergleichen.

Wenn Sie in Excel eine Arbeitsmappe öffnen, wird sie in einem eigenen Fenster angezeigt. Das Fenster einer Arbeitsmappe kann maximiert werden, um den gesamten Excel-Arbeitsbereich auszufüllen, und in der Größe angepaßt werden, damit mehrere Fenster zugleich sichtbar sind. Das Fenster eines Arbeitsblatts befindet sich immer innerhalb der Begrenzung der Excel-Anwendung. Das Fenster gehört dem Excel-Fenster, da es ein sogenanntes *Child*-Fenster ist.

Eine Symbolleiste kann dagegen verankert oder frei beweglich sein. Sie können Symbolleisten im Excel-Fenster oben, unten oder seitlich verankern. Wenn Sie die Verankerung lösen wollen, ziehen Sie die Symbolleiste von der aktuellen Position weg. Frei bewegliche Symbolleisten können beliebig auf dem Bildschirm positioniert werden, auch außerhalb des Excel-Fensters. Eine Symbolleiste ist eigentlich selbst ein Fenster, nämlich ein *verankerbares* Fenster.

Die Umgebung von Visual Basic besitzt sowohl verankerbare als auch Child-Fenster. Das Modul-Fenster ist ein minimier- und maximierbares Child-Fenster, das die Begrenzung des Fensters der Visual Basic-Umgebung nie verlassen kann. ▶

Lektion 3 Die Objektbibliothek von Microsoft Excel erforschen

Bei dem Lokal-Fenster handelt es sich voreingestellt um ein verankerbares Fenster, entsprechend den Symbolleisten in Excel. Sie können das Lokal-Fenster oben, unten oder seitlich im Visual Basic-Fenster verankern oder die Verankerung lösen, indem Sie es von der Verankerungsposition wegziehen. Sie heben die Verankerung auf, indem Sie `Strg` gedrückt halten, während Sie das Fenster wegziehen.

Visual Basic besitzt sechs verankerbare Fenster: das Lokal-Fenster, das Direktfenster, das Überwachungsfenster, das Fenster des Projekt-Explorer, das Eigenschaftenfenster und das Objektkatalog-Fenster. Wählen Sie den entsprechenden Befehl im Menü *Ansicht*, wenn Sie eines dieser Fenster einblenden möchten.

Um ein verankerbares Fenster von Visual Basic in ein Child-Fenster umzuwandeln, klicken Sie mit der rechten Maustaste in das Fenster und dann auf *Verankerbar*, um die Markierung zu entfernen. Wenn das Fenster nicht mehr verankerbar ist, verhält es sich wie jedes andere Child-Fenster. Sie können diese Fenster minimieren, maximieren, wiederherstellen, überlappend oder nebeneinander darstellen, doch niemals an eine Position außerhalb des Hauptfensters verschieben oder damit ein aktives Fenster verdecken.

Ich definiere alle Fenster gewöhnlich als verankerbar, verankere sie aber nicht. Ich verschiebe sie und blende sie nach Belieben ein und aus. Außerdem maximiere ich das Modul-Fenster, wähle aber eine geringere Breite, damit ich das Excel-Fenster im Hintergrund sehen kann.

Zusammenfassung der Lektion

Möchten Sie	dann
den Wert von Variablen beobachten, während Sie ein Makro in Einzelschritten ausführen,	klicken Sie im Menü *Ansicht* auf *Lokal-Fenster*.
die Verankerung eines Fensters lösen,	halten Sie `Strg` gedrückt, während Sie das Fenster an der Titelleiste wegziehen.
einen Verweis auf ein Objekt in einer Variablen speichern,	fügen Sie das Schlüsselwort Set am Anfang der Zuweisungsanweisung ein.
eine Anweisung unabhängig von einem Makro ausführen,	klicken Sie im Menü *Ansicht* auf *Direktfenster*, geben Sie die Anweisung im Direktfenster ein, und drücken Sie ⏎.
einen Verweis auf das übergeordnete Objekt eines Objekts erhalten,	verwenden Sie die Eigenschaft Parent. ▶

Lektion 3
Die Objektbibliothek von Microsoft Excel erforschen

Möchten Sie	dann
ein Objekt aus einer Auflistung auswählen,	geben Sie nach der Auflistung in Klammern den in Anführungszeichen gesetzten Objektnamen oder die Objektnummer ein.
die Liste der globalen Methoden und Eigenschaften anzeigen,	drücken Sie in einem Modul ⟨Strg⟩+⟨Leer⟩.
daß die Liste der Elemente eingeblendet wird, nachdem Sie eine Variable eingegeben haben, die einen Objektverweis enthält,	deklarieren Sie die Variable mit Dim als Objekt. Beispiel: `Dim neuObjekt As Worksheet`
den Objektkatalog einblenden,	klicken Sie auf die Schaltfläche *Objektkatalog*.
im Objektkatalog nach einem Wort suchen,	geben Sie das Wort in das Suchfeld ein und klicken auf die Schaltfläche *Suchen*.

So erhalten Sie Online-Hilfe zum Thema:	Fordern Sie vom Assistenten mit folgendem Suchbegriff Hilfe an:
Objekte verwenden	Objekte verstehen
Das Direktfenster verwenden	Direktfenster
Den Objektkatalog verwenden	Objektkatalog
Verankerbare Fenster verwenden	Verankerbar

Ausblick auf die nächste Lektion

Eine der wichtigsten Excel-Objektklassen ist die Objektklasse Range, die Bereichsobjekte repräsentiert. Range-Objekte haben vielfältige Verwendungsmöglichkeiten. In der nächsten Lektion lernen Sie, wie Sie Range-Objekte verwenden.

4 Bereichsobjekte erforschen

Geschätzte Dauer:
30 Minuten

In dieser Lektion lernen Sie

- wie Sie aufgezeichnete Makros vereinfachen, die zur Auswahl von Bereichen dienen.
- wie Sie Bereiche über Visual Basic-Anweisungen bearbeiten.
- wie Sie Formeln in Zellen einfügen.
- wie Sie während der Ausführung eines Makros dynamisch Verweise erstellen.

Alles wäre viel einfacher, wenn jeder Mensch die gleiche Größe hätte. Man bräuchte in Autos keine verstellbaren Sitze einbauen, würde sich den Kopf nicht an Türrahmen anstoßen, und es würden keine Füße von Stühlen baumeln. Natürlich würde eine Reihe neuer Probleme auftreten. Sie könnten zum Beispiel die schreckliche Jeans, die Sie zum letzten Geburtstag geschenkt bekommen haben, niemals mit der Begründung umtauschen, sie hätte die falsche Größe.

Falls alle Ihre Arbeitsblätter und Datendateien in Microsoft Excel gleich groß sind, brauchen Sie sich nicht mit Bereichen oder Range-Objekten zu beschäftigen. Wenn Sie nie neue Zeilen in ein Budget einfügen, wenn Sie die Summen für das gesamte Jahr immer in Spalte M eingeben, wenn die monatliche Umsatztabelle immer 5 Spalten und 120 Zeilen umfaßt, können Sie der Makroaufzeichnung die Verwaltung der Bereiche überlassen.

In Wirklichkeit sind die Menschen jedoch unterschiedlich groß, und Kleidung sowie Autos werden diesem Umstand angepaßt. Und auch in der Welt der Arbeitsblätter, Modelle und Datendateien gibt es unterschiedliche Größen, auf die Ihre Makros reagieren müssen. In Excel können Range-Objekte, die Bereiche repräsentieren, mit Hilfe zahlreicher Eigenschaften bearbeitet werden. In dieser Lektion werden Sie Range-Objekte erforschen und verschiedene interessante Möglichkeiten kennenlernen, Bereiche zu bearbeiten.

Lektion 4
Bereichsobjekte erforschen

Beginnen Sie mit der Lektion

Starten Sie Excel, und öffnen Sie die Arbeitsmappe *Bereiche.xls,* die sich im Ordner *Excel VBA Übungen* befindet. Speichern Sie eine Kopie unter dem Namen **Lektion4**.

Die Makroaufzeichnung von Auswahlen verbessern

Wenn Sie in Excel Aktionen ausführen, wählen Sie zunächst etwas aus (z. B. eine Zelle), und dann führen Sie etwas aus (Sie geben beispielsweise einen Wert ein). Während der Makroaufzeichnung wird pflichtbewußt der Vorgang des Auswählens als auch die Ausführung der Aktionen erfaßt. Nachdem die Aktion ausgeführt worden ist, ist häufig ein anderer Bereich ausgewählt als zu Beginn, und die Makroaufzeichnung verzeichnet auch dies. Häufig ist jedoch nicht erforderlich, daß ein aufgezeichnetes Makro während der Ausführung die Auswahl ändert.

Sie können Makros vereinfachen, indem Sie nach Anweisungen suchen, die mit *Select* enden und denen mindestens eine Anweisung folgt, die mit *Selection* oder *ActiveCell* beginnt. Wie Sie ein Makro vereinfachen, hängt davon ab, ob die Anweisungen *Select* und *Selection* paarweise oder innerhalb einer Gruppe auftreten.

Select... Selection-Paare vereinfachen

Wenn eine Select- und eine Selection-Anweisung in einem Makro als Anweisungspaar auftreten, können Sie die beiden Anweisungen zusammenfassen. Lassen Sie uns ein Makro aufzeichnen, das Monatsnamen in die erste Zeile einer Tabelle einfügt. Sie werden dieses Makro dann vereinfachen.

1. Fügen Sie eine leere Tabelle ein, und beginnen Sie mit der Aufzeichnung eines Makros, das Sie **Monatsnamen** nennen.

2. Geben Sie die Beschriftungen **Januar**, **Februar** und **März** in die Zellen B1, C1 und D1 ein (vgl. Abbildung 4.1). Beenden Sie die Aufzeichnung, und sehen Sie sich das Makro an. Das Makro sollte wie folgt aussehen:

```
Sub Monatsnamen()
    Range("B1").Select
    ActiveCell.FormulaZ1S1 = "Januar"
    Range("C1").Select
    ActiveCell.FormulaZ1S1 = "Februar"
    Range("D1").Select
    ActiveCell.FormulaZ1S1 = "März"
    Range("D2").Select
End Sub
```

Lektion 4 Bereichsobjekte erforschen

Abbildung 4.1
Eingabe einiger
Monatsnamen.

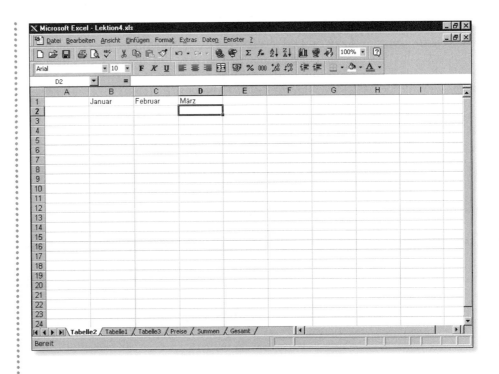

Jedesmal, wenn das Wort *Select* am Zeilenende steht und das Wort *Selection* oder *ActiveCell* am Anfang der nächsten Zeile folgt, können Sie beide Wörter löschen, ohne die Arbeitsweise des Makros damit zu ändern. Sie müssen lediglich darauf achten, daß die Range-Anweisung durch einen Punkt von der nachfolgenden Anweisung getrennt sein muß. Falls eine Select-Anweisung die letzte Anweisung eines Makros bildet, können Sie sie vollständig löschen.

❸ Löschen Sie, wie beschrieben, die unnötigen Anweisungen aus dem Makro *Monatsnamen*.

Das Makro sollte nun wie folgt aussehen:

```
Sub Monatsnamen()
  Range("B1").FormulaZ1S1 = "Januar"
  Range("C1").FormulaZ1S1 = "Februar"
  Range("D1").FormulaZ1S1 = "März"
End Sub
```

❹ Fügen Sie ein neues, leeres Arbeitsblatt ein, und testen Sie das Makro.

Die Monatsangaben erscheinen in den Zellen, doch die Originalauswahl ändert sich nicht.

❺ Speichern Sie die Arbeitsmappe *Lektion4*.

Lektion 4
Bereichsobjekte erforschen

Warum sollen Sie die Anweisungspaare Select... Selection löschen? Ein Grund liegt darin, daß das Makro schneller ausgeführt wird. Ein weiterer Grund ist eine Ausführung mit weniger Unterbrechungen, da sich die aktuelle Auswahl nicht ändert Am wichtigsten jedoch ist zweifelsohne, daß nur Anfänger solche Konstruktionen verwenden.

Select-Gruppen vereinfachen

Sie müssen bei der Vereinfachung der Anweisungspaare Select... Selection sicherstellen, daß diese Anweisungen tatsächlich paarweise auftreten. Falls Sie nur eine einzige Select-Anweisung vor sich haben, der mehrere Anweisungen folgen, die sich auf die Auswahl beziehen, dann vereinfachen Sie das Makro auf andere Weise.

❶ Wählen Sie in Excel das Blatt, das die Monatsnamen in der ersten Zeile enthält, und zeichnen ein Makro mit dem Namen **InFettUndKursiv** auf.

Abbildung 4.2
Einen Monatsnamen formatieren.

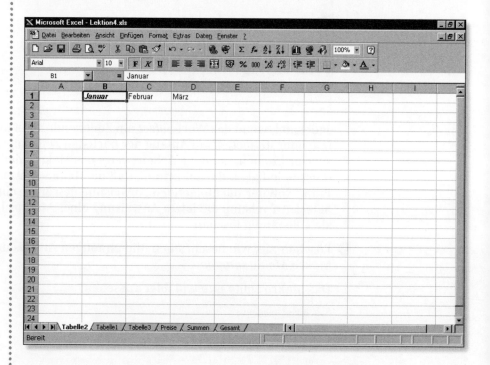

❷ Klicken Sie auf Zelle B1 und dann auf die Schaltflächen *Fett* und *Kursiv*. Beenden Sie die Makroaufzeichnung. Das Arbeitsblatt sollte nun wie in Abbildung 4.2 aussehen.

❸ Bearbeiten Sie das Makro. Es sollte wie folgt aussehen:

Lektion 4 Bereichsobjekte erforschen

```
Sub InFettUndKursiv()
    Range("B1").Select
    Selection.Font.Bold = True
    Selection.Font.Italic = True
End Sub
```

Es ist offensichtlich, daß Sie das erste Paar Select... Selection nicht löschen können, da sonst nicht klar ist, welche Zellen kursiv formatiert werden sollen.

❹ Weisen Sie den Bereich einer Variablen namens *neuBereich* zu, und ersetzen Sie das Selection-Objekt durch das *neuBereich*-Objekt.

Das Makro sollte nun wie folgt aussehen:

```
Sub InFettUndKursiv()
    Dim neuBereich As Range
    Set neuBereich = Range("B1")
    neuBereich.Font.Bold = True
    neuBereich.Font.Italic = True
End Sub
```

❺ Ändern Sie im Makro "*B1*" in "**C1**", und drücken Sie auf mehrmals F8, um das Makro in Einzelschritten auszuführen. Beobachten Sie, wie sich das Format der Zelle ändert, ohne daß die ursprüngliche Zellenauswahl beeinflußt wird.

❻ Speichern Sie die Arbeitsmappe *Lektion4*.

Sie können die Select-Gruppe ebenso durch eine With-Struktur ersetzen:

```
With Range("B1")
    .Font.Bold = True
    .Font.Italic = True
End With
```

Diese With-Struktur führt im Hintergrund folgendes aus: sie erzeugt eine verborgene Variable, weist ihr das Objekt aus der With-Anweisung zu und stellt die verborgene Variable jedem „ungebundenen" Punkt voran. Die Anweisung *End With* gibt die Variable frei.

Das Ersetzen von innerhalb einer Gruppe auftretenden Selection-Anweisungen scheint keine große Vereinfachung zu bringen. Wenn das Makro nur zwei Selection-Anweisungen enthält, ist es wahrscheinlich auch keine Vereinfachung. Beziehen sich mehrere Anweisungen auf die gleiche Auswahl, wird das Makro jedoch wesentlich lesbarer, wenn die Selection-Anweisungen durch eine Objektvariable ersetzt werden.

Bereiche erforschen

Range-Objekte, die Zellbereiche repräsentieren, bilden wahrscheinlich die wichtigste Objektklasse in Excel. Sie geben Werte in Bereiche ein. Sie geben Formeln in Bereiche ein. Sie formatieren Bereiche in Berichten. Ihre Diagramme basieren auf den Zahlen verschiedener Bereiche. Sie stellen Bereichen gezeichnete Objekte voran. Sie bearbeiten Pivot-Tabellen auf der Grundlage von Bereiche. Aus diesem Grund müssen wir uns mit verschiedenen Arten von Bereichsbezügen beschäftigen, die über die während der Makroaufzeichnung erstellten Bezüge hinausgehen.

Die Eigenschaft Range erforschen

Die wichtigste Eigenschaft, die ein Range-Objekt zurückgibt, ist wahrscheinlich die Eigenschaft *Range*. Diese Eigenschaft kann auf zweierlei Arten verwendet werden. Sie können sie mit zwei Argumenten verwenden, welche die Endpunkte eines Bereichs bestimmen, oder mit einem einzigen Argument, das angibt, was Excel als Bereichsadresse interpretieren kann.

Das Makro *BereichBeobachten* demonstriert verschiedene Verwendungsmöglichkeiten der Eigenschaft Range. Unten ist das gesamte Makro abgedruckt. Wir sehen uns die einzelnen Anweisungen an, während Sie das Makro schrittweise ausführen.

```
Sub BereichBeobachten()
    Range("A1", "D2").Select
    Range(ActiveCell, "B6").Select
    Range("B3:C8").Select
    Range("B2:E4").Name = "Testbereich"
    Range("Testbereich").Select
    Range("B2").Select
    ActiveCell.Range("B2").Select
    Range("Testbereich").Range("A1").Select
End Sub
```

❶ Bearbeiten Sie das Makro *BereichBeobachten*, und drücken Sie dreimal F8, um die Anweisung *Range("A1","D2").Select* auszuführen.

Excel markiert den Bereich A1:D2 (vgl. Abbildung 4.3). Mit dieser Form der Eigenschaft Range verwenden Sie zwei Argumente. Jedes Argument kann eine in Anführungszeichen gesetzte Zelladresse in A1-Notation sein. Das Range-Objekt, das zurückgegeben wird, ist ein aus den beiden Endpunkten geformtes Rechteck.

❷ Drücken Sie F8, um die Anweisung *Range(ActiveCell, "B6").Select* auszuführen.

Lektion 4

Bereichsobjekte erforschen

Abbildung 4.3
Den Bereich A1:D2 auswählen.

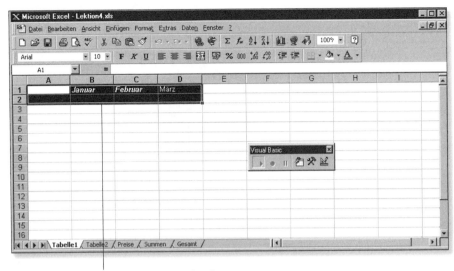

Range("A1","D2").Select

Excel markiert den Bereich A1:B6 (vgl. Abbildung 4.4). Jedes der beiden Argumente, die Sie mit der Eigenschaft Range verwenden, kann eine einfache Zelladresse oder ein Objekt vom Typ Range sein. Wenn Sie einer Variablen ein Range-Objekt zuweisen, können Sie die Variable als Argument der Eigenschaft Range verwenden.

❸ Drücken Sie [F8], um die Anweisung *Range("B3:C8").Select* auszuführen.

Abbildung 4.4
Den Bereich A1:B6 auswählen.

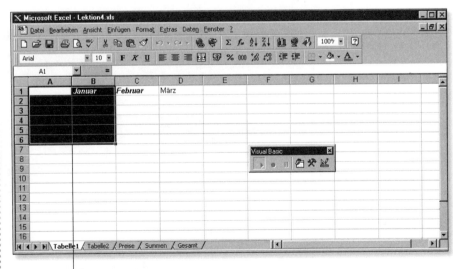

Range(ActiveCell, "B6").Select

Lektion 4   Bereichsobjekte erforschen

Abbildung 4.5
Den Bereich B3:C8 auswählen.

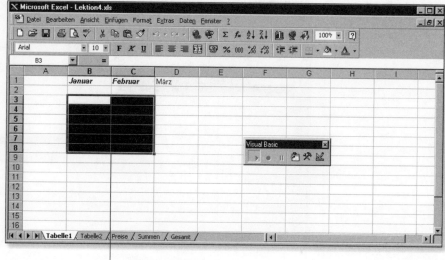

Range("B3:C8").Select

Excel markiert den Bereich B3:C8 (vgl. Abbildung 4.5). Die Eigenschaft Range kann auch mit einem einzigen Argument verwendet werden, wobei Sie dann einen beliebigen Ausdruck in Anführungszeichen angeben, der von Excel als Bezug auf eine Zelle interpretiert werden kann.

❹ Drücken Sie [F8], um die Anweisung *Range("B2:E4").Name ="Testbereich"* auszuführen. Damit wird dem angegebenen Bereich ein Name zugewiesen.

Abbildung 4.6
Den Bereich B2:E4 auswählen.

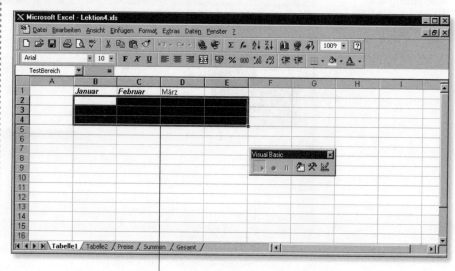

Range("Testbereich").Select

Lektion 4
Bereichsobjekte erforschen

Abbildung 4.7
Den Bereich B2 auswählen.

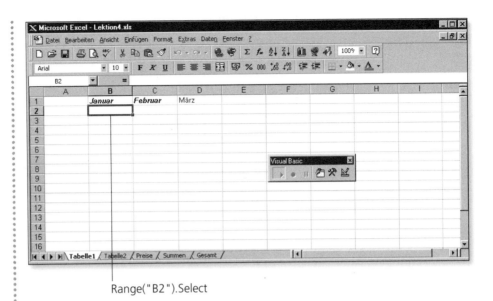

Range("B2").Select

❺ Drücken Sie [F8], um die Anweisung *Range("Testbereich").Select* auszuführen.

Excel markiert den Bereich B2:E4 (vgl. Abbildung 4.6). Sie sollten den Ausdruck *Testbereich*, den Namen des gewählten Bereichs, im Bezugsfeld links von der Bearbeitungsleiste sehen. Sie können einen definierten Excel-Bereich als Argument der Eigenschaft Range verwenden.

❻ Drücken Sie [F8], um die Anweisung *Range("B2").Select* auszuführen.

Abbildung 4.8
Den Bereich C3 auswählen.

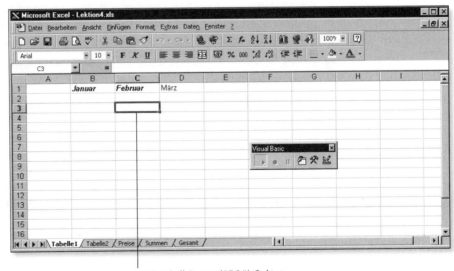

ActiveCell.Range("B2").Select

137

Lektion 4　Bereichsobjekte erforschen

Abbildung 4.9
Den Bereich B2 auswählen.

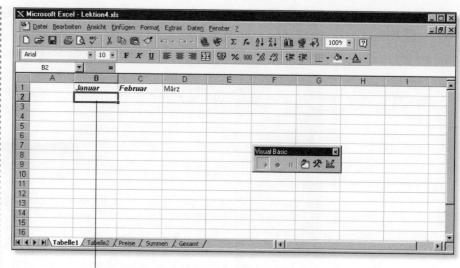

Range("Testbereich").Range("A1").Select

Wie erwartet, markiert Excel die Zelle B2 (vgl. Abbildung 4.7). In diesem Beispiel ist Range-Eigenschaft global. Der Bezug B2 bedeutet „zweite Zeile, zweite Spalte". In diesem Fall verwendet Excel die Zelle A1 des Arbeitsblatts als Ausgangspunkt.

❼ Drücken Sie F8, um die Anweisung *ActiveCell.Range("B2").Select* auszuführen.

Wie Sie vielleicht *nicht* angenommen haben, markiert Excel die Zelle C3 (vgl. Abbildung 4.8). Excel verwendet die Zelle B2, also das von der Eigenschaft ActiveCell zurückgegebene Range-Objekt als Ausgangspunkt, da in diesem Beispiel die Eigenschaft Range zum Objekt Range gehört. Die Adresse B2 bedeutet immer noch „zweite Zeile, zweite Spalte".

❽ Drücken Sie F8, um die Anweisung *Range("Testbereich").Range("A1"). Select* auszuführen.

Excel markiert die Zelle B2, da dies die obere linke Zelle des Testbereichs (B2:E4) ist (vgl. Abbildung 4.9).

❾ Drücken Sie F8, um das Makro zu beenden.

Die Eigenschaft Range stellt eine flexible Möglichkeit dar, eine Verknüpfung mit einem beliebigen Range-Objekt herzustellen. Verwenden Sie entweder eine einfache Textzeichenfolge, die einen gültigen Bezug enthält, als Argument der Eigenschaft Range oder zwei Argumente, die einen rechteckigen Bereich beschreiben. Wenn Sie die globale Eigenschaft Range oder die Eigenschaft Range mit einem Application- oder Worksheet-Objekt einsetzen, sind die Adressen relativ zur oberen linken

Lektion 4   **Bereichsobjekte erforschen**

Zelle des Arbeitsblatts. Wenn Sie die Eigenschaft Range mit einem Range-Objekt einsetzen, sind die Adressen relativ zur oberen linken Ecke dieses Bereichs.

Einen Bereich als Auflistung erforschen

Eine Arbeitsmappe kann viele Arbeitsblätter enthalten, und daher sind in der Excel-Objektbibliothek Arbeitsblätter als Objektklasse *Worksheets* definiert. Ein Worksheets-Objekt besitzt eine Liste von Methoden und Eigenschaften, die sich von der eines Worksheet-Objekts unterscheidet.

Entsprechend kann ein Bereich viele Zellen umfassen. Sie werden vielleicht erwarten, daß in Excel ein Auflistungsobjekt namens Cells definiert ist. Eine Auflistung von Zellen ist allerdings etwas komplizierter als eine Auflistung von Arbeitsblättern, da Zellen zweidimensional sind. Sie werden sowohl durch Zeilen als auch durch Spalten bezeichnet. Sie können sich den Bereich A1:B3 als Auflistung von sechs Zellen vorstellen, aber es könnte sich auch um eine Auflistung von drei Zeilen oder zwei Spalten handeln.

Excel verfügt deswegen über drei Eigenschaften, die einen Bereich als Auflistung beschreiben: die Eigenschaft *Cells* gibt eine Auflistung von Zellen zurück, die Eigenschaft *Rows* gibt eine Auflistung von Zeilen zurück und die Eigenschaft *Columns* eine Auflistung von Spalten. Es handelt sich nicht um verschiedene Klassen. Der Rückgabewert dieser Eigenschaften ist immer ein Range-Objekt, das von sämtlichen Methoden und Eigenschaften aller weiteren Range-Objekte verwendet werden kann.

Das Makro *AuflistungBeobachten* demonstriert, wie ein Bereich als Auflistung verwendet werden kann. Das vollständige Makro sieht wie folgt aus:

```
Sub AuflistungBeobachten()
  Dim neuBereich As Range
  Set neuBereich = Range("B2:E4")
  neuBereich.Interior.Color = vbYellow
  neuBereich.Cells(1, 4).Select
  neuBereich.Cells(6).Select
  neuBereich.Cells(neuBereich.Cells.Count).Select
  Cells(Cells.Count).Select
  neuBereich.Rows(2).Select
  neuBereich.Columns(neuBereich.Columns.Count).Select
  Columns(2).Select
End Sub
```

❶ Klicken Sie auf das Makro *AuflistungBeobachten*, und drücken Sie viermal [F8], um der Variablen *neuBereich* den Bereich B2:E4 zuzuweisen und den Bereich farbig hervorzuheben, damit er sich deutlicher abhebt.

Lektion 4 — Bereichsobjekte erforschen

Abbildung 4.10
Den Bereich E2 auswählen.

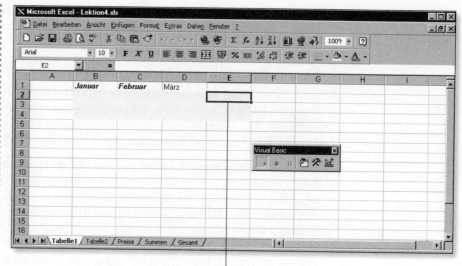

neuBereich.Cells(1,4).Select

❷ Drücken Sie [F8], um die Anweisung *neuBereich.Cells(1,4).Select* auszuführen.

Excel markiert die Zelle E2, die vierte Zelle in der ersten Zeile des Bereichs (vgl. Abbildung 4.10). Die Eigenschaft Cells interpretiert den Bereich als Auflistung von Zellen. Sie übergeben der Eigenschaft Cells normalerweise zwei Zahlen, um eine Zelle zu bezeichnen: die erste bezeichnet die Zeile und die zweite die Spalte.

Abbildung 4.11
Den Bereich C3 auswählen.

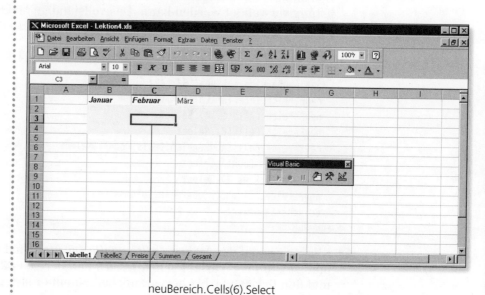

neuBereich.Cells(6).Select

140

Lektion 4 Bereichsobjekte erforschen

Excel-Entwicklern, die mit der Z1S1-Notation von Makros der Excel-Version 4 vertraut sind, bietet die Verwendung der Eigenschaft Cells mit zwei Argumenten die gleichen Vorteile wie die Z1S1-Notation, ohne daß die Zeilen- und Spaltennummern in einer einzigen Zeichenfolge kombiniert werden müssen.

❸ Drücken Sie F8, um die Anweisung *neuBereich.Cells(6).Select* auszuführen.

Excel markiert die Zelle C3, das sechste Element der Auflistung (vgl. Abbildung 4.11). Sie können der Eigenschaft Cells auch nur ein einziges Argument übergeben. In diesem Fall wird mit der angegebenen Zahl eine Zelle in der ersten Zeile bezeichnet. Wenn die Zahl größer als die Anzahl der im Bereich enthaltenen Spalten ist, bezeichnet sie ein Element in der nächsten Zeile. Da *neuBereich* nur vier Spalten umfaßt, ist die zweite Zelle in der zweiten Zeile das sechste Element der Auflistung.

❹ Drücken Sie F8, um die Anweisung n*euBereich.Cells(neuBereich.Cells.Count).Select* auszuführen. Ihr Bildschirm sollte nun wie in Abbildung 4.12 aussehen.

Diese Anweisung sieht etwas kompliziert aus, ist aber sehr nützlich. Die Eigenschaft Cells wird hier zweimal verwendet: zuerst, um die Anzahl der Zellen im Bereich zu bestimmen, und dann, um die letzte Zelle zu wählen. Da der Bereich zwölf Zellen umfaßt, handelt es sich beim zwölften Element der Auflistung um die vierte Zelle in der dritten Reihe.

Abbildung 4.12
Den Bereich E4 auswählen.

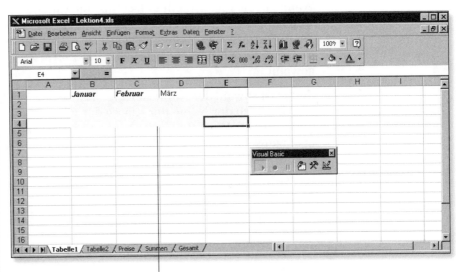

neuBereich.Cells(neuBereich.Cells.Count).Select

Lektion 4 Bereichsobjekte erforschen

Abbildung 4.13
Die letzte Zelle des Arbeitsblatts auswählen.

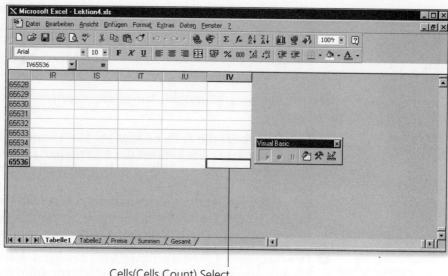

Cells(Cells.Count).Select

Wenn Sie den Mauszeiger über den Ausdruck *neuBereich.Cells.Count* positionieren, blendet Visual Basic ein Anzeigefeld mit dem aktuellen Wert ein.

❺ Drücken Sie F8, um die Anweisung *Cells(Cells.Count).Select* auszuführen.

Excel markiert die letzte Zelle des Arbeitsblatts (vgl. Abbildung 4.13). Wenn Sie die Eigenschaft Cells ohne die Angabe eines Range-Objekts verwenden (wenn Sie also die globale Cells-Eigenschaft verwenden), wird die Auflistung aller Zellen des aktiven Arbeitsblatts zurückgegeben. Mit dieser Anweisung wird daher die 16.777.216. Zelle des Arbeitsblatts ausgewählt.

Range ist sowohl der Name der Eigenschaft, die ein Range-Objekt zurückgibt, als auch der Name der Klasse der Range-Objekte. Im Objektkatalog finden Sie das Wort *Range* als Name einer Klasse (in der linken Liste) und als Eigenschaft (in der rechten Liste) unter den Klassen *<global>*, *Application*, *Worksheet* und *Range*.

Das Wort *Cells* ist dagegen nur der Name einer Eigenschaft und gibt ein Range-Objekt zurück. Im Objektkatalog finden Sie *Cells* nicht in der Liste der Objektnamen, sondern als Eigenschaft unter den Klassen *<global>*, *Application*, *Worksheet* und *Range*.

❻ Drücken Sie F8, um die Anweisung *neuBereich.Rows(2).Select* auszuführen.

Excel markiert den Bereich B3:E3, also die zweite Zeile von *neuBereich* (vgl. Abbildung 4.14). Mit der Rows-Eigenschaft eines Bereichs wird der

Lektion 4 Bereichsobjekte erforschen

Abbildung 4.14
Den Bereich B3:E3 auswählen.

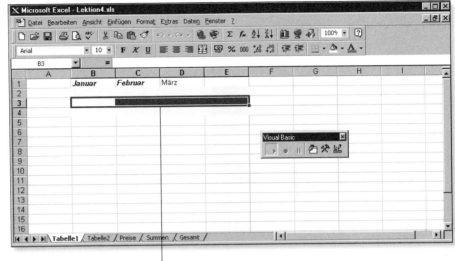

neuBereich.Rows(2).Select

Bereich wie eine Auflistung von Zeilen interpretiert. Sie können auf jedes Element in der Auflistung Bezug nehmen.

Der Ausdruck *neuBereich.Rows* bezieht sich auf den gleichen Bereich wie *neuBereich.Cells*, der wiederum mit dem der Variablen *neuBereich* übereinstimmt. Die Verwendung von Rows oder Cells unterscheidet sich nur dann, wenn Sie ein einzelnes Element aus der Auflistung auswählen oder sich die Eigenschaft Count der Auflistung ansehen wollen.

Abbildung 4.15
Den Bereich E2:E4 auswählen.

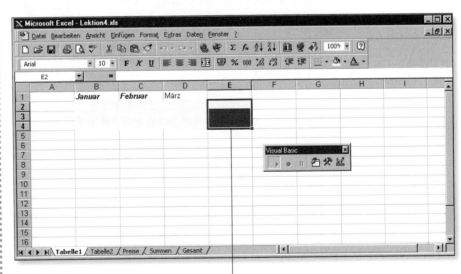

neuBereich.Columns(neuBereich.Columns.Count).Select

Lektion 4 Bereichsobjekte erforschen

Abbildung 4.16
Die gesamte Spalte B auswählen.

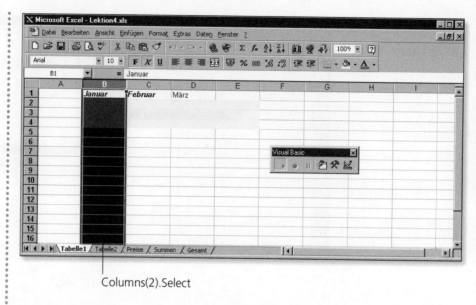

Columns(2).Select

❼ Drücken Sie [F8], um die Anweisung *neuBereich.Columns(neuBereich. Columns Count).Select* auszuführen.

Excel markiert den Bereich E2:E4, also die letzte Spalte des Bereichs (vgl. Abbildung 4.15).

❽ Drücken Sie [F8], um die Anweisung *Columns(2).Select* auszuführen.

Die globale Eigenschaft Columns interpretiert das gesamte Arbeitsblatt als Bereich (vgl. Abbildung 4.16).

Da Spalten durch Buchstaben bezeichnet werden, können Sie ein Element der Auflistung Columns entweder durch eine Zahl, wie *Columns(3)*, oder durch einen in Anführungszeichen gesetzten Namen, wie *Columns("D")*, ansprechen.

❾ Drücken Sie [F8], um das Makro zu beenden.

Range-Objekte sind in Excel sehr wichtig. Excel bietet Eigenschaften, die es Ihnen erlauben, einen Bereich als eine Auflistung von Zellen, von Zeilen oder von Spalten zu betrachten. Sie können in jedem Fall standardisierte Methoden und Eigenschaften von Range-Objekten auf das resultierende Objekt anwenden.

Berechnete Bereiche erforschen

Excel bietet weitere Eigenschaften, die einen neuen Bereich auf der Grundlage eines vorhandenen Bereichs berechnen. Die Eigenschaft *Offset* bezieht sich auf einen Bereich, der gegenüber einem Ausgangsbereich nach oben, unten, links oder rechts versetzt ist. Mit der Eigenschaft

Lektion 4

Bereichsobjekte erforschen

Resize läßt sich die Anzahl der Zeilen und Spalten eines Bereichs verändert. Die Eigenschaften *EntireColumn* und *EntireRow* erweitern einen Bereich bis zu den Begrenzungen eines Arbeitsblatts. In diesem Abschnitt lernen Sie diese Eigenschaften kennen.

Das Makro *BerechnungBeobachten* demonstriert, wie ein Bereich bearbeitet wird. Nachfolgend ist das gesamte Makro abgedruckt:

```
Sub BerechnungBeobachten()
  Dim neuBereich As Range
  Sheets("Preise").Select
  Set neuBereich = Range("C4:E5")
  neuBereich.Interior.Color = vbYellow
  neuBereich.Offset(1, 0).Select
  neuBereich.Offset(0, neuBereich.Columns.Count).Select
  neuBereich.Resize(, 4).Select
  neuBereich.Offset(-1, -1).Resize(neuBereich.Rows.Count _
    + 2, neuBereich.Columns.Count + 2).Select
  neuBereich.Cells(1).EntireRow.Select
  neuBereich.EntireColumn.Select
  neuBereich.CurrentRegion.Select
End Sub
```

❶ Klicken Sie auf das Makro *BerechnenBeobachten*, und drücken Sie fünfmal F8, um die Tabelle *Preise* zu wählen, einer Variablen einen Bereich zuzuweisen und den Bereich farbig hervorzuheben. Ihr Bildschirm sollte nun etwa wie in Abbildung 4.17 aussehen.

Abbildung 4.17
Einen Bereich gelb hervorheben.

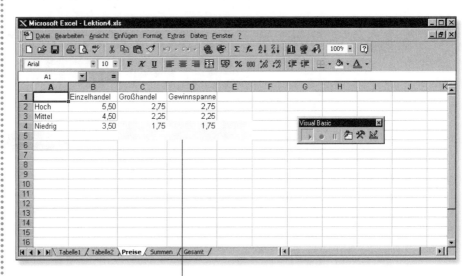

neuBereich.Interior.Color=vbYellow

Lektion 4

Bereichsobjekte erforschen

Abbildung 4.18
Den Bereich C5:E6 auswählen.

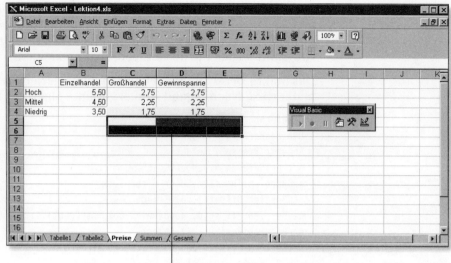

neuBereich.Offset(1,0).Select

❷ Drücken Sie [F8], um die Anweisung *neuBereich.Offset(1,0).Select* auszuführen.

Excel markiert den Bereich C5:E6, eine Zelle unter dem gelben Bereich (vgl. Abbildung 4.18). Die Eigenschaft Offset besitzt zwei Argumente. Das erste Argument gibt an, um wieviele Zeilen der Bereich nach unten verschoben werden soll, das zweite Argument beschreibt, um wieviele Spalten der Bereich nach rechts verschoben werden soll. Ich stelle mir immer

Abbildung 4.19
Den Bereich F4:H5 auswählen.

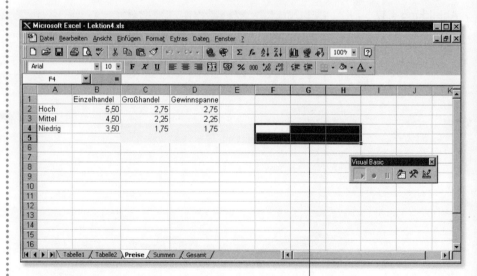

neuBereich.Offset(0,neuBereich.Columns.Count).Select

Lektion 4   **Bereichsobjekte erforschen**

vor, in der oberen linken Zelle des Ausgangsbereichs zu stehen. Zur Angabe des ersten Arguments sehe ich im Arbeitsblatt nach unten und bestimme, wieviele Schritte ich vorwärts gehen muß (rückwärts, falls der Offset-Wert negativ ist). Zur Angabe des zweiten Arguments blicke ich im Arbeitsblatt nach links und bestimme die Schritte in dieser Richtung. Eine Null bedeutet, daß keine Bewegung ausgeführt wird. Der neue Bereich besitzt die gleiche Größe wie der Originalbereich.

❸ Drücken Sie [F8], um die Anweisung *neuBereich.Offset(0,neuBereich.Columns.Count).Select* auszuführen.

Excel markiert den Bereich F4:H5, der genauso groß wie *neuBereich* ist und rechts davon liegt (vgl. Abbildung 4.19). Stellen Sie sich vor, in der oberen linken Zelle von *neuBereich* zu stehen. Der Bereich umfaßt drei Spalten, also gehen Sie drei Schritte weiter. Nun stehen Sie in der Ausgangszelle für den neuen Bezug.

❹ Drücken Sie [F8], um die Anweisung *neuBereich.Resize(,4).Select* auszuführen.

Excel markiert den Bereich C4:F5, der eine Spalte breiter als *neuBereich* ist (vgl. Abbildung 4.20). Die Eigenschaft Resize gibt einen Bereich zurück, dessen Größe verändert wurde. Das erste Argument bezeichnet die Anzahl der Zeilen im neuen Bezug. Das zweite Argument bezeichnet die Anzahl der Spalten. Wenn Sie den Originalbereich beibehalten wollen, lassen Sie beide Argumente weg (das Komma muß bleiben, wenn Sie nur das erste Argument weglassen).

Abbildung 4.20
Den Bereich C4:F5 auswählen.

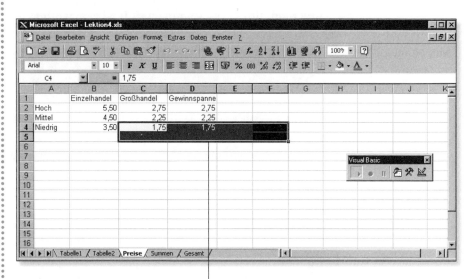

neuBereich.Resize(,4).Select

Lektion 4   Bereichsobjekte erforschen

Abbildung 4.21
Den Bereich B3:F6 auswählen.

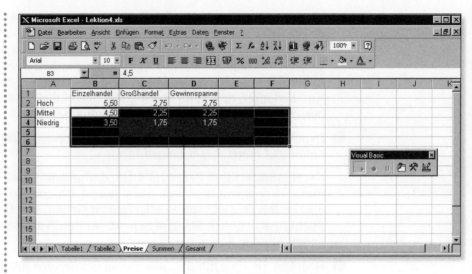

neuBereich.Offset(-1,-1).Resize _
(neuBereich.Rows.Count+2, _
neuBereich.Columns.Count+2).Select

❺ Drücken Sie [F8], um die Anweisung *neuBereich.Offset(-1,-1).Resize(neuBereich.Rows.Count+2,neuBereich.Columns.Count+2).Select* auszuführen.

Excel markiert einen rechteckigen Bereich, der in allen Richtungen eine Zelle mehr umfaßt als der Originalbereich (vgl. Abbildung 4.21). Die Eigenschaft *Offset* verschiebt den Ausgangspunkt um eine Zelle nach oben und nach links. Die Eigenschaft Resize erweitert den Bereich gegenüber

Abbildung 4.22
Die gesamte Zeile 4 auswählen.

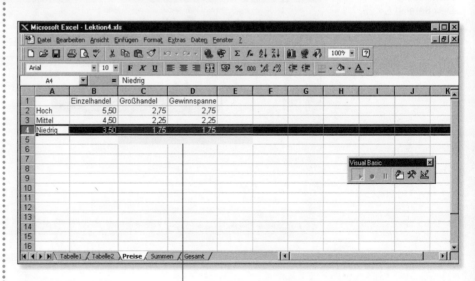

neuBereich.Cells(1).EntireRow.Select

148

Lektion 4   Bereichsobjekte erforschen

dem Originalbereich um jeweils zwei Zellen in der Höhe und der Breite. Ganz schön clever, nicht?

Der kombinierte Einsatz der Eigenschaften Offset und Resize entspricht dem Einsatz der Funktion OFFSET in Arbeitsblättern.

❻ Drücken Sie [F8], um die Anweisung *neuBereich.Cells(1).EntireRow.Select* auszuführen.

Excel markiert die gesamte vierte Zeile (vgl. Abbildung 4.22). Die Variable *neuBereich* gibt einen Bezug auf den Bereich C4:E5 zurück. Die Eigenschaft Cells gibt die erste Zelle (d. h. die linke obere Zelle) des Bereichs, also C4, zurück. Die Eigenschaft EntireRow erweitert den Bereichsbezug auf die gesamte Zeile 4. Jede Eigenschaft in dieser Anweisungsfolge liefert einen Bezug auf ein weiteres Objekt, bis die letzte Select-Methode erreicht wird, welche dann die eigentliche Arbeit erledigt.

❼ Drücken Sie [F8], um die Anweisung *neuBereich.EntireColumn.Select* auszuführen.

Excel markiert die gesamten Spalten C bis E (vgl. Abbildung 4.23). Sie können mit Hilfe der Eigenschaft EntireRow oder EntireColumn mehrere Zeilen bzw. Spalten auswählen. Excel erweitert jeden beliebigen Bereich bis zu den Grenzen des Arbeitsblatts.

❽ Drücken Sie [F8], um die Anweisung *neuBereich.CurrentRegion.Select* auszuführen.

Excel markiert den Bereich A1:D4 (vgl. Abbildung 4.24). Die Eigenschaft *CurrentRegion* erweitert die Auswahl auf ein Rechteck, das durch leere

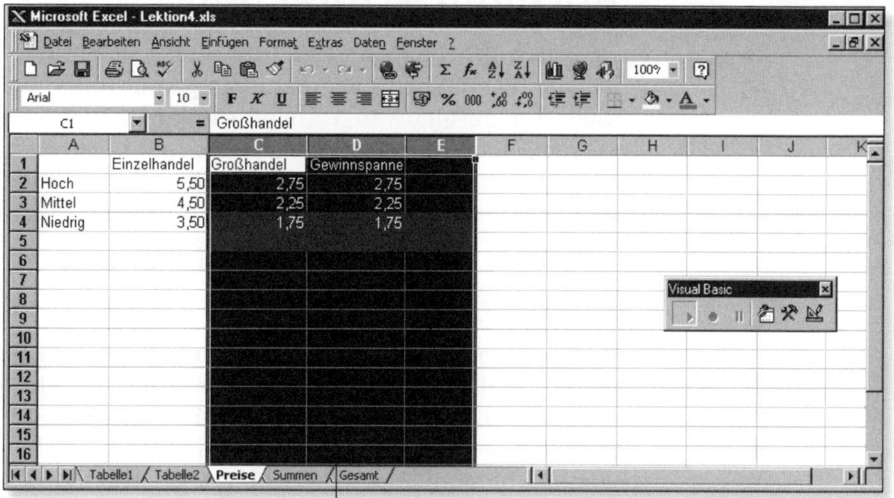

Abbildung 4.23
Die gesamten Spalten C, D und E auswählen.

neuBereich.EntireColumn.Select

Abbildung 4.24
Den Bereich A1:D4 auswählen.

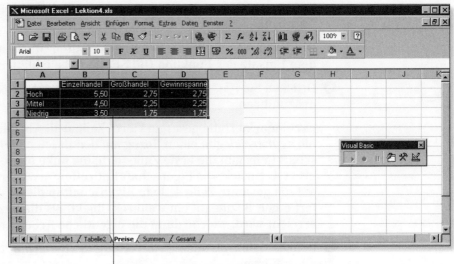

neuBereich.CurrentRegion.Select

Zellen oder die Ränder des Arbeitsblatts begrenzt wird. Die obere linke Zelle des Ausgangsbereichs ist immer eingeschlossen, nicht unbedingt aber die anderen Zellen.

Die Eigenschaften Offset und Resize bieten Ihnen zusammen mit den Eigenschaften EntireRow, EntireColumn und CurrentRegion flexible Möglichkeiten, ausgehend von einem Ausgangsbereich neue Range-Objekte zu berechnen.

Formeln erforschen

Die Auswahl von Bereichen hilft Ihnen zu verstehen, wie Range-Objekte bearbeitet werden. Zur Ausführung von Aufgaben müssen Sie jedoch nicht nur Bereiche auswählen, sondern Zellen formatieren, Werte und Formeln in Zellen eintragen, Werte und Formel aus Zellen abfragen und formatierte Werte aus Zellen abrufen. Dazu müssen Sie zunächst verstehen, wie Bezüge in Excel-Formeln verwendet werden, und danach werden Sie Formeln in Makros erstellen.

Relative Bezüge

Die meisten Formeln führen arithmetische Operationen mit Werten aus, die aus anderen Zellen abgefragt werden. Excel-Formeln verwenden für die Abfrage Zellbezüge. Kopieren Sie beispielsweise die Preisliste aus dem Arbeitsblatt *Preise*, ohne die Formeln zur Berechnung der Gewinnspanne, in ein neues Arbeitsblatt (vgl. Abbildung 4.25).

Lektion 4

Bereichsobjekte erforschen

Abbildung 4.25
Das Arbeitsblatt *Preise*, ohne die Formeln zur Berechnung der Gewinnspanne.

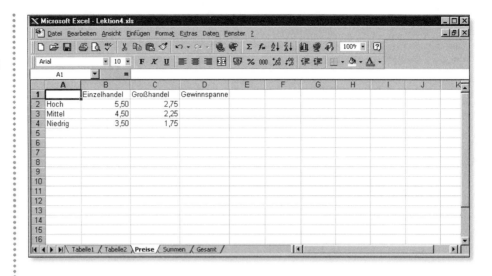

Nehmen Sie an, Sie möchten eine Spalte zu dieser Liste hinzufügen, welche die *Gewinnspanne* für jeden Eintrag berechnet, die Differenz zwischen Preisen und Kosten. Sie tragen die Beschriftung **Gewinnspanne** in die Zelle D1 ein und die erste Formel in die Zelle D2. Die Formel soll den ersten Großhandelspreis (Zelle C2) vom ersten Einzelhandelspreis (Zelle B2) subtrahieren. Also geben Sie **=B2-C2** in Zelle D2 ein. (In der Übungsdatei *Preise.xls* ist die Formel bereits enthalten.)

Die Gewinnspanne beträgt 2,75 DM (vgl. Abbildung 4.26). Nun werden Sie die Formel in die beiden anderen Zeilen kopieren. Beachten Sie, daß

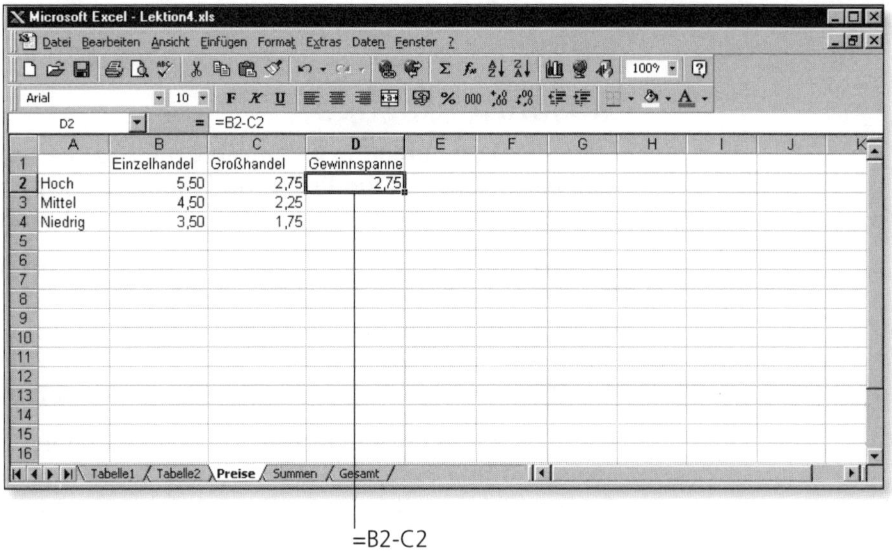

Abbildung 4.26
Die Gewinnspanne wird in Zelle D2 angezeigt.

Lektion 4

Bereichsobjekte erforschen

Abbildung 4.27
Die Formeln zur Berechnung der Gewinnspannen in Spalte D.

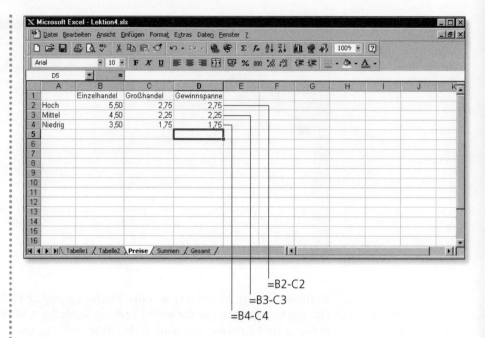

sich die Formel in Zelle D2 explizit auf die Zellen C2 und B2 bezieht. Wenn Sie die Formel in die Zelle D3 kopieren, soll sie automatisch angepaßt werden, damit der Bezug auf C3 und B3 stimmt. Glücklicherweise paßt Excel beim Kopieren die Bezüge an, da Bezüge voreingestellt relativ zur Zelle sind, welche die Formel enthält.

Der Bezug =C2 in Zelle D2 bedeutet „eine Zelle links von mir". Wenn Sie diese Formel in die Zelle D3 kopieren, verweist die Formel immer noch auf „eine Zelle links von mir", doch nun wird dies durch den Bezug =C3 repräsentiert.

Absolute Bezüge

Manchmal möchten Sie keine relativen Bezüge verwenden. Sehen Sie sich beispielsweise die Preise und Mengen im Arbeitsblatt *Summen* an (vgl. Abbildung 4.28). Sie werden nun selbst Formeln eingeben.

Sie möchten Formeln eingeben, die den Erlös für jede Preis-Mengen-Kombination berechnen. Zur Berechnung des Erlöses der ersten Gruppe (Zelle B3) müssen Sie den ersten Preis (Zelle B2) mit der ersten Menge (Zelle A3) multiplizieren. Geben Sie **=B2*A3** in Zelle B3 ein. Sie erhalten damit das richtige Ergebnis (DM 50) vgl. Abbildung 4.29).

Wenn Sie diese Formel jetzt in die Zelle B4 kopieren, erhalten Sie jedoch das seltsame Ergebnis DM 1000, weil die Formel mit relativen Zellbezügen kopiert wird. Die Formelbezüge verweisen nicht wirklich auf die Zellen B2 und A3, sondern auf „eine Zelle über mir" und „eine Zelle links

Lektion 4

Bereichsobjekte erforschen

Abbildung 4.28
Das Arbeitsblatt *Summen*.

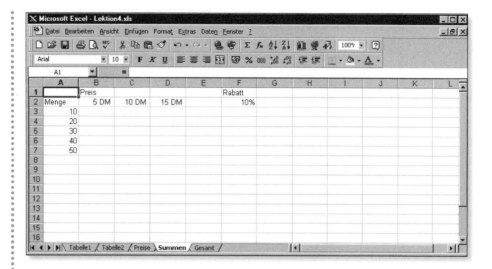

von mir". Wenn Sie die Formel in Zelle B4 kopieren, bezieht sich daher „eine Zelle über mir" auf die Zelle B3 und nicht auf B2.

Sie möchten zwar, daß die Preise aus den verschiedenen Spalten und die Mengen aus den verschiedenen Zeilen gelesen und berechnet werden, doch der Preis soll immer aus der Zeile 2 und die Menge immer aus der Spalte A übernommen werden. Die Lösung liegt darin, ein Dollarzeichen ($) vor die *2* im ersten Preisbezug (C$2) und vor das *A* im ersten Mengenbezug ($A3) zu setzen. Geben Sie folgende Formel in Zelle B3 ein: **=B$2 *$A3**. Das Dollarzeichen „verankert" den jeweiligen Teil der Formel und defi-

Abbildung 4.29
Die Berechnung des Erlöses in Zelle B3.

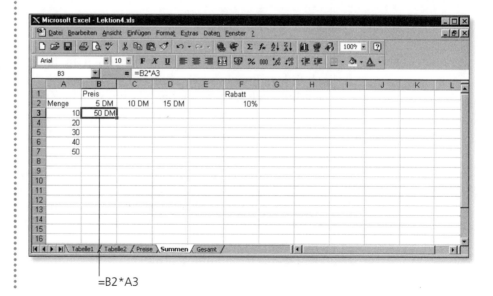

=B2*A3

Lektion 4 Bereichsobjekte erforschen

Abbildung 4.30
Das Arbeitsblatt zeigt alle Erlöse an.

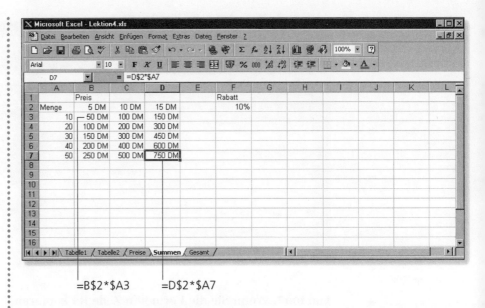

=B$2*$A3   =D$2*$A7

niert den Bezug als absolut. Wenn Sie nun die Formel in den Bereich B4:D7 kopieren, erhalten Sie die richtige Antwort (vgl. Abbildung 4.30).

Der relative Teil der Formel ändert sich zu der Zeile und der Spalte, in der die Zelle mit der Formel steht. Der absolute Teil bleibt unverändert.

Wenn Sie die Formel modifizieren möchten, damit auch der Rabatt aus Zelle F2 einbezogen wird, definieren Sie sowohl die Zeile als auch die Spalte des Rabattbezugs als absolut. Die korrekte Formel lautet: **=B$2*$A3 *(1-F2)**.

Z1S1-Notation

Der Bezug =B3 in Zelle D3 sagt nicht wirklich aus, was er eigentlich bedeutet. Die Aussage ist „Zelle B3", doch die Bedeutung ist „zwei Zellen nach links". Beachten Sie, daß Sie erst dann wissen, was der Bezug eigentlich bedeutet, wenn Sie wissen, welche Zelle den Bezug enthält.

Excel bietet eine alternative Notation für Bezüge, deren Aussage und Bedeutung identisch sind. Sie wird Z1S1-Notation genannt.

Sie wählen die Z1S1-Notation, indem Sie im Menü *Extras* auf *Optionen* klicken, um das Dialogfeld *Optionen* aufzurufen. Klicken Sie in diesem Dialogfeld auf das Register *Allgemein* (vgl. Abbildung 4.31), wählen Sie die Option *Z1S1 Bezugsart*, und klicken Sie auf *OK*. (Um die Z1S1-Notation auszuschalten, entfernen Sie die Markierung wieder.)

In Z1S1-Notation geben Sie einen absoluten Zeilenbezug mit dem Buchstaben *R* plus Zeilennummer und einen absoluten Spaltenbezug mit *C* plus

Lektion 4 — Bereichsobjekte erforschen

Abbildung 4.31
Das Register *Allgemein* des Dialogfelds *Optionen*.

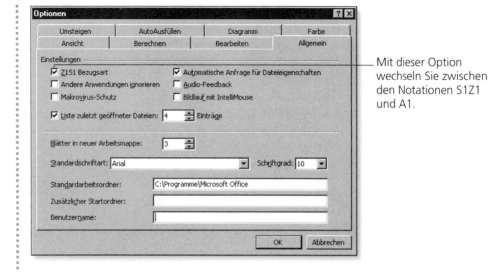

Mit dieser Option wechseln Sie zwischen den Notationen S1Z1 und A1.

Spaltennummer an. Der Bezug =Z1S1 bezieht sich auf Zelle A1. Excel verwendet voreingestellt die A1-Notation.

Um einen relativen Bezug in der gleichen Zeile oder Spalte wie die Zelle mit der Formel anzugeben, verwenden Sie einfach ein *R* oder ein *C*. Beispielsweise bedeutet die Angabe =RC3 „die Zelle in Spalte 3 meiner Zeile" und der Bezug =R2C „die Zelle in Zeile 2 meiner Spalte".

Um einen relativen Bezug in einer anderen Zeile oder Spalte anzugeben, spezifizieren Sie den Wert der Differenz in eckigen Klammern nach dem *R* oder dem *C*. Beispielsweise bedeutet der Bezug =R[-1]C „eine Zelle über mir" und der Bezug =R5C[2] „zwei Spalten nach rechts in Zeile 5".

Die Formel, welche die Bruttogewinnspanne berechnet, lautet =B2-C2 (doch nur, solange sie in Zelle D2 steht). In Z1S1-Notation lautet die gleiche Formel =RC[-2]-RC[-1]. Die Formel für die Berechnung des Preises inklusive Rabatt lautet =B$2*$A3*(1-F2). Die gleiche Formel in Z1S1-Notation: R2C*RC1*(1-R2C6).

Wenn Sie die A1-Notation verwenden, ändert sich die Formel abhängig davon, wohin Sie sie kopieren. In Z1S1-Notation bleibt die Formel dagegen unverändert.

Werte und Formeln in einen Bereich eintragen

Bezüge nützen wenig, wenn Sie nicht etwas mit ihnen anfangen. In einer Tabelle geben Sie für gewöhnlich Werte und Formeln in Zellen ein. Das Makro *FormelnBeobachten* demonstriert verschiedene Wege, Werte und Formeln in Bereiche einzutragen. Während Sie das Makro schrittweise

Lektion 4 — Bereichsobjekte erforschen

ausführen, lernen Sie viel über die Verwendung von Formeln in Excel. Hier sehen Sie das gesamte Makro:

```
Sub FormelnBeobachten()
  Worksheets.Add
  Range("B2:B6").Select
  Selection.Formula = 100
  ActiveCell.Formula = 0
  ActiveCell.Offset(-1, 0).Formula = 1
  Selection.Formula = "=B1*5"
  MsgBox ActiveCell.Value
  MsgBox ActiveCell.Formula
  MsgBox ActiveCell.FormulaZ1S1
End Sub
```

❶ Klicken Sie auf das Makro *FormelnBeobachten*. Drücken Sie dreimal [F8], um die Anweisung *Worksheets.Add* auszuführen, die ein neues Arbeitsblatt erstellt.

❷ Drücken Sie [F8], um die Anweisung *Range("B2:B6").Select* auszuführen. Damit wird ein Ausgangsbereich ausgewählt (vgl. Abbildung 4.32).

Abbildung 4.32
Den Bereich B2:B6 auswählen.

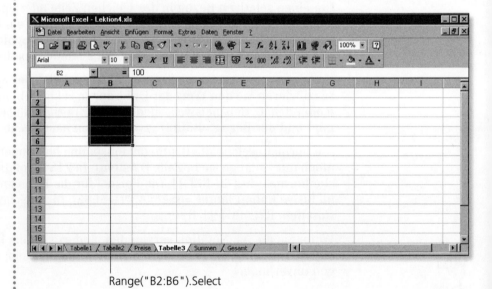

Range("B2:B6").Select

❸ Drücken Sie [F8], um die Anweisung *Selection.Formula = 100* auszuführen.

Die Zahl 100 wird in alle Zellen des ausgewählten Bereichs eingetragen (vgl. Abbildung 4.33). *Formula* ist eine Eigenschaft des Bereichs. Wenn Sie die Eigenschaft Formula auf die Auswahl anwenden, ändern Sie damit die Formel in allen Zellen der Auswahl.

Lektion 4   Bereichsobjekte erforschen

Abbildung 4.33
Die Zahl 100 ist in den Bereich eingefügt worden.

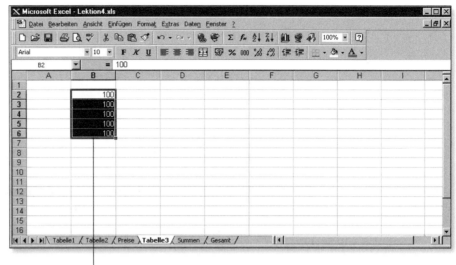

Selection.Formula = 100

Die Zahl 100 ist natürlich keine Formel, sondern eine Konstante. Sie hätten genauso gut die Anweisung *Selection.Value = 100* verwenden können, um die Konstante in die Zellen einzutragen. Die Eigenschaft Formula entspricht allerdings dem, was Sie in der Bearbeitungsleiste sehen, wenn eine Zelle gewählt ist. Die Bearbeitungsleiste kann sowohl Konstanten als auch Formeln enthalten, genau wie die Eigenschaft Formula. Wenn Sie einer Zelle einen Wert zuweisen, haben die Eigenschaften Formula und Value den gleichen Effekt.

Abbildung 4.34
Die Formel wurde auf die aktive Zelle angewendet.

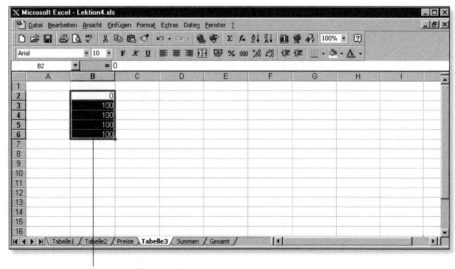

ActiveCell.Formula = 0

Lektion 4 — Bereichsobjekte erforschen

❹ Drücken Sie [F8], um die Anweisung *ActiveCell.Formula = 0* auszuführen.

Nur der Inhalt von Zelle B2 ändert sich in Null, da Sie nur die Formel der aktiven Zelle geändert haben (vgl. Abbildung 4.34).

Nehmen Sie nun an, Sie möchten in die Zelle über der aktiven Zelle einen Wert eingeben, ohne zu wissen, daß B2 die aktive Zelle ist.

❺ Drücken Sie [F8], um die Anweisung *ActiveCell.Offset(-1, 0).Formula = 1* auszuführen.

Die Zelle B1 enthält nun den Wert 1 (vgl. Abbildung 4.35).

Abbildung 4.35
Der Wert der Zelle B1 wird in 1 geändert.

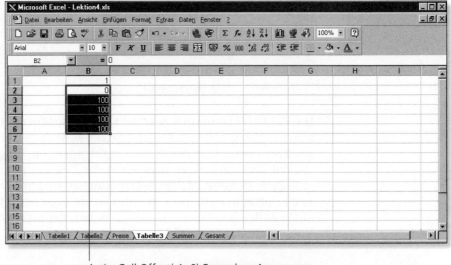

ActiveCell.Offset(-1, 0).Formula = 1

Diese Anweisung geht von der aktiven Zelle aus, verwendet die Eigenschaft Offset, um eine neue Zelle genau über der aktiven Zelle zu berechnen, und weist der resultierenden Zelle die Eigenschaft Formula zu.

Diese Formel unterscheidet sich von der Formel, die Sie in Lektion 2 aufgezeichnet haben, nur dadurch, daß hier die Eigenschaft Formula statt der Eigenschaft FormulaZ1S1 verwendet wird.

❻ Drücken Sie [F8], um die Anweisung *Selection.Formula = "=B1*5"* auszuführen.

Alle gewählten Zellen enthalten nun eine richtige Formel statt einer Konstanten (vgl. Abbildung 4.36). Als Sie die Formel eingegeben haben, war B2 die aktive Zelle. Aus der Sicht von Zelle B2 bedeutet der Bezug B1 „eine Zelle darüber". Während Excel die Formel in alle Zellen eingegeben hat, wurde der Bezug angepaßt, damit er immer die Bedeutung „eine Zelle darüber" hat.

Sie könnten ebenso die Anweisung *Selection.Value = "=B1*5"* verwenden, um dem Bereich eine Formel zuzuweisen. Bei der Zuweisung eines

Lektion 4 — Bereichsobjekte erforschen

Abbildung 4.36
Die Zellen enthalten Formeln statt Konstanten.

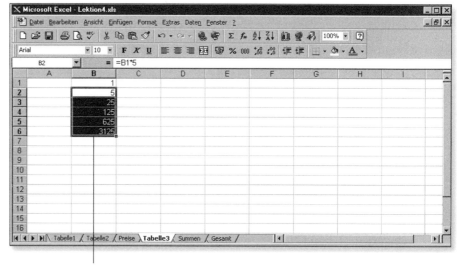

Selection.Formula = "=B1*5"

Wertes oder einer Formel an eine Zelle sind die Eigenschaften Value und Formula gleichbedeutend.

❼ Drücken Sie ⌈F8⌉, um die Anweisung *MsgBox ActiveCell.Value* auszuführen.

Abbildung 4.37
Der Wert der aktiven Zelle.

ActiveCell.Value

Ein Feld wird eingeblendet, das den Wert 5 anzeigt (vgl. Abbildung 4.37). Mit der Eigenschaft Value läßt sich das Ergebnis jeder beliebigen Formel einer Zelle abrufen.

❽ Klicken Sie auf *OK*, und drücken Sie ⌈F8⌉, um die Anweisung *MsgBox Active Cell.Formula* auszuführen.

Ein Feld wird eingeblendet, das die Formel =B1*5 anzeigt (vgl. Abbildung 4.38). Die Eigenschaft Formula ruft die aktuelle Formel aus einer Zelle ab.

Abbildung 4.38
Die in der aktiven Zelle enthaltene Formel.

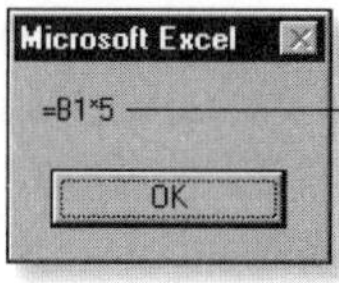

AvticeCell.Formula

Lektion 4   **Bereichsobjekte erforschen**

Wenn die Zelle eine Konstante enthält, wird sie als Text abgerufen, auch wenn es sich um eine Zahl handelt. Die Eigenschaft Formula verwendet hierbei immer die A1-Notation.

❾ Klicken Sie auf *OK*, und drücken Sie F8, um die Anweisung *MsgBox ActiveCell.FormulaZ1S1* auszuführen.

Ein Feld wird eingeblendet, das die Formel =R[-1]C*5 anzeigt (vgl. Abbildung 4.39). Die Formel entspricht =B1*5, wird aber in Z1S1-Notation angezeigt.

Abbildung 4.39
Die in der aktiven Zelle enthaltene Formel in S1Z1-Notation.

❿ Klicken Sie auf *OK*, und drücken Sie F8, um das Makro vollständig auszuführen.

Alle Zellen besitzen die Eigenschaften *Formula*, *FormulaZ1S1* und *Value*. Wenn Sie einer Zelle einen Wert oder eine Formel zuweisen, zeigen die Eigenschaften *Value* und *Formula* dasselbe Verhalten. Beim Lesen allerdings gibt die Eigenschaft *Value* den Wert und *Formula* die Formel in A1-Notation zurück. Die Eigenschaften *FormulaZ1S1* und *Formula* sind identisch, doch *FormulaZ1S1* verwendet alle Bezüge in Z1S1-Notation, sowohl beim Schreiben als auch beim Lesen einer Formel.

Die Eigenschaft Value übergibt Ihnen immer den unformatierten Wert einer Zelle. Zellen besitzen auch die Eigenschaft *Text*, die den formatierten Wert einer Zelle zurückgeben. Diese Eigenschaft kann nur gelesen werden, da es sich um eine Kombination aus den Eigenschaften *Value* und *NumberFormat* handelt.

Die Adresse eines Bereichs in Formeln verwenden

Manchmal benötigen Sie ein Makro, um Formeln zu erstellen, die Bezüge enthalten. Nehmen Sie an, Sie haben einen Bereich von Zellen wie im Arbeitsblatt *Gesamt*, und Sie möchten eine Zeile mit Summen einfügen (vgl. Abbildung 4.40). Falls sich die Größe des Bereichs verändern kann, wissen Sie erst während der Makroausführung, welche Zellen in die Funktion SUM eingeschlossen werden sollten.

Gelegentlich enthält der Zellenbereich B2:D4 die Daten, und die Formel in Zelle B5 sollte =SUM(B2:B4) lauten. Zu einem anderen Zeitpunkt muß der Zellenbereich B2:D10 berücksichtigt werden, und die Formel sollte =SUM(B2:B10) lauten und in Zelle B11 stehen. Interaktiv würden Sie die Schaltfläche *Summe* verwenden, um die Formeln zu erstellen, doch wenn

Lektion 4 Bereichsobjekte erforschen

Abbildung 4.40
Ein Arbeitsblatt
ohne Summen.

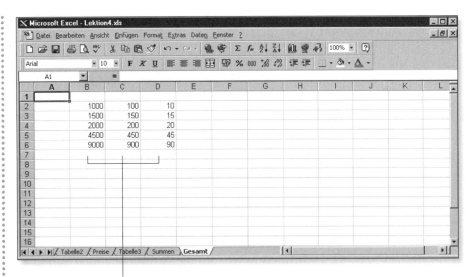

Fügen Sie die Summenformeln hier ein.

Sie jemals während der Makroaufzeichnung auf *Summe* geklickt haben, wissen Sie, daß die daraus resultierenden Anweisungen für gewöhnlich nicht sehr hilfreich sind (eine zurückhaltend ausgedrückte, starke Untertreibung).

Sie müssen ein Makro erstellen, das wie eine vereinfachte Version der Schaltfläche *Summe* arbeitet. Das Makro *SummenBerechnen* zeigt, wie Sie dies erreichen. Einige der Anweisungen dieses Makros sind nicht notwendig, doch sie tragen zum besseren Verständnis der Funktionalität bei. Sie führen das Makro in Einzelschritten aus und sehen sich die einzelnen Anweisungen an. Das gesamte Makro sieht folgendermaßen aus.

```
Sub SummenBerechnen()
  Dim neuBereich As Range
  Dim neuGesamt As Range
  Set neuBereich = ActiveCell.CurrentRegion
  Set neuGesamt = neuBereich. _
    Offset(neuBereich.Rows.Count).Rows(1)
  neuGesamt.Cells(1) = neuBereich.Columns(1).Address
  neuGesamt.Cells(1) = neuBereich.Columns(1). _
    Address(False,False)
  neuGesamt.Formula = "=SUM(" & neuBereich.Columns(1).Address(False,False) & ")"
End Sub
```

❶ In Excel wählen Sie das Arbeitsblatt *Gesamt* und klicken auf die Zelle B2.

Lektion 4 Bereichsobjekte erforschen

❷ In Visual Basic klicken Sie auf das Makro *SummenBerechnen* und drücken dreimal F8, um die Anweisung *Set neuBereich = ActiveCell.CurrentRegion* auszuführen.

Damit wird der die aktive Zelle umgebende Zellenblock der Variablen *neuBereich* zugewiesen.

❸ Drücken Sie F8, um die Anweisung *Set neuGesamt = neuBereich.Offset (neuBereich.Rows.Count).Rows(1)* auszuführen.

Damit wird ein neuer Bezug zu einem Bereich erstellt, der um die Zeilenanzahl des Ausgangsbereichs nach unten verschoben ist und lediglich eine Zeile umfaßt. Dieser Bezug wird der Variablen *neuGesamt* zugewiesen. (Statt Rows(1) könnten Sie auch Resize(1) verwenden, um den gleichen Effekt zu erzielen.) Sie haben damit den Bereich definiert, der die Summen aufnehmen wird.

❹ Drücken Sie F8, um die Anweisung *neuGesamt.Cells(1) = neuBereich. Columns(1).Address* auszuführen. Daraufhin wird die absolute Adresse der ersten Spalte angezeigt (vgl. Abbildung 4.41).

Abbildung 4.41
Die absolute Adresse der ersten Spalte.

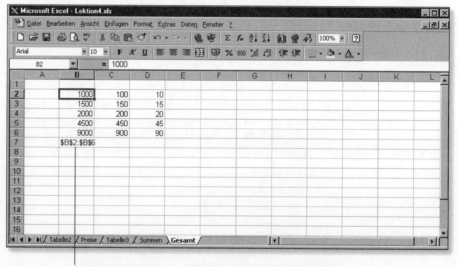

neuGesamt.Cells(1) = neuBereich.Columns(1).Address7

Diese Anweisung ist im fertigen Makro nicht erforderlich. Mit dieser Anweisung wird die Adresse der ersten Spalte des ursprünglichen, rechteckigen Bereichs abgerufen und in die erste Zelle der Summenzeile eingetragen. Wenn Sie diese Adresse in eine SUM-Funktion aufnehmen, würde die Berechnung für die erste Zeile stimmen, doch das Dollarzeichen weist auf einen absoluten Bezug hin. Sie müssen ihn in einen rela-

Lektion 4 Bereichsobjekte erforschen

Abbildung 4.42
Die relative Adresse der ersten Spalte.

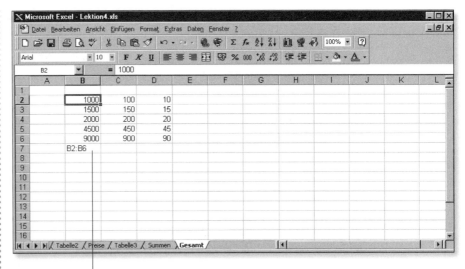

neuGesamt.Cells(1) = neuBereich.Columns(1).Address(False,False)

tiven Bezug umwandeln, damit er in alle Spalten der Summenzeile aufgenommen werden kann.

❺ Drücken Sie F8, um die Anweisung *neuGesamt.Cells(1) = neuBereich.Columns(1).Address(False,False)* auszuführen. Daraufhin wird die relative Adresse der ersten Spalte angezeigt (vgl. Abbildung 4.42).

Auch diese Anweisung ist im fertigen Makro nicht erforderlich. Die Eigenschaft *Address* besitzt zwei optionale Argumente, die steuern, ob die Zeilen- und Spaltenanteile der Adresse absolut oder relativ sind. Voreingestellt werden beide als absolute Bezüge zurückgegeben, und mit dieser Makroanweisung werden beide als relative Bezüge definiert. Sie nehmen diesen Bezug in die Funktion SUM auf und füllen die Summenzeile auf.

❻ Drücken Sie F8, um die Anweisung *neuGesamt.Formula = "=SUM(" & neuBereich.Columns(1).Address(False,False) & ")"* auszuführen.

Diese Anweisung konstruiert die endgültige Formel aus dem ersten Teil der SUM-Funktion und dem relativen Bezug, der von der Eigenschaft *Address* zurückgegeben wird, und fügt die schließende Klammer hinzu. Wenn B2:E5 der aktuelle Bereich einschließlich der aktiven Zelle wäre, lautete die resultierende Formel =SUM(B2:B5).

Die Gesamtsummen werden in der unteren Zeile angezeigt (vgl. Abbildung 4.43).

❼ Drücken Sie F8, um das Makro zu beenden. Drücken Sie dann F5, um das Makro nochmals auszuführen. Eine weitere Zeile mit Summen wird eingefügt.

Lektion 4 — Bereichsobjekte erforschen

Abbildung 4.43
Das Arbeitsblatt mit den berechneten Summen.

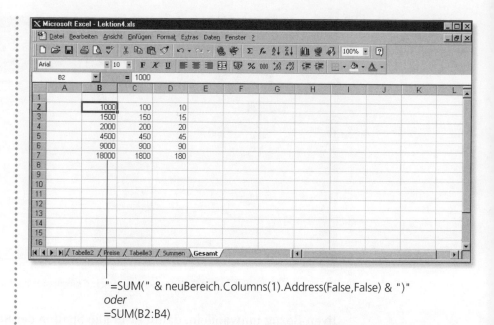

```
"=SUM(" & neuBereich.Columns(1).Address(False,False) & ")"
```
oder
```
=SUM(B2:B4)
```

Dies führt zu nichts, doch es zeigt, wie sich das Makro automatisch anpaßt, wenn neue Zeilen zu den Daten hinzugefügt werden. Die Eigenschaft *CurrentRegion* schließt neue Zeilen ein. Die Eigenschaft *Address* berechnet die entsprechenden Bezüge für die SUM-Funktion.

❽ Speichern Sie die Arbeitsmappe *Lektion4*, wenn Sie etwas geändert oder Notizen eingefügt haben.

Range-Objekte sind ein mächtiges Werkzeug zur Darstellung und Bearbeitung von Bereichen in Excel. Sie können Bereiche wählen, Variablen zuweisen, Formeln in Bereiche eintragen, Bereiche benennen und deren Adressen abrufen. Sie können mit Hilfe der Methoden und Eigenschaften von Range-Objekten vielseitige und dynamische Arbeitsblatt-Modelle erstellen.

Zusammenfassung der Lektion

Möchten Sie	dann
ein Anweisungspaar Select… Selection in einem aufgezeichneten Makro vereinfachen,	löschen Sie alle Anweisungen, die zwischen *Select* und *Selection* stehen, bis auf einen Punkt.
den Bereich B2:C5 im aktiven Arbeitsblatt auswählen,	verwenden Sie die Anweisung *Range ("B2:C5").Select*. ▶

Lektion 4 Bereichsobjekte erforschen

Möchten Sie	dann
die fünfte Zelle in der dritten Zeile des aktiven Arbeitsblatts wählen,	verwenden Sie die Anweisung *Cells (3,5).Select*.
die Spalten der aktuellen Auswahl zählen,	verwenden Sie den Ausdruck *Selection.Columns.Count*.
einen neuen Bereich eine Zeile unter der Auswahl wählen,	verwenden Sie die Anweisung *Selection.Offset(1,0).Select*.
die ausgewählten Zellen mit dem Wert 100 füllen,	verwenden Sie die Anweisung *Selection.Formula = 100*.
in die aktive Zelle eine Formel aufnehmen, die den Wert der darüberliegenden Zelle berechnet,	verwenden Sie die Anweisung *ActiveCell.FormulaZ1S1="=R[-1]C"*.
den Wert der aktiven Zelle abfragen,	verwenden Sie den Ausdruck *ActiveCell.Value*.
die Formel der aktiven Zelle abfragen,	verwenden Sie entweder den Ausdruck *ActiveCell.Formula* oder *ActiveCell.FormulaZ1S1*.
die Adresse eines Bereichs abfragen,	verwenden Sie die Eigenschaft *Address*, wobei Sie über die Argumente steuern, ob die Adresse relativ oder absolut ist.

So erhalten Sie Online-Hilfe zum Thema:	Fordern Sie vom Assistenten mit folgendem Suchbegriff Hilfe an:
Bezüge auf Bereiche	**Bezüge**, wählen Sie dann das Thema *Wissenswertes über das Verwenden von Zell- und Bereichsbezügen*
Eigenschaft Selection	**Selection**
Eigenschaft Range	**Range**
Eigenschaft Address	**Address**

Ausblick auf die nächste Lektion

Excel ist bekannt für seine außergewöhnlich gute Grafikunterstützung. In der nächsten Lektion werden Sie Grafikobjekte erforschen. Grafikobjekte umfassen nicht nur Kreise und Rechtecke auf dem Arbeitsblatt, sondern auch Textfelder und Diagramme. Grafiken erhöhen die Aussagekraft Ihrer Anwendungen. Sie verwenden Makros, um die Arbeit mit Grafiken zu vereinfachen.

5 Grafische Objekte erforschen

Geschätzte Dauer:
35 Minuten

In dieser Lektion lernen Sie

- wie Sie gezeichnete Objekte in einem Arbeitsblatt bearbeiten.
- wie Sie mit Diagrammen arbeiten.
- wie Sie die Makroaufzeichnung zur Verwaltung von Bezügen verwenden können.

An warmen Sommertagen gibt es nichts Schöneres, als auf dem Rücken in einer Wiese zu liegen und zu beobachten, wie die Wolken vorüberziehen. Bäume, Berge und Gebäude sind immer am gleichen Platz, sie sind mit dem Boden verbunden, doch Wolken bewegen sich. Ihre Form und ihre Farbe ändert sich. Wolken treten auch in Schichten auf, und dann ziehen häufig die nahen Wolken im Vordergrund an den fernen vorbei.

Auf einem Arbeitsblatt sind Bereiche mit ihren Formeln und Formaten genauso mit dem Arbeitsblatt verbunden wie Gebäude mit dem Boden. Die Zelle A1 befindet sich immer in der oberen linken Ecke des Arbeitsblatts. Grafische Objekte sind dagegen wie die Wolken. Sie treiben frei über dem Arbeitsblatt. Sie können verschwinden und wieder auftauchen. Sie können ihre Farbe und Form ändern.

Zu grafischen Objekten gehören nicht nur einfache Formen wie Rechtecke, Ellipsen und Linien, sondern auch Diagramme und Steuerelemente wie Listenfelder und Drehfelder. Sie erhöhen die Funktionalität und den Informationsgehalt eines Arbeitsblatts. In dieser Lektion lernen Sie, wie Sie in Visual Basic-Makros mit grafischen Objekten arbeiten und in Microsoft Excel 97 mit Hilfe von Bezügen Informationen über Objekte, Eigenschaften und Methoden erhalten.

Beginnen Sie mit der Lektion

- Starten Sie Excel. Öffnen Sie die Arbeitsmappe *Grafiken*, die sich in dem Ordner *Excel VBA Übungen* befindet, und speichern Sie sie unter dem Namen **Lektion5**.

Lektion 5 — Grafische Objekte erforschen

Grafische Objekte erforschen

Der Objektkatalog und das Hilfesystem lassen sich mit einem Rechtschreibwörterbuch vergleichen. Ebenso wie Sie wissen müssen, wie ein Wort geschrieben wird, bevor Sie es im Wörterbuch nachschlagen können, müssen Sie eine Eigenschaft oder Methode kennen, bevor Sie im Objektkatalog oder in der Hilfe danach suchen können. Hier bietet Ihnen ein Hilfsmittel die besten Möglichkeiten, sich über die Verwendung von Excel-Objekten zu informieren, das auf den ersten Blick überhaupt nichts mit einer Nachschlagefunktion gemein zu haben scheint: die Makroaufzeichnung.

Manche betrachten die Makroaufzeichnung als ein Werkzeug für Anfänger, und das ist sie wohl auch. In Teil A mit dem Titel *Routineaufgaben automatisieren* haben Sie Makros aufgezeichnet und fertiggestellt, ohne viel davon verstehen zu müssen, wie Excel-Objekte eigentlich arbeiten. Die Makroaufzeichnung bietet aber auch erfahrenen Entwicklern einige Annehmlichkeiten. In dieser Lektion erfahren Sie, wie Sie die Makroaufzeichnung verwenden, um mehr über die Verwendung von Excel-Objekten zu lernen.

Ein Makro aufzeichnen, mit dem ein Rechteck erstellt wird

Mit grafischen Objekten, wie Rechtecken, Ellipsen, Textfeldern und Diagrammen, können Sie Ihr Arbeitsblatt ansprechend und informativ gestalten. Eines der neuen Leistungsmerkmale von Microsoft Office 97 ist die stark erweiterte Menge grafischer Objekte. Mit Hilfe der Makroaufzeichnung können Sie sich über die Verwendung dieser grafischen Objekte informieren. Sie werden nun die Erstellung eines Rechtecks aufzeichnen und überrascht sein, wieviel Sie aus einem einfachen aufgezeichneten Makro lernen können.

❶ Wählen Sie in der Arbeitsmappe *Lektion5* das Arbeitsblatt *Formen*, und klicken Sie in der Symbolleiste *Standard* auf *Zeichnen*, um die Symbolleiste *Zeichnen* einzublenden (vgl. Abbildung 5.1).

Abbildung 5.1
Die Symbolleiste *Zeichnen*.

❷ Klicken Sie in der Symbolleiste *Visual Basic* auf *Makro aufzeichnen*, geben Sie den Makronamen **RechteckZeichnen** ein, und klicken Sie auf *OK*.

❸ Klicken Sie in der Symbolleiste *Zeichnen* auf *Rechteck*. Im Arbeitsblatt klicken Sie auf die linke obere Ecke der Zelle B2 und ziehen den Zeiger zur rechten unteren Ecke von Zelle B3 (vgl. Abbildung 5.2).

Lektion 5   Grafische Objekte erforschen

Abbildung 5.2
Im Arbeitsblatt ein Rechteck zeichnen.

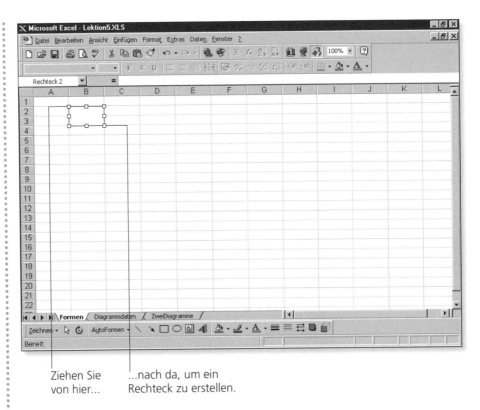

Ziehen Sie von hier...   ...nach da, um ein Rechteck zu erstellen.

❹ Klicken Sie in der Symbolleiste *Zeichnen* auf den Pfeil neben *Füllfarbe* und dann in der ersten Spalte auf das dritte Feld von oben (vgl. Abbildung 5.3).

Das Rechteck wird nun rot dargestellt.

❺ Klicken Sie auf *Aufzeichnung beenden*, und sehen Sie sich das Makro an. Es sollte etwa wie folgt aussehen:

```
Sub RechteckZeichnen()
  ActiveSheet.Shapes.AddShape(msoShapeRectangle, _
    48#, 13, 48, 25.5).Select
  Selection.ShapeRange.Fill.ForeColor.SchemeColor = 10
  Selection.ShapeRange.Fill.Visible = msoTrue
  Selection.ShapeRange.Fill.Solid
End Sub
```

Dieses Makro ist sehr kurz, führt aber viele Arbeitsschritte aus. Sehen Sie sich die zweite Anweisung an:

```
ActiveSheet.Shapes.AddShape(msoShapeRectangle, _
  48#, 13, 48, 25.5).Select
```

Die Anweisung beginnt mit einem Verweis auf das aktive Arbeitsblatt und endet mit der Auswahl von etwas. Da *Shapes* im Plural steht, könnte es

Lektion 5 Grafische Objekte erforschen

Abbildung 5.3
Die Füllfarben von Excel.

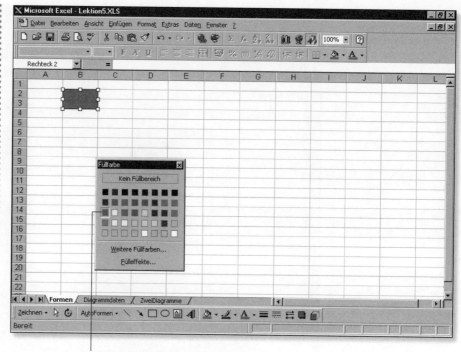

Klicken Sie auf dieses Feld, damit das Rechteck in Rot dargestellt wird.

sich um eine Auflistung handeln. Bei den meisten Auflistungen verwenden Sie die Methode Add, um ein neues Element aufzunehmen, doch nach *Shapes* folgt *AddShape*. *AddShape* folgt wiederum eine in Klammern gesetzte Argumentliste. (Die Zahlen in Ihrer Liste können von den hier gezeigten abweichen.) Das erste Argument gibt anscheinend darüber Aufschluß, welche Art von Form Sie erstellt haben, und die Zahlen scheinen sich irgendwie auf Position und Größe des Rechtecks zu beziehen, da das Makro nirgendwo sonst Angaben dazu enthält.

Diese aufgezeichneten Anweisungen geben Ihnen verschiedene Hinweise dazu, wie ein neues Rechteck erstellt wird. Sie werden nun selbst ein Makro schreiben, wobei Sie die aus der Aufzeichnung gewonnenen Informationen sowie die Listen der Methoden, Eigenschaften und Konstanten verwenden, die Visual Basic automatisch einblendet.

Ein Makro schreiben, das ein Rechteck zeichnet

❶ Unter dem aufgezeichneten Makro geben Sie **Sub NeuesRechteckZeichnen** ein und drücken ⏎. Visual Basic fügt automatisch Klammern sowie die Anweisung *End Sub* ein.

Lektion 5 Grafische Objekte erforschen

Damit Visual Basic eine Liste der Methoden und Eigenschaften eines Objekts einblenden kann, muß bekannt sein, um welches Objekt es sich handelt. Die Eigenschaften *ActiveSheet* und *Selection* sind zu allgemein: Beide können sich auf verschiedene Objekttypen beziehen. Am einfachsten teilen Sie Visual Basic mit, welches Objekt Sie verwenden, indem Sie das Objekt einer Variablen zuweisen und deren Typ entsprechend deklarieren.

❷ Geben Sie die drei folgenden Anweisungen ein, um die Variablen zu deklarieren und das aktive Arbeitsblatt einer Variablen zuzuweisen.

```
Dim neuBlatt As Worksheet
Dim neuForm As Shape
Set neuBlatt = ActiveSheet
```

Alle grafischen Objekte gehören zur Klasse Shape. Indem Sie die Variablen deklarieren, geben Sie Visual Basic die notwendigen Informationen, um Hilfe während der Eingabe anzubieten.

❸ Geben Sie **Set neuForm = neuBlatt.Shapes.** (einschließlich des Punktes) ein.

Sobald Sie den Punkt eingeben, zeigt Visual Basic die Liste der Methoden und Eigenschaften der Auflistung Shapes an (vgl. Abbildung 5.4). Offensichtlich können Sie mehrere Formen hinzufügen, wie unter anderem

Abbildung 5.4
Visual Basic zeigt die Methoden und Eigenschaften der Auflistung Shapes an.

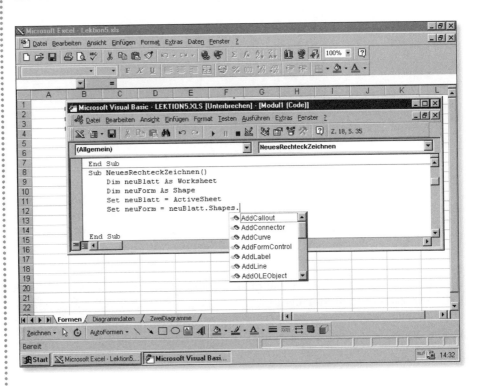

171

Lektion 5
Grafische Objekte erforschen

Callouts, Curves, Connectors und andere. Aus diesem Grund verwendet die Auflistung Shapes nicht die einfache Add-Methode. Sie wissen aus dem aufgezeichneten Makro, daß Sie die Methode AddShape verwenden müssen, um ein Rechteck hinzuzufügen.

❹ Geben Sie **AddShape(** ein (oder wählen Sie den Ausdruck aus der Liste), und drücken Sie ⬇.

Abbildung 5.5
Die Liste der verfügbaren Argumente von Shapes.

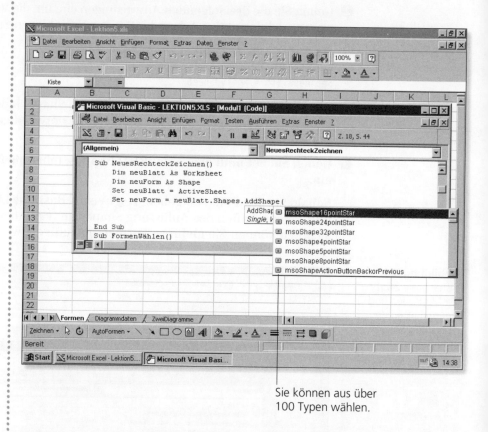

Sie können aus über 100 Typen wählen.

Sobald Sie die öffnende Klammer eingeben, zeigt Visual Basic die Liste möglicher Werte des ersten Arguments an (vgl. Abbildung 5.5). Sie haben über 100 Typen von Formen zur Auswahl. Sie wissen aus dem aufgezeichneten Makro, daß Sie die Option *msoShapeRectangle* verwenden sollen (mit anderen experimentieren Sie später).

❺ Geben Sie **msoShapeRectangle,** ein (oder wählen Sie den Ausdruck aus der Liste).

Wenn Sie das Komma eingeben, sehen Sie die restlichen Argumente Left, Top, Width und Height (vgl. Abbildung 5.6). Sie geben jedes dieser Argumente in der Maßeinheit *Punkt* an. Ein Punkt entspricht 1/72 Zoll.

Ein Punkt ist eine Maßeinheit, die in der Drucktechnik zur Bemaßung von Texten und Schriftgrößen verwendet wird.

Lektion 5 Grafische Objekte erforschen

Abbildung 5.6
Die restlichen Argumente von Shapes.

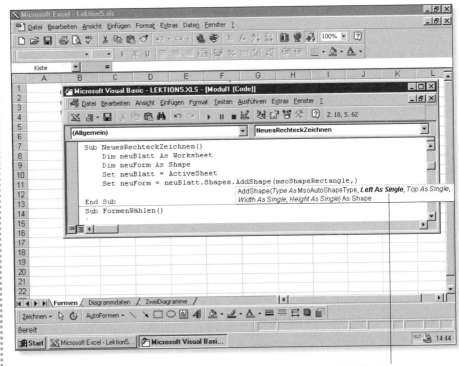

Geben Sie Ort und Größe des Objekts in Punkt an (1/72 Zoll).

❻ Geben Sie **72** für Left, **36** für Top, **72** für Width, **36** für Height sowie eine schließende Klammer ein. Dann drücken Sie ⏎.

Die Anweisung im aufgezeichneten Makro endete mit der Methode Select. Wenn Sie einer Variablen ein Objekt zuweisen, stellen Sie die Methode Select nicht an das Anweisungsende.

❼ Geben Sie **neuForm.Fill.ForeColor.SchemeColor = 10** ein, und drücken Sie ⏎.

Jedesmal, wenn Sie einen Punkt eingeben, blendet Visual Basic eine Liste der verfügbaren Methoden und Eigenschaften ein (vgl. Abbildung 5.7). Wenn Sie das Rechteck nicht einer Variablen zugewiesen, sondern statt dessen wie im aufgezeichneten Makro Select und Selection verwendet hätten, könnte Visual Basic die Liste der Elemente nicht anzeigen.

Bei Shape-Objekten werden viele untergeordnete Objekte zur Gruppierung von Formatinformationen verwendet. Die Eigenschaft *Fill* gibt ein FillFormat-Objekt zurück. (Der Name der Objektklasse unterscheidet sich vom Namen der Eigenschaft. Die Eigenschaft Fill gibt bei Diagrammobjekten ein ChartFillFormat-Objekt zurück.) Das FillFormat-Objekt steuert die Formatierung des Objektinnern. Die Eigenschaft *ForeColor* gibt ein

Lektion 5 Grafische Objekte erforschen

Abbildung 5.7
Die Liste der Elemente wird während der Eingabe angezeigt.

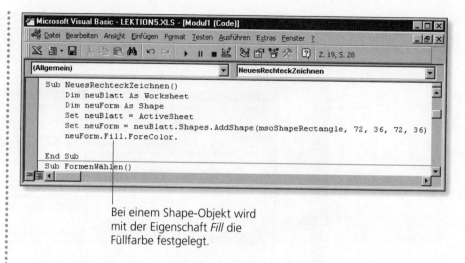

Bei einem Shape-Objekt wird mit der Eigenschaft *Fill* die Füllfarbe festgelegt.

ColorFormat-Objekt zurück. (Der Name der Objektklasse unterscheidet sich vom Namen der Eigenschaft, da ein ColorFormat-Objekt sowohl von ForeColor als auch von BackColor zurückgegeben werden kann.) Klicken Sie auf den Namen einer Eigenschaft, und drücken Sie F1, um eine Beschreibung der Eigenschaft und, falls verfügbar, des zugeordneten Objekts zu erhalten.

❽ Drücken Sie mehrmals F8, um das Makro in Einzelschritten auszuführen.

Abhängig von Bildschirmgröße und Auflösung wird im Arbeitsblatt ein neues Rechteck an einer Position etwa 2,5 cm vom linken und 1 cm vom oberen Blattrand angezeigt (vgl. Abbildung 5.8). Das Rechteck besitzt eine Höhe von etwa 4 cm und eine Breite von etwa 2,5 cm. Dieses Rechteck wird von Ihnen nie ausgewählt werden, da Sie es nur verwenden, um einer Variablen einen Bezug zuzuweisen.

In diesem Beispiel konnten Sie mit einem Makro ein Rechteck erstellen, indem Sie sich an dem von der Makroaufzeichnung generierten Makro orientiert haben. Sie haben hier allerdings auch gesehen, wie die Listen der Methoden, Eigenschaften und Elemente von Visual Basic Sie darin unterstützen, Varianten eines aufgezeichneten Makros zu erstellen.

Eine bestehende Form ändern

Gelegentlich müssen im Arbeitsblatt vorhandene Formen bearbeitet werden. Die Makroaufzeichnung unterstützt Sie bei der Auswahl einer Form. Anschließend setzen Sie Ihr Wissen über Objekte ein, um die Auswahl in eine Objektvariable zu konvertieren.

❶ Wählen Sie in der Arbeitsmappe *Lektion5* das Arbeitsblatt *Formen*. Blenden Sie die Symbolleiste *Zeichnen* ein, und zeichnen Sie ein Makro mit dem Namen **FormenWählen** auf.

Abbildung 5.8
Das neue Rechteck wird unterhalb des zuvor erstellten eingefügt.

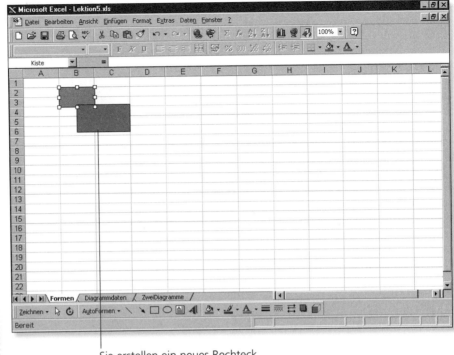

Sie erstellen ein neues Rechteck, ohne es zu wählen.

❷ Klicken Sie das zuerst erstellte Rechteck an. Halten Sie ⇧ gedrückt, klicken Sie die Sonne an, und beenden Sie die Aufzeichnung. Das Arbeitsblatt sollte nun wie in Abbildung 5.9 aussehen.

❸ Sehen Sie sich das Makro an. Es sollte ungefähr wie folgt aussehen:

```
Sub FormenWählen()
    ActiveSheet.Shapes("Rectangle 3").Select
    ActiveSheet.Shapes.Range(Array("Rectangle 3", _
        "Shape3")).Select
End Sub
```

Die Namen in Anführungszeichen können in Ihrem Makro anders lauten, abhängig davon, wieviele Rechtecke Sie erstellt haben.

Die Eigenschaft Shapes gibt eine Auflistung aller in einem Arbeitsblatt vorhandenen Shape-Objekte zurück. Sie müssen das Arbeitsblatt angeben, welches die Formen enthält. Um eine einzige Form zu wählen, greifen Sie über den Namen oder die Nummer auf das Element der Shapes-Auflistung zu – ebenso wie Sie Elemente in beliebigen anderen Auflistungen auswählen. Sie erhalten ein Shape-Objekt (Singular!) zurück, das Sie auswählen oder einer Variablen zuweisen können.

Wenn Sie auf mehrere Shape-Objekte Bezug nehmen möchten, steht Ihnen in Excel hierfür die Auflistung ShapeRange zur Verfügung. Ein Shape-

Lektion 5: Grafische Objekte erforschen

Abbildung 5.9
Mehrere Objekte sind gewählt.

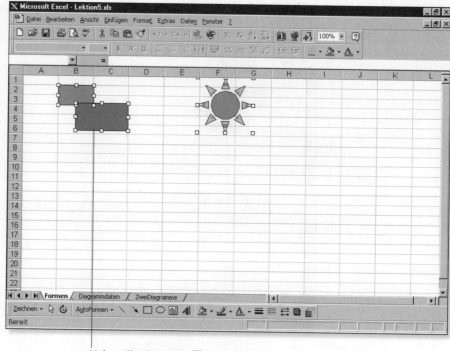

Halten Sie die Taste ⓞ gedrückt, um mehrere Objekte zu wählen.

Range-Objekt unterscheidet sich von einem Shape-Objekt nur dadurch, daß es mehrere Objekte enthalten kann. Sie erstellen ein ShapeRange-Objekt aus einer Shapes-Auflistung, indem Sie die Eigenschaft Range zusammen mit der Visual Basic-Funktion Array verwenden. Die Funktion Array erlaubt, eine Liste von Elementen zu gruppieren.

❹ Am Anfang des Makros geben Sie die beiden folgenden Anweisungen ein:

```
Dim neuForm as Shape
Dim neuFormBereich as ShapeRange
```

❺ Ändern Sie die erste Auswahl, um das Objekt der Variablen *neuForm* zuzuweisen, anstatt es auszuwählen. Der Name in Anführungszeichen bleibt unverändert. Die Anweisung sollte nun wie folgt aussehen:

```
Set neuForm = ActiveSheet.Shapes("Rectangle 3")
```

❻ Fügen Sie eine zweite Anweisung ein, um den RGB-Wert der Vordergrundfarbe der Form in Gelb zu ändern. Die Anweisung sollte wie folgt aussehen:

```
neuForm.Fill.ForeColor.RGB = vbYellow
```

❼ Ändern Sie die zweite Auswahl, um das ShapeRange-Objekt der Variablen *neuForm* zuzuweisen, anstatt es auszuwählen. Die Anweisung sollte

Lektion 5   Grafische Objekte erforschen

Abbildung 5.10
Ein ShapeRange-Objekt erlaubt Ihnen, die Farbe von mehreren Objekten zugleich zu ändern.

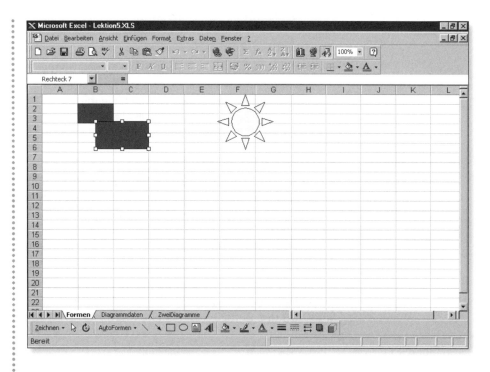

wie folgt aussehen (die Namen in Anführungszeichen können sich in Ihrem Makro anders lauten):

```
Set neuFormBereich = ActiveSheet.Shapes.Range _
    (Array("Rectangle 3","Shape 3"))
```

❽ Fügen Sie eine weitere Anweisung ein, um den RGB-Wert der Vordergrundfarbe der Form in Blau zu ändern:

```
NeuFormBereich.Fill.ForeColor.RGB = vbBlue
```

❾ Führen Sie das Makro in Einzelschritten aus, und beobachten Sie, wie sich die Farbe der Objekte ändert (vgl. Abbildung 5.10).

Mit Formen können Sie großartige grafische Effekte erzielen. Allerdings kann es zunächst schwierig sein, die verschiedenen Objekttypen zu unterscheiden.

Objekt	Verwendung
Shapes-Auflistung	Verwenden Sie die Shapes-Auflistung, um Formen zu wählen und neue Formen hinzuzufügen. Shapes-Objekten können keine Formatdaten zugewiesen werden. ▶

Lektion 5 Grafische Objekte erforschen

Objekt	Verwendung
Shape-Objekt	Verwenden Sie das Shape-Objekt, um eine einzelne Form zu formatieren.
ShapeRange-Auflistung	Verwenden Sie die ShapeRange-Auflistung, um mehrere Objekte zugleich zu formatieren.

Formen umbenennen

Wenn Sie im Arbeitsblatt eine neue Form erstellen, gibt Excel der Form einen Standardnamen, gewöhnlich einen Namen wie Rechteck 4 oder Ellipse 5. Zeichnen Sie ein Makro auf, das sich auf die Form bezieht, wird dieser Name in das Makro aufgenommen. Sie gestalten Ihre Makros lesbarer und vermeiden Fehler, wenn Sie Formen mit einem beschreibenden Namen versehen.

❶ Klicken Sie im Arbeitsblatt auf das Rechteck, das Sie zuerst erstellt haben. Es besitzt einen Namen wie Rechteck 3. Der Name wird im Namensfeld links von der Bearbeitungsleiste angezeigt (vgl. Abbildung 5.11).

Abbildung 5.11
Das Objekt und sein Name.

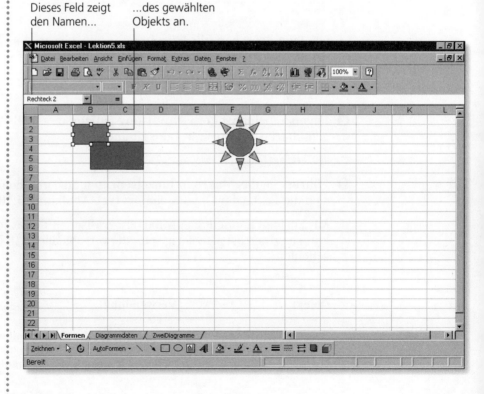

Lektion 5 Grafische Objekte erforschen

Abbildung 5.12
Das umbenannte Objekt.

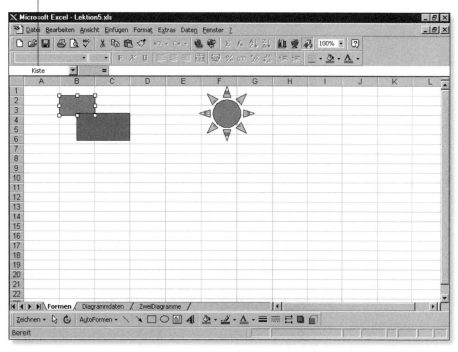

② Klicken Sie in das Namensfeld, und geben Sie **Kiste** als neuen Namen des Rechtecks ein. Drücken Sie ⏎, da Excel die Änderung sonst nicht erkennt. Das Objekt wird nun umbenannt (vgl. Abbildung 5.12).

③ Klicken Sie auf das zweite, größere Rechteck, und ändern Sie dessen Namen in **GroßeKiste**. Dann geben Sie der Sonne den Namen **Sonne**. Vergessen Sie nicht, jede Eingabe mit ⏎ abzuschließen.

④ Im Makro *FormenWählen* ändern Sie *Rectangle 3* in **Kiste** (an zwei Stellen) und *Shape 3* in **Sonne**.

⑤ Ändern Sie auch die Farben von *vbYellow* in **vbRed** und von *vbBlue* in **vbMagenta**. Führen Sie das Makro aus, um es zu testen. Im folgenden sehen Sie das gesamte Makro:

```
Sub FormenWählen()
  Dim neuForm as Shape
  Dim neuFormBereich as ShapeRange
  Set neuForm = ActiveSheet.Shapes("Kiste")
  NeuForm.Fill.ForeColor.RGB = vbRed
  Set neuFormBereich = ActiveSheet.Shapes.Range _
    (Array("Kiste","Sonne"))
```

Lektion 5 Grafische Objekte erforschen

```
NeuFormBereich.Fill.ForeColor.RGB = vbMagenta
End Sub
```

In der gleichen Weise, wie Sie Arbeitsblättern aussagekräftige Namen geben, statt die voreingestellten Bezeichnungen Tabelle1, Tabelle2 und so weiter beizubehalten, benennen Sie Formen im Arbeitsblatt, auch wenn diese Namen nicht in Erscheinung treten. Bei der Bearbeitung von Makros zahlt es sich aus.

Excel 97 unterstützt Hunderte von unterschiedlichen Typen von Formen. All diese Formen zeigen ein ähnliches Verhalten wie Rechtecke. Auch eingebettete Diagramme sind Formen. Sie können Diagramme ähnlich wie Rechtecke hinzufügen, bearbeiten und löschen. Diagramme, die durch Chart-Objekte repräsentiert werden, besitzen natürlich zusätzliche Eigenschaften, die nur Diagrammen eigen sind. Die Makroaufzeichnung eignet sich hervorragend dazu, mehr über diese Eigenschaften in Erfahrung zu bringen.

Shapes und DrawingObjects

Shape-Objekte sind in Excel vollkommen neu. Shape-Objekte werden in allen Microsoft Office-Anwendungen verwendet und ersetzen die früheren grafischen Objekte von Excel, die zur Objektklasse *DrawingObjects* gehörten. In Excel sind noch einige Relikte der Objektklasse DrawingObjects vorhanden.

Beispielsweise wird bei Shape-Objekten die Innenfläche eines Objekts mit Hilfe der Eigenschaft *Fill* formatiert. Bei der Objektklasse DrawingObjects wurde über die Eigenschaft *Interior* auf das Objektinnere Bezug genommen. Bei Shape-Objekten wird über die Eigenschaft *RGB* auf Farben zugegriffen, welche die Komponenten Rot, Grün und Blau einer Farbe repräsentieren. Die Klasse DrawingObjects verwendete zum gleichen Zweck die Eigenschaft *Color*. Bei Shape-Objekten dient die Eigenschaft *SchemeColor* zur Bezugnahme auf eine Farbpalette, während bei DrawingObjects-Objekten die Eigenschaft *ColorIndex* diesen Zweck erfüllt. Wie Sie vielleicht bemerkt haben, verwendet die ShapeRange-Objektklasse noch die Formatierungseigenschaften der alten DrawingObjects-Klasse: *Interior*, *Color* und *ColorIndex*.

Aus Gründen der Kompatibilität wurde die alte Objektklasse DrawingObjects nicht aus Excel entfernt. Sie ist zwar verborgen, aber noch vorhanden. Gelegentlich werden Sie auf einige Überreste dieser Klasse grafischer Objekte stoßen.

Lektion 5   Grafische Objekte erforschen

Diagramme erforschen

Diagramme, die durch Chart-Objekte repräsentiert werden, besitzen Hunderte von Eigenschaften und Methoden. Viele Diagrammattribute sind selbst eigene Objekte. Es ist recht schwierig, durch die Lektüre eines Referenzhandbuchs zu lernen, wie man Diagramme erstellt und bearbeitet, da Diagramme einfach zu viele Objekte und Eigenschaften haben. Allerdings läßt sich das Erstellen und Ändern eines Diagramms sehr einfach aufzeichnen. Ihnen werden zwar viele neue Methoden, Eigenschaften und Objekte begegnen, doch für die Verwendung dieser neuen Objekte gelten die gleichen Prinzipien wie für andere Excel-Objekte.

Mit einem Makro ein Diagramm erstellen

❶ In der Arbeitsmappe *Lektion5* aktivieren Sie das Arbeitsblatt *Diagrammdaten* und klicken auf Zelle A1 (vgl. Abbildung 5.13).

❷ Klicken Sie in der Symbolleiste *Visual Basic* auf *Makro aufzeichnen*, geben Sie als Makronamen **DiagrammErstellen** ein, und klicken Sie auf *OK*.

❸ Klicken Sie in der Symbolleiste *Standard* auf *Diagramm-Assistent* und dann auf *Ende*, um ein Standarddiagramm zu erstellen (Abbildung 5.14).

❹ Klicken Sie auf *Aufzeichnung beenden*, löschen Sie das Diagramm, und bearbeiten Sie das aufgezeichnete Makro. Es sollte wie folgt aussehen:

Abbildung 5.13
Das Arbeitsblatt
Diagrammdaten.

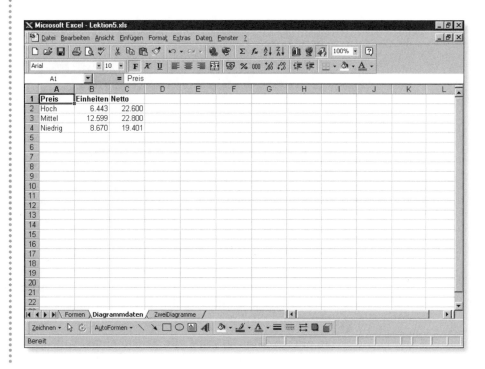

Lektion 5   Grafische Objekte erforschen

Abbildung 5.14
Das Arbeitsblatt *Diagrammdaten* mit dem neuen Diagramm.

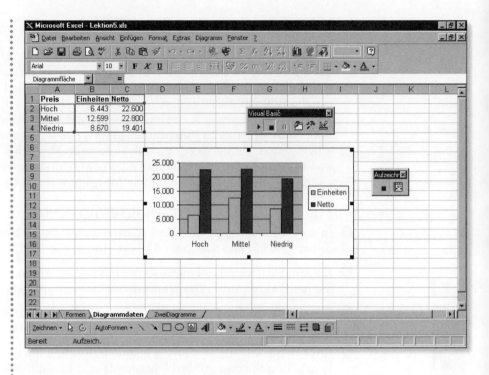

```
Sub DiagrammErstellen()
  Charts.Add
  ActiveChart.ChartType = xlColumnClustered
  ActiveChart.SetSourceData _
    Source:=Sheets("Diagrammdaten").Range("A1:C4")
  ActiveChart.Location Where:=xlLocationAsObject, _
    Name:="Diagrammdaten"
End Sub
```

Das Makro erstellt ein eingebettetes Diagramm in vier Schritten. Zuerst wird mit der Methode *Add* ein neues, leeres Diagramm in einem eigenen Blatt erstellt. Dann wird mit der Eigenschaft *ChartType* der Diagrammtyp definiert. Anschließend weist die Methode *SetSourceData* dem Diagramm einen Datenbereich zu, und zuletzt wird das Diagramm mit der Methode *Location* in das Arbeitsblatt verschoben.

Das Makro DiagrammErstellen ändern

Sobald Sie das Makro, mit dem ein Diagramm erstellt wird, aufgezeichnet haben, können Sie es modifizieren, damit ein Ihren Wünschen entsprechendes Diagramm erstellt wird.

❶ Klicken Sie mit der rechten Maustaste auf das Wort *xlColumnClustered* im Makro. Dies ist einer der Werte einer Auflistung, welcher der Eigenschaft *ChartType* zugewiesen werden kann.

Abbildung 5.15
Die verfügbaren Diagrammtypen.

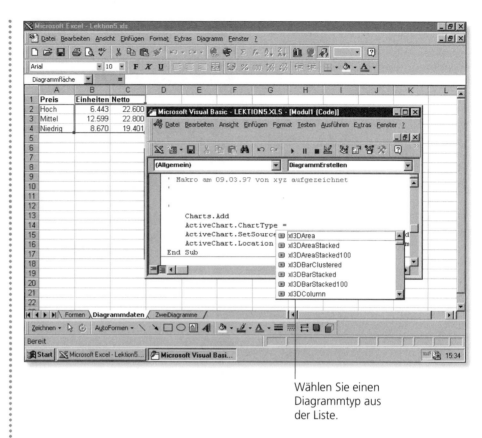

Wählen Sie einen Diagrammtyp aus der Liste.

❷ Im Kontextmenü klicken Sie auf *Konstanten anzeigen*.

Excel blendet die Liste möglicher Diagrammtypen ein (Abbildung 5.15).

Visual Basic kann die Liste der möglichen Werte einblenden, da Active-Chart nur eine Chart-Variable zurückgeben kann. Falls keine Liste der Werte angezeigt wird, kann es daran liegen, daß sich die Anweisung auf das Objekt ActiveSheet oder Selection bezieht und Visual Basic nicht weiß, welcher Objekttyp aktuell ausgewählt ist. In solchen Fällen sollten Sie eine Objektvariable deklarieren und der Variablen das Objekt zuweisen. Dann kann Visual Basic die hilfreichen Listen einblenden.

❸ Wählen Sie *xlConeBarStacked* aus der Liste, indem Sie auf das Element doppelklicken, um es in den Code einzufügen. Das geänderte Makro sieht wie folgt aus:

```
Sub DiagrammErstellen()
  Charts.Add
  ActiveChart.ChartType = xlConeBarStacked
  ActiveChart.SetSourceData _
    Source:=Sheets("Diagrammdaten").Range("A1:C4")
```

Lektion 5 Grafische Objekte erforschen

Abbildung 5.16
Das Makro *DiagrammErstellen* wurde ausgeführt.

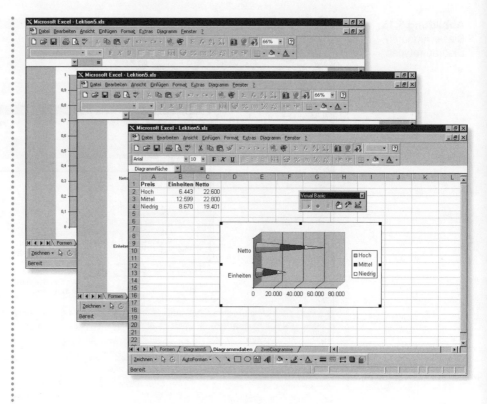

```
ActiveChart.Location Where:=xlLocationAsObject, _
    Name:="Diagrammdaten"
End Sub
```

❹ Drücken Sie mehrmals F8, um das geänderte Makro auszuführen. Beobachten Sie, wie Excel das Diagramm zunächst in einem eigenen Blatt erstellt, die Daten hinzufügt und schließlich in das Arbeitsblatt verschiebt.

Ein Excel-Diagramm kann in ein separates Blatt eingefügt oder in ein Arbeitsblatt eingebettet werden. Das Verhalten eines Diagramms ist unabhängig davon, wo es sich befindet. Allerdings unterscheidet sich die Art und Weise, in der Sie auf diese beiden Diagrammarten Bezug nehmen.

Auf ein vorhandenes, eingebettetes Diagramm Bezug nehmen

Wenn Sie ein neues Diagramm erstellen, wählt Excel es automatisch aus, damit Sie mit ActiveChart darauf Bezug nehmen können. Auf schon vorhandene Diagramme verweisen Sie auf andere Weise. Sie nehmen auf ein in einem Blatt vorhandenes Diagramm Bezug, indem Sie es als Element einer Charts-Auflistung ansprechen. Auf ein eingebettetes Diagramm Bezug zu nehmen kann dagegen recht schwierig sein. In diesem Abschnitt

Lektion 5 Grafische Objekte erforschen

Abbildung 5.17
Sie verwenden die Shapes-Auflistung, um einer Variablen ein Shape-Objekt zuzuweisen.

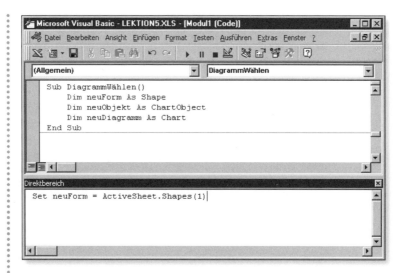

wird erläutert, wie man auf ein vorhandenes, eingebettetes Diagramm verweist.

❶ In Visual Basic geben Sie in die letzte Zeile des geöffneten Moduls **Sub DiagrammWählen** ein und drücken ⏎. Fügen Sie die folgenden drei Anweisungen in das Makro ein:

```
Dim neuForm As Shape
Dim neuObjekt As ChartObject
Dim neuDiagramm As Chart
```

Sie werden diesen Variablen Objekte zuweisen, um zu sehen, wie Excel mit eingebetteten Diagrammen umgeht.

❷ Drücken Sie zweimal F8, um zur Anweisung End Sub des neuen Makros zu gelangen. Klicken Sie im Menü *Ansicht* auf *Direktfenster*.

❸ Im Direktfenster geben Sie **Set neuForm = ActiveSheet.Shapes(1)** ein, um der Variablen *neuForm* einen Bezug auf den Diagramm-Container zuzuweisen (vgl. Abbildung 5.17).

❹ Im Direktfenster geben Sie **Set neuObjekt = ActiveSheet.ChartObjects(1)** ein, um der Variablen *neuObjekt* einen Bezug auf den Diagramm-Container zuzuweisen.

Sowohl *neuForm* als auch *neuObjekt* beziehen sich eigentlich auf das gleiche Diagramm-Containerobjekt, doch wird mit *neuForm* auf das Diagramm als Shape-Objekt und mit *neuObjekt* dagegen als ChartObject-Objekt Bezug genommen.

❺ Im Direktfenster geben Sie **?neuObjekt.Name** ein und drücken ⏎. Der Name des Diagramms wird eingeblendet (vgl. Abbildung 5.18).

Lektion 5 Grafische Objekte erforschen

Abbildung 5.18
Im Direktfenster verwenden Sie ein Fragezeichen, um einen Wert anzuzeigen.

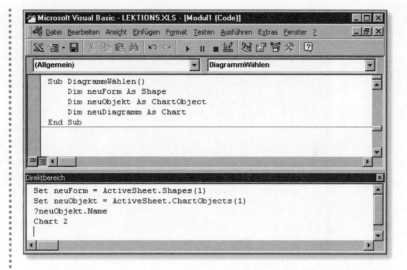

Wenn Sie im Direktfenster einem Ausdruck, der einen Wert zurückgibt, ein Fragezeichen voranstellen und ⏎ drücken, wird der Wert angezeigt.

❻ Im Direktfenster geben Sie **?neuForm.Name** ein und drücken ⏎. Der gleiche Name wird noch einmal angezeigt (vgl. Abbildung 5.19). Sowohl *neuObjekt* als auch *neuForm* verweisen auf das gleiche Objekt.

❼ Im Direktfenster geben Sie **neuObjekt.Left = 0** ein und drücken ⏎, dann geben Sie **neuForm.Left = 50** ein und drücken nochmals ⏎. Jedesmal wird das Diagramm verschoben (vgl. Abbildung 5.20). Sie können beide

Abbildung 5.19
ChartObject und Shape verweisen auf das gleiche Container-Objekt.

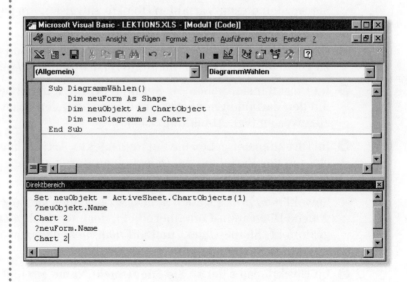

186

Lektion 5　　Grafische Objekte erforschen

Abbildung 5.20
Der Container kann sowohl als Chart-Object- als auch als Shape-Objekt verschoben werden.

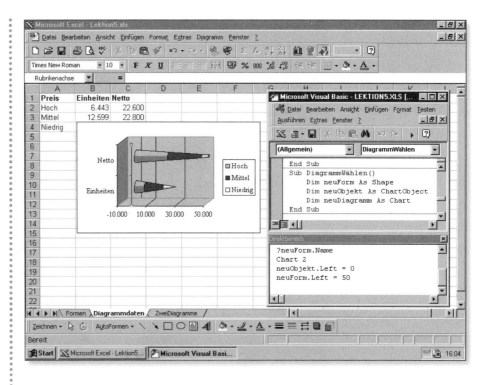

Container-Objekte verwenden, um das Diagramm zu verschieben und dessen Größe zu ändern.

❽ Im Direktfenster geben Sie **neuObjekt.Select** ein und drücken ⏎. Dann geben Sie **neuForm.Select** ein und drücken ⏎. Beide Anweisungen arbeiten korrekt, und es werden weiße Ziehpunkte an den Ecken des Diagramms angezeigt. Mit diesen Anweisungen wird das Container-Objekt und nicht das darin enthaltene Diagramm ausgewählt (Abbildung 5.21).

❾ Im Direktfenster geben Sie **neuObjekt.Activate** ein und drücken ⏎. Anschließend geben Sie **neuForm.Activate** ein und drücken ⏎. Klicken Sie auf *OK*, um die Fehlermeldung (vgl. Abbildung 5.22) zu löschen.

Wenn Sie versuchen, das ChartObject-Objekt mit Activate zu aktivieren, ändert sich die Farbe der Ziehpunkte an den Ecken des Diagramms zu Schwarz, womit angezeigt wird, daß nun das Diagramm innerhalb des Containers ausgewählt ist. Wenn Sie versuchen, das Shape-Objekt zu aktivieren, erhalten Sie eine Fehlermeldung, da dieses Objekt keine Activate-Methode besitzt.

Die Auflistung ChartObjects ist ein Überbleibsel der alten Excel-Grafikobjekte. Sie konnte nicht wie die anderen Auflistungen alter grafischer Objekte verborgen werden, da das „neue" Shape-Objekt keine Activate-Methode zur Auswahl von Diagrammen besitzt.

Abbildung 5.21
Wenn Sie den Diagramm-Container wählen, werden der Name sowie weiße Ziehpunkte angezeigt.

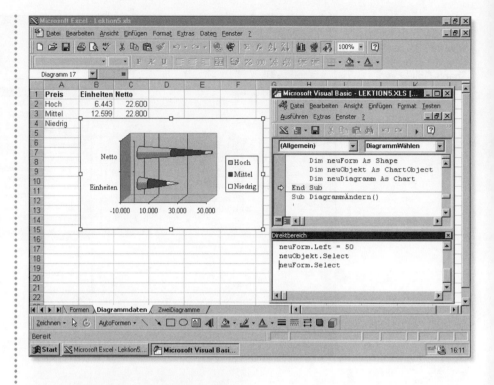

Abbildung 5.22
Fehlermeldung bei falscher Verwendung von Activate.

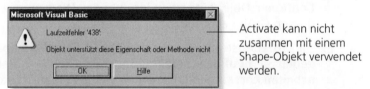

Activate kann nicht zusammen mit einem Shape-Objekt verwendet werden.

⑩ Geben Sie im Direktfenster **Set neuDiagramm = neuObjekt.Chart** ein, und drücken Sie ⏎. In dieser Anweisung wird der Variablen *neuDiagramm* mit der Eigenschaft *Chart* ein Bezug auf das Diagramm zugewiesen, das im Objekt *ChartObject* enthalten ist. Bei Shape-Objekten ist nicht nur die Methode Activate, sondern auch die Eigenschaft Chart nicht verfügbar.

⑪ Geben Sie im Direktfenster **neuDiagramm.ChartArea.Interior.Color = vbRed** ein, und drücken Sie ⏎.

Die Innenfläche des Diagramms ist nun rot (vgl. Abbildung 5.23). Sobald Sie über einen Objektverweis auf das Diagramm verfügen, können Sie die darin enthaltenen Objekte bearbeiten.

⑫ Schließen Sie das Direktfenster, und drücken Sie F8, um das Makro zu beenden.

Lektion 5 Grafische Objekte erforschen

Abbildung 5.23
Das Diagramm wird in einer anderen Farbe angezeigt.

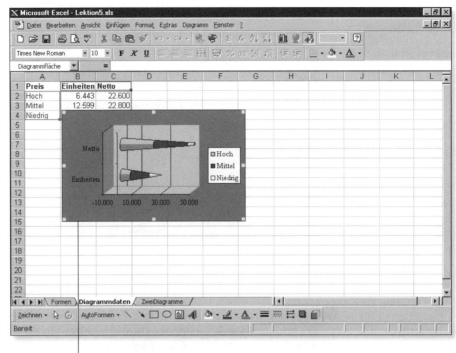

neuDiagramm.ChartArea.Interior.Color = vbRed

Ein eingebettetes Diagramm besteht aus zwei Teilen: dem Container (einem ChartObject-Objekt) und dem darin enthaltenen Diagramm (einem Chart-Objekt). Auf den Container nehmen Sie entweder über die Shapes-Auflistung (die ein Shape-Objekt zurückgibt) oder über die ChartObjects-Auflistung (die ein ChartObject-Objekt zurückgibt) Bezug. Um auf das darin enthaltene Diagramm zu verweisen, verwenden Sie die ChartObjects- statt der Shapes-Auflistung. Sie können beispielsweise unter Verwendung der Auflistungen Shapes oder ChartObjects den Container verschieben oder seine Größe ändern. Wenn Sie jedoch die Farbe der Diagrammfläche ändern möchten, müssen Sie über die Auflistung ChartObjects auf das im Container enthaltene Diagramm, das Chart-Objekt, Bezug nehmen.

Mit einem Makro die Diagrammattribute ändern

Sie wissen nun, wie Excel auf den Diagramm-Container und das darin enthaltene Diagramm Bezug nimmt, und können ein Makro aufzeichnen, welches ein Diagramm ändert. Sie lernen die Methoden und Eigenschaften kennen, mit denen Sie ein Diagramm steuern.

❶ Im Arbeitsblatt *Diagrammdaten* klicken Sie auf die Zelle A1. Beginnen Sie mit der Aufzeichnung eines Makos namens **DiagrammÄndern**.

Lektion 5 — Grafische Objekte erforschen

Abbildung 5.24
Das Register *Skalierung* des Dialogfelds *Achsen formatieren*.

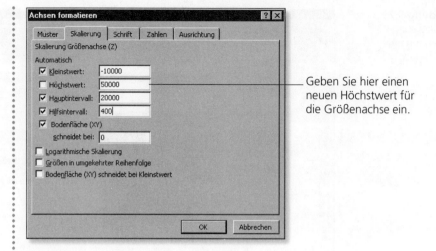

Geben Sie hier einen neuen Höchstwert für die Größenachse ein.

❷ Klicken Sie auf das Diagramm, das Sie während der Bearbeitung des Abschnitts *Das Makro DiagrammErstellen ändern* erstellt haben.

❸ Doppelklicken Sie auf eine der Zahlen, die am unteren Rand des Diagramms angezeigt werden. Damit wählen Sie die Größenachse und blenden das Dialogfeld *Achsen formatieren* ein. Klicken Sie auf das Register *Skalierung* (vgl. Abbildung 5.24).

❹ Ändern Sie den Höchstwert zu **50000** (sobald Sie einen Wert eingeben, wird die Markierung von *Automatisch* entfernt). Klicken Sie auf *OK*.

❺ Beenden Sie die Aufzeichnung, und sehen Sie sich das Makro an. Es enthält nun folgende Anweisungen:

Ihr Makro enthält wahrscheinlich einen anderen Diagrammnamen in Anführungszeichen.

```
Sub DiagrammÄndern()
    ActiveSheet.ChartObjects("Diagramm 17").Activate
    ActiveChart.ChartArea.Select
    ActiveChart.Axes(xlValue).Select
    With ActiveChart.Axes(xlValue)
        .MinimumScaleIsAuto = True
        .MaximumScale = 50000
        .MinorUnitIsAuto = True
        .MajorUnitIsAuto = True
        .Crosses = xlAutomatic
        .ReversePlotOrder = False
        .ScaleType = xlLinear
    End With
End Sub
```

Das Makro aktiviert zunächst unter Verwendung der ChartObjects-Auflistung das Diagramm. (Wenn Sie auf das Diagramm im eingebetteten Con-

Lektion 5   Grafische Objekte erforschen

tainer Bezug nehmen möchten, ohne es zu aktivieren, verwenden Sie die Eigenschaft Chart des ChartObject-Objekts.) Das Makro wählt dann das Objekt ChartArea aus. Diese Anweisung ist überflüssig, da mit der nächsten Anweisung die Größenachse ausgewählt wird. Das Makro verzeichnet dann einige Änderungen von Eigenschaften der Größenachse, obwohl Sie im Dialogfeld nur eine Eigenschaft geändert haben.

Sie können das Makro soweit vereinfachen, daß es nur eine Zeile umfaßt:

```
ActiveSheet.ChartObjects("Diagramm 17").Chart.Axes(xlValue) _
    .MaximumScale = 50000
```

Sie sollten dankbar sein, daß bei der Makroaufzeichnung all dies aufgezeichnet wird, da Sie auf diese Weise die Namen vieler Eigenschaften kennenlernen. Im nächsten Abschnitt werden Sie einige dieser Eigenschaften in einem besonders nützlichen Makro einsetzen.

Mit einem Makro ein Diagramm ändern

Das Arbeitsblatt *ZweiDiagramme* enthält zwei Diagramme, welche eine Zusammenfassung der Aufträge aus zwei verschiedenen Regionen zeigen.

Abbildung 5.25
Diagramme für die Regionen *Osten* und *Westen*.

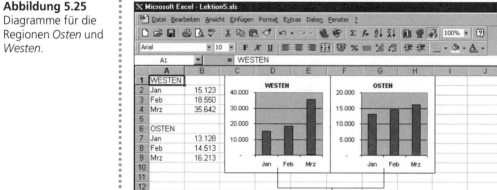

Im Osten werden scheinbar gleich gute Umsätze wie im Westen verbucht. Der Schein trügt allerdings.

Lektion 5   Grafische Objekte erforschen

Wenn Sie sich die Diagramme kurz ansehen, gewinnen Sie vielleicht den Eindruck, das Auftragsvolumen der beiden Regionen sei in etwa gleich. Das stimmt aber nicht. Die Region Osten weist sehr viel niedrigere Werte auf als die Region Westen, doch Excel paßt die Achsenskalierung automatisch an die Daten an. Erstellen Sie ein Makro, das die Größenachse des Diagramms *Osten* an die Achse des Diagramms *Westen* anpaßt.

❶ Benennen Sie die Diagramme, damit Sie über die beschreibenden Namen auf sie Bezug nehmen können. Klicken Sie in der Symbolleiste *Zeichnen* auf *Objekte markieren*, und dann auf das Diagramm *Westen*. Geben Sie in das Namensfeld **Westen** ein (vgl. Abbildung 5.26). Führen Sie die gleichen Schritte aus, um dem Diagramm *Osten* den Namen **Osten** zuzuweisen. Klicken Sie noch einmal auf *Objekte markieren*, um den Auswahlmodus zu deaktivieren.

Abbildung 5.26
Der Name eines Diagramms wird im Namensfeld angezeigt.

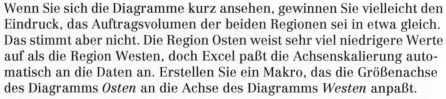
Wählen Sie ein Diagramm aus, und geben Sie hier einen neuen Namen ein.

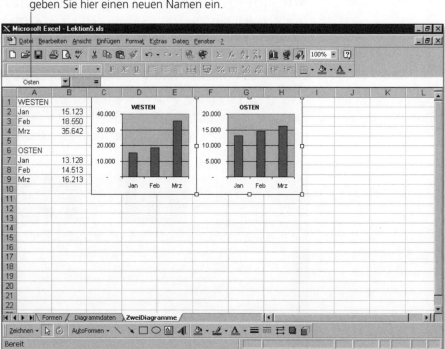

❷ Wechseln Sie zu Visual Basic, geben Sie am Ende des Moduls **Sub DiagrammeSynchronisieren** ein, und drücken Sie ⏎. Danach geben Sie die folgenden beiden Anweisungen ein:

```
Dim neuWesten As Chart
Dim neuOsten As Chart
```

Sie werden in diesen beiden Variablen jeweils einen Verweis auf ein Diagramm speichern.

❸ Nun geben Sie die folgenden beiden Anweisungen ein, um den Variablen die Diagramme zuzuweisen:

```
Set neuWesten = ActiveSheet.ChartObjects("Westen").Chart
Set neuOsten = ActiveSheet.ChartObjects("Osten").Chart
```

Sie müssen die Eigenschaft *Chart* verwenden, damit statt des Containers das darin enthaltene Diagramm zugewiesen wird. Wenn Sie die Diagramme nicht umbenannt hätten, müßten Sie die voreingestellten Namen Diagramm 1, Diagramm 2 etc. oder die Zahlen 1 und 2 verwenden (und die Namen der Diagramme ermitteln). Ihr Code ist lesbarer und weniger fehleranfällig, wenn Sie den Diagrammen explizit aussagekräftige Namen geben.

❹ Fügen Sie die folgende Anweisung hinzu, um sicherzustellen, daß die Größenachse des Diagramms *Westen* automatisch angepaßt wird:

```
neuWesten.Axes(xlValue).MaximumScaleIsAuto = True
```

Das aufgezeichnete Makro enthielt den Ausdruck *Axes(xlValue)* als Bezug auf die Größenachse. Die Eigenschaft *MaximumScaleIsAuto* kam im aufgezeichneten Makro nicht vor, *MinimumScaleIsAuto* dagegen schon. Den Rest können Sie sich denken.

❺ Fügen Sie die folgende Anweisung hinzu, damit die Achsenskalierung in beiden Diagrammen mit dem gleichen Höchstwert erfolgt:

```
neuOsten.Axes(xlValue).MaximumScale = _
    neuWesten.Axes(xlValue).MaximumScale
```

Auch wenn der Höchstwert der Achsenskalierung im Diagramm *Westen* automatisch festgelegt wird, können Sie den aktuellen Wert dieser Eigenschaft einlesen.

❻ Drücken Sie mehrmals [F8], um das Makro in Einzelschritten auszuführen.

Der Unterschied zwischen den Auftragsvolumen der Regionen ist jetzt deutlich erkennbar (vgl. Abbildung 5.27).

❼ Ändern Sie im Arbeitsblatt den März-Wert der Region Westen zu **15000**. Führen Sie das Makro *DiagrammeSynchronisieren* nochmals aus.

Sie können weitere Synchronisierungsaufgaben in dieses Makro aufnehmen. Beispielsweise könnten Sie identische Mimimumwerte für jede Achse definieren. Wenn Sie die Hintergrundfarbe eines Diagramms interaktiv ändern, könnte das Makro diese Farbe auch dem anderen Diagramm zuweisen. Für jede Erweiterung zeichnen Sie ein Makro auf, damit Sie lernen, was geändert werden muß, und dann fügen Sie die Änderungen in Ihr Makro ein.

Abbildung 5.27
Die Diagramme mit synchronisierten Größenachsen.

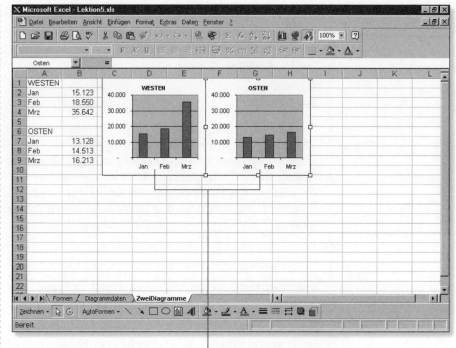

Die Ergebnisse im Diagramm *Osten* sind nun offensichtlich niedriger als die im Diagramm *Westen*.

Diagramme formatieren

Diagramme sind interessante Kreuzungen aus Excels alten Drawing-Objects-Objekten und den neuen Shape-Objekten von Microsoft Office. Diagramme existieren seit der ersten Version von Excel, so daß alle Merkmale, die mit alten Eigenschaften wie *Interior* gesteuert werden, auch heute noch diese Eigenschaften verwenden. Um etwa die Farbe des ChartArea-Objekts (der Diagrammfläche) eines der Variablen *neuDiagramm* zugewiesenen Diagramms in Rot zu ändern, verwenden Sie die Anweisung *neuDiagramm.Interior.Color = vbRed*.

Diagramme nutzen jedoch auch die Vorteile der neuen Formatierungsmöglichkeiten von Shape-Objekten. Diese Möglichkeiten können aber nur mit Hilfe der Eigenschaft *Fill* genutzt werden. Wenn Sie etwa eine Diagrammfläche mit einem Verlaufsmuster im Hintergrund definieren möchten, verwenden Sie die Anweisung *neuDiagramm.Fill.TwoColorGradient msoGradientHorizontal, 1*. ▶

Lektion 5 Grafische Objekte erforschen

> Auf die Formateigenschaften, die mit der Eigenschaft *Interior* definiert werden, kann über die Eigenschaft *Fill* nicht zugegriffen werden. So können Sie die Füllfarbe einer Form (d. h. eines Shape-Objekts) etwa mit der Anweisung *neuForm.Fill.ForeColor.RGB = vbRed* definieren. Bei einem Diagramm (d. h. einem Chart-Objekt) können Sie über die Eigenschaft *Fill* die Eigenschaft *RGB* dagegen nur lesen. Mit der neuen Eigenschaft *Fill* können Sie den Farbwert abfragen, doch ändern können Sie ihn nur mit der alten Eigenschaft *Interior*. Da die Füllfarbe eines Diagramms andere Eigenschaften und Methoden aufweist die Füllfarbe einer Form, gibt die Eigenschaft *Fill* eines Chart-Objekts ein *ChartFillFormat*-Objekt zurück, die eines Shape-Objekts dagegen ein FillFormat-Objekt.

Zusammenfassung der Lektion

Möchten Sie	dann
in der linken oberen Ecke des aktiven Arbeitsblatts ein Quadrat mit einer Seitenlänge von etwa 2,5 cm erstellen,	verwenden Sie die Anweisung *ActiveSheet.Shapes.AddShape(msoShapeRectangle, 0,0,72,72).Select*.
die Farbe einer gewählten Form in Rot ändern,	verwenden Sie die Anweisung *Selection.ShapeRange.Fill.ForeColor.RGB = vbRed*.
die Form mit dem Namen Quadrat auswählen,	verwenden Sie die Anweisung *ActiveSheet.Shapes("Quadrat").Select*.
die beiden Formen mit den Namen *Quadrat* und *Sonne* wählen,	verwenden Sie die Anweisung *ActiveSheet.Shapes.Range (Array("Quadrat", "Sonne")).Select*.
ein Diagramm erstellen,	verwenden Sie die Anweisung *Charts.Add*.
einem Diagramm einen Datenbereich zuweisen,	verwenden Sie die Methode *SetSourceData* des Diagramms (Chart-Objekts).
die Plazierung eines Diagramms festlegen,	verwenden Sie die Methode *Location* des Diagramms (Chart-Objekts).
der Variablen *neuDiagramm* das eingebettete Diagramm *Westen* zuweisen,	verwenden Sie die Anweisung *Set neuDiagramm = ActiveSheet.ChartObjects ("Westen").Chart*.
eine Form oder ein Diagramm umbenennen,	klicken Sie in der Symbolleiste *Zeichnen* auf *Objekte markieren* (um das Diagramm oder die Form auszuwählen) und dann auf das Objekt. Im Namensfeld geben Sie den neuen Namen ein.

Lektion 5 : Grafische Objekte erforschen

So erhalten Sie Online-Hilfe zum Thema:	Fordern Sie vom Assistenten mit folgendem Suchbegriff Hilfe an:
Verwendung von Formen	**AutoFormen verwenden**
Verwendung von Diagrammen	**Diagramme**
Visual Basic-Farben	**Farben** (oder Sie klicken auf eine Farbkonstante, z.B. vbRed, und drücken Sie F1)

Ausblick auf die nächste Lektion

Diagramme und andere grafische Elemente erhöhen die Aussagekraft und die Wirkung von Datenpräsentationen. Excel bietet ein weiteres mächtiges Werkzeug zur Datenanalyse: die Pivot-Tabelle. In der nächsten Lektion lernen Sie, wie Sie mit Visual Basic Pivot-Tabellen bearbeiten.

6 Pivot-Tabellen erforschen

Geschätzte Dauer:
30 Minuten

In dieser Lektion lernen Sie

- wie Sie eine Pivot-Tabelle erstellen.
- wie Sie die Felder und Elemente einer Pivot-Tabelle bearbeiten.

Seit der Jahrhundertwende sind Röntgenaufnahmen eine der Hauptstützen der Medizin. Eine Schwierigkeit bei Röntgenaufnahmen liegt darin, daß die Aufnahme nur einen bestimmten Winkel darstellt. Wenn Knochen oder Organe nicht richtig ausgerichtet sind, werden sie in den Aufnahmen unter Umständen nicht richtig dargestellt. Im Jahre 1974 nutzte die britische Firma EMI Ltd. das Geld, das sie mit dem Verkauf von Beatles-Schallplatten verdient hatte, um die computergestützte axiale Tomographie, die CAT-Technologie, zu entwickeln, die nicht die Nachteile der konventionellen Röntgentechnik aufweist.

Ein Datenbankbericht läßt sich mit einer Röntgenaufnahme vergleichen. Die Datenbank wird im Bericht dargestellt, doch liefert der Bericht ein statisches Bild. Wenn die Zeilen und Spalten nicht entsprechend formatiert sind, wird die Person, die sich den Bericht ansieht, vielleicht wichtige Beziehungen nicht erkennen. Eine Pivot-Tabelle dagegen entspricht einem Computer-Tomographen. Sie bietet eine mehrdimensionale Ansicht der Daten und ermöglicht Ihnen, die aussagekräftigste Darstellung zu ermitteln.

Beginnen Sie mit der Lektion

In Microsoft Excel öffnen Sie eine neue leere Arbeitsmappe und speichern sie unter dem Namen **Lektion6** im Ordner *Excel VBA Übungen*.

Pivot-Tabellen erstellen

In Excel besitzt jede Objektklasse eine eigene Liste der Methoden und Eigenschaften, die Sie verwenden, um Objekte dieser Klasse zu bearbeiten. Viele Objekte gehören zu Auflistungen oder sind mit anderen Objekten verknüpft. Die Objekte, die die Objektklasse PivotTable (also Pivot-

Lektion 6   **Pivot-Tabellen erforschen**

Tabellen) unterstützen, sind ein hervorragendes Beispiel dafür, wie Objekte arbeiten.

Eine Standard-Pivot-Tabelle erstellen

❶ Beginnen Sie in der Arbeitsmappe *Lektion6* mit der Aufzeichnung eines Makros mit dem Namen **PivotErstellen**. Klicken Sie dann sofort auf *Aufzeichnung beenden,* und bearbeiten Sie das Makro.

❷ Fügen Sie die folgenden Variablendeklarationen am Anfang des Makros ein:

```
Dim neuPivot As PivotTable
Dim neuFeld As PivotField
Dim neuElement As PivotItem
Dim neuBereich As Range
```

Wenn diesen Variablen Objekte zugewiesen werden, kann Visual Basic die Liste der Methoden und Eigenschaften einblenden.

❸ Drücken Sie zweimal [F8], damit die Anweisung *End Sub* hervorgehoben wird. Im Menü *Ansicht* klicken Sie auf *Direktfenster*. Verschieben Sie das Direktfenster, und ändern Sie dessen Größe, damit das Excel-Fenster im Hintergrund zu sehen ist.

❹ Im Direktfenster geben Sie **Workbooks.Open "Aufträge.dbf"** ein und drücken [↵], um die Datenbank-Arbeitsmappe zu öffnen (vgl. Abbildung 6.1).

Die Datenbank wird angezeigt. Das aktive Arbeitsblatt der Datenbank-Arbeitsmappe enthält einen mit dem Namen *Datenbank* benannten

Falls die Datei *Aufträge.dbf* nicht geöffnet werden kann, klicken Sie in der Symbolleiste *Standard* auf *Öffnen,* wählen den Ordner mit den Übungsdateien aus und klicken dann auf *Abbrechen*.

Abbildung 6.1
Mit der Anweisung *Workbooks.Open "Aufträge.dbf"* wird die Datenbank *Aufträge.dbf* geöffnet.

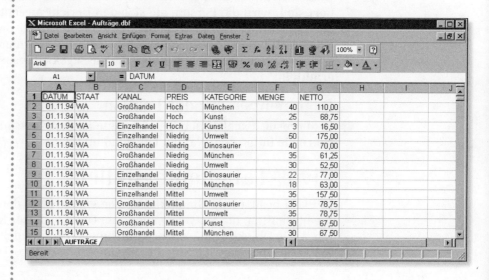

Lektion 6

Pivot-Tabellen erforschen

Abbildung 6.2
Mit der Anweisung *Set neuPivot = ActiveSheet.PivotTableWizard* wird diese Pivot-Tabelle erstellt.

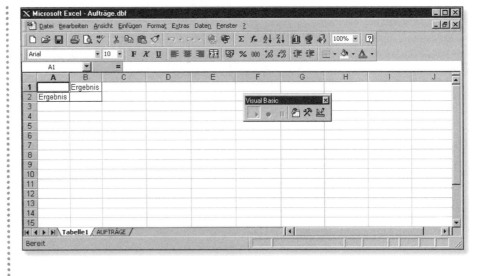

Falls die Symbolleiste *Pivot-Tabelle* angezeigt wird, schließen Sie sie.

Bereich. Der Pivot-Tabellen-Assistent kann aus dem Bereich *Datenbank* eine Pivot-Tabelle erstellen.

❺ Im Direktfenster geben Sie **Set neuPivot = ActiveSheet.PivotTable-Wizard** ein und drücken ⏎.

In der Statusleiste wird kurz die Meldung „Liest Daten" angezeigt, und dann wird die Pivot-Tabelle eingeblendet (vgl. Abbildung 6.2).

Herzlichen Glückwunsch! Sie haben gerade mit Visual Basic-Befehlen eine Pivot-Tabelle erstellt und der Variablen *neuPivot* einen Verweis auf das PivotTable-Objekt zugewiesen. Sie können stolz auf sich sein.

Pivot-Tabellenfelder bearbeiten

Ich weiß nicht recht, wie ich es Ihnen sagen soll, daß Ihre Pivot-Tabelle etwas – nun ja – anämisch aussieht. Es sollten vielleicht Daten oder sogar einige Überschriften in der Pivot-Tabelle angezeigt werden.

Eine Datenbank besteht üblicherweise aus einer Liste mit einer Menge Zeilen und einigen Spalten. Eine Spalte nennt man auch *Feld*, und die Beschriftung im Spaltenkopf ist der Name des Felds. Die Datenbank in *Aufträge.dbf* besitzt sieben Felder. In den Feldern *Datum*, *Staat*, *Kanal*, *Preis* und *Kategorie* stehen Wörter. Die Felder *Menge* und *Netto* enthalten Zahlen. In einer Pivot-Tabelle werden Zahlenfelder zusammengefaßt und nach den Textfeldern sortiert und gruppiert.

❶ Falls nötig, verschieben Sie die Fenster, bis Sie den Visual Basic-Editor und die Pivot-Tabelle zugleich sehen können.

❷ Im Direktfenster geben Sie **Set neuFeld = neuPivot.PivotFields("Menge")** ein und drücken ⏎.

Lektion 6 Pivot-Tabellen erforschen

Abbildung 6.3
Mit der Anweisung *neuFeld.Orientation = xlDataField* wird die Summe aller Werte des Felds *Menge* angezeigt.

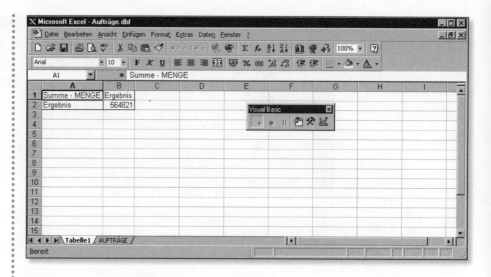

Damit wird einer Variablen das Pivot-Tabellenfeld *Menge* zugewiesen.

❸ Geben Sie **neuFeld.Orientation = xlDataField** ein, und drücken Sie ⏎.

In der Pivot-Tabelle wird nun die Beschriftung *Summe - MENGE* und eine Zahl im Datenbereich der Tabelle angezeigt (vgl. Abbildung 6.3). Da das Feld *Menge* numerische Werte enthält, werden in der Pivot-Tabelle alle Zahlen der Spalte *Menge* addiert.

Die Auflistung PivotFields enthält für jedes der sieben Felder der Datenbank ein Element. Sie nehmen auf diese Elemente in der üblichen Weise Bezug, nämlich über den Namen oder die Nummer des Elements. In diesem Fall ist es einfacher, sich den Namen des Felds *Menge* zu merken als dessen Position innerhalb der Datenbank. Mit der Zuweisung von *xlDataField* an die Eigenschaft *Orientation* werden die Daten dieses Felds summiert.

Formatieren Sie nun die Gesamtsumme für das Feld *Menge*.

❹ Geben Sie **neuFeld.NumberFormat = "#,##0"** ein, und drücken Sie ⏎. Daraufhin wird die Gesamtsumme mit einem Tausendertrennzeichen angezeigt (vgl. Abbildung 6.4).

Die Zahl sieht in der Pivot-Tabelle mit einem Punkt viel besser aus. *NumberFormat* ist eine Eigenschaft von PivotField-Objekten. Sie arbeitet wie die Eigenschaft NumberFormat von Range-Objekten.

❺ Geben Sie **Set neuFeld = neuPivot.PivotFields("Staat")** ein, und drücken Sie ⏎.

Der Variablen wird das Pivot-Tabellenfeld *Staat* zugewiesen.

Lektion 6 Pivot-Tabellen erforschen

Abbildung 6.4
Das Summenfeld wird mit der Anweisung *neuFeld.NumberFormat = "#,##0"* neu formatiert.

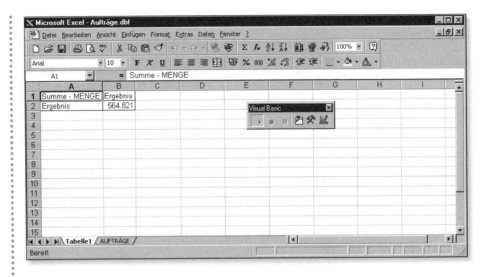

6 Geben Sie **neuFeld.Orientation = xlRowField** ein, und drücken Sie ⏎.

Die Zeilenbeschriftungen und Teilsummen werden eingefügt (vgl. Abbildung 6.5).

Das graue Feld, welches das Wort *STAAT* enthält, wird *Zeilenfeld* genannt und bildet den sichtbaren Titel des Pivot-Tabellenfelds.

Sie können sich inzwischen wohl vorstellen, wie die Elemente des Felds *Staat* in Spaltenüberschriften überführt werden.

7 Geben Sie **neuFeld.Orientation = xlColumnField** ein, und drücken Sie ⏎.

Abbildung 6.5
Mit der Anweisung *neuFeld.Orientation =xlRowField* werden die Daten nach dem Zeilenfeld *Staat* aufgeschlüsselt und addiert.

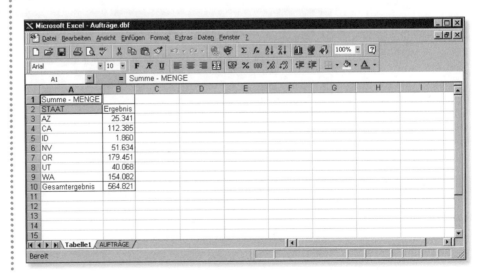

Lektion 6   Pivot-Tabellen erforschen

Abbildung 6.6
Die Werte des Felds *Staat* bilden nun Spaltenüberschriften.

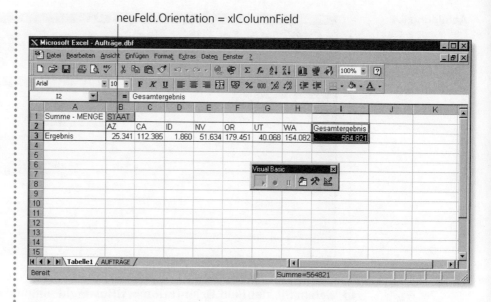

Die Bundesstaatenkürzel werden in *Tabelle1* von der Seite zum oberen Blattrand verschoben, da das Feld *Staat* als *Spaltenfeld* definiert worden ist. Das Zeilenfeld steht nun über den Staatenkürzeln (vgl. Abbildung 6.6).

Die Daten werden in einer Pivot-Tabelle nach den Zeilen- und Spaltenfeldern gruppiert. Ebenso, wie Sie die Seiten einer Zeitschrift umblättern, um einen Artikel auszuwählen, filtern Sie die Daten einer Pivot-Tabelle mit Hilfe eines *Seitenfelds*.

Abbildung 6.7
Die Pivot-Tabelle zeigt die Summe für Washington.

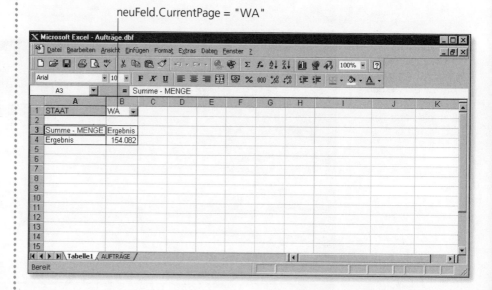

Lektion 6   Pivot-Tabellen erforschen

Abbildung 6.8
Die Pivot-Tabelle zeigt die Summe für Oregon.

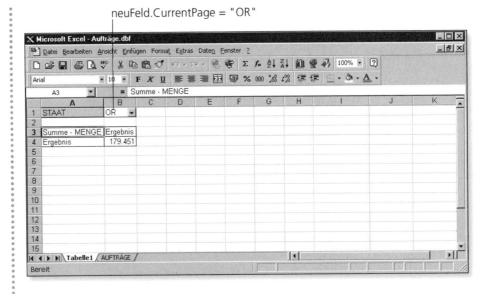

❽ Geben Sie **neuFeld.Orientation = xlPageField** ein, und drücken Sie ⏎.

Das Zeilenfeld *Staat* wird nun in die linke obere Arbeitsblattecke verschoben.

Um die Daten z. B. nach einem Staat zu filtern, weisen Sie der Eigenschaft *CurrentPage* des Seitenfelds *Staat* ein Bundesstaatenkürzel zu.

Die Eigenschaft *CurrentPage* ist nur auf Seitenfelder anwendbar.

❾ Geben Sie **neuFeld.CurrentPage = "WA"** ein, und drücken Sie ⏎. Dann geben Sie **neuFeld.CurrentPage = "OR"** ein und drücken ⏎.

Die Zahlen ändern sich, wenn Sie nach verschiedenen Ländern filtern (vgl. Abbildungen 6.7 und 6.8).

Wenn Sie ein Feld aus einem sichtbaren Bereich der Pivot-Tabelle entfernen möchten, weisen Sie ihm das Attribut *xlHidden* zu, um es zu auszublenden.

❿ Geben Sie **neuFeld.Orientation = xlHidden** ein, und drücken Sie ⏎.

Das Zeilenfeld *Staat* wird verborgen (vgl. Abbildung 6.9). Die Pivot-Tabelle enthält immer noch ein Pivot-Tabellenfeld mit dem Namen *Staat*, doch sie besitzt kein sichtbares Zeilenfeld mehr.

Pivot-Tabellen werden durch die Eigenschaft *Orientation* von PivotFields-Objekten zu dem, was sie sind.

Mehrere Änderungen an der Pivot-Tabelle ausführen

Das Objekt PivotTable verfügt über eine Methode, mit der Sie gleichzeitig unterschiedlichen Bereichen der Pivot-Tabelle Felder zuweisen können.

Abbildung 6.9
Das Zeilenfeld wird verborgen.

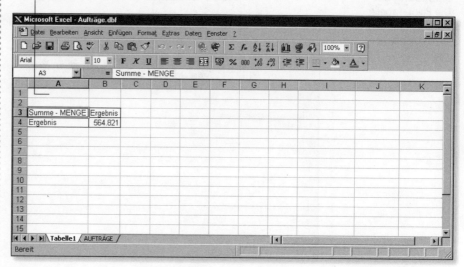

❶ Geben Sie **neuPivot.AddFields "Kategorie", "Staat", "Kanal"** ein, und drücken Sie ⏎.

Mit dieser Anweisung werden das Feld *Kategorie* als Zeilenfeld, das Feld *Staat* als Spaltenfeld und das Feld *Kanal* als Seitenfeld definiert (vgl. Abbildung 6.10). Die Argumente der Methode *AddFields* müssen immer in der Reihenfolge Zeile, Spalte und Seite angegeben werden.

Abbildung 6.10
Die Pivot-Tabelle mit weiteren Feldern.

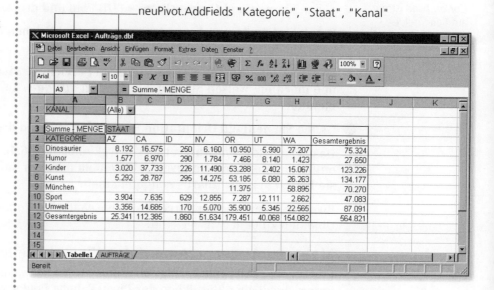

Lektion 6

Pivot-Tabellen erforschen

Wenn Sie einem Bereich mehrere Feldnamen hinzufügen wollen, geben Sie mit Hilfe der Funktion Array mehrere Feldnamen in einem einzigen Argument an.

❷ Geben Sie **neuPivot.AddFields Array("Staat","Kanal"), "Preis", "Datum"** ein, und drücken Sie ⏎.

Staat und *Kanal* werden zu Zeilenfeldern, *Preis* wird zum Spaltenfeld, und *Datum* wird zum Seitenfeld (vgl. Abbildung 6.11).

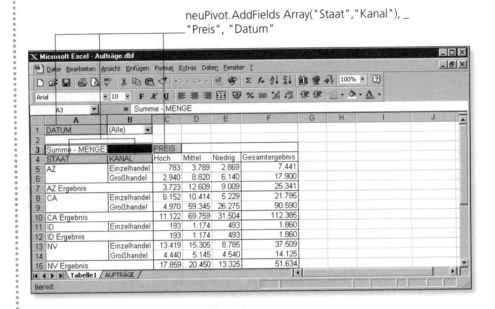

Abbildung 6.11
Die Pivot-Tabelle mit einer neuen Feldanordnung.

Wenn Sie mehrere Felder in einem vorgegebenen Bereich haben, können Sie mit der Eigenschaft *Position* die Reihenfolge der Felder ändern. Das Feld *Staat* ist immer noch der Variablen *neuFeld* zugewiesen.

❸ Geben Sie **neuFeld.Position = 2** ein, und drücken Sie ⏎, um die Positionen der Felder *Staat* und *Kanal* zu vertauschen (vgl. Abbildung 6.12).

Verwenden Sie die Methode *AddFields* des PivotTable-Objekts, um größere Änderungen an einer Pivot-Tabelle vorzunehmen. Verwenden Sie die Eigenschaften *Orientation*, *Position* und *CurrentPage* des PivotField-Objekts für kleinere Änderungen.

Zusätzlich zur Auflistung PivotFields besitzen PivotTable-Objekte untergeordnete Auflistungen, die nur PivotField-Objekte mit einer bestimmten Orientation-Eigenschaft enthalten. Beispielsweise enthält die Auflistung RowFields nur Felder, deren Orientation-Eigenschaft den Wert xlRow-Field hat. Bei den untergeordneten Auflistungen handelt es sich um Row-Fields, ColumnFields, PageFields, DataFields und HiddenFields. Es gibt

Lektion 6
Pivot-Tabellen erforschen

Abbildung 6.12
Die Position der Felder wurde vertauscht.

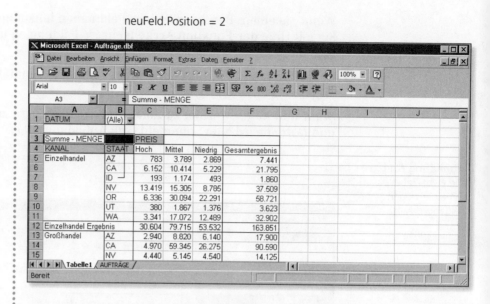

keine zu diesen Auflistungen korrespondierenden Objektklassen. Auch die Elemente einer RowFields-Auflistung sind PivotField-Objekte und nicht etwa RowField-Objekte. Sie müssen diese untergeordneten Auflistungen nicht verwenden, gelegentlich ist die Verwendung dieser Objekte jedoch komfortabler als die der PivotFields-Auflistung. Wenn Sie zum Beispiel wissen, daß es nur ein Zeilenfeld gibt, können Sie mit dem Ausdruck *RowFields(1)* darauf verweisen, ohne sich um dessen Namen oder Nummer in der PivotFields-Auflistung kümmern zu müssen.

Pivot-Tabellen aussagekräftiger gestalten
Pivot-Elemente bearbeiten

Die eindeutigen Werte, die in einem Pivot-Tabellenfeld angezeigt werden, werden *Elemente* genannt. Sie können einzelne Elemente eines Pivot-Tabellenfelds bearbeiten.

❶ Geben Sie **Set neuElement = neuFeld.PivotItems("WA")** ein, und drücken Sie ⏎, um der Variablen *neuElement* das Pivot-Element für Washington zuzuweisen.

Da sich *neuElement* nun auf ein einzelnes Pivot-Element bezieht, können Sie das Element über seine Eigenschaften bearbeiten.

❷ Geben Sie **neuElement.Position = 1** ein, und drücken Sie ⏎. Das Pivot-Element wird daraufhin verschoben (vgl. Abbildung 6.13).

Lektion 6 Pivot-Tabellen erforschen

Abbildung 6.13
Das Element „WA" wird an der ersten Position angezeigt.

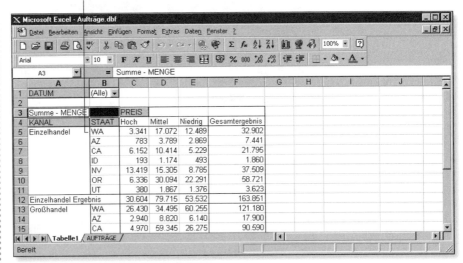

```
Set neuElement = neuFeld.PivotItems("WA")
neuElement.Position = 1
```

Ein Pivot-Element besitzt ebenso wie ein PivotField-Objekt die Eigenschaft Position.

❸ Geben Sie **neuElement.Name = "Washington"** ein, und drücken Sie ⏎. Das Element wird daraufhin umbenannt (vgl. Abbildung 6.14).

Der Name des Pivot-Elements wird in der Pivot-Tabelle angezeigt. Wenn Ihnen die Abkürzungen der Bundesstaaten nicht gefallen, können Sie das

Abbildung 6.14
Das Element wurde in Washington umbenannt.

```
neuElement.Name = "Washington"
```

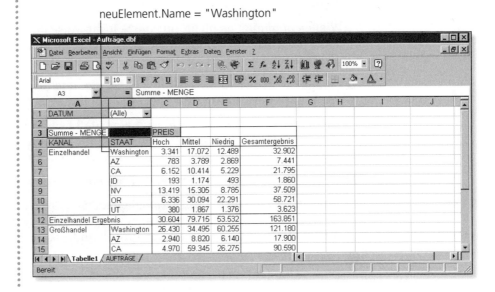

207

Lektion 6 : Pivot-Tabellen erforschen

Abbildung 6.15
Das Element „WA" besitzt wieder den ursprünglichen Namen.

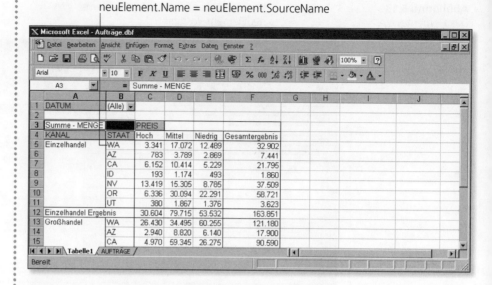

in der Pivot-Tabelle ändern. Natürlich ist es manchmal sinnvoller, Konventionen nicht anzutasten. Zum Glück erinnert sich das PivotItem-Objekt an den ursprünglichen Namen.

❹ Geben Sie **neuElement.Name = neuElement.SourceName** ein, und drücken Sie ⏎.

Der ursprüngliche Name wird wieder angezeigt (vgl. Abbildung 6.15).

Es ist offensichtlich, daß die Eigenschaft *SourceName* nur gelesen werden kann.

Vielleicht genügt es nicht, nur die Schreibweise des Bundesstaatnamens zu ändern. Vielleicht mögen Sie Washington nicht und wollen es vollständig beseitigen.

❺ Geben Sie **neuElement.Visible = False** ein, und drücken Sie ⏎. Das Element wird daraufhin verborgen (vgl. Abbildung 6.16).

Vielleicht wird Ihnen gerade jetzt klar, daß es töricht ist, Washington nicht zu mögen. Zum Glück können Sie den Staat auf die gleiche Weise wieder hervorholen, wie Sie ihn zum Verschwinden gebracht haben.

❻ Geben Sie **neuElement.Visible = True** ein, und drücken Sie ⏎.

Eine andere nützliche Einsatzmöglichkeit von Pivot-Elementen ist, Detailinformationen rechts vom Feld anzuzeigen oder zu verbergen. Versuchen Sie, die Detailinformationen des Einzelhandelskanals zu verbergen.

❼ Geben Sie **Set neuElement = neuPivot.PivotFields("Kanal").PivotItems("Einzelhandel")** ein, und drücken Sie ⏎.

Lektion 6 Pivot-Tabellen erforschen

Abbildung 6.16
Das Element „WA" ist verborgen.

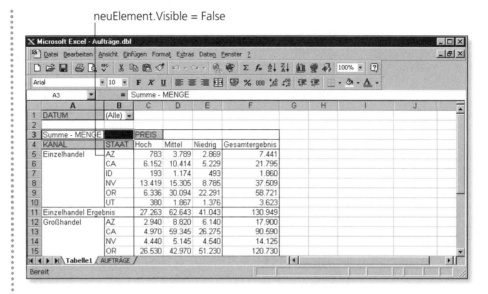

Damit wird das Pivot-Element der Variablen *neuElement* zugewiesen.

❽ Geben Sie **neuElement.ShowDetail = False** ein, und drücken Sie ⏎.

Alle Daten des Einzelhandelskanals werden in einer einzigen Zeile zusammengefaßt (vgl. Abbildung 6.17).

Die Bearbeitung von Pivot-Elementen führt in der Regel nicht zu solch dramatischen Änderungen wie die Bearbeitung von Pivot-Feldern, doch

Abbildung 6.17
Die Detaildaten zum Einzelhandel sind verborgen.

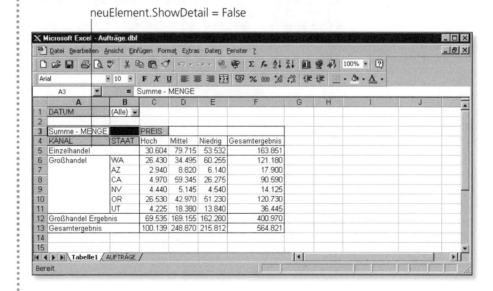

209

Lektion 6 Pivot-Tabellen erforschen

Sie können mit Hilfe der Eigenschaften Position, Name, SourceName, Visible und ShowDetail von Pivot-Elementen die Aussagekraft der Pivot-Tabelle erhöhen.

Datenfelder bearbeiten

Datenfelder erledigen die eigentliche Arbeit in einer Pivot-Tabelle. Hier werden die Zahlen bearbeitet. Datenfelder verhalten sich in vielerlei Hinsicht wie andere Pivot-Tabellenfelder, besitzen aber auch einige Eigenheiten. Wenn Sie ein zweites Datenfeld in die Pivot-Tabelle einfügen, wird der Unterschied zwischen Datenfeldern und anderen Feldern deutlich.

❶ Geben Sie **Set neuFeld = neuPivot.PivotFields("Netto")** ein, und drücken Sie ⏎, um der Variablen *neuFeld* das Feld *Netto* zuzuweisen.

❷ Geben Sie **neuFeld.Orientation = xlDataField** ein, und drücken Sie ⏎, um ein zweites Datenfeld einzufügen (vgl. Abbildung 6.18).

Sobald die Pivot-Tabelle zwei Datenfelder enthält, wird ein neues Zeilenfeld mit dem Namen *Daten* angezeigt. Das Feld *Daten* ist kein Feld der Datenbank, sondern ein temporäres Feld, das Ihnen die Bearbeitung mehrerer Datenfelder ermöglicht. Das Feld *Daten* ist zunächst ein Zeilenfeld, doch Sie können es in ein Spaltenfeld umwandeln.

❸ Geben Sie **Set neuFeld = neuPivot.PivotFields("Daten")** ein, und drücken Sie ⏎.

Abbildung 6.18
Die Pivot-Tabelle mit einem weiteren Datenfeld.

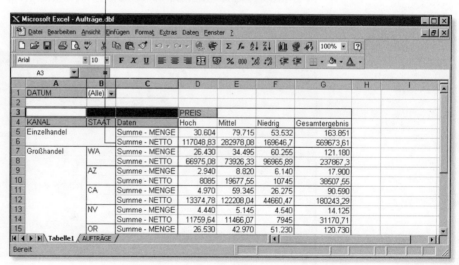

Lektion 6 Pivot-Tabellen erforschen

Abbildung 6.19
Das neue Datenfeld wurde als Spaltenfeld definiert.

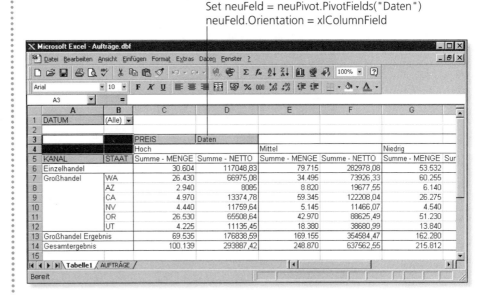

Damit wird einer Variablen das temporäre Feld *Daten* zugewiesen. Diese Anweisung ist nur dann wirksam, wenn die Pivot-Tabelle mehrere Datenfelder enthält.

❹ Geben Sie **neuFeld.Orientation = xlColumnField** ein, und drücken Sie ⏎. Das Datenfeld wird damit zum Spaltenfeld (vgl. Abbildung 6.19).

Als Sie das Feld *Staat* in ein Zeilenfeld änderten, wurde ein Feld mit dem Titel *Staat* in der Pivot-Tabelle angezeigt. Das galt auch für andere Zeilen-, Spalten- und Seitenfelder. Als Sie die Felder *Netto* und *Menge* als Datenfelder definierten, wurden keine Felder mit dem Titel *Netto* bzw. *Menge* eingeblendet, sondern die Beschriftungen *Summe - Menge* und *Summe - Netto*. Diese Summenfelder sind neue, abgeleitete Felder, die zu den Pivot-Tabellen hinzugefügt wurden. Wenn Sie auf eines dieser Felder Bezug nehmen wollen, verwenden Sie den neuen Namen.

❺ Geben Sie **Set neuFeld = neuPivot.PivotFields("Summe - Netto")** ein, und drücken Sie ⏎.

❻ Geben Sie **neuFeld.Orientation = xlHidden** ein, und drücken Sie ⏎. Die Spalte Feld *Summe - Netto* wird daraufhin verborgen (vgl. Abbildung 6.20).

Die Spalte *Summe - Netto* verschwindet zusammen mit dem Datenfeld, da nun nur noch ein Datenfeld vorhanden ist. Um ein Datenfeld zu erstellen, ändern Sie die Orientation-Eigenschaft des Datenbankfelds. Um ein Datenfeld zu entfernen, ändern Sie die Orientation-Eigenschaft des abgeleiteten Felds.

Lektion 6 Pivot-Tabellen erforschen

Abbildung 6.20
Die Spalte *Summe - Netto* ist verborgen.

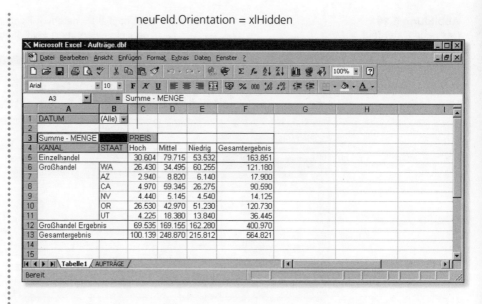

neuFeld.Orientation = xlHidden

❼ Geben Sie **Set neuFeld = neuPivot.PivotFields("Summe - Menge")** ein, und drücken Sie ⏎, um das Datenfeld einer Variablen zuzuweisen.

Per Voreinstellung wird bei Zahlenfeldern die Summe der Werte berechnet. Über die Eigenschaft *Function* eines Datenfelds ändern Sie, wie die Daten in der Pivot-Tabelle zusammengefaßt werden.

❽ Geben Sie **neuFeld.Function = xlAverage** ein, und drücken Sie ⏎.

Abbildung 6.21
Nun wird der Mittelwert der Daten angezeigt.

neuFeld.Function = xlAverage

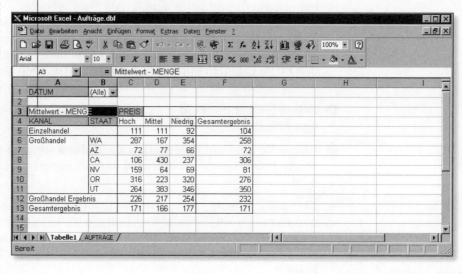

Lektion 6 Pivot-Tabellen erforschen

Abbildung 6.22
Die geänderte Beschriftung der Mittelwerte.

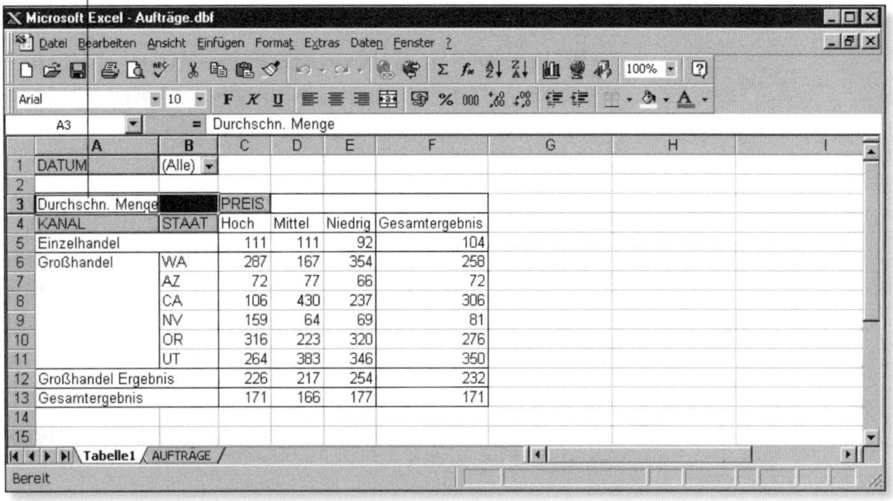

Statt der Summen werden nun die Mittelwerte angezeigt, und die Beschriftung ändert sich in *Mittelwert - MENGE* (vgl. Abbildung 6.21). Wenn Ihnen dieser Titel nicht gefällt, können Sie mit Hilfe der Eigenschaft *Name* selbst einen Titel festlegen.

❾ Geben Sie **neuFeld.Name = "Durchschn. Menge"** ein, und drücken Sie ↵.

Die Beschriftung ändert sich in *Durchschn. Menge* (vgl. Abbildung 6.22).

Sobald Sie den voreingestellten Namen eines abgeleiteten Datenfelds durch einen eigenen Namen ersetzt haben, ändert Excel den Namen nicht mehr automatisch, auch dann nicht, wenn Sie die Eigenschaft Function ändern. Damit Excel den Namen automatisch anpaßt, weisen Sie der Eigenschaft Name die Bezeichnung zu, die dem voreingestellten Namen der aktuellen Funktion entspricht. Wenn das Datenfeld beispielsweise gerade Mittelwerte des Felds *Menge* anzeigt, ändern Sie den Namen in *"Durchschn. Menge"*.

Wenn Sie der Orientation-Eigenschaft eines Felds den Wert xlDataField zuweisen, ändern Sie die Orientation-Eigenschaft dieses Felds nicht, sondern erstellen damit ein neues, abgeleitetes Feld, dessen Orientation-Eigenschaft den Wert xlDataField besitzt. Mit Hilfe dieser abgeleiteten Felder können Sie mehrere Datenfelder aus einem einzigen Feld erstellen. Sie können festlegen, daß eines der abgeleiteten Datenfelder Summen zeigt, das nächste Mittelwerte und so weiter.

Das erste Datenfeld, das nur existiert, wenn die Pivot-Tabelle mehrere Datenfelder besitzt, unterscheidet sich von einem normalen PivotField-

Lektion 6 — Pivot-Tabellen erforschen

Objekt lediglich dadurch, daß es nur als Zeilen- oder Spaltenfeld verwendet werden kann.

Pivot-Tabellenbereiche suchen

Pivot-Tabellen befinden sich immer in einem Arbeitsblatt. In Pivot-Tabellen werden zwar nicht die in Arbeitsblättern üblichen Formeln zur Durchführung von Berechnungen verwendet, aber die Arbeitsblattzellen. Wenn Sie einem bestimmten Teil einer Pivot-Tabelle ein besonderes Format zuweisen wollen oder in Zellen außerhalb der Pivot-Tabelle Formeln einfügen, die an Zellen der Pivot-Tabelle ausgerichtet sind, müssen Sie wissen, welche Zellen die verschiedenen Teile der Pivot-Tabelle beinhalten. Zum Glück verfügen alle Objekte von Pivot-Tabellen über Eigenschaften, die Sie bei der Suche nach den Zellen, die Teile der Pivot-Tabelle enthalten, unterstützen.

❶ Im Direktfenster geben Sie **Set neuBereich = neuPivot.DataBodyRange** ein und drücken ⏎.

Wenn Sie den Punkt nach *neuPivot* eingeben, zeigt Visual Basic die Liste der Methoden und Eigenschaften an. Einige Eigenschaften besitzen die Nachsilbe *Range*, etwa ColumnRange, DataBodyRange, DataLabelRange und PageRange. Alle Eigenschaften, die auf *Range* enden, geben ein Range-Objekt zurück.

❷ Geben Sie **neuBereich.Select** ein, und drücken Sie ⏎.

Excel wählt einen Bereich, der den Datenbereich der Tabelle umfaßt, also das DataBodyRange-Objekt (vgl. Abbildung 6.23).

Abbildung 6.23
Der Tabellenkörper mit den Daten ist ausgewählt.

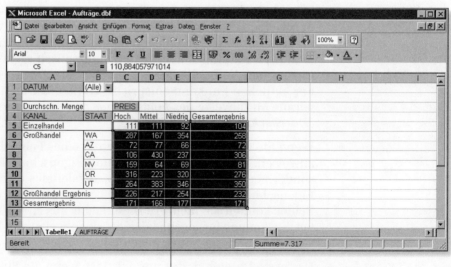

Set neuBereich = neuPivot.DataBodyRange
neuBereich.Select

Lektion 6 Pivot-Tabellen erforschen

Abbildung 6.24
Zelle D4 ist ausgewählt.

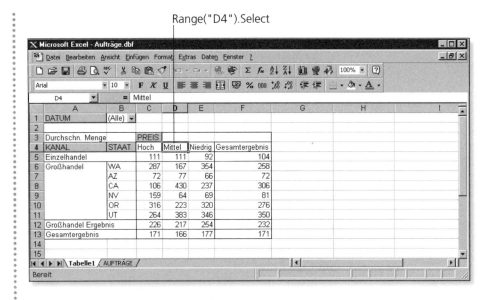

Sie können ebenso den umgekehrten Weg wählen: Suchen Sie nach einem Element einer Pivot-Tabelle, das sich in einer bestimmten Zelle des Excel-Arbeitsblatts befindet.

❸ Geben Sie **Range("D4").Select** ein, und drücken Sie ⏎, um die Zelle D4 zu wählen (vgl. Abbildung 6.24).

Abbildung 6.25
Die Zellen unter *Mittel* sind ausgewählt.

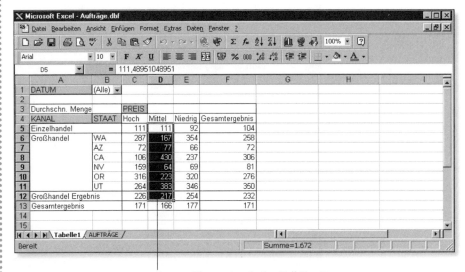

215

Lektion 6 — Pivot-Tabellen erforschen

❹ Geben Sie **Set neuElement = ActiveCell.PivotItem** ein, und drücken Sie ⏎.

Damit wird das Element *Mittel* aus dem Feld *Preis* der Variablen zugewiesen.

❺ Geben Sie **neuElement.DataRange.Select** ein, und drücken Sie ⏎, um die Datenzellen zu wählen, die zum Element *Mittlerer Preis* gehören (vgl. Abbildung 6.25).

Wenn Sie eine Eigenschaft eines Pivot-Tabellen-Objekts mit der Nachsilbe *Range* sehen, wissen Sie, daß sie irgendein Range-Objekt zurückgibt. Wenn Sie eine Eigenschaft eines Range-Objekts mit der Vorsilbe *Pivot* sehen, wissen Sie, daß sie ein Objekt aus dieser Zelle zurückgibt.

Speichern Sie Ihre Arbeit

Sie haben in dieser Übung viel mit dem Direktfenster gearbeitet. Wenn Sie Excel nun verlassen, wird sich Ihre gesamte Arbeit in Wohlgefallen auflösen. Sie speichern Ihre Eingaben, indem Sie sie vom Direktfenster in das Makro *PivotErstellen* kopieren.

❶ Drücken Sie [F8], um das Makro zu beenden.

Abbildung 6.26
Die Anweisungen des Direktfensters wurden in ein Makro kopiert.

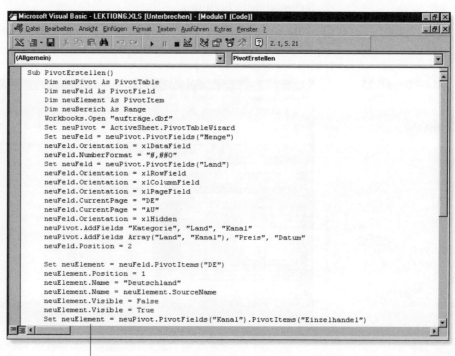

Kopieren Sie den Inhalt des Direktfensters in das Makro.

Lektion 6 Pivot-Tabellen erforschen

❷ Markieren Sie den gesamten Inhalt des Direktfensters. (Klicken Sie vor das erste Wort, halten Sie ⇧ gedrückt, und klicken Sie dann hinter die letzte Zeile.)

❸ Drücken Sie [Strg]+[C], um den Inhalt des Direktfensters zu kopieren.

❹ Klicken Sie im Modul-Fenster auf eine leere Zeile zwischen den Dim-Anweisungen und der Anweisung *End Sub*.

❺ Drücken Sie [Strg]+[I], um den Inhalt des Direktfensters einzufügen (vgl. Abbildung 6.26).

Die neuen Zeilen sind nicht so eingerückt, wie sie sollten.

❻ Klicken Sie in die Mitte der ersten Zeile, die eingerückt werden muß, halten Sie ⇧ gedrückt, und klicken Sie in die Mitte der letzten einzurückenden Zeile. Dann drücken Sie [↹], um alle Zeilen zugleich einzurücken.

❼ Speichern Sie die Arbeitsmappe *Lektion6*, indem Sie im Visual Basic-Editor auf die Schaltfläche *Speichern* klicken, und schließen Sie die Arbeitsmappe *Aufträge.dbf*, ohne Ihre Änderungen zu speichern.

❽ Klicken Sie in das Makro *PivotErstellen*, und drücken Sie mehrmals auf [F8], um alles, was Sie in dieser Lektion ausgeführt haben, zu wiederholen (und zu überprüfen!).

Sie haben verschiedene Objekte nacheinander den Objektvariablen zugewiesen. Ihre Makros werden lesbarer, wenn Sie immer dann, wenn ein Objekt einer Variablen zugewiesen werden muß, eine eindeutige Variable erstellen, die einen aussagekräftigen Namen besitzt.

Zu Ihrer Information ist nachfolgend das gesamte Makro abgedruckt, das Sie in dieser Lektion erstellt haben:

```
Sub PivotErstellen()
    Dim neuPivot As PivotTable
    Dim neuFeld As PivotField
    Dim neuElement As PivotItem
    Dim neuBereich As Range

    Workbooks.Open "Aufträge.dbf"
    Set neuPivot = ActiveSheet.PivotTableWizard
    Set neuFeld = neuPivot.PivotFields("Menge")
    neuFeld.Orientation = xlDataField
    neuFeld.NumberFormat = "#,##0"
    Set neuFeld = neuPivot.PivotFields("Staat")
    neuFeld.Orientation = xlRowField
    neuFeld.Orientation = xlColumnField
    neuFeld.Orientation = xlPageField
    neuFeld.CurrentPage = "WA"
```

Lektion 6 Pivot-Tabellen erforschen

```
    neuFeld.CurrentPage = "OR"
    neuFeld.Orientation = xlHidden
    neuPivot.AddFields "Kategorie", "Staat", "Kanal"
    neuPivot.AddFields Array("Staat", "Kanal"), "Preis", "Datum"
    neuFeld.Position = 2

    Set neuElement = neuFeld.PivotItems("WA")
    neuElement.Position = 1
    neuElement.Name = "Washington"
    neuElement.Name = neuElement.SourceName
    neuElement.Visible = False
    neuElement.Visible = True
    Set neuElement = neuPivot.PivotFields("Kanal") _
        .PivotItems("Einzelhandel")
    neuElement.ShowDetail = False

    Set neuFeld = neuPivot.PivotFields("Netto")
    neuFeld.Orientation = xlDataField
    Set neuFeld = neuPivot.PivotFields("Daten")
    neuFeld.Orientation = xlColumnField
    Set neuFeld = neuPivot.PivotFields("Summe - Netto")
    neuFeld.Orientation = xlHidden
    Set neuFeld = neuPivot.PivotFields("Summe - Menge")
    neuFeld.Function = xlAverage
    neuFeld.Name = "Durchschn. Menge"

    Set neuBereich = neuPivot.DataBodyRange
    neuBereich.Select
    Range("D4").Select
    Set neuElement = ActiveCell.PivotItem
    neuElement.DataRange.Select
End Sub
```

Dieses Makro ist nicht besonders nützlich, doch Sie verstehen nun, wie Pivot-Tabellen arbeiten und wie Sie sie mit Visual Basic bearbeiten können.

Zusammenfassung der Lektion

Möchten Sie	dann
eine neue voreingestellte Pivot-Tabelle erstellen und einen Bezug darauf speichern,	verwenden Sie die Anweisung *Set neuPivot = ActiveSheet.PivotTableWizard*. ▶

Lektion 6 Pivot-Tabellen erforschen

Möchten Sie	dann
ein Feld in den Zeilen-, Spalten- oder Seitenbereichen einer Pivot-Tabelle anzeigen,	weisen Sie der Eigenschaft *Orientation* des PivotField-Objekts *xlRowField*, *xlColumnField* oder *xlPageField* zu.
ändern, welches Feld in einem Bereich als erstes angezeigt wird,	weisen Sie der Eigenschaft *Position* des PivotField-Objekts eine Zahl zu.
den Namen eines Pivot-Tabellenfelds oder -Elements ändern,	weisen Sie der Eigenschaft *Name* des Objekts eine andere Textzeichenfolge zu.
den Namen eines Pivot-Felds oder Elements so wiederherstellen, wie er in der Datenbank erscheint,	weisen Sie der Eigenschaft *Name* den Wert der Eigenschaft *SourceName* zu.
auf ein Datenfeld Bezug nehmen, das die Summe der Werte aus dem Feld *Menge* bildet,	verwenden Sie den Ausdruck *neuPivot.PivotFields("Summe - Menge")*.
auf den Bereich verweisen, der aus dem Datenbereich einer Pivot-Tabelle besteht,	verwenden Sie den Ausdruck *neuPivot.DataBodyRange*.
auf ein Pivot-Tabellenelement in der aktiven Zelle Bezug nehmen,	verwenden Sie den Ausdruck *ActiveCell.PivotItem*.

So erhalten Sie Online-Hilfe zum Thema:	Fordern Sie vom Assistenten mit folgendem Suchbegriff Hilfe an:
Mit Pivot-Tabellen arbeiten	**Pivot-Tabellen**
Mit Pivot-Feldern arbeiten	**Felder in Pivot-Tabellen**
Mit Pivot-Elementen arbeiten	**Elemente in Pivot-Tabellen**

Ausblick auf die nächste Lektion

In den letzten vier Lektionen haben Sie vielfältige Excel-Objekte erforscht. Sie haben Visual Basic verwendet, um Excel zu steuern, doch Visual Basic hat hier eigentlich nur Excel-Methoden und -Eigenschaften ausgeführt. Im nächsten Teil lernen Sie zusätzliche Programmiertechniken kennen, mit denen Sie die Ausführung von Visual Basic-Anweisungen steuern können, damit Ihre Makros noch leistungsfähiger werden.

Visual Basic erkunden

7 Visual Basic steuern

Geschätzte Dauer:
30 Minuten

In dieser Lektion lernen Sie

- wie Sie bedingte Anweisungen einsetzen.
- wie Sie mit drei verschiedenen Strukturen Schleifen erstellen können.
- wie Sie die Namen der Dateien eines Ordners abrufen.
- wie Sie Haltepunkte zum Testen langer Schleifen setzen.
- wie der Status eines Makros angezeigt wird, während das Makro eine Schleife ausführt.

Gehen Sie bitte nach draußen, und stellen Sie sich vor ein Auto. Sehen Sie sich das Profil des rechten Vorderrads einmal genau an. Sehen Sie diesen kleinen Kieselstein im Profil des Autoreifens? Stellen Sie sich vor, Sie sind dieser Kiesel. Stellen Sie sich nun vor, der Reifen setzt sich in Bewegung. Es geht nach oben, höher und höher, ähnlich wie bei einem Riesenrad. Wirklich aufregend wird es, wenn es auf der anderen Seite wieder nach unten geht. Wozu braucht man überhaupt Disneyland? Sie können sich vielleicht vorstellen, daß dies beim ersten oder zweiten Mal ganz interessant ist, aber die Berg- und Talfahrt bei der fünfhundertsten oder der fünftausendsten Umdrehung langsam ihren Reiz verliert.

Die meisten Dinge sind interessant, wenn sie neu sind. Aber mit der Wiederholung kommt die Routine und unweigerlich die Langeweile. Wenn Sie dieselbe Aufgabe immer wieder erledigen müssen, suchen Sie bald nach einer Möglichkeit, diese Aufgabe von jemanden anderem oder etwas anderem ausführen zu lassen.

In dieser Lektion wird beschrieben, wie Sie sich wiederholende Aufgaben in Visual Basic-Makros aufzeichnen, die Sie beliebig oft benutzen können, um sich das Leben zu erleichtern.

Beginnen Sie mit der Lektion

- Starten Sie Microsoft Excel, öffnen Sie die Arbeitsmappe *Steuerung*, die sich im Ordner *Excel VBA Übungen* befindet, und speichern Sie sie unter dem Namen **Lektion7**.

Bedingungsausdrücke verwenden

Aufgezeichnete Makros sind – offen gesagt – ziemlich „dumm". Sie wiederholen genau die Folge der Arbeitsschritte, die Sie bei der Aufzeichnung ausgeführt haben, können aber weder auf veränderte Bedingungen oder Anforderungen reagieren, noch Entscheidungen treffen. Die einzige Möglichkeit, Makros mit etwas Intelligenz auszustatten, besteht im Einsatz von Strukturen, die Entscheidungen treffen können.

Eine Entscheidung treffen

Die Arbeitsmappe *Lektion7* enthält ein Makro namens *NachRechtsVerschieben*. Das Makro ist folgendermaßen aufgebaut:

```
Sub NachRechtsVerschieben()
    ActiveCell.Offset(0, 1).Select
End Sub
```

Dieses Makro aktiviert die Zelle, die sich rechts von der aktiven Zelle befindet. Dem Makro wurde die Tastenkombination [Strg]+[û]+[R] zugewiesen. Dieses Makro funktioniert – meistens – wie gewünscht.

 Wählen Sie die Zelle A1 aus, und drücken Sie [Strg]+[û]+[R].

Das Makro markiert die Zelle B1.

 Drücken Sie [Strg]+[→], um die Zelle IV1 auszuwählen. Dies ist die letzte Zelle ganz rechts außen in der ersten Zeile. Drücken Sie [Strg]+[û]+[R].

Visual Basic zeigt eine Fehlermeldung an (vgl. Abbildung 7.1).

Abbildung 7.1
Die Visual Basic-Fehlermeldung.

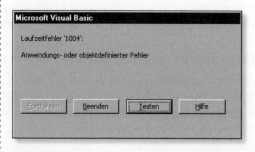

Man kann keine Zelle rechts von der äußersten rechten Zelle auswählen. Diese Fehlermeldung ist ziemlich unangenehm. Das Makro sollte daher einfach nichts tun, wenn es den Auswahlrahmen nicht nach rechts verschieben kann.

 Klicken Sie auf die Schaltfläche *Testen*, um den Makrocode anzuzeigen. Klicken Sie auf die Schaltfläche *Beenden*, um die Makroausführung anzuhalten.

Lektion 7 **Visual Basic steuern**

❹ Fügen Sie nach der Sub-Anweisung die Anweisung **If ActiveCell.Column < 256 Then** ein, rücken Sie die Hauptanweisung ein, und fügen Sie die Anweisung **End If** vor der Anweisung *End Sub* ein.

Das überarbeitete Makro sollte jetzt folgendermaßen aussehen:

```
Sub NachRechtsVerschieben()
    If ActiveCell.Column < 256 Then
        ActiveCell.Offset(0, 1).Select
    End If
End Sub
```

Zu jeder If-Anweisung (eine Anweisung, die mit dem Wort *If* beginnt) gehört eine End If-Anweisung. Die Anweisungen zwischen *If* und *End If* werden zusammen als *If-Struktur* bezeichnet.

Visual Basic wertet den Ausdruck, der dem Wort *If* folgt, aus und stellt fest, ob er den Wert True oder False hat. Solche Ausdrücke werden als *Bedingungsausdrücke* bezeichnet. Wenn der Ausdruck in einer einfachen If-Struktur wie in diesem Beispiel den Wert True hat, führt Visual Basic alle Anweisungen aus, die zwischen der If- und der End If-Anweisung stehen. Falls der Ausdruck den Wert False ergibt, verzweigt Visual Basic direkt zur End If-Anweisung. Sie müssen die If-Anweisung stets mit dem Wort *Then* abschließen.

❺ Wechseln Sie zu Excel, wählen Sie die Zelle IS1, und drücken Sie vier- oder fünfmal [Strg]+[⇧]+[R].

Das Makro aktiviert nacheinander die Zellen rechts von IS1, bis die letzte Zelle der Zeile erreicht wird. Wenn Sie hier die Tastenkombination drücken, geschieht nichts, was ganz genau Ihren Anweisungen entspricht.

Abbildung 7.2
Sie können Ihr Makro mit genügend Intelligenz ausstatten, um die Ausgabe einer Fehlermeldung zu vermeiden.

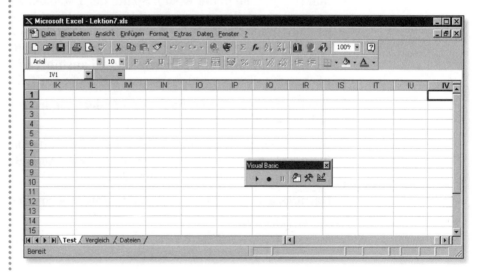

Lektion 7 — Visual Basic steuern

Sie können mit der Makroaufzeichnungsfunktion keine If-Strukturen erstellen. Diese Art von Kontrollstruktur ist pures Visual Basic und muß von Ihnen ausdrücklich eingegeben werden. Glücklicherweise ist es einfach, eine If-Anweisung einzufügen.

❶ Überlegen Sie sich eine Frage mit einer Ja/Nein-Antwort. In dieser Übung verwenden wir die Frage „Ist die Spaltennummer der aktiven Zelle kleiner als 256?" Sie können diese Frage dann in einen Bedingungsausdruck einer If-Anweisung umwandeln.

❷ Setzen Sie das Wort *If* vor den Bedingungsausdruck, und hängen Sie das Wort *Then* am Zeilenende an.

❸ Legen Sie fest, welche Anweisungen ausgeführt werden sollen, wenn der Bedingungsausdruck den Wert True hat.

❹ Fügen Sie die Anweisung *End If* nach der letzten Anweisung ein, die von der If-Struktur gesteuert werden soll.

Durch den Einsatz von If-Strukturen können Sie Makros mit einem gewissen Grad an „Intelligenz" ausstatten.

Eine zweifache Entscheidung treffen

In manchen Situationen – wenn Sie beispielsweise Fehler vermeiden wollen – soll ein Makro nur dann ausgeführt werden, wenn der Bedingungsausdruck den Wert True hat. In anderen Situationen soll sich das Makro, abhängig vom Wert des Bedingungsausdrucks, unterschiedlich verhalten.

Nehmen wir zum Beispiel an, Sie möchten ein Makro erstellen, das die aktive Zelle nur in den ersten fünf Spalten der Tabelle nach rechts verschiebt. Wenn sich die aktive Zelle in der fünften Spalte befindet, soll das Makro die Zelle in der ersten Spalte der nächsten Zeile auswählen (wie nach einem Zeilenvorschub mit Wagenrücklauf bei einer Schreibmaschine). In diesem Fall soll das Makro eine Aufgabe ausführen, wenn die Spaltennummer kleiner als fünf ist (nämlich die aktive Zelle nach rechts verschieben), und eine andere Aufgabe ausführen (die erste Zelle in der nächsten Zeile auswählen), wenn dies nicht der Fall ist.

❶ Wechseln Sie zu Visual Basic, und ändern Sie in der If-Anweisung die Zahl *256* zu *5*.

❷ Geben Sie die Anweisung **Else** vor der Anweisung *End If* ein. Drücken Sie dann ⏎, und geben Sie die Anweisung **Cells(ActiveCell.Row+1,1).Select** in die Zeile unter der Anweisung *Else* ein.

Das überarbeitete Makro sollte jetzt folgendermaßen aussehen:

```
Sub NachRechtsVerschieben()
    If ActiveCell.Column < 5 Then
        ActiveCell.Offset(0, 1).Select
```

Lektion 7
Visual Basic steuern

```
        Else
            Cells(ActiveCell.Row + 1, 1).Select
        End If
End Sub
```

Die Else-Anweisung legt fest, welche Anweisungen ausgeführt werden sollen, wenn der Bedingungsausdruck den Wert False hat.

❸ Drücken Sie mehrmals F5, um das Makro auszuführen.

Wie Sie sehen, hebt das Makro nacheinander von links nach rechts Zellen hervor, bis die Zelle E erreicht worden ist, und dann beginnt es in der nächsten Zeile wieder bei Spalte A (vgl. Abbildung 7.3).

Abbildung 7.3
Nach Zelle E2 wird Zelle A3 ausgewählt.

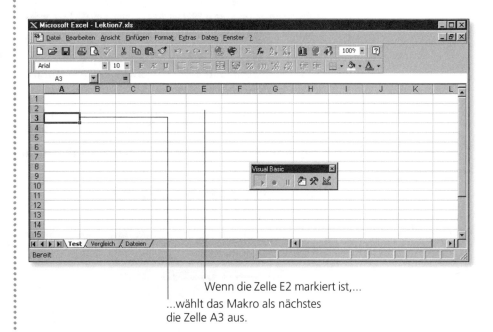

Wenn die Zelle E2 markiert ist,...
...wählt das Makro als nächstes die Zelle A3 aus.

If-Strukturen können lediglich aus einem einzigen Bestandteil bestehen, wobei die Anweisungen nur dann ausgeführt werden, wenn der Bedingungsausdruck den Wert True hat, oder sie können aus zwei oder mehr Bestandteilen bestehen, wobei eine Gruppe von Anweisungen ausgeführt wird, wenn der Bedingungsausdruck den Wert True hat, und eine andere Gruppe von Anweisungen, wenn der Bedingungsausdruck den Wert False hat.

If-Strukturen können natürlich viel komplexer als in diesen beiden Beispielen sein. Fordern Sie vom Assistenten, während der Visual Basic-Editor aktiv ist, mit dem Suchbegriff *If Then* nähere Informationen über If-Anweisungen an.

Lektion 7 — Visual Basic steuern

Eine Frage stellen

In Lektion 2 haben Sie ein Makro erstellt, das Sie zur Eingabe eines Datums aufgefordert hat. Dazu haben Sie die Visual Basic-Funktion *InputBox* eingesetzt. Die Funktion *InputBox* eignet sich hervorragend dazu, Fragen zu stellen, aber Sie müssen hier unbedingt berücksichtigen, was passiert, wenn auf die Schaltfläche *Abbrechen* geklickt wird.

In der Arbeitsmappe *Lektion7* finden Sie ein Makro namens *Eingabetest*, das zur Eingabe eines Datums auffordert. Der Makrocode wird Ihnen vertraut vorkommen:

```
Sub Eingabetest()
    Dim neuDatum As String
    neuDatum = InputBox("Geben Sie einen Monat im Format MMM-JJ ein")
    MsgBox "Makroausführung fortsetzen"
End Sub
```

Das Makro fordert zur Eingabe eines Datums auf und zeigt dann in einem einfachen Meldungsfenster die Meldung *Makroausführung fortsetzen* an.

❶ Klicken Sie in das Makro *Eingabetest*. Drücken Sie [F5], um das Makro auszuführen, geben Sie **Nov-97** als Datum ein, und klicken Sie auf *OK*.

Das Meldungsfenster wird eingeblendet (vgl. Abbildung 7.4).

Abbildung 7.4
Das Dialogfeld und das Meldungsfenster des Makros *Eingabetest*.

Geben Sie ein Datum ein, und klicken Sie auf *OK*.

Klicken Sie noch einmal auf *OK*, um die Makroausführung fortzusetzen.

❷ Klicken Sie auf *OK*, um das Meldungsfenster zu schließen.

❸ Drücken Sie [F5], um das Makro erneut auszuführen, klicken Sie diesmal aber auf *Abbrechen*, statt ein Datum einzugeben.

Das Meldungsfenster wird immer noch angezeigt, obwohl man normalerweise erwarten würde, daß das Makro durch Klicken auf *Abbrechen* beendet wird.

❹ Klicken Sie auf *OK*, um das Meldungsfenster zu schließen.

Wir benötigen hier eine Frage, die mit Ja beantwortet werden muß, wenn das Makro fortgesetzt werden soll. Eine entsprechende Frage wäre „Wurde etwas in das Feld eingegeben?". Wenn auf *Abbrechen* geklickt wird, hat dies die gleiche Bedeutung, als hätte man das Feld leer gelassen. In beiden Fällen gibt die Funktion *InputBox* eine leere Zeichenfolge zurück (zwei unmittelbar aufeinanderfolgende Anführungszeichen). Der Operator <> (ein Kleiner-Zeichen gefolgt von einem Größer-Zeichen) bedeutet „ungleich", also das Gegenteil des Gleichheitszeichens.

❺ Geben Sie vor der MsgBox-Anweisung die Anweisung **If neuDatum <> "" Then** ein. Vor der Anweisung *End Sub* geben Sie **End If** ein und rücken dann die Anweisungen innerhalb der If-Struktur ein.

Das überarbeitete Makro sollte jetzt folgendermaßen aussehen:

```
Sub Eingabetest()
    Dim neuDatum As String
    neuDatum = InputBox("Geben Sie einen Monat im Format MMM-JJ ein")
    If neuDatum <> "" Then
        MsgBox "Makroausführung fortsetzen"
    End If
End Sub
```

❻ Drücken Sie F5, um das Makro auszuführen. Geben Sie ein Datum ein, und klicken Sie auf *OK*.

Die Makroausführung „wird fortgesetzt".

❼ Klicken Sie auf *OK*, um das Meldungsfenster zu schließen.

❽ Führen Sie das Makro erneut aus, und klicken Sie diesmal auf *Abbrechen*.

Das Makro wird wie gewünscht ohne die Anzeige des Meldungsfensters beendet.

❾ Führen Sie das Makro erneut aus, geben Sie diesmal **Hippopotamus** in das Eingabefeld ein, und klicken Sie auf *OK*.

Das Makro „wird fortgesetzt", so als ob ein Datum eingegeben worden wäre (vgl. Abbildung 7.5).

Abbildung 7.5
Das Makro wird trotz einer ungültigen Eingabe fortgesetzt.

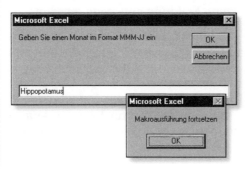

Lektion 7 — Visual Basic steuern

❿ Klicken Sie auf *OK*, um das Meldungsfenster zu schließen.

Daß eine ungültige Eingabe anscheinend akzeptiert wird, ist natürlich problematisch. Sie müssen daher nicht nur überprüfen, ob das Dialogfeld eine Eingabe enthält, sondern auch, ob es sich bei dieser Eingabe um ein gültiges Datum handelt. Mit der Visual-Basic-Funktion *IsDate* kann überprüft werden, ob Visual Basic die Eingabe als Datum interpretieren kann. Diese Überprüfung soll aber nur erfolgen, wenn der Benutzer nicht auf *Abbrechen* klickt. Dazu muß eine spezielle, sogenannte *verschachtelte* If-Struktur eingesetzt werden.

⓫ Ändern Sie das Makro wie folgt ab:

```
Sub Eingabetest()
    Dim neuDatum As String
    neuDatum = InputBox("Geben Sie einen Monat im Format MMM-JJ ein")
    If neuDatum <> "" Then
        If IsDate(neuDatum) Then
            MsgBox "Makroausführung fortsetzen"
        Else
            MsgBox "Eingabe war kein Datum"
        End If
    End If
End Sub
```

Rücken Sie die Anweisungen ein, damit deutlich erkennbar ist, welche Anweisung von welcher If- oder Else-Anweisung gesteuert wird. In Visual Basic müssen Anweisungen nicht eingerückt werden. Einrückungen erleichtern es Ihnen und anderen Personen jedoch, das Makro so zu lesen, wie es von Visual Basic interpretiert wird.

⓬ Führen Sie das Makro mindestens dreimal aus. Testen Sie es mit der Eingabe eines gültigen Datums, einer ungültigen Eingabe und dem Klicken auf *Abbrechen*.

Gültige und ungültige Eingaben sollten die entsprechenden Meldungen hervorrufen. Wenn Sie auf *Abbrechen* klicken oder das Eingabefeld leer lassen, sollte keine Meldung angezeigt werden.

Mit Hilfe der Funktion *InputBox* kann ein Makro an verschiedene Situationen angepaßt werden. Sie müssen jedoch immer den Rückgabewert der Funktion *InputBox* überprüfen, bevor Sie die Makroausführung fortsetzen. In der Regel müssen drei Möglichkeiten überprüft werden, ob eine gültige Eingabe, eine ungültige Eingabe und die Auswahl von *Abbrechen* vorliegt. Mit einer If-Struktur bzw. mit einer verschachtelten If-Struktur können Sie das Makro so flexibel gestalten, daß es mit diesen Möglichkeiten umgehen kann.

Lektion 7

Visual Basic steuern

Abfragen mit einem Meldungsfenster

Die Visual Basic-Funktion *MsgBox* eignet sich besonders zur Anzeige von einfachen Meldungen. Diese Funktion kann aber weit mehr als lediglich ein Meldungsfenster anzeigen. Sie können damit auch Fragen stellen. Häufig werden in Makros Fragen eingesetzt, die einfach mit Ja oder Nein beantwortet werden müssen. Die Funktion *MsgBox* eignet sich optimal für solche Ja/Nein-Antworten.

Gesetzt den Fall, Sie verfügen über zwei Makros. Das eine Makro ist lang und langsam und heißt *MonatDrucken*. Das andere Makro ist kurz, wird schnell ausgeführt und trägt den Namen *MonatVerarbeiten*. Angenommen, Sie stellen fest, daß Sie häufig versehentlich das langsame Makro statt des schnellen Makros ausführen. Eine Lösung hierfür wäre, ein Meldungsfenster zu Beginn der Ausführung des langsamen Makros anzuzeigen, in dem bestätigt werden muß, daß auch wirklich das langsame Makro ausgeführt werden soll.

Die Arbeitsmappe *Lektion7* enthält ein Makro namens *AusführungFortsetzen*. Sie werden dieses Makros erweitern, um zu lernen, wie man mit Hilfe der Funktion *MsgBox* eine Frage stellt. Vor der Ausführung sieht das Makro folgendermaßen aus:

```
Sub AusführungFortsetzen()
    MsgBox "Die Operation nimmt eine Menge Zeit in Anspruch. Fortsetzen?"
    MsgBox "Langsames Makro weiter ausführen..."
End Sub
```

❶ Klicken Sie in das Makro *AusführungFortsetzen,* und drücken Sie F5, um es auszuführen. Klicken Sie zweimal auf *OK*, um die Meldungsfenster zu schließen (vgl. Abbildung 7.6).

Abbildung 7.6
Das ursprüngliche Makro zeigt zwei Meldungsfenster an.

Das erste Meldungsfenster enthält eine Frage, verfügt aber nur über eine einzige Schaltfläche. Sie müssen zusätzliche Schaltflächen einfügen, damit diese Frage mit Ja oder Nein beantwortet werden kann.

❷ Setzen Sie die Einfügemarke an das Ende der ersten MsgBox-Anweisung. Geben Sie unmittelbar nach dem abschließenden Anführungszeichen ein Komma ein (vgl. Abbildung 7.7).

Nachdem Sie das Komma eingegeben haben, zeigt Visual Basic das QuickInfo für die Funktion *MsgBox* an. Das erste Argument lautet *Prompt*. Mit

Abbildung 7.7
Die Anweisung für die Funktion *MsgBox*.

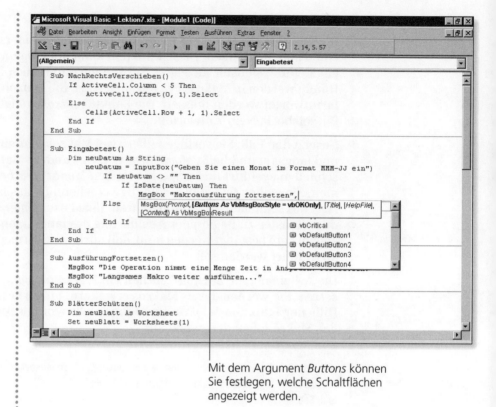

Mit dem Argument *Buttons* können Sie festlegen, welche Schaltflächen angezeigt werden.

diesem Argument wird die Meldung angegeben, die angezeigt werden soll. Das zweite Argument heißt *Buttons*. Es besteht aus einer numerierten Liste von Werten. Der Standardwert für *Buttons* ist *vbOKOnly*. Deswegen wurde bei der Ausführung des Makros nur die Schaltfläche *OK* angezeigt.

Zusammen mit dem QuickInfo-Fenster zeigt Visual Basic auch die Liste der möglichen Werte für das Argument *Buttons* an. Sie möchten Schaltflächen einfügen, welche die Antwort *Ja* oder *Nein* ermöglichen.

❸ Blättern Sie in der Liste ganz nach unten, wählen Sie *vbYesNo,* und drücken Sie dann ↵.

❹ Drücken Sie F5, um das Makro auszuführen. Im ersten Meldungsfenster werden nun zwei Schaltflächen angezeigt (vgl. Abbildung 7.8).

Abbildung 7.8
Das Meldungsfenster enthält nun zwei Schaltflächen.

Im Meldungsfenster wird eine Frage gestellt, die jeweilige Antwort aber völlig ignoriert. Sie müssen die Antwort von der Funktion *MsgBox* abrufen und zur Steuerung des Makros einsetzen.

❺ Klicken Sie auf *Ja* und dann *OK*, um beide Meldungsfenster zu schließen. Dann geben Sie am Beginn des Makros die Anweisung **Dim neuPrüfen As Integer** ein.

❻ Am Beginn der ersten MsgBox-Anweisung geben Sie **neuPrüfen =** ein, und dann setzen Sie die Argumentenliste der Funktion *MsgBox* in Klammern.

Die überarbeitete Anweisung sollte nun wie folgt aussehen:

```
neuPrüfen = MsgBox( _
"Die Operation nimmt eine Menge Zeit in Anspruch. Fortsetzen?", _
vbYesNo)
```

Wenn der zurückgelieferte Wert einer Funktion wie *MsgBox* verwendet wird, muß die Argumentenliste in Klammern gesetzt werden. Wird der zurückgelieferte Wert nicht verwendet, darf die Argumentenliste nicht in Klammern gesetzt werden.

❼ Fügen Sie die folgenden drei Anweisungen vor der zweiten MsgBox-Anweisung ein:

```
If neuPrüfen = vbNo Then
    Exit Sub
End If
```

Wenn das Ergebnis der Funktion *MsgBox* in einem Bedingungsausdruck verwendet wird, dürfen Sie den Ausdruck nicht nach den Werten True oder False überprüfen. Die Funktion *MsgBox* kann verschiedene Typen von Schaltflächen anzeigen und somit unterschiedliche Rückgabewerte haben. Wenn Sie für das Argument *Buttons* den Typ *vbYesNo* verwenden, gibt die Funktion *vbYes* oder *vbNo* zurück.

Die Anweisung *Exit Sub* bewirkt, daß Visual Basic das aktuelle Makro sofort beendet. Um zu verhindern, daß das Makros unübersichtlich wird, sollten Sie diese Anweisung möglichst selten einsetzen. Eine gute Verwendungsmöglichkeit für die Exit Sub-Anweisung besteht darin, ein Makro gleich zu Beginn seiner Ausführung zu beenden (wie in unserem Beispiel).

❽ Testen Sie das Makro. Führen Sie es aus, klicken Sie auf *Ja*, führen Sie es erneut aus, und klicken Sie auf *Nein*. Stellen Sie sicher, daß das gesamte Makros nur dann ausgeführt wird, wenn auf *Ja* geklickt worden ist.

Ein Meldungsfenster eignet sich hervorragend dazu, einfache Fragen zu stellen. Beachten Sie jedoch, daß die Antwort mit der korrekten Konstanten und nicht mit True oder False verglichen werden muß. Die Funktion

MsgBox bietet hier auch ein gutes Beispiel für die Verwendung von Klammern um Argumentenlisten. Verwenden Sie Klammern, wenn der Rückgabewert der Funktion verwendet wird. Verwenden Sie keine Klammern, wenn der Rückgabewert der Funktion nicht verwendet wird.

Schleifen erzeugen

In seinem Klassiker *The Wealth of Nations* fragte der Volkswirtschaftler Adam Smith, wieviel die Herstellung einer einzelnen Stecknadel im Vergleich zur Herstellung von 10000 Stecknadeln kosten würde. Es stellte sich heraus, daß die Herstellung einer Stecknadel fast ebenso teuer ist wie die Herstellung von 10000 Stecknadeln. Ganz ähnlich ist die Erstellung eines Makros, das einmal ausgeführt wird, fast genauso aufwendig wie die Erstellung eines Makros, das tausendmal in einer Schleife ausgeführt wird.

Mit einer For Each-Schleife eine Auflistung abarbeiten

Sie können in Excel ein Arbeitsblatt so schützen, daß Änderungen nur an den Zellen möglich sind, bei denen Sie den Schutz aufgehoben haben. Dazu müssen Sie allerdings jedes Arbeitsblatt einzeln schützen. Angenommen, Sie bearbeiten eine Arbeitsmappe mit Budgets für zehn verschiedene Abteilungen und möchten alle Arbeitsblätter schützen.

Die Arbeitsmappe *Lektion7* enthält ein Makro namens *BlätterSchützen*. Es ist folgendermaßen aufgebaut:

```
Sub BlätterSchützen()
    Dim neuBlatt As Worksheet
    Set neuBlatt = Worksheets(1)
    neuBlatt.Select
    neuBlatt.Protect "Kennwort", True, True, True
End Sub
```

Dieses Makro weist der Variablen *neuBlatt* einen Verweis auf das erste Arbeitsblatt zu, wählt dann diese Tabelle aus (die Auswahl der Tabelle ist nicht notwendig, erleichtert aber das Verständnis der Funktionsweise des Makros) und versieht sie mit einem Schreibschutz. In der folgenden Übung werden Sie dieses Makro so modifizieren, daß alle Arbeitsblätter der Arbeitsmappe geschützt werden.

❶ Klicken Sie in das Makro *BlätterSchützen,* und drücken Sie wiederholt [F8], um das Makro schrittweise auszuführen. Sie sollten die Funktion dieses Makros völlig verstanden haben, bevor Sie es abändern.

❷ Ersetzen Sie in der dritten Zeile das Schlüsselwort *Set* durch **For Each**. Ersetzen Sie das Gleichheitszeichen durch **in**, und löschen Sie die Klammern und die darin enthaltene Zahl.

Lektion 7 Visual Basic steuern

❸ Rücken Sie die nächsten beiden Anweisungen ein, fügen Sie am Ende der zweiten Anweisung einen Zeilenumbruch ein, und geben Sie die Anweisung **Next neuBlatt** in die neue Zeile ein.

Das überarbeitete Makro sollte jetzt folgendermaßen aussehen:

```
Sub BlätterSchützen()
    Dim neuBlatt As Worksheet
    For Each neuBlatt In Worksheets
        neuBlatt.Select
        neuBlatt.Protect "Kennwort", True, True, True
    Next neuBlatt
End Sub
```

Mit *For Each* wird ebenso wie mit *Set* der Variablen ein Objektbezug zugewiesen. Der Variablen wird hier aber nicht nur ein einzelnes Objekt, sondern die Objekte einer Auflistung zugewiesen. Visual Basic führt für jedes (engl. „for each") Objekt der Auflistung sämtliche Anweisungen aus, die zwischen den Schlüsselwörtern *For Each* und *Next* stehen. Anweisungen, die mit *For Each* beginnen und mit *Next* enden, werden auch als *For Each-Strukturen* oder *For Each-Schleifen* bezeichnet.

(Eigentlich muß nach *Next* kein Variablenname folgen. Wenn Sie einen Variablenname verwenden, muß er mit dem Variablennamen, der *For Each* folgt, übereinstimmen. Die Verwendung einer Variablen nach *Next* kann bei der Vermeidung von Fehlern helfen).

❹ Drücken Sie wiederholt [F8], um das Makro schrittweise auszuführen, und beachten Sie, wie jedes Arbeitsblatt mit einem Schreibschutz versehen wird.

Abbildung 7.9
Das Fehlermeldungsfenster.

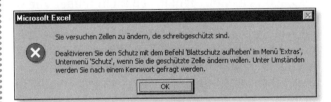

❺ Wechseln Sie zu Excel, und versuchen Sie, einen Wert in eine beliebige Zelle in einer der drei Tabellen einzugeben. Es wird die in Abbildung 7.9 dargestellte Fehlermeldung angezeigt. Schließen Sie das Fehlermeldungsfenster.

❻ Erstellen Sie ein neues Makro namens *BlattschutzAufheben*, das den Schreibschutz bei sämtlichen Arbeitsblättern aufhebt. (Hinweis: Sie müssen dazu die Methode *Unprotect* des Worksheet-Objekts mit einem einzigen Argument, das das Kennwort enthält, aufrufen.)

Das neue Makro sollte folgendermaßen aussehen:

```
Sub BlattschutzAufheben()
    Dim neuBlatt As Worksheet
    For Each neuBlatt In Worksheets
        neuBlatt.Select              'Diese Anweisung ist optional
        neuBlatt.Unprotect "Kennwort"
    Next neuBlatt
End Sub
```

❼ Speichern Sie die Arbeitsmappe, drücken Sie [F5], um das Makro *BlattschutzAufheben* auszuführen, und versuchen Sie dann, Werte in der Tabelle zu ändern.

Sie können sämtliche Objekte einer Auflistung bearbeiten, indem Sie einfach einem Objekt einen Wert zuweisen. Sie verwenden nur statt des Schlüsselworts *Set* die Anweisung *For Each*, geben die Auflistung an und fügen eine Next-Anweisung hinzu.

For Each-Schleifen sind besonders nützlich, um Auflistungen im Direktfenster zu durchsuchen. Im Direktfenster müssen jedoch alle Eingaben in einer einzigen Zeile eingegeben werden. Mehrere Anweisungen können in eine einzige Zeile eingegeben werden, indem sie durch Doppelpunkte getrennt werden. Beispielsweise können mit folgender Eingabe im Direktfenster die Namen aller Tabellen der aktiven Arbeitsmappe angezeigt werden: *For Each x In Worksheets: ?x.Name: Next x* (Im Direktfenster können kurze, nicht besonders aussagekräftige Variablennamen verwendet werden.)

For-Schleifen verwenden

For Each-Schleifen eignen sich nicht immer zur wiederholten Ausführung von Arbeitsgängen. Beispielsweise kann in einer For Each-Schleife nur eine einzige Auflistung bearbeitet werden. Wenn Sie zwei parallele Auflistungen – zum Beispiel zwei Bereiche – vergleichen möchten, können Sie hierzu keine For Each-Schleife einsetzen. Für diese Fälle bietet Visual Basic eine allgemeinere Art von Schleife: die *For-Schleife*.

Die Tabelle *Vergleich* aus der Arbeitsmappe *Lektion7* enthält zwei benannte Bereiche (vgl. Abbildung 7.10).

Der linke Bereich trägt den Namen *Original*, der rechte Bereich den Namen *Überarbeitet*. Stellen Sie sich vor, diese beiden Bereiche enthielten einen Budgetentwurf und das überarbeitete Budget. Die Zellen des Bereichs *Original* enthalten Werte. Die Zellen des Bereichs *Überarbeitet* enthalten eine Formel, die eine Zufallszahl berechnet, sobald [F9] zur Neuberechnung der Arbeitsmappe gedrückt wird. Die Formel lautet: *=ROUND (RAND()*50+100,0)*. Damit wird Excel angewiesen, eine Zufallszahl zwischen 0 und 1 zu berechnen, diese mit 50 zu multiplizieren, zum Multi-

Lektion 7   Visual Basic steuern

Abbildung 7.10
Die beiden benannten Bereiche.

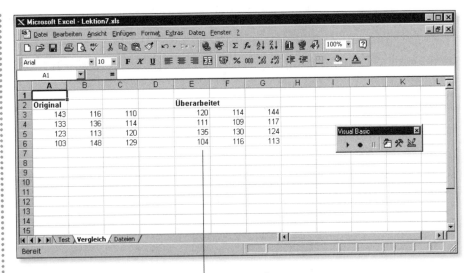

Der Bereich *Überarbeitet* enthält Zufallszahlen.

plikationsergebnis 100 zu addieren und das Ergebnis auf die nächste Ganzzahl zu runden).

Im Visual Basic-Modul von *Lektion7* finden Sie ein Makro namens *ZellenVergleichen*. Es ist folgendermaßen aufgebaut:

```
Sub ZellenVergleichen()
    Dim i As Integer
    Calculate
    i = Range("Überarbeitet").Cells.Count
    If Range("Überarbeitet").Cells(i) > Range("Original").Cells(i) Then
        Range("Überarbeitet").Cells(i).Interior.Color = vbYellow
    Else
        Range("Überarbeitet").Cells(i).Interior.Color = vbCyan
    End If
End Sub
```

Das Makro führt zuerst die Methode *Calculate* aus (entspricht dem Drücken der Funktionstaste F9). Daraufhin werden für alle Zellen des Bereichs *Überarbeitet* neue Werte berechnet. Anschließend vergleicht das Makro die letzte Zelle des Bereichs *Überarbeitet* mit der letzten Zelle des Bereichs *Original*. Wenn der Wert im Bereich *Überarbeitet* größer als der im Bereich *Original* ist, wird er in der Farbe Gelb angezeigt, ansonsten wird er in Blau angezeigt. Das Makro weist der Variablen *i* den Wert der Eigenschaft *Count* des Range-Objekts zu, d. h. die Anzahl der Zellen des Bereichs. Da diese Zahl im Makro mehrmals verwendet wird, ist es ein-

Lektion 7 — Visual Basic steuern

Abbildung 7.11
Das ursprüngliche Makro vergleicht die jeweils letzte Zelle der beiden Bereiche miteinander.

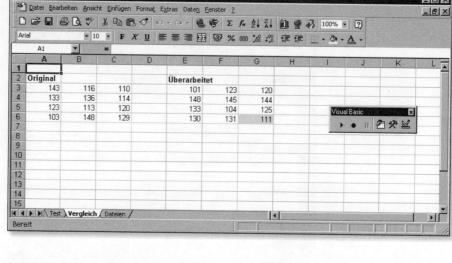

facher, die Variable *i* zu verwenden, als immer wieder *Range("Überarbeitet").Cells.Count* einzugeben.

Im folgenden Abschnitt werden Sie dieses Makro so verändern, daß alle Zellen miteinander verglichen werden.

Wenn Sie weitere Informationen zu den Methoden und Eigenschaften von Range-Objekten benötigen, arbeiten Sie Lektion 4 erneut durch. Wenn Sie weitere Informationen zu If-Strukturen benötigen, arbeiten Sie den ersten Teil dieser Lektion erneut durch.

❶ Klicken Sie in das Makro *ZellenVergleichen,* und drücken Sie wiederholt F8, um das Makro schrittweise auszuführen. Sie sollten die Funktionsweise dieses Makros, die in Abbildung 7.11 illustriert wird, genau verstehen, bevor Sie es verändern.

❷ Fügen Sie in der Anweisung, die der Variablen die Eigenschaft *Count* zuweist, das Wort **For** vor der Variablen ein. Dann geben Sie nach dem Gleichheitszeichen **1 To** ein.

❸ Vor der Anweisung *End Sub* fügen Sie **Next i** ein und rücken alle Anweisungen zwischen *For* und *Next* ein. Das überarbeitete Makro sollte jetzt folgendermaßen aussehen:

```
Sub ZellenVergleichen()
    Dim i As Integer
    Calculate
    For i = 1 To Range("Überarbeitet").Cells.Count
        If Range("Überarbeitet").Cells(i) > _
            Range("Original").Cells(i) Then
            Range("Überarbeitet").Cells(i).Interior.Color = vbYellow
        Else
            Range("Überarbeitet").Cells(i).Interior.Color = vbCyan
        End If
    Next i
End Sub
```

Das Schlüsselwort *For* bewirkt dasselbe wie eine einfache Zuweisungsanweisung. Es weist der Variablen eine Zahl zu. (Das Schlüsselwort *For* weist der Variablen eine Zahl zu, während *For Each* der Variablen einen Objektverweis zuweist). Die Variable, der die Zahl zugewiesen wird, wird als *Zählervariablen* bezeichnet. Sie geben den ersten und den letzten Wert vor, den *For* der Zählervariablen zuweisen soll. In diesem Beispiel ist 1 der erste Wert und die Anzahl der Zellen des Bereichs der letzte Wert.

Jedesmal, wenn *For* der Zählervariablen eine Zahl zuweist, führt Visual Basic alle Anweisungen aus, die zwischen *For* und *Next* stehen. Dann wird die Zählervariable um 1 erhöht, und die Anweisungen werden erneut ausgeführt. Dieser Vorgang wird wiederholt, bis der Wert der Zählervariablen größer als der Wert ist, den Sie als Endwert vorgegeben haben.

❹ Drücken Sie wiederholt [F8], um zu sehen, wie das Makro funktioniert. Lassen Sie die For-Schleife mindestens zwei- oder dreimal durchlaufen, und drücken Sie dann [F5], um das Makro zu beenden. Im Arbeitsblatt sind nun mehrere Zellen innerhalb des Bereichs *Überarbeitet* hervorgehoben (vgl. Abbildung 7.12).

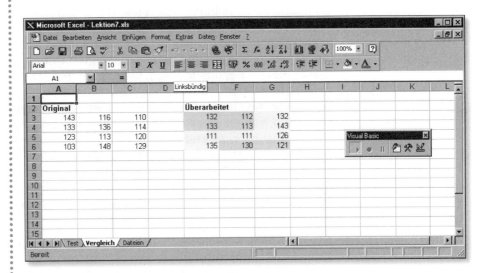

Abbildung 7.12
Mit einer For-Schleife können gleichzeitig zwei Auflistungen bearbeitet werden.

In vielen Fällen ist der Einsatz einer For Each-Schleife viel komfortabler als der Einsatz einer For-Schleife. For-Schleifen sind jedoch universeller einsetzbar, da jede For Each-Schleife mit einer For-Schleife reproduziert werden kann.

Das Makro *BlätterSchützen* läßt sich beispielsweise mit einer For-Schleife folgendermaßen formulieren:

```
Sub BlätterSchützen()
    Dim neuBlatt As Worksheet
    Dim i as Integer
    For i = 1 to Worksheets.Count
        Set neuBlatt = Worksheets(i)
        neuBlatt.Select
        neuBlatt.Protect "Kennwort", True, True, True
    Next i
End Sub
```

Wenn Sie auf eine einsame Insel verschlagen werden würden und nur eine dieser beiden Schleifenkonstrukte mitnehmen dürften, würden sie mit *For* wahrscheinlich besser fahren. Zum Glück werden Sie aber nicht vor diese Wahl gestellt. Sie können in den zahlreichen Fällen, in denen For Each-Schleifen funktionieren, diese unbeschwert verwenden. In den Fällen, in denen ein Zähler notwendig ist, setzen Sie am besten For-Schleifen ein.

Do-Schleifen verwenden

For Each-Schleifen arbeiten die Elemente einer Auflistung ab. For-Schleifen bearbeiten aufeinanderfolgende Werte von einem Startpunkt bis einem Endpunkt. In manchen Situationen sind allerdings beide Optionen nicht brauchbar. Beispielsweise verfügt Visual Basic über eine Funktion, die die Namen der in einem Ordner abgelegten Dateien ausgibt. Diese Funktion heißt *Dir*, nach dem alten, gleichnamigen MS-DOS-Betriebssystembefehl. Beim ersten Aufruf übergeben Sie der Funktion *Dir* ein Argument, das angibt, welche Art von Dateien angezeigt werden sollen. Um beispielsweise den Namen einer Excel-Arbeitsmappe abzurufen, verwenden Sie die Anweisung *neuDatei=Dir("*.xls")*. Zum Abruf weiterer Dateien, die dieselben Kriterien erfüllen, rufen Sie die Funktion ohne Argumente auf. Sie müssen die Funktion *Dir* wiederholt aufrufen, da sie bei jedem Aufruf nur einen Dateinamen zurückgibt. Wenn Visual Basic keine weiteren Dateien findet, die den Vorgaben (dem Dateityp) entsprechen, gibt die Funktion *Dir* eine leere Zeichenfolge zurück.

Angenommen, Sie möchten ein Makro erstellen, das die Namen aller im aktuellen Ordner enthaltenen Excel-Dateien ausgibt. Da die Liste der in einem Verzeichnis enthaltenen Dateien keine Auflistung bildet, kann keine For Each-Schleife eingesetzt werden. Sie können aber auch keine For-Schleife verwenden, da Sie nicht im vorhinein wissen, wieviele Dateien insgesamt vorhanden sind. Visual Basic verfügt jedoch über eine weitere Möglichkeit zur Steuerung von Schleifen: die *Do-Schleife*.

Die Arbeitsmappe *Lektion7* enthält ein Makro namens *DateiListe*, mit dem die Namen der ersten beiden Excel-Dateien im aktuellen Verzeichnis abgerufen und in die ersten beiden Zellen der ersten Spalten der aktiven Tabelle geschrieben werden. Das Makro sieht folgendermaßen aus:

Lektion 7 Visual Basic steuern

```
Sub DateiListe()
    Dim neuZeile As Integer
    Dim neuDatei As String

    neuZeile = 1
    neuDatei = Dir("*.xls")
    Cells(neuZeile, 1) = neuDatei

    neuZeile = neuZeile + 1
    neuDatei = Dir
    Cells(neuZeile, 1) = neuDatei
End Sub
```

Neben den Anweisungen für die Variablendeklaration weist dieses Makro zwei Gruppen mit jeweils drei Anweisungen auf. In jeder Anweisungsgruppe wird der Variablen *neuZeile* eine Zeilennummer zugewiesen, mit der Funktion *Dir* der Dateiname abgerufen und der Dateiname in die entsprechende Zelle eingetragen. Beim ersten Aufruf der Funktion *Dir* wird der gesuchte Dateityp angegeben. Beim nächsten Aufruf wird die Funktion *Dir* ohne Argument aufgerufen, um den nächsten entsprechenden Dateinamen zu finden.

Ihr Makro liefert unter Umständen andere Dateinamen.

Im folgenden werden Sie dieses Makro so verändern, daß es solange in einer Schleife ausgeführt wird, bis alle Dateien im Ordner gefunden worden sind.

❶ Aktivieren Sie in der Arbeitsmappe *Lektion7* die Tabelle *Dateien*. Wählen Sie im Menü *Datei* den Befehl *Öffnen*, und wechseln Sie zum Ordner *Excel VBA Übungen*. Klicken Sie dann auf *Abbrechen*. Damit wird sichergestellt, daß dieser Ordner der aktuelle Ordner ist. Er enthält verschiedene Excel-Arbeitsmappen.

❷ In Visual Basic klicken Sie auf das Makro *DateiListe* und drücken dann wiederholt [F8], um das Makro schrittweise auszuführen. Sie müssen die Funktionsweise dieses Makros, die in Abbildung 7.13 illustriert wird, verstehen, bevor Sie es verändern.

Während Sie das Makro schrittweise ausführen, können Sie den Mauszeiger über die Variablennamen setzen, um den aktuell in der betreffenden Variablen gespeicherten Wert anzuzeigen.

❸ Geben Sie nach der ersten Anweisung, die einen Aufruf der Funktion *Dir* enthält, die Anweisung **Do Until neuDatei = ""** in eine neue Zeile ein.

❹ Geben Sie nach der zweiten Anweisung, die einen Aufruf der Funktion *Dir* enthält, die Anweisung **Loop** in eine neue Zeile ein, und löschen Sie das zweite Vorkommen der Anweisung *Cells(neuZeile, 1) = neuDatei*.

Lektion 7 — Visual Basic steuern

Abbildung 7.13
Die beiden Dateinamen werden in die ersten beiden Zellen eingetragen.

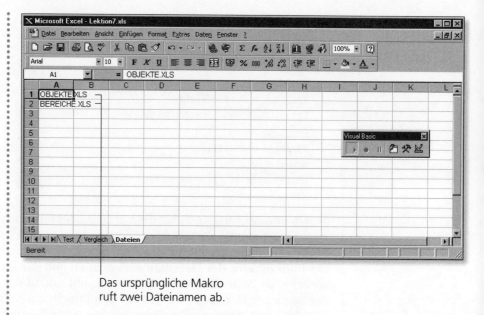

Das ursprüngliche Makro ruft zwei Dateinamen ab.

❺ Rücken Sie die drei Anweisungen zwischen der Do- und der Loop-Anweisung ein.

Das überarbeitete Makro sollte jetzt folgendermaßen aussehen:

```
Sub DateiListe()
    Dim neuZeile As Integer
    Dim neuDatei As String

    neuZeile = 1
    neuDatei = Dir("*.xls")
    Do Until neuDatei = ""
        Cells(neuZeile, 1) = neuDatei

        neuZeile = neuZeile + 1
        neuDatei = Dir
    Loop
End Sub
```

Der Ausdruck *Do Until* ist ein Bedingungsausdruck, der dem Bedingungsausdruck in einer If-Struktur entspricht. Der Bedingungsausdruck muß einen Wert ergeben, den Visual Basic als True oder False interpretieren kann. Visual Basic führt die Schleife solange aus, bis der Bedingungsausdruck den Wert True hat.

Wenn während der Schleifenausführung ein Zähler imkrementiert werden soll, müssen Sie eine entsprechende Anweisung eingeben. Sie müssen stets dafür sorgen, daß eine Abbruchbedingung gegeben ist. In unse-

Lektion 7 Visual Basic steuern

rem Beispiel wird mit der Funktion *Dir* ein neuer Dateiname abgerufen und die Schleife beendet, wenn die Funktion eine leere Zeichenfolge zurückgibt.

❻ Drücken Sie wiederholt [F8], um das Makro schrittweise auszuführen. Lassen Sie die Schleife mindestens zwei- oder dreimal durchlaufen, und drücken Sie dann [F5], um das Makro zu beenden. Das Makro erstellt im aktuellen Arbeitsblatt eine Liste mit Namen von xls-Dateien (vgl. Abbildung 7.14).

Abbildung 7.14
Eine Liste mit xls-Dateien aus dem Übungsordner.

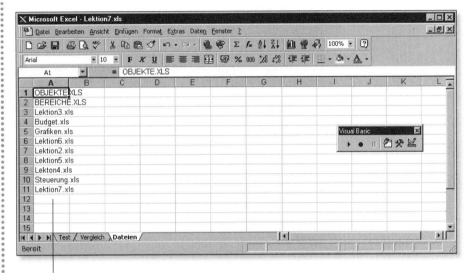

Mit einer Do-Schleife kann ein Vorgang beliebig oft ausgeführt werden.

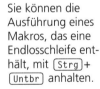

Sie können die Ausführung eines Makros, das eine Endlosschleife enthält, mit [Strg]+[Untbr] anhalten.

Do-Schleifen sind äußerst flexibel, aber auf gewisse Weise auch gefährlich, da Sie sicherstellen müssen, daß eine Möglichkeit zum Beenden der Schleife gegeben ist. Wenn Sie beispielsweise die Anweisung vergessen, mit der ein neuer Dateiname abgefragt wird, oder wenn Sie die Funktion *Dir* mit einem Argument innerhalb der Schleife aufrufen (die Funktion würde dann immer wieder den ersten Dateinamen ausgeben), entsteht eine sogenannte *Endlosschleife*.

Es gibt verschiedene nützliche Variationen von Do-Schleifenkonstrukten. Eine Schleife kann ausgeführt werden, *bis* der Bedingungsausdruck den Wert True erhält oder *solange* der Ausdruck den Wert True hat. Sie können den Bedingungsausdruck an den Anfang oder an das Ende der Schleife setzen. Weitere Informationen zu Do-Schleifen-Strukturen erhalten Sie, wenn Sie vom Assistenten aus dem Visual Basic-Fenster heraus mit dem Suchbegriff *Do...Loop-Anweisung* Hilfe anfordern.

Komplexe Schleifen verwalten

Ein Programm, in dem eine Schleife nur zwei- oder dreimal ausgeführt wird, kann relativ einfach auch ganz ohne Schleife implementiert werden. Solche Schleifen werden rasch durchlaufen, und wenn man sie schrittweise ausführt, versteht man schnell, welche Bedeutung die einzelnen Anweisungen haben. Sobald eine Schleife aber hundert- oder tausendmal ausgeführt wird, müssen Sie mit Hilfe anderer Techniken sicherstellen, daß das Makro wie gewünscht arbeitet.

Einen Haltepunkt setzen

Die Arbeitsmappe *Lektion7* enthält ein Makro namens *AufträgeDrucken*. Angenommen, dieses Makro wurde von einem ehemaligen Mitarbeiter der Firma erstellt. Sie haben also ein Makro vor sich, das Sie nicht verstehen und das nicht so funktioniert, wie Sie es sich vorstellen.

Das Makro *AufträgeDrucken* soll eigentlich den gesamten Inhalt der Datenbank *Aufträge.dbf* sortiert nach Produktkategorien ausdrucken. Sie möchten jedem Produkt-Manager den Teil des Ausdrucks geben, der seine Produktkategorie zeigt. Im Ausdruck muß daher jede Kategorie auf einer neuen Seite beginnen. Leider funktioniert das Makro nicht wie gewünscht. Sie müssen nun den Fehler finden und beheben. Ihnen wurde das folgende Makro übergeben:

```
Sub AufträgeDrucken()
    Dim neuZeile As Long
    Dim neuStop  As Long
    Workbooks.Open FileName:="Aufträge.dbf"
    Columns("E:E").Cut
    Columns("A:A").Insert Shift:=xlToRight
    Range("A1").CurrentRegion.Sort Key1:="Kategorie", _
        Order1:=xlAscending, Header:=xlYes
    neuStop = Range("A1").CurrentRegion.Rows.Count
    For neuZeile = 3 To neuStop
        If Cells(neuZeile, 1) <> Cells(neuZeile + 1, 1) Then
            Cells(neuZeile, 1).Select
            ActiveCell.PageBreak = xlPageBreakManual
        End If
    Next neuZeile
    Cells(neuZeile, 1).Select
    ActiveSheet.PageSetup.PrintTitleRows = "$1:$1"
    ActiveSheet.PrintPreview
    ActiveWorkbook.Close SaveChanges:=False
End Sub
```

Am besten beginnen wir mit der schrittweisen Ausführung des Makros.

Lektion 7 Visual Basic steuern

Abbildung 7.15
In der ursprünglichen Datenbank befindet sich das Feld *Kategorie* in Spalte E.

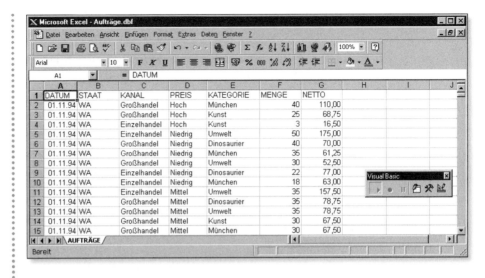

❶ Stellen Sie sicher, daß der Ordner *Excel VBA Übungen* der aktuelle Ordner ist. (Klicken Sie im Menü *Datei* auf den Befehl *Öffnen*, wechseln Sie zum Ordner *Excel VBA Übungen*, und klicken Sie auf *Abbrechen*.)

❷ In Visual Basic klicken Sie in das Makro *AufträgeDrucken* und drücken dann dreimal [F8], um die Variablendeklarationen zu überspringen und die Datenbank zu öffnen (vgl. Abbildung 7.15).

(Die beiden Variablen werden mit dem Typ Long deklariert, was bedeutet, daß sie Ganzzahlen enthalten können, aber nicht auf die vierstelligen Zahlen vom Typ Integer begrenzt sind.)

Abbildung 7.16
Das Makro verschiebt das Feld *Kategorie* in Spalte A.

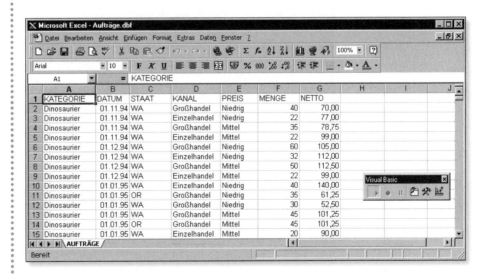

❸ Drücken Sie nochmals dreimal [F8]. Nun wird das Feld *Kategorie* in Spalte A angezeigt (vgl. Abbildung 7.16).

Das Makro verschiebt das Feld *Kategorie* in Spalte A und sortiert die Liste dann nach Kategorien.

❹ Drücken Sie zweimal [F8]. Damit wird der Variablen *neuStop* eine Zahl zugewiesen und die Schleife gestartet. Setzen Sie den Mauszeiger über *neuStop* und dann über *neuZeile*, um die jeweils zugewiesenen Werte anzuzeigen.

Die Variable *neuStop* hat den Wert 3300, und die Variable *neuZeile* hat den Wert 3. Dies scheint korrekt zu sein. Die Schleife wird von Zeile 3 bis Zeile 3300 ausgeführt.

❺ Drücken Sie mehrmals [F8].

Visual Basic überprüft fortwährend, ob die Zelle in der aktuellen Zeile der darunterliegenden Zelle entspricht. Wieviele Zeilen umfaßt die Kategorie *Kunst*? Dieser Vorgang könnte eine ganze Weile dauern. Wenn Sie jetzt [F5] drücken, um die restlichen Anweisungen des Makros auszuführen, sehen Sie aber nicht, was passiert, wenn die Bedingung in der If-Anweisung den Wert True hat. Wenn man nur alle Anweisungen bis zur Mitte der If-Struktur überspringen könnte.

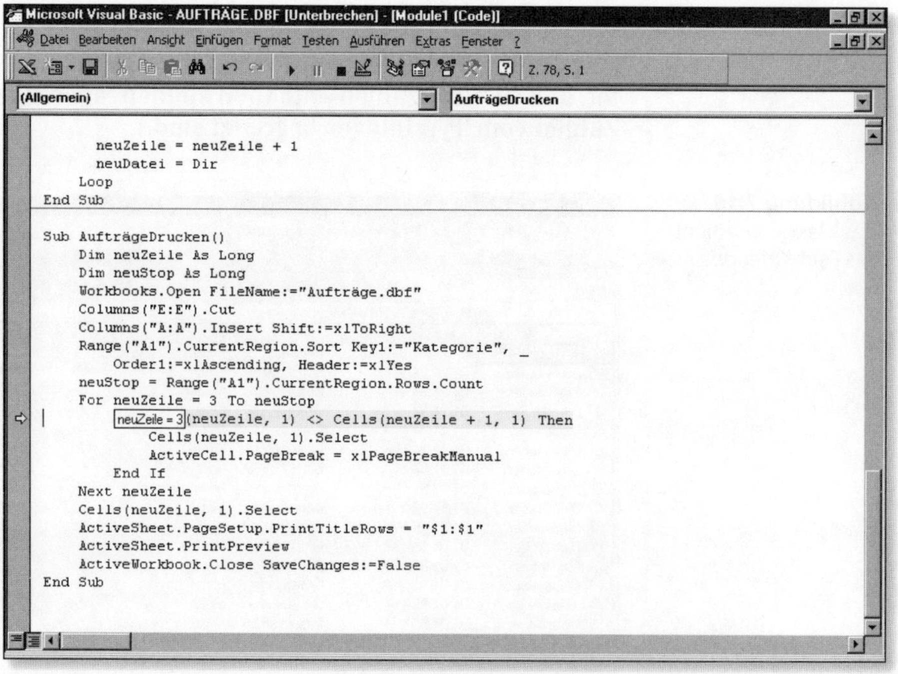
Microsoft Visual Basic - AUFTRÄGE.DBF [Unterbrechen] - [Module1 (Code)]
Datei Bearbeiten Ansicht Einfügen Format Testen Ausführen Extras Fenster ?
Z. 78, S. 1
(Allgemein)
AufträgeDrucken
neuZeile = neuZeile + 1
neuDatei = Dir
Loop
End Sub
Sub AufträgeDrucken()
Dim neuZeile As Long
Dim neuStop As Long
Workbooks.Open FileName:="Aufträge.dbf"
Columns("E:E").Cut
Columns("A:A").Insert Shift:=xlToRight
Range("A1").CurrentRegion.Sort Key1:="Kategorie", _
Order1:=xlAscending, Header:=xlYes
neuStop = Range("A1").CurrentRegion.Rows.Count
For neuZeile = 3 To neuStop
neuZeile = 3(neuZeile, 1) <> Cells(neuZeile + 1, 1) Then
Cells(neuZeile, 1).Select
ActiveCell.PageBreak = xlPageBreakManual
End If
Next neuZeile
Cells(neuZeile, 1).Select
ActiveSheet.PageSetup.PrintTitleRows = "$1:$1"
ActiveSheet.PrintPreview
ActiveWorkbook.Close SaveChanges:=False
End Sub

Abbildung 7.17
Im Hinweisfeld wird der Wert der Variablen angezeigt.

Abbildung 7.18
Durch Klicken auf den linken Rand kann ein Haltepunkt definiert werden.

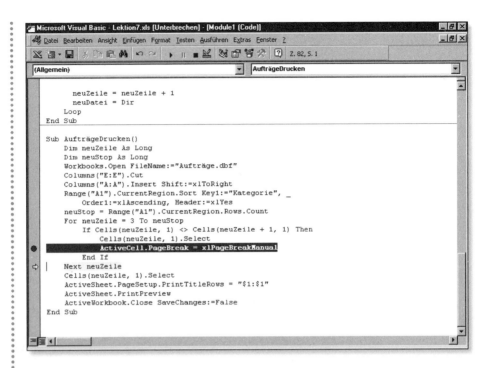

❻ Klicken Sie auf den grauen Bereich links von der Anweisung, die mit *ActiveCell* beginnt (vgl. Abbildung 7.18).

Daraufhin erscheint am Rand ein dunkelroter Kreis und der Hintergrund der Anweisung wird dunkelrot unterlegt. Auf diese Weise wird ein *Haltepunkt* gekennzeichnet. Sobald ein Haltepunkt gesetzt worden ist, wird mit der schrittweisen Ausführung des Makros vor der Anweisung mit dem Haltepunkt begonnen.

❼ Drücken Sie [F5], um das Makro fortzusetzen.

Die Makroausführung wird am Haltepunkt gestoppt (vgl. Abbildung 7.19). Die erste Zelle, die sich von der darunterliegenden Zelle unterscheidet, ist aktiviert worden.

❽ Drücken Sie [F8], um die Anweisung auszuführen, mit der ein Seitenumbruch eingefügt wird (vgl. Abbildung 7.20).

Der Seitenumbruch wird über der Zeile eingefügt, nicht unter der Zeile. Da haben wir den Fehler. Das Makro soll den Seitenumbruch nicht über der *letzten* Zelle der alten Kategorie einfügen, sondern über der *ersten* Zelle einer neuen Kategorie. Die If-Anweisung sollte also überprüfen, ob sich die aktuelle Zelle von der *darüberliegenden* Zelle unterscheidet.

❾ Ersetzen Sie das Pluszeichen (+) in der If-Anweisung durch ein Minuszeichen (-).

Lektion 7 Visual Basic steuern

Abbildung 7.19
Das Visual Basic-Fenster mit dem Makrocode.

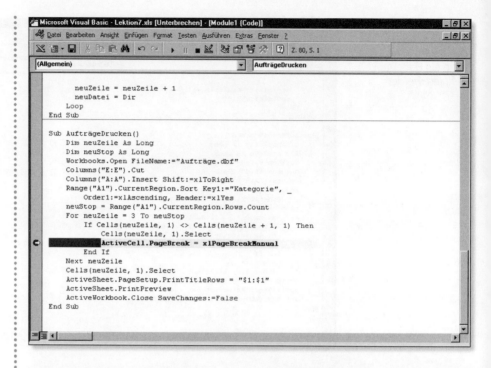

Abbildung 7.20
Drücken Sie F8, damit die Anweisung ausgeführt wird, die den Haltepunkt enthält.

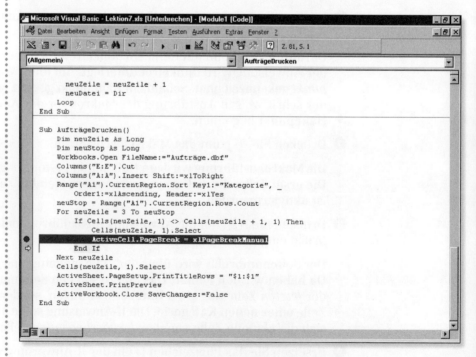

Lektion 7

Visual Basic steuern

Die überarbeitete Anweisung sollte jetzt folgendermaßen aussehen:

```
If Cells(neuZeile, 1) <> Cells(neuZeile - 1, 1) Then
```

🔟 Drücken Sie [F5] und [F8], und verfolgen Sie die – nunmehr korrekte – Ausführung des Makros. Die Seitenumbrüche werden jeweils nach den Kategorien eingefügt.

Das Setzen von Haltepunkten ist ein äußerst nützliches Hilfsmittel, um Fehler innerhalb einer langen Schleife aufzuspüren. Im folgenden Abschnitt lernen Sie, wie ein temporärer Haltepunkt gesetzt wird, der nur einmal verwendet werden soll.

Einen temporären Haltepunkt setzen

Angenommen, Sie arbeiten gerade am Mittelteil des Makros *Aufträge-Drucken*. Der Code, mit dem ein Seitenumbruch eingefügt wird, scheint korrekt zu funktionieren. Am Ende des Makros befinden sich jedoch noch einige Anweisungen, die Sie schrittweise überprüfen möchten.

❶ Klicken Sie auf roten Kreis am Rand, um den Haltepunkt zu deaktivieren.

Abbildung 7.21
Der Visual Basic-Editor mit dem Makrocode.

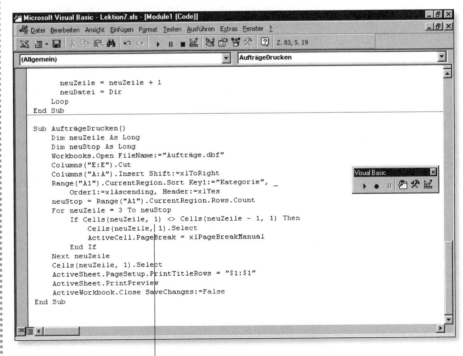

Klicken Sie in die Anweisung, in der der temporäre Haltepunkt gesetzt werden soll.

249

Lektion 7 — Visual Basic steuern

❷ Klicken Sie nach dem Ende der Schleife in die Anweisung *Cells(neuZeile,1).Select*. Daraufhin wird der Visual Basic-Editor angezeigt (vgl. Abbildung 7.21).

Bei dieser Anweisung soll ein Haltepunkt gesetzt werden, der jedoch nur einmal verwendet wird.

❸ Wählen Sie im Menü *Testen* den Befehl *Ausführen bis Cursor-Position* (vgl. Abbildung 7.22).

❹ Drücken Sie dreimal [F8], um an das Ende der Liste zu blättern, den Drucktitel einzustellen und eine Seitenansicht des Berichts zu erhalten.

❺ Betrachten Sie den Bericht.

Das Ende der Kategorie *Humor* sollte sich auf Seite 15 befinden. Sie finden hier jedoch einen zusätzlichen Seitenumbruch, der durch das fehlerhafte, ursprüngliche Makro bedingt wird.

❻ Schließen Sie die Seitenansicht, und drücken Sie zweimal [F8], um das Makro zu beenden.

Abbildung 7.22
Das Menü *Testen*.

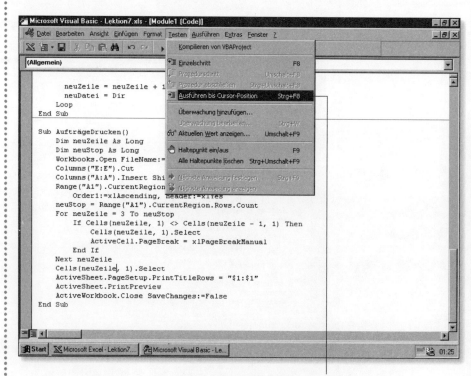

Mit dem Befehl *Ausführen bis Cursor-Position* kann ein temporärer Haltepunkt gesetzt werden.

Abbildung 7.23
Die Seitenansicht des Arbeitsblatts.

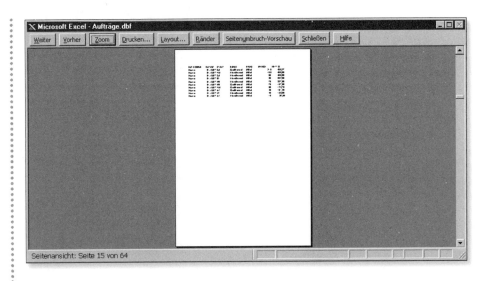

❼ Speichern Sie die Arbeitsmappe *Lektion7*.

Ein Haltepunkt kann ebenso einfach aus- wie eingeschaltet werden: Klicken Sie einfach auf den Rand. Wenn Ihnen diese Art des Ein- und Ausschaltens von Haltepunkten zu aufwendig ist, können Sie einen temporären Haltepunkt definieren, indem Sie das Makro bis zur aktuellen Cursor-Position ausführen lassen.

Statusanzeige innerhalb einer Schleife

Selbst wenn die in einem Makro enthaltene Schleife perfekt funktioniert, werden Sie wahrscheinlich nervös werden und sich fragen, ob etwas schiefgelaufen ist, wenn die Makroausführung sehr lange dauert. Damit Sie sich während der Ausführung einer umfangreichen Schleife entspannt zurücklehnen können, lassen Sie am besten den Arbeitsfortschritt innerhalb der Schleife anzeigen.

Sie können für alle Arten von Schleifen eine Statusanzeige ausgeben lassen. For-Schleifen eignen sich zur Statusanzeige aber besonders gut, da hier an jedem Punkt der Schleife sowohl der aktuelle Wert als auch der Endwert des Schleifenzählers ermittelt werden kann.

❶ Fügen Sie die folgende Anweisung unmittelbar hinter der For-Anweisung in das Makro *AufträgeDrucken* ein:

```
Application.StatusBar = "Bearbeite Zeile " & neuZeile & " von " & neuStop
```

Die Statusleiste ist der graue Streifen am unteren Rand des Excel-Fensters, in dem normalerweise *Bereit* angezeigt wird. Über die Eigenschaft *StatusBar* des Application-Objekts können Sie in der Statusleiste eine Meldung anzeigen lassen. Am informativsten sind natürlich Meldungen,

Lektion 7 — Visual Basic steuern

Abbildung 7.24
In der Statusleiste wird der Arbeitsfortschritt angezeigt.

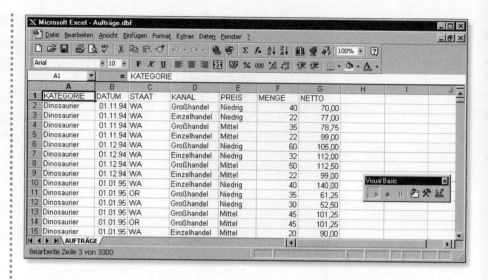

die Auskunft über den Arbeitsfortschritt sowie über den voraussichtlichen Abschluß der Ausführung geben.

Beim ersten Schleifendurchlauf wird aufgrund der obigen Anweisung folgende Meldung angezeigt: *Bearbeite Zeile 3 von 3300*. Durch den Einsatz des Et-Zeichens (&) zur Verkettung des Meldungstextes mit den Werten der Variablen *neuZeile* und *neuStop* erhalten Sie eine sehr informative Meldung. Vergessen Sie nicht, vor und nach den Variablen ein zusätzliches Leerzeichen einzufügen.

❷ Drücken Sie [F5], um das Makro auszuführen. Verfolgen Sie den Ablauf des Makros in der Statusleiste (vgl. Abbildung 7.24).

❸ Schließen Sie die Seitenansicht. Damit wird das Makro beendet.

Die Statusleiste sieht aber immer noch so aus, als ob das Makro ausgeführt werden würde. Die Statusleiste wird nicht automatisch zurückgesetzt, wenn das Makro beendet wird. Um die Kontrolle über die Statusleiste wieder an Excel zurückzugeben, muß der Eigenschaft *StatusBar* der Wert False zugewiesen werden.

❹ Fügen Sie die folgende Anweisung nach der Next-Anweisung ein:

```
Application.StatusBar = False
```

❺ Führen Sie das Makro erneut aus, schließen Sie die Seitenansicht, und beachten Sie den Inhalt der Statusleiste (vgl. Abbildung 7.25).

Es wird wieder die normale Excel-Statusleiste angezeigt.

Visual Basic verfügt über extrem leistungsfähige Werkzeuge zur Wiederholung von Anweisungen in Schleifen. In Verbindung mit If-Strukturen,

Abbildung 7.25
Bevor das Makro beendet wird, muß die Statusleiste zurückgesetzt werden.

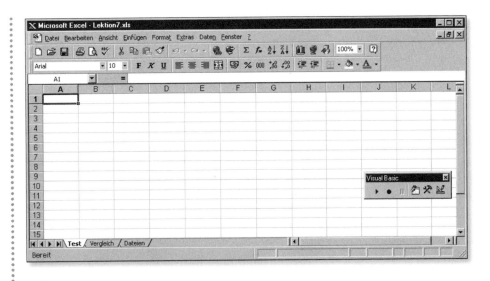

mit denen Entscheidungen über die weitere Ausführung von Anweisungen getroffen werden können, können Sie „intelligente" und leistungsfähige Makros erstellen.

Zusammenfassung der Lektion

Möchten Sie	dann
Anweisungen nur dann ausführen, wenn eine Bedingung wahr (True) ist,	setzen Sie die Anweisungen zwischen eine If-Anweisung und eine End If-Anweisung.
eine Gruppe von Anweisungen ausführen, wenn eine Bedingung den Wert True ergibt, und eine zweite Gruppe von Anweisungen ausführen, wenn eine Bedingung zu False ausgewertet wird,	setzen Sie erste Gruppe von Anweisungen zwischen eine If-Anweisung und eine Else-Anweisung, und setzen die zweite Gruppe von Anweisungen zwischen die Else-Anweisung und eine End If-Anweisung ein.
Anweisungen mit jedem Element einer Auflistung ausführen,	setzen Sie die Anweisungen zwischen eine For Each-Anweisung und eine Next-Anweisung.
Anweisungen eine bestimmte Anzahl von Malen ausführen,	setzen Sie die Anweisungen zwischen eine For-Anweisung und eine Next-Anweisung.
Anweisungen ausführen, bis eine Bedingung wahr (True) wird,	setzen Sie Anweisungen zwischen eine Do-Anweisung und eine Loop-Anweisung. ▶

Möchten Sie	dann
die Ausführung eines Makros stoppen,	drücken Sie [Strg]+[Untbr].
eine Haltepunkt ein- oder ausschalten,	klicken Sie im Visual Basic-Editor in den grauen Randbereich links neben der Anweisung.
eine Meldung in der Statusleiste anzeigen,	weisen Sie der Eigenschaft *Application. StatusBar* eine entsprechende Meldung zu.
die Standardmeldung in der Statusleiste wieder anzeigen,	weisen Sie der Eigenschaft *Application. StatusBar* den Wert False zu.

So erhalten Sie Online-Hilfe zum Thema:	Fordern Sie vom Assistenten mit folgendem Suchbegriff Hilfe an:
Einsatz von Bedingungsausdrücken	**If Then** (während Visual Basic aktiv ist)
Einsatz von For Each-Schleifen	**For Each** (während Visual Basic aktiv ist)
Einsatz von For-Schleifen	**For Next** (während Visual Basic aktiv ist)
Einsatz von Do-Schleifen	**Do...Loop-Anweisung** (während Visual Basic aktiv ist)
Bedingungsausdrücke	**Vergleichsoperatoren** (während Visual Basic aktiv ist)
Haltepunkte und andere Testwerkzeuge	**Haltepunkte** oder **Testen** (während Visual Basic aktiv ist)

Ausblick auf die nächste Lektion

Die Makros, die Sie bislang erstellt haben, waren einfache alleinstehende Prozeduren. In der nächsten Lektion werden Sie lernen, wie eine ganz andere Art von Makros erstellt wird: spezialisierte Makros, die Sie in Tabellenformeln oder als Erweiterung der integrierten Visual Basic-Funktionen verwenden können.

8 Den Funktionsumfang von Microsoft Excel und Visual Basic erweitern

Geschätzte Dauer:
30 Minuten

In dieser Lektion lernen Sie

- wie Sie benutzerdefinierte Funktionen erstellen und einsetzen.
- wie Sie Fehler verwalten, die während der Ausführung eines Makros auftreten.
- wie Sie Module speichern, in andere Projekte einfügen und aus Projekten entfernen.
- wie Sie die Schreibung von Variablennamen überprüfen.

Einzellige Organismen sind winzig klein. Bakterien, Amöben und Pantoffeltierchen sind beispielsweise zu klein, als daß man sie mit dem bloßen Auge erkennen könnte. Aber sie leben und „funktionieren". Größere und komplexere Organismen setzen sich dagegen aus Millionen Zellen zusammen. Zellen geben Lebewesen Struktur und ermöglichen die Spezialisierung.

Aufgezeichnete Makros lassen sich mit einzelligen Organismen vergleichen. Die Makroaufzeichnungsfunktion fügt alle Arbeitsgänge, die Sie ausführen, in eine einzige Prozedur ein. Und analog zum Beispiel der einzelligen Organismen sollten die aus einer Prozedur bestehenden Makros relativ klein sein. Größere und komplexere Anwendungen funktionieren am besten, wenn sie in kleinere Prozeduren aufgegliedert werden. Ebenso wie größere und komplexere Organismen ein Immunsystem benötigen, um Krankheiten bekämpfen zu können, benötigen komplizierte Anwendungen Mechanismen, die Fehlerbedingungen abfangen und, wenn möglich, korrigieren. In dieser Lektion werden Sie lernen, benutzerdefinierte Funktionen zu erstellen, Argumente in Prozeduren zu verwenden und Fehler zu behandeln. Diese Fertigkeiten benötigen Sie zur Erstellung stabiler und leistungsfähiger Anwendungen.

Beginnen Sie mit der Lektion

- Starten Sie Microsoft Excel, öffnen Sie die Arbeitsmappe *Funktion*, die sich im Ordner *Excel VBA Übungen* befindet, und speichern Sie sie unter dem Namen **Lektion8**.

Benutzerdefinierte Funktionen erstellen

Sobald Sie einer Variablen einen Wert zugewiesen haben, können Sie diesen Wert in einem beliebigen Ausdruck verwenden. Nachdem Sie beispielsweise der Variablen *meinAlter* die Zahl 25 zugewiesen haben, ergibt der Bedingungsausdruck *meinAlter > 20* den Wert True. Sie können eine Variable genauso einsetzen, wie den Wert, den sie enthält.

Eine Funktion ist so etwas wie eine intelligente Variablen. Eine Funktion entspricht einer Variablen, die ihren eigenen Wert berechnet, wenn sie ausgeführt wird. Beispielsweise verfügt Microsoft Visual Basic über eine Funktion namens *Time*. Wenn der Bedingungsausdruck *Time > #8:00 PM#* ausgeführt wird, überprüft die Funktion *Time* die Zeitangabe der Systemuhr des Computers.

Visual Basic verfügt über eine ganze Reihe integrierter Funktionen. In Excel sind ebenfalls viele integrierte Funktionen verfügbar. Und zudem können Sie auch noch eigene benutzerdefinierte Funktionen erstellen.

Eine benutzerdefinierte Funktion in einem Arbeitsblatt verwenden

Sowohl Excel als auch Visual Basic verfügen über Funktionen, die eine Zufallszahl zwischen 0 und 1 zurückgeben. Die betreffende Excel-Funktion heißt *ZUFALLSZAHL()*, und die Visual Basic-Funktion heißt *Rnd*. Die Excel-Funktion kann in Arbeitsblattzellen und die Visual Basic-Funktion kann lediglich in Visual Basic-Makros verwendet werden.

Sie können aber auch eine benutzerdefinierte Funktion – beispielsweise mit dem Namen *Zufall* – zur Generierung von Zufallszahlen erstellen, die

Abbildung 8.1
Wenn Sie eine Funktion eingeben, bevor Sie diese definiert haben, wird die Fehlermeldung *#NAME?* angezeigt.

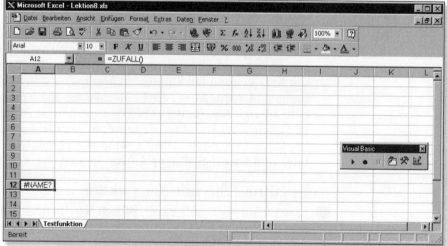

Lektion 8 : Den Funktionsumfang von Microsoft Excel und Visual Basic erweitern

Sie aus Excel heraus verwenden. Warum ist es sinnvoll, eine eigene Funktion zur Generierung von Zufallszahlen zu definieren, wenn integrierte Funktionen kostenlos zur Verfügung stehen? Ganz einfach, damit Sie die Funktion anpassen können. Wenn Sie eine eigene Funktion erstellen, können Sie frei bestimmen, welche Aufgaben diese Funktion erfüllt.

❶ Wählen Sie in der Arbeitsmappe *Lektion8* die Tabelle *Testfunktion*, und geben Sie in Zelle A12 die Formel **=Zufall()** ein.

Excel zeigt den Fehlerwert *#NAME?* an, da die Funktion *Zufall* noch nicht definiert worden ist (vgl. Abbildung 8.1).

❷ Starten Sie die Aufzeichnung eines Makros namens **Zufall**, beenden Sie die Aufzeichnung sofort, und bearbeiten Sie dann das Makro.

❸ Doppelklicken Sie auf das Wort *Sub* am Beginn des Makros, und ersetzen Sie es durch das Schlüsselwort **Function** (vgl. Abbildung 8.2).

Abbildung 8.2
Wenn Sie in einem Modul eine Funktion definieren möchten, ersetzen Sie *Sub* durch *Function*.

Die Anweisung *End Sub* wird automatisch zu *End Function* geändert. Damit haben Sie eine Funktion deklariert. Jetzt müssen Sie Excel mitteilen, welchen Wert die Funktion zurückgeben soll.

❹ Geben Sie die Anweisung **Zufall = Rnd** in den Rumpf der Funktion ein.

Die überarbeitete Funktion sollte jetzt folgendermaßen aussehen:

```
Function Zufall()
    Zufall = Rnd
End Function
```

Sie definieren den Rückgabewert der Funktion, indem Sie dem Funktionsnamen einen Wert zuweisen, so als ob der Funktionsname eine Variable wäre. In unserem Beispiel weisen wir der Funktion *Zufall* den Wert der Visual Basic-Funktion *Rnd* zu.

Abbildung 8.3
Die Formelpalette.

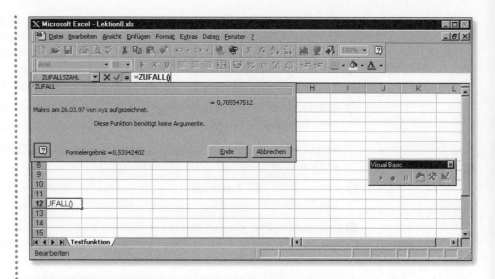

❺ Wechseln Sie zu Excel, wählen Sie die Zelle A12, und klicken Sie in der Bearbeitungsleiste auf die Schaltfläche *Formeln bearbeiten*.

Excel zeigt daraufhin die Formelpalette mit der Meldung an, daß die Funktion *Zufall* keine Argumente verwendet (vgl. Abbildung 8.3).

Klicken Sie auf *Ende*, um die Zufallszahl in die Zelle A12 einzugeben.

So einfach ist das Erstellen einer einfachen Tabellenfunktion. In Visual Basic ersetzen Sie das Wort *Sub* durch *Function* und weisen dann dem Funktionsnamen innerhalb der Funktion einen Wert zu. In Excel verwenden Sie den Funktionsnamen gefolgt von runden Klammern in einer Formel.

Die Argumente einer benutzerdefinierten Funktion festlegen

Angenommen, Sie möchten ganze Zufallszahlen mit Werten im Bereich 100 ± 25 oder ganze Zufallszahlen mit Werten im Bereich 1000 ± 100 erzeugen. Die Excel-Funktion ZUFALLSZAHL() kann diese Art von Zufallszahlen nicht berechnen. Die Funktion *Zufall*, die wir oben erstellt haben, kann es auch nicht, aber da es eine benutzerdefinierte Funktion ist, können wir sie mit der entsprechenden Fähigkeit ausstatten, indem wir Funktionsargumente hinzufügen.

Zur Angabe der oben genannten Zufallszahlenbereiche benötigen wir drei Argumente: ein Argument für den Mittelpunkt, ein Argument, mit dem der Wertebereich angegeben wird, und ein Argument, das angibt, ob der Ergebniswert gerundet werden soll oder nicht. Fügen Sie diese Argumente nun in Ihre Funktion ein.

Lektion 8   **Den Funktionsumfang von Microsoft Excel und Visual Basic erweitern**

❶ Geben Sie in Visual Basic **Mittelpunkt, Bereich, Runden** in die Klammern nach dem Namen der Funktion ein. Die Anweisung, die den Funktionsnamen und seine Argumente enthält, wird als *Funktionsdeklaration* bezeichnet. In dieser Anweisung wird der Name der Funktion sowie die Namen aller Argumente deklariert. Die überarbeitete Funktionsdeklaration sollte jetzt folgendermaßen aussehen:

```
Function Zufall(Mittelpunkt, Bereich, Runden)
```

Diese drei Wörter bilden die Argumente der Funktion. Sie können innerhalb der Funktion wie Variablen verwendet werden, die bereits über Werte verfügen.

❷ Ändern Sie die Anweisung, die dem Funktionsnamen einen Wert zuweist, wie folgt:

```
Zufall = Rnd * (Bereich * 2) + (Mittelpunkt - Bereich)
```

Die Funktion *Rnd* liefert eine Zufallszahl zwischen 0 und 1. Wenn das Argument *Bereich* gleich 25 ist, bedeutet dies, daß Zufallszahlen berechnet werden sollen, deren Wert im Bereich zwischen (*Mittelpunkt* minus 25) und (*Mittelpunkt* plus 25) liegt: der gesamte zulässige Bereich umfaßt 50 ganzzahlige Werte. Die Multiplikation von *Rnd* mit *Bereich* * 2 ergibt somit eine Zufallszahl zwischen 0 und 50. Wenn der Wert 100 den Mittelpunkt bilden soll, muß 75 (also 100 – 25) zur Zufallszahl addiert werden.

❸ Fügen Sie die folgenden drei Anweisungen ein, damit die Zahl gegebenenfalls gerundet wird.

```
If Runden Then
    Zufall = CLng(Zufall)
End If
```

> Andere Funktionen, die Datentypen konvertieren, werden angezeigt, wenn Sie auf *CLng* klicken und F1 drücken.

In Visual Basic sind Werte vom Datentyp *Long* Ganzzahlen, die unter Umständen relativ groß sein können. Die Visual Basic-Funktion *CLng* konvertiert eine Zahl in den Datentyp *Long* und rundet sie dabei. Die Zufallszahl soll nur gerundet werden, wenn das Argument *Runden* den Wert True (Wahr) hat. Da der Wert des Arguments *Runden* bereits vorliegt und entweder True (Wahr) oder False (Falsch) ist, müssen Sie es nicht mit anderen Werten vergleichen, um einen Bedingungsausdruck zu erhalten.

❹ Geben Sie in Excel in Zelle B12 den Wert **100**, in Zelle C12 den Wert **25** und in Zelle D12 **WAHR** ein (vgl. Abbildung 8.4).

Wir werden diese Werte für die Argumente *Mittelpunkt*, *Bereich* und *Runden* der Funktion *Zufall* verwenden.

❺ Wählen Sie die Zelle A12, und klicken Sie in der Bearbeitungsleiste auf die Schaltfläche *Formeln bearbeiten*.

Lektion 8 Den Funktionsumfang von Microsoft Excel und Visual Basic erweitern

Abbildung 8.4
Die Tabelle mit den Eingaben in Zelle B12, C12 und D12.

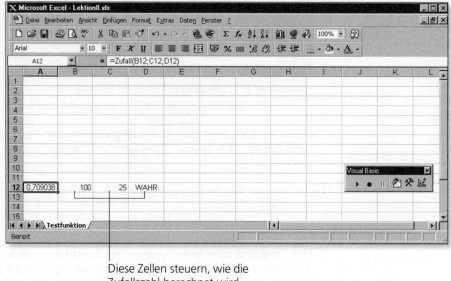

Diese Zellen steuern, wie die Zufallszahl berechnet wird.

Die Formelpalette wird eingeblendet und zeigt die drei neuen Argumente der Funktion *Zufall* (vgl. Abbildung 8.5).

❻ Klicken Sie in das Feld *Mittelpunkt* und dann auf die Zelle B12. Klicken Sie in das Feld *Bereich* und dann auf die Zelle C12. Klicken Sie in das Feld *Zufall* und dann auf die Zelle D12 (vgl. Abbildung 8.6). Abschließend klicken Sie auf *OK*.

Abbildung 8.5
In der Formelpalette werden die benutzerdefinierten Argumente der Funktion *Zufall* angezeigt.

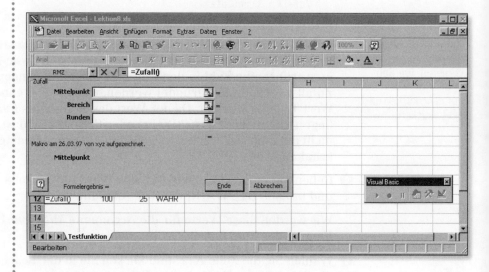

Lektion 8 — Den Funktionsumfang von Microsoft Excel und Visual Basic erweitern

Abbildung 8.6
Die Argumente werden in der Formelpalette mit den Arbeitsblattzellen verknüpft.

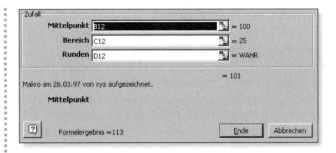

Die Zelle A12 enthält nun eine Zufallszahl zwischen 75 und 125. Mit den Argumenten wird der Rückgabewert der Funktion näher bestimmt.

❼ Ändern Sie den Wert der Zelle B12 zu **1000** und den Wert der Zelle C12 zu **100**.

In Zelle A12 wird daraufhin eine Zufallszahl zwischen 900 und 1100 angezeigt. Sobald der Wert einer Zelle geändert wird, auf die sich die Funktion bezieht, berechnet die Funktion das Ergebnis neu (vgl. Abbildung 8.7).

Funktionen können durch Argumente wesentlich flexibler gestaltet werden.

Abbildung 8.7
Das Arbeitsblatt mit neuen Werten in Zelle B12 und C12.

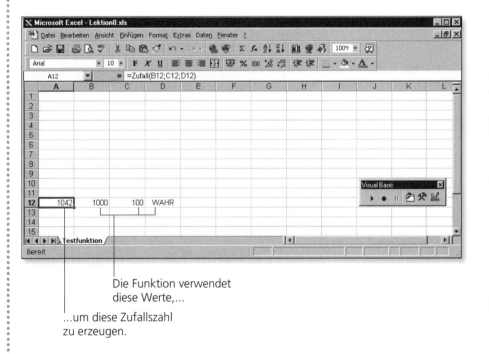

Die Funktion verwendet diese Werte,...

...um diese Zufallszahl zu erzeugen.

Funktionen als flüchtig kennzeichnen

Die meisten Funktionen werden nur dann neu berechnet, wenn der Wert einer Zelle, auf die sich die Funktion bezieht, geändert wird. Andere Funktionen (wie z. B. die Excel-Funktion ZUFALLSZAHL()), sogenannte *flüchtige* Funktionen, werden neu berechnet, wenn sich der Wert einer beliebigen Zelle des Arbeitsblatts ändert oder [F9] gedrückt wird. Wenn wir unsere Funktion als *flüchtig* kennzeichnen, wird jedesmal, wenn [F9] gedrückt wird, eine neue Zufallszahl berechnet.

❶ Fügen Sie in Visual Basic nach der Anweisung, die den Namen der Funktion enthält, folgende Anweisung ein:

```
Application.Volatile True
```

❷ Wechseln Sie zu Excel, und drücken Sie [F9]. Die Zufallszahl in Zelle A12 ändert sich. Drücken Sie mehrmals [F9], um zu verifizieren, daß die Funktion Zufallszahlen im gewünschten Bereich erzeugt.

In den meisten Fällen ist es nicht wünschenswert, benutzerdefinierte Funktionen als *flüchtig* zu definieren. Die meisten Funktionen sollen nur neu berechnet werden, wenn sich einer der Werte ändert, auf die sich die Funktion bezieht. Für die wenigen Fälle, in denen eine Formel ständig neu berechnet werden soll, weisen Sie der Methode Volatile des Application-Objekts den Wert True zu.

Argumente als optional definieren

Unsere überarbeitete Beispielfunktion *Zufall* weist jetzt nur den Nachteil auf, daß ihre Verwendung selbst in den einfachen Fällen, in denen keine Argumente benötigt werden, wesentlich komplizierter ist. Wenn Sie *=Zufall()* ohne die Argumente in eine Zelle eingeben, zeigt Excel den Fehlerwert #WERT! an. Um diese Fehlermeldung zu vermeiden, werden Sie die Funktion so abändern, daß die Argumente optional sind, also nicht unbedingt eingegeben werden müssen. Außerdem werden Sie Standardwerte angeben, die eingesetzt werden, wenn kein Argument angegeben wird.

❶ Fügen Sie in Visual Basic das Wort **Optional** jeweils vor den drei Argumentnamen ein.

Die überarbeitete Anweisung sollte jetzt folgendermaßen aussehen:

```
Function Zufall(Optional Mittelpunkt, Optional Bereich, Optional Runden)
```

Sie müssen nicht alle Argumente als optional definieren. Wenn Sie allerdings ein Argument als optional definiert haben, müssen alle nachfolgenden Argumente ebenfalls als optional definiert sein. Mit anderen Worten sollten optionale Argumente an das Ende der Argumentenliste gestellt werden.

Lektion 8   Den Funktionsumfang von Microsoft Excel und Visual Basic erweitern

❷ Geben Sie nach dem Wort *Mittelpunkt* als Standardwert = **0,5** ein, geben Sie nach dem Wort *Bereich* als Standardwert = **0,5** ein, und geben Sie nach dem Wort *Runden* als Standardwert = **False** ein. Umbrechen Sie die Anweisung nach dem ersten Komma in zwei Zeilen.

Die überarbeitete Anweisung sollte nun folgendermaßen aussehen:

```
Function Zufall(Optional Mittelpunkt = 0,5, _
    Optional Bereich = 0,5, Optional Runden = False)
```

Für jedes optionale Argument kann ein Standardwert angegeben werden. Der Standardwert wird dem Argumentnamen mit einem Gleichheitszeichen zugewiesen, auf dieselbe Weise wie einer Variablen ein Wert zugewiesen wird.

❸ Geben Sie in Excel in die Zelle A13 =**Zufall()** ein. Daraufhin wird eine Zufallszahl zwischen 0 und 1 berechnet.

Mit optionalen Argumenten können Sie den Funktionsumfang von Funktionen erweitern, ohne die Verwendung in den Fällen, in denen diese Argumente nicht benötigt werden, zu verkomplizieren. Sie kennzeichnen ein Argument als optional, indem Sie das Wort *Optional* vor dem Argumentnamen einfügen. Um einen Standardwert für ein optionales Argument zu definieren, weisen Sie dem Argumentnamen den gewünschten Wert zu.

Benutzerdefinierte Funktionen aus einem Makro heraus aufrufen

Benutzerdefinierte Funktionen können nicht nur in eine Arbeitsblattzelle eingetragen werden, sondern auch aus einem Makro heraus aufgerufen werden.

❶ Geben Sie in Visual Basic am Ende des Moduls **Sub ZufallTesten** ein, und drücken Sie ⏎, um mit der Erstellung eines neuen Makros zu beginnen.

❷ Geben Sie **MsgBox** und ein Leerzeichen ein.

Visual Basic zeigt das QuickInfo-Feld mit den Argumenten der Funktion *MsgBox* an.

❸ Drücken Sie ⌃Strg+Leer, um eine Liste der globalen Methoden und Eigenschaften anzuzeigen, und drücken Sie dann Z, um in der Liste zu den Begriffen zu blättern, die mit Z beginnen.

Die Funktion *Zufall* wurde automatisch in diese Liste aufgenommen (vgl. Abbildung 8.8). Neben der Funktion befindet sich das Symbol für Methoden. Bei den Excel-Methoden handelt es sich einfach um die in Excel integrierten Funktionen. Sie erstellen neue globale Methoden, indem Sie neue Funktionen deklarieren.

Lektion 8 Den Funktionsumfang von Microsoft Excel und Visual Basic erweitern

Abbildung 8.8
Die Liste der globalen Methoden und Eigenschaften.

Ihre benutzerdefinierte Funktion wird in der Liste der globalen Methoden und Eigenschaften aufgeführt.

Abbildung 8.9
Das QuickInfo-Feld zeigt die benutzerdefinierten Argumente für die Funktion *Zufall*, sowie deren Standardwerte.

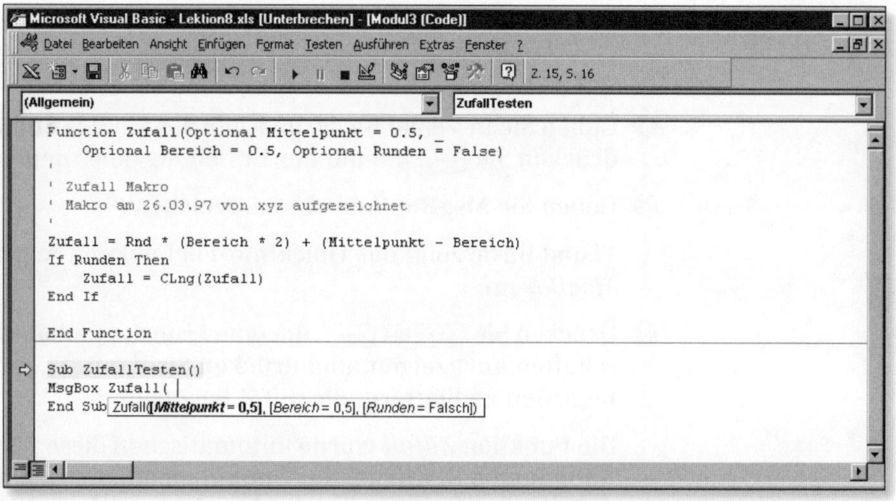

Lektion 8 | Den Funktionsumfang von Microsoft Excel und Visual Basic erweitern

❹ Drücken Sie [Tab], um den Funktionsnamen in die Anweisung einzufügen, und geben Sie dann eine öffnende, linke runde Klammer ein, um den Anfang der Argumentenliste zu markieren.

Visual Basic zeigt daraufhin das QuickInfo-Feld mit den Argumenten für die benutzerdefinierte Funktion an. Das QuickInfo-Feld zeigt außerdem die Standardwerte für die optionalen Argumente an (vgl. Abbildung 8.9).

❺ Geben Sie die Argumente **200, 5, True** und eine schließende, rechte runde Klammer ein.

❻ Drücken Sie [F5], um das Makro auszuführen. Klicken Sie auf *OK*, wenn die Zufallszahl angezeigt wird (vgl. Abbildung 8.10).

Abbildung 8.10
Das Meldungsfenster mit der berechneten Zufallszahl.

Eine benutzerdefinierte Funktion kann aus einem Makro heraus aufgerufen werden.

Eine Funktion unterscheidet sich von einer Sub-Prozedur nur dadurch, daß sie einen Wert zurückgibt, der in einer Arbeitsblattzelle in Excel oder in einem Visual Basic-Makro verwendet werden kann.

Eine Funktion, die in einer Arbeitsblattzelle verwendet wird, kann nur Operationen beinhalten, die während der Neuberechnung des Arbeitsblatts ausgeführt werden können. (Beachten Sie, daß bestimmte Zellen mehrmals neu berechnet werden.) Vorgänge, wie das Öffnen von Dateien oder die Anzeige von Meldungsfenstern, können innerhalb von Funktionen ausgeführt werden, die von Makros aufgerufen werden. Wenn Sie solche Vorgänge allerdings in eine Funktion aufnehmen, die von einem Arbeitsblatt aufgerufen wird, liefert die Funktion den Fehlerwert *#WERT!* zurück.

Fehlerbehandlung

Ob Sie es glauben oder nicht, Computer-Programme funktionieren nicht immer perfekt. Gelegentlich werden Sie wahrscheinlich sogar ein Makro schreiben, das nicht genau das tut, was es eigentlich tun sollte. Solche Programmfehler werden in verschiedene Kategorien eingeteilt:

Syntaxfehler Es handelt sich hierbei um Fehler, wie ein falsch geschriebener Funktionsname oder eine fehlende schließende Klammern. Wenn Sie eine Anweisung in eine Prozedur eingeben, überprüft der Visual Basic-Editor die Anweisung auf Syntaxfehler, sobald Sie den Cursor in die nächste Zeile bewegen.

Compilerfehler Bestimmte Fehler können nicht mit einer zeilenweisen Überprüfung festgestellt werden. Beispielsweise könnten Sie eine For

Each-Schleife beginnen, aber vergessen, eine Next-Anweisung am Ende der Schleife einzutragen. Wenn eine solche Prozedur das erste Mal ausgeführt wird, übersetzt Visual Basic die Prozedur (zusammen mit allen anderen Prozeduren des Moduls) in Maschinencode. Die Übersetzung in Maschinencode wird auch als *Kompilierung* bezeichnet. Fehler, die Visual Basic während der Übersetzung findet, werden auch *Compilerfehler* genannt. Syntaxfehler und Compilerfehler können in der Regel relativ einfach festgestellt und behoben werden.

Visual Basic kann bei der Verwendung von Variablen „Rechtschreibfehler" feststellen. Dazu wählen Sie im Visual Basic-Menü *Extras* den Befehl *Optionen* und aktivieren das Kontrollkästchen *Variablendeklaration erforderlich*. Wenn diese Option aktiviert ist, fügt Visual Basic in jedes neue Modul die Anweisung *Option Explicit* ein. Wenn ein Modul mit der Anweisung *Option Explicit* beginnt, meldet Visual Basic einen Compilerfehler, sobald Sie eine Variable verwenden, die nicht explizit mit dem Schlüsselwort Dim deklariert worden ist.

Logikfehler Bestimmte Fehler kann Excel bzw. Visual Basic nicht feststellen. Wenn Sie beispielsweise die Beschriftung einer Arbeitsmappe in „Persönl. Arbeitsmappe" ändern möchten, versehentlich aber „Persönl. Arbeitsmoppe" eingeben, werden Sie keine Fehlermeldung erhalten. Oder wenn neue Werte mit der falschen Version der alten Werte verglichen werden, kann Excel bzw. Visual Basic diesen Fehler nicht feststellen. Sie können Haltepunkte ein- und ausschalten, die Prozeduren schrittweise ausführen lassen und die Werte überprüfen, müssen solche Logikfehler aber trotz alledem selbst finden und korrigieren.

Laufzeitfehler Manchmal funktioniert eine Anweisung einer Prozedur nur unter bestimmten Bedingungen. Nehmen wir beispielsweise eine Anweisung, die eine Datei von der Festplatte löscht. Wenn eine Datei vorhanden ist, die gelöscht werden kann, funktioniert die Anweisung einwandfrei. Wenn die Datei aus irgendeinem Grund nicht vorhanden ist, weiß Visual Basic nicht, was es nun tun soll und bricht mit einer Fehlermeldung ab. Solche Fehler können nur während der Ausführung der Prozedur festgestellt werden. Während der Ausführung auftretende Fehler werden auch *Laufzeitfehler* genannt. Einige Laufzeitfehler weisen auf Fehler im Programm hin. Andere Laufzeitfehler beschreiben Situationen, die voraussehbar sind und für die Sie Programmcode schreiben können, so daß Visual Basic mit ihnen umgehen kann. Visual Basic verfügt über verschiedene Werkzeuge zur Behandlung von Laufzeitfehlern.

Fehler ignorieren

Angenommen, Sie möchten ein Makro erstellen, das ein temporäres Arbeitsblatt für einen Bericht erstellt. Das Makro gibt dem Arbeitsblatt den Namen *Bericht* und ersetzt alle in der aktiven Arbeitsmappe bereits

Lektion 8
Den Funktionsumfang von Microsoft Excel und Visual Basic erweitern

vorhandenen, gleichnamigen Arbeitsblätter. Die Arbeitsmappe *Lektion8* enthält das Makro *BerichtErstellen*, mit dem das Arbeitsblatt *Bericht* erstellt und benannt wird. Dieses Makro sieht folgendermaßen aus:

```
Sub BerichtErstellen()
    Dim neuBlatt As Worksheet
    Set neuBlatt = Worksheets.Add
    neuBlatt.Name = "Bericht"
End Sub
```

Das Makro fügt ein Arbeitsblatt in die Arbeitsmappe ein und weist der Variablen *neuBlatt* einen Bezug auf das Arbeitsblatt zu. Dann ändert es die Eigenschaft *Name* des Arbeitsblatts.

❶ Setzen Sie den Cursor in das Makro *BerichtErstellen*, und drücken Sie F5, um es auszuführen.

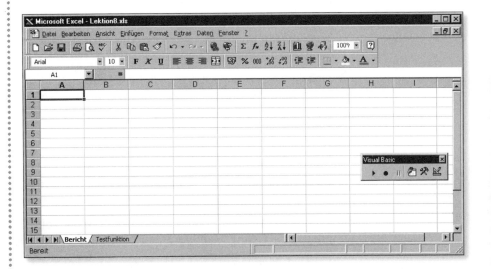

Abbildung 8.11
Das Makro hat ein neues Arbeitsblatt namens *Bericht* erstellt.

Daraufhin wird in der aktiven Arbeitsmappe ein neues Arbeitsblatt namens *Bericht* angezeigt (vgl. Abbildung 8.11). Das Makro funktioniert wie gewünscht. Besser gesagt, es scheint zu funktionieren. Was passiert, wenn das Makro erneut ausgeführt wird?

❷ Drücken Sie noch einmal F5, um das Makro ein zweites Mal auszuführen.

Visual Basic zeigt eine Fehlermeldung an, die besagt, daß dem Arbeitsblatt nicht der Name eines bereits bestehenden Arbeitsblatts zugewiesen werden kann (vgl. Abbildung 8.12). Dieses Problem läßt sich einfach lösen: das alte Arbeitsblatt *Bericht* muß gelöscht werden, bevor ein neues Blatt mit diesem Namen benannt werden kann.

Abbildung 8.12
Visual Basic zeigt eine Fehlermeldung an.

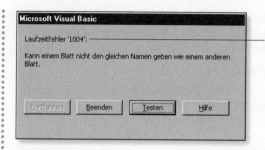

Wenn nichts anderes angegeben wird, werden Laufzeitfehler in dieser Form gemeldet.

❸ Klicken Sie auf *Beenden*, um die Fehlermeldung auszublenden, und fügen Sie die beiden folgenden Anweisungen vor der Anweisung ein, mit der die Tabelle umbenannt wird:

```
Application.DisplayAlerts = False
Worksheets("Bericht").Delete
```

Mit der ersten Anweisung wird der Methode *DisplayAlerts* der Wert False zugewiesen und damit die Ausgabe der Warnung verhindert, die Sie zur Bestätigung der Löschung auffordert.

❹ Drücken Sie mehrmals [F8], um das Makro schrittweise auszuführen. (Wie Sie sehen, wird die Funktion *Zufall* schrittweise ausgeführt, da flüchtige Funktionen nach der Umbenennung eines Arbeitsblatts neu berechnet werden.)

Das Makro legt ein neues Arbeitsblatt an, löscht das alte Arbeitsblatt namens *Bericht* und benennt das neue Arbeitsblatt um. Das Makro funktioniert einwandfrei – wenigstens scheint es so. Was passiert jedoch, wenn die Arbeitsmappe kein „altes" Arbeitsblatt namens *Bericht* enthält?

❺ Wechseln Sie zu Excel, löschen Sie das Arbeitsblatt *Bericht*, wechseln Sie zurück zu Visual Basic, und drücken Sie [F5], um das Makro auszuführen.

Es wird wieder eine Fehlermeldung angezeigt (vgl. Abbildung 8.13). Die Fehlermeldung besagt diesmal, daß der Index außerhalb des gültigen Bereichs liegt. Mit anderen Worten, in der Worksheets-Auflistung wurde kein Arbeitsblatt namens *Bericht* gefunden.

Abbildung 8.13
Wenn kein Arbeitsblatt namens *Bericht* vorhanden ist, erzeugt das Makro eine Fehlermeldung.

Lektion 8 Den Funktionsumfang von Microsoft Excel und Visual Basic erweitern

Interessant ist an dieser Fehlermeldung vor allem, daß sie eigentlich nicht von Belang ist, da Sie das Arbeitsblatt ohnehin löschen wollten. Wenn kein Arbeitsblatt existiert, das gelöscht werden kann, ist das um so besser.

❻ Klicken Sie auf die Schaltfläche *Beenden*, um die Fehlermeldung zu löschen, und fügen Sie folgende Anweisung über der Anweisung ein, mit der das Arbeitsblatt gelöscht wird:

```
On Error Resume Next
```

Mit dieser Anweisung wird Visual Basic angewiesen, alle Laufzeitfehler zu ignorieren und einfach mit der nächsten Anweisung fortzufahren.

❼ Drücken Sie [F5], um das Makro zu testen. Führen Sie es noch einmal aus, um zu überprüfen, ob es funktioniert, wenn das Arbeitsblatt *Bericht* vorhanden ist.

Das Makro scheint nun wirklich einwandfrei zu funktionieren. Wie man sieht, kann man bestimmte Fehler einfach ignorieren.

Fehler gefahrlos ignorieren

Wenn die Anweisung *On Error Resume Next* verwendet wird, ignoriert Visual Basic alle Laufzeitfehler, bis die Fehlerprüfung wieder aktiviert wird oder Visual Basic auf die Anweisung *End Sub* oder *End Function* trifft. Sie müssen äußerst vorsichtig vorgehen, wenn Sie Visual Basic anweisen, Fehler zu ignorieren, damit keine Fehler ignoriert werden, die nicht ausdrücklich aus einem bestimmten Grund ignoriert werden sollen.

> Wenn die Anweisung *Option Explicit* am Beginn des Moduls angezeigt wird, löschen Sie sie.

❶ Löschen Sie im Makro *BerichtErstellen* in der Anweisung, mit der dem Arbeitsblatt ein neuer Name zugewiesen wird, die Anführungszeichen, die das Wort *Bericht* umgeben. Damit wird garantiert ein Laufzeitfehler erzeugt.

Die überarbeitete und absichtlich fehlerhafte Anweisung sollte nun folgendermaßen aussehen:

```
neuBlatt.Name = Bericht
```

❷ Drücken Sie [F5], um das Makro zu testen.

Das Makro scheint korrekt zu arbeiten, allerdings enthält die Arbeitsmappe nach Beendigung der Makroausführung kein Arbeitsblatt namens *Bericht* (vgl. Abbildung 8.14). Visual Basic interpretiert das Wort *Bericht*, das nunmehr nicht mehr in Anführungszeichen steht, als neue (leere) Variable und kann dem Arbeitsblatt diesen „leeren" Namen nicht zuweisen. Da Sie Visual Basic aber leider angewiesen haben, Fehler zu ignorieren, wurde nicht einmal durch eine Warnung auf dieses Problem aufmerksam gemacht. (Wenn Sie natürlich die Anweisung *Option Explicit* am Beginn des Moduls eingefügt hätten, wäre von Visual Basic mit einer

Lektion 8
Den Funktionsumfang von Microsoft Excel und Visual Basic erweitern

Abbildung 8.14
Es wurde ein neues Arbeitsblatt in die Arbeitsmappe eingefügt.

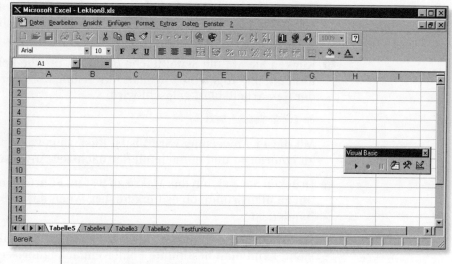

Das Makro hätte das Arbeitsblatt in *Bericht* umbenennen sollen.

Fehlermeldung die Verwendung einer undefinierten Variable bemängelt worden.)

Wenn Fehler in einer oder zwei Anweisungen ignoriert werden sollen, fügen Sie diese Anweisungen am besten in eine eigenen Sub-Prozedur ein. Dies ist das sicherste Vorgehen. Sobald Visual Basic auf die Anweisung *End Sub* oder *End Function* trifft, setzt es die Anweisung *On Error Resume Next* wieder außer Kraft.

❸ Erstellen Sie eine neue Sub-Prozedur namens *BlattLöschen*. Mit dieser Prozedur wird das Arbeitsblatt *Bericht* ohne viel Aufhebens gelöscht, falls es bereits existiert.

❹ Verschieben Sie die drei Anweisungen, mit denen das Arbeitsblatt gelöscht wird, in das Makro *BlattLöschen*. Das neue Makro sollte jetzt folgendermaßen aussehen:

```
Sub BlattLöschen()
    Application.DisplayAlerts = False
    On Error Resume Next
    Worksheets("Bericht").Delete
End Sub
```

Die Anweisung *On Error Resume Next* wird mit der Anweisung *End Sub* außer Kraft gesetzt, so daß nur die Fehler ignoriert werden, die in der *Delete*-Anweisung auftreten. Dieses Verfahren zum gezielten Ignorieren eines Laufzeitfehlers ist wesentlich sicherer.

❺ Geben Sie im Makro *BerichtErstellen* anstelle der drei Anweisungen **BlattLöschen** ein.

Das überarbeitete Makro *BerichtErstellen* (das immer noch den Fehler enthält) sollte jetzt folgendermaßen aussehen:

```
Sub BerichtErstellen()
    Dim neuBlatt As Worksheet
    Set neuBlatt = Worksheets.Add
    BlattLöschen
    neuBlatt.Name = Bericht
End Sub
```

Das Makro *BerichtErstellen* enthält nun keine On Error Resume Next-Anweisung mehr. Visual Basic sollte daher den Fehler feststellen und melden.

❻ Drücken Sie [F5], um das Makro auszuführen, klicken Sie auf *Beenden*, um das Fehlermeldungsfenster zu schließen, und setzen Sie den Blattnamen wieder in Anführungszeichen. Testen Sie das Makro mehrere Male, wobei einmal kein Arbeitsblatt namens *Bericht* vorhanden sein soll und mindestens einmal ein Arbeitsblatt namens *Bericht* bereits vorhanden sein soll.

Das Makro funktioniert nun einwandfrei. Der Fehler, der ignoriert werden soll, wird ignoriert, und andere unerwartete Fehler, die gemeldet werden sollen, werden gemeldet (vgl. Abbildung 8.15).

Abbildung 8.15
Das Makro soll vor unerwarteten Fehlern warnen.

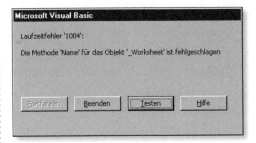

Die Prozedur BlattLöschen verallgemeinern

Das Makro *BlattLöschen*, das Sie in der letzten Übung erstellt haben, löscht das Arbeitsblatt *Bericht*, falls es existiert. Es löscht ausdrücklich nur das Arbeitsblatt *Bericht*. Angenommen, Sie möchten gelegentlich ein Arbeitsblatt namens *Bericht* und in anderen Fällen ein Arbeitsblatt namens *Analyse* löschen? In dieser Prozedur *BlattLöschen* steckt ein weit größeres Potential, so daß sie nicht nur auf das Löschen eines bestimmten Arbeitsblatts begrenzt werden sollte. Sie können in ähnlicher Weise ein Argument einfügen, um die Prozedur *BlattLöschen* zu verallgemeinern, wie wir die Funktion *Zufall* weiter vorne in dieser Lektion mit Argumenten ausgestattet haben.

❶ Geben Sie das Argument **Blattname** in die runden Klammern nach dem Makronamen *BlattLöschen* ein.

❷ Ersetzen Sie im Rumpf des Makros die Anweisung *BlattLöschen "Bericht"* durch **Blattname**. *Blattname* darf nicht in Anführungszeichen gesetzt werden.

❸ Geben Sie im Makro *BerichtErstellen* nach *BlattLöschen* den Ausdruck **"Bericht"** ein.

Die beiden überarbeiteten Makros sollten jetzt folgendermaßen aussehen:

```
Sub BerichtErstellen()
    Dim neuBlatt As Worksheet
    Set neuBlatt = Worksheets.Add
    BlattLöschen "Bericht"
    neuBlatt.Name = "Bericht"
End Sub

Sub BlattLöschen(Blattname)
    Application.DisplayAlerts = False
    On Error Resume Next
    Worksheets(Blattname).Delete
End Sub
```

Das Makro *BlattLöschen* enthält nun keine Angaben zum Namen des Arbeitsblatts, das gelöscht wird. Das Makro löscht einfach das Arbeitsblatt, das ihm übergeben wird, ohne Rückfragen und Fehlermeldungen anzuzeigen.

❹ Drücken Sie [F5], um das Makro *BerichtErstellen* zu testen.

❺ Legen Sie ein neues Makro namens *AnalyseErstellen* an. Erstellen Sie eine Kopie des Makros *BerichtErstellen,* und ändern Sie die Kopie so ab, daß ein Arbeitsblatt namens *Analyse* erzeugt wird.

Dieses Makro sollte folgendermaßen aussehen:

```
Sub AnalyseErstellen()
    Dim neuBlatt As Worksheet
    Set neuBlatt = Worksheets.Add
    BlattLöschen "Analyse"
    neuBlatt.Name = "Analyse"
End Sub
```

❻ Testen Sie das Makro *AnalyseErstellen*. Das Makro legt ein neues Arbeitsblatt namens *Analyse* an (vgl. Abbildung 8.16).

Lektion 8 Den Funktionsumfang von Microsoft Excel und Visual Basic erweitern

Abbildung 8.16
Das Makro hat das Arbeitsblatt *Analyse* erstellt.

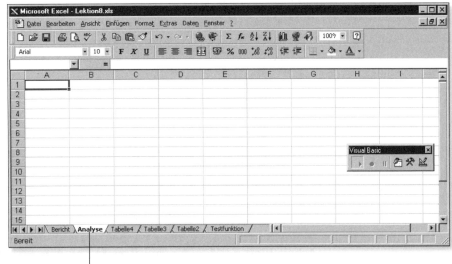

Sie können eine Prozedur so verallgemeinern, daß sie mit beliebigen Arbeitsblättern funktioniert.

Das Makro *BlattLöschen* nimmt Ihnen jetzt nicht nur die Unannehmlichkeiten ab, die mit dem Löschen eines Arbeitsblatts verbunden sind, sondern es stellt jetzt ein allgemein einsetzbares Werkzeug dar – eine Erweiterung des Funktionsumfangs von Excel – und kann nun aus beliebigen anderen Makros heraus aufgerufen werden.

Fehlerprüfung

Wenn Sie die Anweisung *On Error Resume Next* in einem Makro verwenden, bietet Ihnen Visual Basic weitere Möglichkeiten, als den Fehler einfach nur zu ignorieren. Visual Basic verfügt über ein spezielles, für Testzwecke vorgesehenes Objekt namens *Err*. Das Objekt *Err* hat Eigenschaften, die Sie überprüfen können, um festzustellen, ob ein Fehler aufgetreten ist, und den Fehler gegebenenfalls zu identifizieren.

Angenommen, Sie möchten ein neues Arbeitsblatt namens *Bericht* erstellen, ohne bereits existierende, gleichnamige Arbeitsblätter zu löschen. Statt dessen soll dem Blattnamen ein Suffix angehängt werden, ähnlich wie in Excel, wenn Sie neue Blätter in eine Arbeitsmappe einfügen. Die Arbeitsmappe *Lektion8* enthält ein Makro namens *NächstenBerichtErstellen*. Dieses Makro erstellt ein Arbeitsblatt namens *Bericht1* oder, falls dieses Arbeitsblatt bereits existiert, ein Arbeitsblatt mit dem Namen *Bericht2*. Das Makro *NächstenBerichtErstellen* sieht folgendermaßen aus:

```
Sub NächstenBerichtErstellen()
    Dim neuBlatt As Worksheet
```

Lektion 8
Den Funktionsumfang von Microsoft Excel und Visual Basic erweitern

```
    Dim neuName As String
    Dim neuSuffix As Integer

    Set neuBlatt = Worksheets.Add
    neuName = "Bericht"
    neuSuffix = 1

    On Error Resume Next
    neuBlatt.Name = neuName & neuSuffix
    If Err.Number <> 0 Then
        neuSuffix = neuSuffix + 1
        neuBlatt.Name = neuName & neuSuffix
    End If
End Sub
```

Dieses Makro legt ein neues Arbeitsblatt an und versucht dann, das Arbeitsblatt mit dem Namen *Bericht* und dem Suffix *1* zu benennen. Die Anweisung *On Error Resume Next* weist Visual Basic an, die Makroausführung nicht abzubrechen, wenn Excel das Blatt nicht umbenennen kann. Mit der If-Anweisung wird jedoch überprüft, ob die Eigenschaft *Number* des Err-Objekts den Wert 0 hat. Die Fehlernummer Null (0) bedeutet, daß kein Fehler aufgetreten ist. Wenn ein Fehler aufgetreten ist, erhöht das Makro das Suffix auf *2* und versucht erneut, das Arbeitsblatt zu benennen.

❶ Setzen Sie den Cursor in das Makro *NächstenBerichtErstellen,* und drükken Sie wiederholt F8, um die Ausführung des Makros schrittweise ver-

Abbildung 8.17
Das Makro hat ein neues Arbeitsblatt in die Arbeitsmappe eingefügt.

Das Makro hängt ein Suffix an den Arbeitsblattnamen an.

Lektion 8

Den Funktionsumfang von Microsoft Excel und Visual Basic erweitern

Abbildung 8.18
Das Makro hat weitere Arbeitsblätter in die Arbeitsmappe eingefügt.

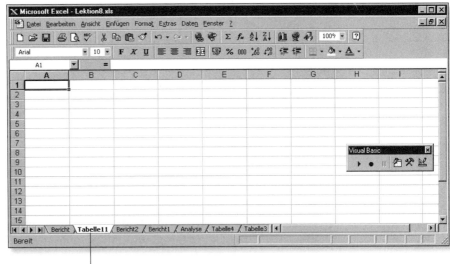

Gelegentlich müssen Sie auf mehr als nur einen Fehler achten.

folgen zu können. Visual Basic führt die Funktion *Zufall* wieder schrittweise aus, während das Arbeitsblatt neu berechnet wird.

Bei der ersten Ausführung sollte das neue Arbeitsblatt korrekt umbenannt werden, so daß das Makro das Suffix nicht erhöhen muß (vgl. Abbildung 8.17).

❷ Führen Sie das Makro ein zweites Mal und dann ein drittes Mal aus.

Bei der zweiten Ausführung muß das Suffix erhöht werden. Beim dritten Mal funktioniert das Makro einfach nicht, und erstellt ein neues Arbeitsblatt mit dem falschen Namen (vgl. Abbildung 8.18). Mit Hilfe der Number-Eigenschaft des Err-Objekts läßt sich feststellen, ob ein Fehler aufgetreten ist.

Es wäre schön, wenn dieses Makro „intelligent" genug wäre, das Suffix solange zu erhöhen, bis es einen Blattnamen findet, der funktioniert. Das hört sich nach einer Aufgabe für eine Schleifenstruktur an. Da nicht bekannt ist, wann die Schleife beginnt und wie oft die Schleife wiederholt werden muß, müssen wir eine Do-Schleife einsetzen.

❸ Ersetzen Sie das Wort *If* durch **Do Until,** entfernen Sie das Schlüsselwort *Then* am Ende der Anweisung, und ersetzen Sie das Ungleich-Zeichen (<>) durch ein Gleichheitszeichen (=). Dann ändern Sie *End If* zu **Loop**.

Die letzten Zeilen des Makros sollten jetzt wie folgt aussehen:

```
On Error Resume Next
neuBlatt.Name = neuName & neuSuffix
```

Lektion 8 Den Funktionsumfang von Microsoft Excel und Visual Basic erweitern

```
Do Until Err.Number = 0
    neuSuffix = neuSuffix + 1
    neuBlatt.Name = neuName & neuSuffix
Loop
```

In der Schleife soll überprüft werden, ob die Umbenennung erfolgreich durchgeführt worden ist. Ist dies nicht der Fall, soll das Suffix erhöht werden, ein erneuter Umbenennungsversuch unternommen werden und solange überprüft werden, ob der Vorgang erfolgreich war, bis kein Fehler mehr auftritt.

❹ Drücken Sie mehrmals [F8], um das Makro schrittweise auszuführen.

Der erste Versuch des Makros zur Umbenennung des Arbeitsblatts schlägt fehl, da das Arbeitsblatt *Bericht1* bereits existiert. Das Makro aktiviert daraufhin die Schleife. Am Ende der Schleife versucht das Makro erneut das Arbeitsblatt umzubenennen, dies schlägt allerdings wieder fehl, da auch *Bericht2* bereits existiert. Das Makro aktiviert die Schleife ein zweites Mal. Am Ende der Schleife versucht das Makro zum dritten Mal, das Arbeitsblatt umzubenennen. Diesmal ist der Vorgang erfolgreich, und das Arbeitsblatt *Bericht3* wird erstellt.

❺ Führen Sie das Makro schrittweise aus.

Irgend etwas stimmt hier nicht. Das Makro aktiviert die Schleife immer wieder, und benennt dieselbe Tabelle erst in *Bericht4*, dann in *Bericht5* usw. um. Dieser Vorgang wird ständig fortgesetzt.

Abbildung 8.19
Das Makro fügt Arbeitsblätter in die Arbeitsmappe ein.

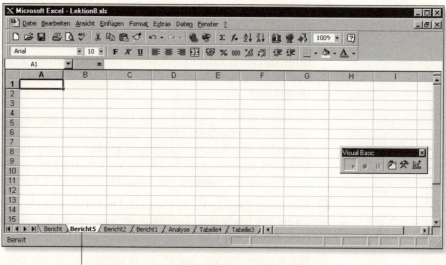

Das Makro wurde nicht beendet, nachdem es ein Arbeitsblatt mit einem gültigen Namen erstellt hat.

Lektion 8 Den Funktionsumfang von Microsoft Excel und Visual Basic erweitern

Das Makro merkt nicht, daß der Fehler nicht mehr von Belang ist. Der Wert *Err.Number* wurde nicht automatisch auf 0 zurückgesetzt, obwohl das Makro das Arbeitsblatt erfolgreich umbenannt hat. Sie müssen dem Makro nun mitteilen, daß der Fehler nicht mehr relevant ist.

❻ Klicken Sie auf die Schaltfläche *Beenden*, um das Makro anzuhalten. Dann geben Sie in die Zeile, die unmittelbar auf die Do-Anweisung folgt, die Anweisung **Err.Clear** ein.

Clear ist der Name einer Methode des Err-Objekts. Damit wird die Fehlernummer auf 0 zurückgesetzt, und Visual Basic „vergißt", daß ein Fehler aufgetreten ist.

Einige Makroanweisungen setzen den Wert von *Err.Number* bei erfolgreicher Ausführung auf 0 zurück, andere Anweisungen tun dies nicht. Um sicherzugehen, sollte der Wert des Err-Objekts gelöscht werden, bevor die Anweisung ausgeführt wird. Der Wert von *Err.Number* sollte dann sofort nach der Ausführung der Anweisung überprüft werden.

❼ Drücken Sie [F5], um das Makro zu testen. Testen Sie es weitere Male. Das Makro kann nun beliebig viele neue Arbeitsblätter anlegen und sie unter Verwendung eines sich fortlaufend erhöhenden Suffix benennen.

Die Überprüfung des Werts von *Err.Number* ist nur sinnvoll, wenn die Anweisung *On Error Resume Next* verwendet wird, da Visual Basic andernfalls die Ausführung abbricht und eine Fehlermeldung anzeigt. Durch die Überprüfung der Eigenschaften des Err-Objekts läßt sich die Fehlerbehandlung in Makros steuern.

Abbildung 8.20
Das Makro funktioniert, wenn der Wert von *Err.Number* zurückgesetzt wird.

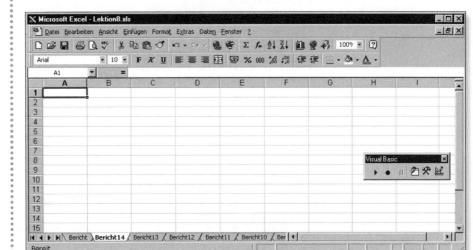

Fehler abfangen

Bis jetzt haben Sie drei Möglichkeiten zur Behandlung von Laufzeitfehlern kennengelernt: Visual Basic zeigt eine Fehlermeldung an, Sie können den Fehler völlig ignorieren, und Sie können nach jeder Anweisung überprüfen, ob die Eigenschaft *Err.Number* eine Fehlernummer ungleich Null enthält.

Wenn Sie Makros für den Eigenbedarf erstellen, mag es ausreichen, die Anzeige von Fehlermeldungen Visual Basic zu überlassen. Falls Sie Makros an Dritte weitergeben, möchten Sie wahrscheinlich den Wortlaut der Fehlermeldungen beeinflussen. Wenn nach jeder Anweisung überprüft wird, ob der Fehlerwert ungleich Null ist, wird das Makro allerdings recht unübersichtlich und schwer lesbar. Glücklicherweise kann Visual Basic den Fehlerwert selbständig überwachen. Dies wird auch als das „*Abfangen* von Fehlern" bezeichnet.

Angenommen, Sie haben ein Makro erstellt, das verschiedene Arbeitsmappen öffnet, ausdruckt und wieder schließt. Es kann vorkommen, daß eine der Arbeitsmappen, die verarbeitet werden sollen, zum Zeitpunkt der Makroausführung nicht vorhanden ist. In der Arbeitsmappe *Lektion8* finden Sie ein Makro namens *DateienPrüfen*, mit dem verschiedene Übungsarbeitsmappen geöffnet und geschlossen werden. Wir wollen kein Papier verschwenden, und daher werden die Arbeitsmappen vom Makro nicht wirklich ausgedruckt, sondern lediglich in einer Seitenansicht angezeigt. Einer der Dateinamen wurde im Makro falsch geschrieben. Dieses Makro sieht folgendermaßen aus:

```
Sub DateienPrüfen()
    Workbooks.Open "Grafiken"
    ActiveWorkbook.Close
    Workbooks.Open "Bereiche"
    ActiveWorkbook.Close
    Workbooks.Open "Ungültiger Dateiname"
    ActiveWorkbook.Close
    Workbooks.Open "Budget"
    ActiveWorkbook.Close
End Sub
```

Sie können natürlich nicht wissen, welcher Dateiname nicht korrekt ist. Dies kann erst bei der Makroausführung festgestellt werden. Wenn das Makro ausgeführt wird, zeigt Visual Basic eine Standardfehlermeldung an, die besagt, daß die angegebene Datei nicht gefunden wurde und daß Sie die Schreibung des Dateinamens und die Pfadangabe überprüfen sollen.

In der folgenden Übung werden Sie speziellen Programmcode einfügen, der von Visual Basic ausgeführt wird, wenn ein Fehler auftritt.

Lektion 8 Den Funktionsumfang von Microsoft Excel und Visual Basic erweitern

① Geben Sie am Ende des Makros vor der Anweisung *End Sub* die Anweisung **DateienPrüfen_Fehler:** ein.

Die Anweisung *DateienPrüfen_Fehler:* wird auch als *Sprungmarke* bezeichnet. Eine Sprungmarke besteht aus einem Wort, dem ein Doppelpunkt folgt. Sie können die Anweisung einrücken, wenn Sie möchten. Wir empfehlen aber, sie auf derselben Ebene wie die Sub- und End Sub-Anweisungen zu plazieren, da sie sich etwa wie ein Anhang zum Makro verhält. Eine Sprungmarke muß immer mit einem Doppelpunkt abgeschlossen werden.

Für Sprungmarken innerhalb von Makros können beliebige Namen verwendet werden. Wir empfehlen, das Suffix *_Fehler* an den Makronamen anzuhängen. Damit wird klar gekennzeichnet, daß die Sprungmarke Teil des Makros ist und zum Abfangen von Fehlern dient.

② Geben Sie nach der Fehlersprungmarke **MsgBox Err.Number** ein.

Die Anweisungen, die der Sprungmarke folgen, werden ausgeführt, wenn ein Fehler auftritt. Diese Anweisungen werden auch als *Fehlerbehandlungsroutinen* bezeichnet. Die einfachste Fehlerbehandlungsroutine ist ein Meldungsfenster, das die Nummer des Fehlers anzeigt.

③ Geben Sie vor der Sprungmarke die Anweisung **Exit Sub** ein.

Die Anweisungen der Fehlerbehandlungsroutine sollen natürlich nicht ausgeführt werden, wenn das Makro völlig korrekt arbeitet. Wenn das Makro die Anweisung *Exit Sub* erreicht, bedeutet das, daß keine Fehler aufgetreten sind.

④ Geben Sie am Beginn des Makros, unmittelbar nach der Sub-Anweisung, die Anweisung **On Error GoTo DateienPrüfen_Fehler** ein.

Mit dieser Anweisung wird Visual Basic angewiesen, sobald ein Laufzeitfehler auftritt, das Makro anzuhalten und sofort zur angegebenen Sprungmarke zu springen. An dieser Stelle müssen Sie nach der Sprungmarkenbezeichnung keinen Doppelpunkt eingeben. Sie müssen den Doppelpunkt nur bei der Definition der Sprungmarke verwenden.

⑤ Drücken Sie F5, um das Makro zu testen.

Visual Basic zeigt ein einfaches Meldungsfenster mit der Nummer des aufgetretenen Fehlers an (vgl. Abbildung 8.21). Sie können diese Mel-

Abbildung 8.21
Das Meldungsfenster mit der Fehlernummer.

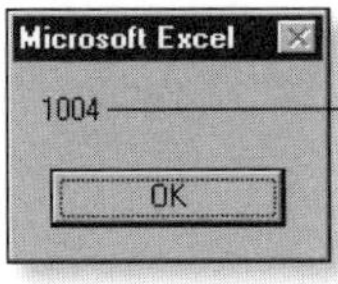

Mit *Err.Number* kann die Nummer des zuletzt aufgetretenen Fehlers ermittelt werden.

dung natürlich erweitern. Das Err-Objekt verfügt über die Eigenschaft *Description*, mit der eine ausführlichere Fehlerbeschreibung ausgegeben werden kann. Solch eine Beschreibung kann häufig eine sinnvolle Ergänzung für Fehlermeldungen darstellen.

❻ Klicken Sie auf *OK*. Löschen Sie die Anweisung *MsgBox Err.Number,* und ersetzen Sie sie durch die folgenden Anweisungen:

```
MsgBox "Bitte benachrichtigen Sie Reed Jacobson über den Fehler: " & _
"Fehlernummer: " & Err.Number & _
vbCrLf & vbCrLf & Err.Description
```

Fehlermeldungen können aus verschiedenen Komponenten zusammengesetzt sein. Die Komponenten müssen mit einem Et-Zeichen (&) verbunden werden. Das Wort *vbCrLf* ist eine vordefinierte Visual Basic-Konstante, die soviel bedeutet wie ein „Carriage Return Line Feed" (Wagenrücklauf bzw. Zeilenumbruch) oder CRLF. Die Zeichenkombination CRLF ist ein Computer-Begriff für den Beginn einer neuen Zeile. *vbCrLf* kann jederzeit in Zeichenfolgen eingesetzt werden, wenn eine Meldung in der nächsten Zeile fortgesetzt werden soll. (In Ihren eigenen Fehlermeldungen sollten Sie natürlich Ihren eigenen Namen angeben.)

❼ Drücken Sie F5, um das Makro auszuführen und die ausführliche Fehlermeldung anzuzeigen (vgl. Abbildung 8.22).

Abbildung 8.22
Das benutzerdefinierte Fehlermeldungsfenster.

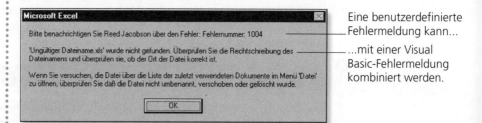

Eine benutzerdefinierte Fehlermeldung kann...

...mit einer Visual Basic-Fehlermeldung kombiniert werden.

Das fertige Makro sollte jetzt folgendermaßen aussehen:

```
Sub DateienPrüfen()
    On Error GoTo DateienPrüfen_Fehler
    Workbooks.Open "Grafiken"
    ActiveWorkbook.Close
    Workbooks.Open "Bereiche"
    ActiveWorkbook.Close
    Workbooks.Open "Ungültiger Dateiname"
    ActiveWorkbook.Close
    Workbooks.Open "Budget"
    ActiveWorkbook.Close
    Exit Sub
```

```
DateienPrüfen_Fehler:
    MsgBox "Bitte benachrichtigen Sie Reed Jacobson über den Fehler: " & _
    "Fehlernummer: " & Err.Number & _
    vbCrLf & vbCrLf & Err.Description
End Sub
```

Wenn Sie Anwendungen für andere Benutzer erstellen und nicht das Standardfehlermeldungsfenster von Visual Basic angezeigt werden soll, sollten Sie in jedem Makro, das der Benutzer direkt aufruft, eine Fehlerbehandlungsroutine definieren. Wenn das Makro einige Anweisungen enthält, in denen Fehler anders behandelt werden sollen (wenn Fehler zum Beispiel ignoriert oder nach jeder Anweisung überprüft werden sollen), verschieben Sie die entsprechenden Anweisungen in eigene Prozeduren und verwenden die Anweisung *On Error Resume Next* in diesen Prozeduren. Visual Basic setzt die Fehlerbehandlungsroutine automatisch bei der Beendigung der Prozedur zurück. Visual Basic gibt Ihnen vielfältige Steuerungsmöglichkeiten zur Fehlerbehandlung.

Zusammenfassung der Lektion

Möchten Sie	dann
eine benutzerdefinierte Funktion erstellen,	ersetzen Sie das Wort *Sub* am Beginn eines Makros durch das Wort *Function*.
den Rückgabewert einer Funktion ermitteln,	erstellen Sie eine Anweisung innerhalb der Funktion, die dem Funktionsnamen einen Wert zuweist.
eine Funktion mit Argumenten ausstatten,	fügen Sie nach dem Funktionsnamen in Klammern die Namen der Argumente ein und verwenden die Argumente so, als ob sie Variablen mit bestimmten Werte wären.
festlegen, daß eine benutzerdefinierte Funktion jedesmal neuberechnet wird, wenn die Tabelle neu berechnet wird,	verwenden Sie den Ausdruck *Application.Volatile True* am Beginn der Funktion.
ein Argument als optional definieren,	verwenden Sie in der Funktionsdeklaration den Begriff *Optional* vor dem Argumentnamen.
einen Standardwert für ein optionales Argument definieren,	weisen Sie dem Argumentnamen in der Funktionsdeklaration einen Wert zu.
einen Laufzeitfehler ignorieren,	verwenden Sie *On Error Resume Next* vor der Anweisung, die vermutlich den Fehler enthält. ▶

Möchten Sie	dann
einen Fehler nur innerhalb bestimmter Anweisungen ignorieren,	erstellen Sie eine eigene Sub-Prozedur oder Funktion, die die Anweisungen mit dem Fehler enthält, den Sie ignorieren möchten, und fügen Sie die Anweisung *On Error Resume Next* in diese Prozedur ein.
feststellen, ob ein Fehler in einem Makro aufgetreten ist, in dem die Anweisung *On Error Resume Next* verwendet wird,	überprüfen Sie, ob die Number-Eigenschaft des Err-Objekts einen Wert ungleich Null hat.
das Err-Objekt zurücksetzen, nachdem ein Fehler aufgetreten ist,	verwenden Sie die Anweisung *Err.Clear* nach der Anweisung, die den Fehler enthält.
festlegen, daß ein Makro zur Sprungmarke *Routine_Fehler:* springen soll, wenn ein Laufzeitfehler auftritt,	verwenden Sie die Anweisung *On Error GoTo Routine_Fehler* am Beginn des Makros.

So erhalten Sie Online-Hilfe zum Thema:	Fordern Sie vom Assistenten mit folgendem Suchbegriff Hilfe an:
Erstellen von Funktionen	**Schreiben einer Function-Prozedur** (während Visual Basic aktiv ist)
Einsatz von Argumenten	**Argumente** (während Visual Basic aktiv ist)
Fehlerbehandlung	**Fehlerbehandlung** (während Visual Basic aktiv ist)

Ausblick auf die nächste Lektion

Im bisherigen Verlauf dieses Buches haben Sie Makros immer durch Klicken auf die Schaltfläche *Makro ausführen* in der Visual Basic-Symbolleiste, durch Drücken einer Tastenkombination oder durch Drücken von (F5) in Visual Basic gestartet. In der nächsten Lektion werden Sie lernen, wie Makros mit Ereignissen gestartet werden können. Dies ist eine brandneue Funktion von Excel 97.

Die Verwendung von Makros vereinfachen

9 Makros über Ereignisse starten

Geschätzte Dauer:
30 Minuten

In dieser Lektion lernen Sie

- wie Sie benutzerdefinierte Symbolleisten mit Schaltflächen erstellen.
- wie benutzerdefinierte Menübefehle definiert werden.
- wie Sie benutzerdefinierte Befehlsschaltflächen anlegen.
- wie Ereignisbehandlungsroutinen für Tabellen und Arbeitsmappen geschrieben werden.

Meine Großmutter stickte mit ihrer Nähmaschine Namen und Figuren auf unsere Kleidungsstücke. Sie hatte eine alte, schwere Nähmaschine mit vielen Rädchen, Hebeln und Ösen. Wenn sie den Faden wechselte, mußte sie den neuen Faden zuerst über zahllose Rädchen und durch verschiedene Ösen fädeln, bevor sie damit endlich die Nadel erreichte. Wie sie die Namen mit der Maschine stickte, wird wohl immer ein Geheimnis bleiben. Sie bediente verschiedene Hebel und drehte das betreffende Kleidungsstück hin- und her, und auf wundersame Weise erschienen dann irgendwann die Namen und Figuren auf dem Kleidungsstück. Sie war wirklich geschickt, und das Ergebnis war sehenswert.

Heute kann sogar ich Namen auf Kleidungsstücke sticken. Ich lege den Faden ein, und die Nähmaschine ist einsatzbereit. Dann gebe ich einfach den gewünschten Namen ein, wähle eine Schriftart, und drücke auf eine Taste. Der Name wird automatisch eingestickt. Die Maschine näht in allen Richtungen, so daß ich das Kleidungsstück nicht einmal drehen muß.

Ein Zweck von Makros ist, Ihnen bestimmte Arbeitsgänge zu erleichtern. Ein anderer, noch wichtigerer Zweck ist, Personen die Erledigung von Aufgaben zu ermöglichen, die sie ohne Ihre Hilfe nicht bewältigen könnten. In dieser und den folgenden Lektionen werden Sie lernen, wie Sie Makros erstellen, die für andere Benutzer einfach zu bedienen sind.

Beginnen Sie mit der Lektion

- Starten Sie Microsoft Excel, öffnen Sie die Arbeitsmappe *Ereignisse*, die sich im Ordner *Excel VBA Übungen* befindet, und speichern Sie sie unter dem Namen **Lektion9**.

Benutzerdefinierte Symbolleisten und Menüs erstellen

Für Sie mag es selbstverständlich sein, Makros über Tastenkombinationen oder mit F5 im Visual Basic-Editor aufzurufen und auszuführen. Wenn Sie ein Makro jedoch an Dritte weitergeben, sollte dieses Makro so einfach wie irgend möglich auszuführen sein. Eine Möglichkeit, die Ausführung von Makros zu vereinfachen, ist die Integration der Makros in die Excel-Umgebung. Die meisten integrierten Befehle können durch die Auswahl von Menübefehlen oder das Klicken auf eine Symbolleisten-Schaltfläche aufgerufen werden. Indem Sie Ihre eigenen Makros in Menüs und Symbolleisten einfügen, können Sie diese nahtlos in die Benutzeroberfläche von Excel integrieren.

Die Makros Vergrößern und Verkleinern

Die Arbeitsmappe *Lektion9.xls* enthält zwei einfache Makros namens *Vergrößern* und *Verkleinern*, mit denen die Größe der Bildschirmanzeige verändert wird. Für diese Makros werden Sie benutzerdefinierte Schaltflächen in einer Symbolleiste und Menübefehle erstellen.

Die beiden Makros sind folgendermaßen aufgebaut:

```
Sub Vergrößern()
    Dim neuZoom As Integer
    neuZoom = ActiveWindow.Zoom + 10
    If neuZoom <= 400 Then
        ActiveWindow.Zoom = neuZoom
    End If
End Sub

Sub Verkleinern()
    Dim neuZoom As Integer
    neuZoom = ActiveWindow.Zoom - 10
    If neuZoom >= 10 Then
        ActiveWindow.Zoom = neuZoom
    End If
End Sub
```

Jedes dieser beiden Makro versucht, der Zoom-Eigenschaft des aktiven Fensters einen neuen Wert zuzuweisen. Falls der neue Wert innerhalb des gültigen Bereichs liegt (zwischen 10% und 400%, der Bereich der in Excel zulässigen Zoomfaktoren), wird die Eigenschaft geändert, andernfalls geschieht nichts.

❶ Setzen Sie den Zeiger in das Makro *Vergrößern*. Drücken Sie mehrmals F5, und beobachten Sie, wie die Tabelle vergrößert wird. Führen Sie das

Lektion 9 Makros über Ereignisse starten

Abbildung 9.1
Das Makro *Vergrößern* vergrößert die Tabellenansicht.

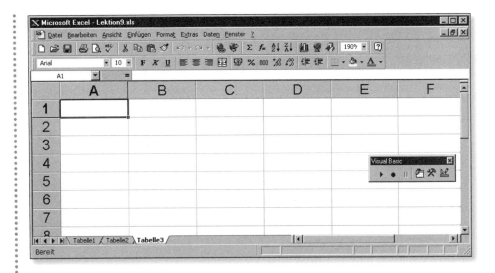

Makro gegebenenfalls schrittweise aus, um zu verstehen, wie es funktioniert.

❷ Setzen Sie den Zeiger in das Makro *Verkleinern*. Drücken Sie mehrmals [F5], um das Fenster wieder auf seine ursprüngliche Größe zu verkleinern.

Die Funktion dieser Makros ist hier nicht das Entscheidende. In dieser Lektion werden Sie vielmehr verschiedene neue Methoden kennenlernen, um diese Makros aufzurufen und auszuführen.

Eine benutzerdefinierte Symbolleiste erstellen

Eine Symbolleisten-Schaltfläche stellt eine äußerst komfortable Möglichkeit zum Aufruf eines Makros dar. Eine Symbolleiste ist klein und kann relativ einfach ein- und ausgeblendet werden. Das Symbol erleichtert das

Abbildung 9.2
Das Menü *Symbolleisten*.

Mit dem Befehl *Anpassen* können Sie eine neue Symbolleiste erstellen.

Lektion 9 — Makros über Ereignisse starten

Abbildung 9.3
Das Register *Symbolleisten* des Dialogfelds *Anpassen*.

Auffinden des Makros, und mit einem QuickInfo kann seine Funktion augenblicklich in Erinnerung gerufen werden.

❶ Aktivieren Sie das Excel-Fenster, klicken Sie mit der rechten Maustaste auf eine beliebige Symbolleiste, und klicken Sie im Menü *Symbolleisten* auf den Befehl *Anpassen* (vgl. Abbildung 9.2).

❷ Im Dialogfeld *Anpassen* klicken Sie auf die Registerkarte *Symbolleisten* (vgl. Abbildung 9.3).

❸ Klicken Sie auf die Schaltfläche *Neu*, geben Sie **Zoom** als Namen für die neue Symbolleiste ein, und klicken Sie auf *OK* (vgl. Abbildung 9.4).

Daraufhin wird eine neue, leere Symbolleiste eingeblendet. Das Dialogfeld *Anpassen* ist immer noch geöffnet. Nun können Sie den Inhalt der Symbolleiste definieren.

❹ Klicken Sie im Dialogfeld *Anpassen* auf die Registerkarte *Befehle,* und wählen Sie *Makros* aus dem Listenfeld *Kategorien* (vgl. Abbildung 9.5).

❺ Ziehen Sie den Eintrag *Schaltfläche anpassen* (der Eintrag mit dem Smiley) von der Befehlsliste in die Symbolleiste *Zoom*.

Beim Ziehen des Eintrags in die Symbolleiste wird die Schaltfläche *Auswahl ändern* aktiviert.

Abbildung 9.4
Das Dialogfeld *Neue Symbolleiste*.

Der Name der Symbolleiste wird in der Titelleiste der Symbolleiste angezeigt.

Lektion 9 : Makros über Ereignisse starten

Abbildung 9.5
Das Register *Befehle* des Dialogfelds *Anpassen*.

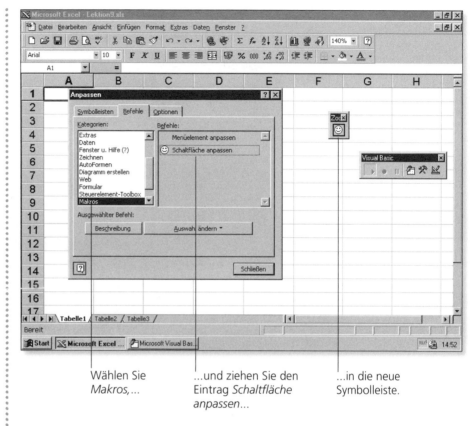

Wählen Sie *Makros,*... ...und ziehen Sie den Eintrag *Schaltfläche anpassen*... ...in die neue Symbolleiste.

❻ Klicken Sie auf die Schaltfläche *Auswahl ändern*, drücken Sie N, um das Feld *Name* auszuwählen, und geben Sie **Ver&größern** als neuen Namen ein (vgl. Abbildung 9.6). Drücken Sie noch nicht ⏎.

Abbildung 9.6
Das Menü *Auswahl ändern*.

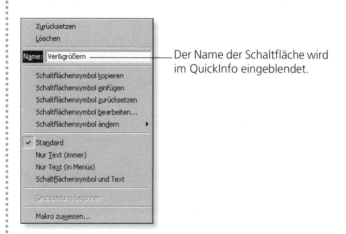

Der Name der Schaltfläche wird im QuickInfo eingeblendet.

Lektion 9 — Makros über Ereignisse starten

Abbildung 9.7
Das Menü *Auswahl ändern* und das *Untermenü Schaltflächensymbol ändern*.

Wählen Sie den nach oben gerichteten Pfeil für das Makro *Vergrößern*.

Der Wert im Feld *Name* legt fest, welches QuickInfo für die Schaltfläche angezeigt wird. Das Et-Zeichen (&) bewirkt, daß der Buchstabe g unterstrichen wird, wenn dieser Befehl in einem Menü verwendet wird. Das Et-Zeichen hat für die Symbolleisten-Schaltfläche keine Bedeutung, geben Sie es aber bitte trotzdem ein.

Wenn das Menü ausgeblendet wurde, klicken Sie erneut auf die Schaltfläche *Auswahl ändern,* um es wieder anzuzeigen.

❼ Klicken Sie auf den Befehl *Schaltflächensymbol ändern*, und klicken Sie auf den nach oben gerichteten Pfeil (vgl. Abbildung 9.7).

Das Symbol der Schaltfläche wird damit geändert, und das Menü wird ausgeblendet.

❽ Klicken Sie auf die Schaltfläche *Auswahl ändern* und dann auf den Befehl *Makro zuweisen*. Wählen Sie das Makro *Vergrößern,* und klicken Sie auf *OK* (vgl. Abbildung 9.8).

Wenn die Symbolleiste *Zoom* nicht angezeigt wird, verschieben Sie das Dialogfeld *Anpassen*.

❾ Wiederholen Sie die Arbeitsschritte 4 bis 8, und geben Sie der zweiten Schaltfläche den Namen **Ver&kleinern**. Wählen Sie den nach unten gerichteten Pfeil, und weisen Sie dieses Symbol der Schaltfläche das Makro *Verkleinern* zu.

Lektion 9 Makros über Ereignisse starten

Abbildung 9.8
Das Dialogfeld *Zuweisen*.

⑩ Klicken Sie auf die Schaltfläche *Schließen,* und probieren Sie dann die Schaltflächen der Symbolleiste aus. Setzen Sie den Mauszeiger über die Schaltflächen, um die QuickInfos anzuzeigen (vgl. Abbildung 9.9). Blenden Sie die Symbolleiste aus und dann wieder ein.

Abbildung 9.9
Die benutzerdefinierte Symbolleiste mit QuickInfo.

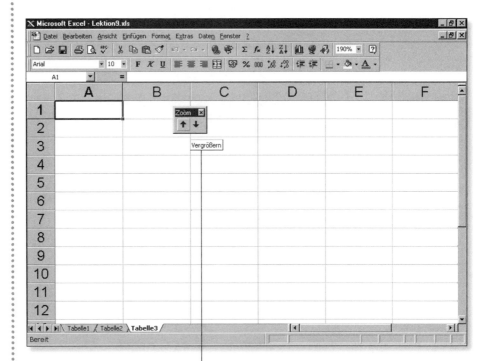

Für benutzerdefinierte Schaltflächen werden ebenso wie für integrierte Excel-Schaltflächen QuickInfos angezeigt.

Sobald ein Makro erstellt ist, kann es denkbar einfach einer Symbolleisten-Schaltfläche zugewiesen und durch Klicken auf diese Schaltfläche ausgeführt werden. Mit dem Dialogfeld *Anpassen* können Sie Schaltflächen erstellen und in eine Symbolleiste einfügen. Mit der Schaltfläche *Auswahl ändern* können Sie den Namen, das Symbol und das zugeordnete Makro einer Schaltfläche ändern.

Ein benutzerdefiniertes Menü erstellen

Ein Menübefehl ist ebenfalls eine äußerst komfortable Möglichkeit, ein Makro auszuführen. Ein Menübefehl wird nicht permanent angezeigt, womit sich eine überladene Desktop-Anzeige vermeiden läßt, ist aber stets über das Menü verfügbar, in dem er abgelegt worden ist. Eine Symbolleiste kann dagegen zeitweilig ausgeblendet werden, so daß die Schaltflächen für den Makroaufruf nicht immer verfügbar sind. In Microsoft Office 97 ist ein Menü eigentlich nicht anderes als eine spezielle Symbolleiste. Daher ist es genauso einfach, einen Befehl in ein Menü einzufügen wie in eine Symbolleiste.

❶ Klicken Sie mit der rechten Maustaste auf eine beliebige Symbolleiste, und klicken Sie auf den Befehl *Anpassen*, um das Dialogfeld *Anpassen* aufzurufen.

❷ Klicken Sie auf die Registerkarte *Befehle*, und wählen Sie aus der Liste *Kategorien* den Eintrag *Neues Menü* (vgl. Abbildung 9.10).

Abbildung 9.10
Das Register *Befehle* des Dialogfelds *Anpassen*

Wählen Sie aus der Kategorieliste die Option *Neues-Menü*, um ein neues Menü in die Menüleiste einzufügen.

Die Kategorie *Neues Menü* verfügt nur über einen Eintrag: *Neues Menü*. Sie können mit diesem Eintrag ein neues Menü in die Menüleiste oder ein neues Untermenü in ein bereits vorhandenes Menü einfügen.

❸ Ziehen Sie den Eintrag *Neues Menü* in die Excel-Menüleiste, und legen Sie ihn zwischen den Menüs *Fenster* und *Hilfe (?)* ab. (vgl. Abbildung 9.11)

Lektion 9 Makros über Ereignisse starten

Abbildung 9.11
Das neue Menü wird in der Excel-Menüleiste angezeigt.

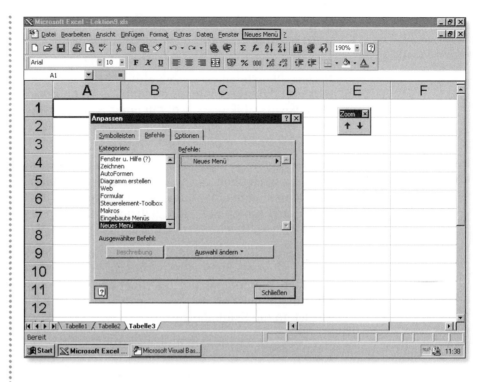

❹ Klicken Sie auf die Schaltfläche *Auswahl ändern*, ändern Sie den Wert im Feld *Name* zu **&Zoom**, und drücken Sie ⏎ (vgl. Abbildung 9.12).

Wie Sie sehen, ist der Buchstabe Z im Menü *Zoom* jetzt unterstrichen. Dies wird durch das Et-Zeichen (&) vor dem *Z* im Menünamen erreicht. Der Befehl kann nun mit der Tastenkombination [Alt] plus unterstrichener

Abbildung 9.12
Das Menü *Auswahl ändern*.

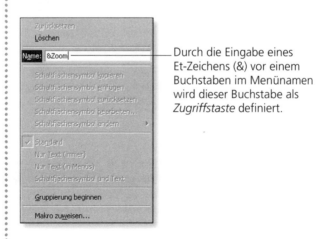

Durch die Eingabe eines Et-Zeichens (&) vor einem Buchstaben im Menünamen wird dieser Buchstabe als *Zugriffstaste* definiert.

Buchstabe aufgerufen werden. Dieser unterstrichene Buchstabe wird auch als *Zugriffstaste* bezeichnet.

Sie könnten nun völlig neue Befehle in das Menü *Zoom* einfügen. Da aber bereits die Symbolleisten-Schaltflächen in der Symbolleiste *Zoom* vorhanden sind, können Sie diese einfach ins Menü *Zoom* kopieren. (Es ist empfehlenswert, Befehle sowohl in einer Symbolleiste als auch einer Menüleiste zur Verfügung zu stellen und dem Benutzer die Entscheidung zu überlassen, auf welche Weise er den Befehl aufruft.)

> Achten Sie darauf, daß Sie die Maustaste in diesem Arbeitsschritt nicht zu früh loslassen.

❺ Ziehen Sie die Symbolleisten-Schaltfläche *Vergrößern* (die Schaltfläche mit dem nach oben gerichteten Pfeil) in das Menü *Zoom*. Daraufhin wird ein kleines leeres Menü angezeigt. Ziehen Sie die Schaltfläche in das Menü, und halten Sie [Strg] gedrückt, während Sie die Maustaste loslassen. Die Schaltfläche wird damit in das Menü kopiert (vgl. Abbildung 9.13).

Wenn Sie [Strg] nicht gedrückt halten, während Sie die Maustaste loslassen, wird die Symbolleisten-Schaltfläche nicht kopiert, sondern verschoben. Wenn Sie eine Schaltfläche versehentlich verschieben, halten Sie einfach noch einmal [Strg] gedrückt, und ziehen Sie die Schaltfläche zurück in die Symbolleiste.

Der Name des neuen Menübefehls entspricht dem QuickInfo der Symbolleisten-Schaltfläche. Im Befehlsnamen ist der Buchstabe *g* unterstrichen. Wenn Sie einer Symbolleisten-Schaltfläche einen Namen geben, sollten Sie immer bedenken, welcher Buchstabe unterstrichen sein soll, falls die Schaltfläche später in ein Menü integriert wird. Damit ein Buchstabe unterstrichen wird und in einem Menü als Zugriffstaste verwendet werden kann, muß ihm bei der Benennung der Schaltfläche ein Et-Zeichen vorangestellt werden.

Abbildung 9.13
Die benutzerdefinierte Symbolleiste.

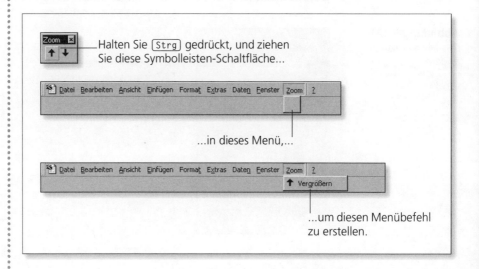

Lektion 9   Makros über Ereignisse starten

❻ Ziehen Sie die Symbolleisten-Schaltfläche *Verkleinern* in das Menü *Zoom*, und halten Sie [Strg] gedrückt, während Sie die Maustaste loslassen.

❼ Schließen Sie das Dialogfeld *Anpassen,* und probieren Sie die Menübefehle aus. Testen Sie die Zugriffstasten. Drücken Sie [Alt]+[Z],[G] und dann [Alt]+[Z],[K], um zu überprüfen, ob diese Tastenkombinationen wie gewünscht funktionieren.

Nachdem Sie einen Befehl in eine Symbolleiste eingefügt haben, können Sie ihn mühelos in ein Menü kopieren. Umgekehrt kann ein Befehl, der in ein Menü eingefügt worden ist, ebenso einfach in eine Symbolleiste kopiert werden. Der Oberbegriff für Symbolleisten und Menüs ist *Befehlsleiste*. Durch das neue Dialogfeld *Anpassen*, das zum Anpassen von Befehlsleisten dient, ist das Integrieren von Makros in Symbolleisten und Menüs erfreulich einfach.

Makros aus geschlossenen Arbeitsmappen ausführen

Normalerweise kann ein Makro nur ausgeführt werden, wenn die Arbeitsmappe, in der es enthalten ist, geöffnet ist. Symbolleisten-Schaltflächen und Menübefehle verfügen aber über eine einzigartige Fähigkeit: sie „erinnern" sich daran, wo ein Makro zu finden ist, selbst wenn die Arbeitsmappe, die das Makro enthält, geschlossen ist.

❶ Speichern Sie die Arbeitsmappe *Lektion9,* und schließen Sie sie. Klicken Sie auf die Schaltfläche *Neu,* um eine neue Arbeitsmappe zu öffnen.

❷ Klicken Sie in der Symbolleiste *Zoom* auf die Symbolleisten-Schaltfläche *Vergrößern*.

Die Arbeitsmappe *Lektion9* wird automatisch geöffnet und hinter der aktiven Arbeitsmappe angezeigt. Das Makro wird ausgeführt.

❸ Schließen Sie die neue Arbeitsmappe, die Sie angelegt haben, damit die Arbeitsmappe *Lektion9* angezeigt wird.

Menüs und Symbolleisten löschen

Mit Symbolleisten-Schaltflächen und Menübefehlen kann die Arbeitsumgebung für einzelne Benutzer individuell gestaltet werden. Sobald Sie benutzerdefinierte Menüs oder Symbolleisten erstellt haben, bleiben diese solange auf dem betreffenden Computer ein Bestandteil von Excel, bis Sie sie entfernen. Da die Symbolleiste *Zoom* oder das Menü *Zoom* nicht permanent als Teil der Excel-Benutzeroberfläche verwendet werden sollen, entfernen Sie die Symbolleiste und das Menü nun.

❶ Klicken Sie mit der rechten Maustaste auf eine beliebige Symbolleiste, und wählen Sie im Kontextmenü den Befehl *Anpassen*, um das Dialogfeld *Anpassen* aufzurufen.

Lektion 9   Makros über Ereignisse starten

Abbildung 9.14
Das Register *Symbolleisten* des Dialogfelds *Anpassen*.

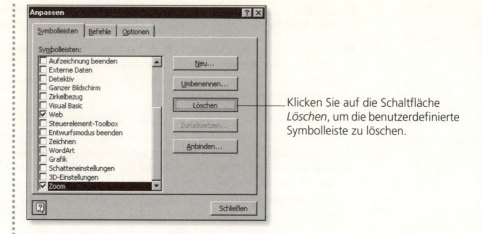

Klicken Sie auf die Schaltfläche *Löschen*, um die benutzerdefinierte Symbolleiste zu löschen.

❷ Klicken Sie auf die Registerkarte *Symbolleisten*, wählen Sie in der Liste die Symbolleiste *Zoom*, klicken Sie auf die Schaltfläche *Löschen* und anschließend auf *OK* (vgl. Abbildung 9.14).

Abbildung 9.15
Die Excel-Menüleiste mit dem benutzerdefinierten Menü.

Während das Dialogfeld *Anpassen* angezeigt wird, ziehen Sie das benutzerdefinierte Menü aus der Menüleiste heraus, um es zu löschen.

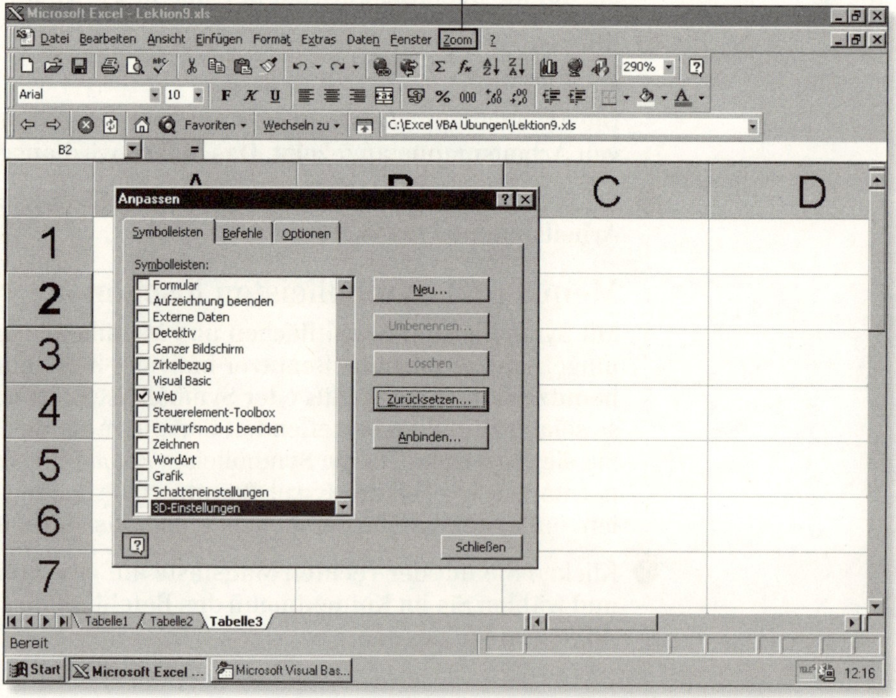

Lektion 9 — Makros über Ereignisse starten

❸ Klicken Sie auf das Menü *Zoom*, halten Sie die Maustaste gedrückt, und ziehen Sie das Menü nach unten in die Excel-Tabelle (vgl. Abbildung 9.15).

Das Menü wird damit gelöscht.

❹ Klicken Sie im Dialogfeld *Anpassen* auf die Schaltfläche *Schließen*.

Symbolleisten-Schaltflächen und Menübefehle sind äußerst effektive Hilfsmittel zur Gestaltung des Erscheinungsbildes und des Funktionsumfangs von Excel. Sie bleiben auch dann aktiv und verfügbar, wenn die Arbeitsmappe geschlossen wird, die die Makros enthält, mit denen die Symbolleisten-Schaltflächen und Menübefehle verknüpft sind.

Gelegentlich werden jedoch Befehle benötigt, die nur verfügbar sind, wenn bestimmte Arbeitsmappen geöffnet sind. Befehlsschaltflächen eignen sich zur Implementierung solcher Befehle.

Benutzerdefinierte Befehlsschaltflächen erstellen

Symbolleisten-Schaltflächen und Menübefehle reagieren auf ein einziges Ereignis: einen Klick. Das auszuführende Makro wird der Schaltfläche bzw. dem Befehl mit dem Befehl *Makro zuweisen* zugeordnet. Befehlsschaltflächen können dagegen nicht nur Aktionen ausführen, wenn auf sie geklickt wird, sondern auch auf andere Ereignisse reagieren, zum Beispiel auf Mauszeigerbewegungen. Da Befehlsschaltflächen auf weit komplexere Ereignisse reagieren können, ist eine andere Vorgehensweise zur Verknüpfung eines Makros mit solch einer Schaltfläche erforderlich. Diese neue Vorgehensweise beinhaltet sogenannte *Ereignisbehandlungsprozeduren*. Ereignisbehandlungsprozeduren sind spezielle Makros, die mit einem Objekt, wie z.B. einer Befehlsschaltfläche, verknüpft sind. Sie werden jetzt eine Befehlsschaltfläche erstellen und dann eine Ereignisbehandlungsprozedur für diese Befehlsschaltfläche definieren.

Eine benutzerdefinierte Befehlsschaltfläche erstellen

Befehlsschaltflächen eignen sich besonders zur Ausführung von Makros, die sich auf ein bestimmtes Arbeitsblatt beziehen. Befehlsschaltflächen sind für gewöhnlich relativ groß und einfach auszuwählen, und ihre Funktion geht meist aus der Beschriftung hervor.

❶ Die Arbeitsmappe *Lektion9* sollte immer noch geöffnet sein. Klicken Sie in der Symbolleiste *Visual Basic* auf die Schaltfläche *Steuerelement-Leiste*, um die Symbolleiste *Steuerelement-Toolbox* anzuzeigen (vgl. Abbildung 9.16).

Lektion 9 Makros über Ereignisse starten

Abbildung 9.16
Die Symbolleiste *Steuerelement-Toolbox*.

In Lektion 10 werden Sie Steuerelemente in einem Arbeitsblatt plazieren. In Lektion 11 werden Sie Steuerelemente in einem Formular plazieren.

Die Symbolleiste *Steuerelement-Toolbox* enthält verschiedene Steuerelemente, die in Arbeitsblättern und Formularen eingesetzt werden können. Diese Steuerelemente werden als *ActiveX-Steuerelemente* bezeichnet. Ein ActiveX-Steuerelement ist eine besondere Art von Zeichnungsobjekt, das eine Aktion ausführt, wenn es angeklickt wird. In dieser Lektion werden wir uns speziell mit dem ActiveX-Steuerelement *Befehlsschaltfläche* beschäftigen.

❷ Klicken Sie auf das Steuerelement *Befehlsschaltfläche*, und zeichnen Sie im Arbeitsblatt ein Rechteck von der oberen linken Ecke von Zelle A1 zur unteren rechten Ecke von Zelle B2 (vgl. Abbildung 9.17).

Zeichnungsobjekte werden an den Ecken einer Zelle ausgerichtet bzw. „verankert", wenn Sie [Alt] gedrückt halten, während Sie das Objekt zeichnen. Sie können [Alt] auch gedrückt halten, um Objekte beim Verschieben oder bei Größenänderungen an den Gitternetzlinien auszurichten.

Daraufhin wird eine Befehlsschaltfläche im Arbeitsblatt angezeigt. An den Rändern erscheinen weiße Ziehpunkte, die anzeigen, daß das Objekt im Augenblick ausgewählt ist.

Abbildung 9.17
Die neue Befehlsschaltfläche wird im Arbeitsblatt angezeigt.

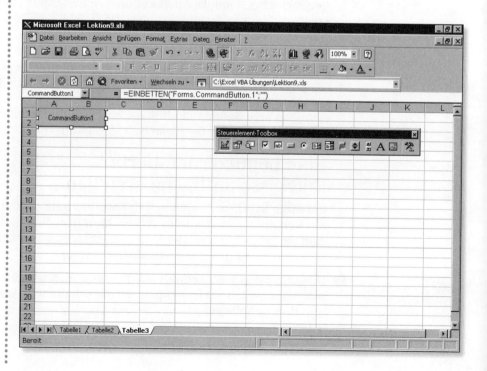

Lektion 9 Makros über Ereignisse starten

Abbildung 9.18
Das Eigenschaften-
fenster.

Wenn eine Befehlsschaltfläche ausgewählt ist, können Sie ihre Eigenschaften ändern. Bislang haben Sie die Eigenschaften immer mit Visual Basic-Befehlen geändert. ActiveX-Steuerelemente verfügen jedoch über ein spezielles Eigenschaftenfenster, in dem Sie die Eigenschaften direkt ändern können.

❸ Klicken Sie in der Symbolleiste *Steuerelement-Toolbox* auf die Schaltfläche *Eigenschaften*.

Das Eigenschaftenfenster wird angezeigt (vgl. Abbildung 9.18). Das oberste Feld zeigt an, für welches Objekt die Eigenschaften angezeigt werden. In diesem Fall ist es *CommandButton1*, ein Befehlsschaltflächen-Objekt.

Das Fenster zeigt verschiedene Eigenschaften der Befehlsschaltfläche. Eine der wichtigsten Eigenschaften einer Befehlsschaltfläche ist ihr Name. Diese Eigenschaft wird im Eigenschaftenfenster als *(Name)* angezeigt. Durch die Klammern wird erreicht, daß diese Eigenschaft als erster Listeneintrag erscheint. Die Eigenschaft *Name* beeinflußt, wie eine Schaltfläche in einem Makro verwendet werden kann.

Abbildung 9.19
Das Eigenschaften-
fenster.

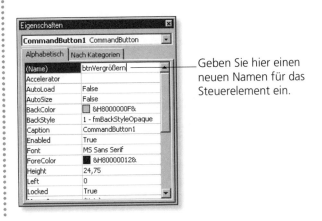

Geben Sie hier einen neuen Namen für das Steuerelement ein.

Lektion 9   Makros über Ereignisse starten

❹ Ersetzen Sie den Standardwert der Eigenschaft *Name* durch **btnVergrößern** (vgl. Abbildung 9.19).

Der Name darf keine Leerzeichen enthalten. Viele Programmierer verwenden bei der Benennung von Steuerelementen aus drei Buchstaben bestehende Präfixe. Das Präfix kennzeichnet, um welche Art von Steuerelement es sich handelt. In unserem Beispiel steht *btn* für das englische Wort „button", das soviel wie Befehlsschaltfläche bedeutet.

Mit der Änderung des Namens der Schaltfläche wird aber nicht die Beschriftung geändert, die in der Schaltfläche angezeigt wird. Diese Beschriftung wird mit der Eigenschaft *Caption* festgelegt.

❺ Ersetzen Sie den Standardwert der Eigenschaft *Caption* durch **Vergrößern**.

Die Beschriftung in der Schaltfläche wird geändert, wenn die Caption-Eigenschaft geändert wird (vgl. Abbildung 9.20). Bei ActiveX-Steuerele-

Abbildung 9.20
Das Eigenschaftenfenster mit der Eigenschaft *Caption*.

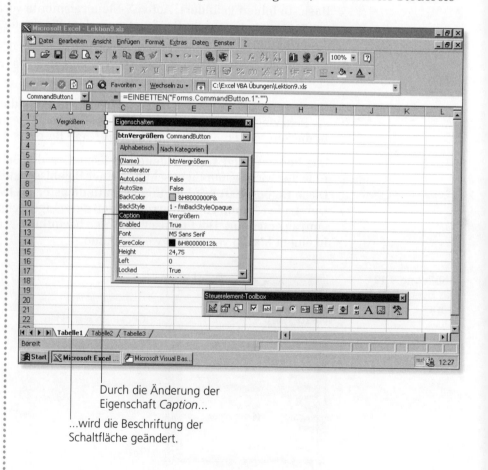

Durch die Änderung der Eigenschaft *Caption*...

...wird die Beschriftung der Schaltfläche geändert.

Lektion 9 Makros über Ereignisse starten

Abbildung 9.21
Das Eigenschaftenfenster mit der Eigenschaft *Accelerator*.

Der eingegebene Buchstabe wird in der Beschriftung unterstrichen.

menten werden Zugriffstasten nicht mit Hilfe des Et-Zeichens definiert, sondern mit Hilfe einer eigenen Eigenschaft namens *Accelerator*.

❻ Wir möchten in dieser Übung den Buchstaben *G* als Zugriffstaste definieren. Geben Sie **G** als Wert der Eigenschaft *Accelerator* ein (vgl. Abbildung 9.21).

Nachdem Sie G als Wert der Accelerator-Eigenschaft eingegeben haben, wird der Buchstabe *g* in der Beschriftung unterstrichen.

Es gibt eine weitere Eigenschaft, die Sie bei der Erstellung benutzerdefinierter Befehlsschaltflächen einstellen sollten. Diese Eigenschaft betrifft die aktive Zelle in Excel. Angenommen, die Zelle B4 ist zu dem Zeitpunkt die aktive Zelle, in dem Sie auf die Befehlsschaltfläche klicken. Normalerweise sollte die Zelle B4 natürlich die aktive Zelle bleiben, auch nachdem auf die Schaltfläche geklickt wurde (sofern die Schaltfläche kein Makro ausführt, das die aktive Zelle ändert). Per Voreinstellung wird jedoch beim Anklicken einer Befehlsschaltfläche die dunkle Umrahmung von

Abbildung 9.22
Das Eigenschaftenfenster mit der Eigenschaft *TakeFocusOnClick*.

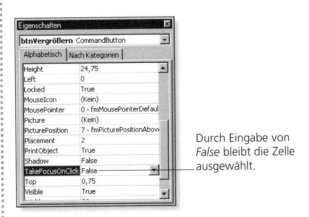

Durch Eingabe von *False* bleibt die Zelle ausgewählt.

Lektion 9   Makros über Ereignisse starten

der aktiven Zelle entfernt, so daß nur schwer feststellbar ist, welche Zelle die aktive Zelle ist.

❼ Blättern Sie im Eigenschaftenfenster nach unten zur Eigenschaft *TakeFocusOnClick*, und ändern Sie sie mit Hilfe der Dropdown-Liste zu *False* (vgl. Abbildung 9.22).

TakeFocusOnClick ist ein relativ komplizierter Name für eine einfache Eigenschaft. Die Einstellung *False* bedeutet lediglich „Die aktive Zelle soll nicht verändert werden, wenn auf diese Schaltfläche geklickt wird".

Sie haben nun eine Befehlsschaltfläche erstellt und dafür benutzerdefinierte Einstellungen getroffen. Jetzt müssen Sie die Schaltfläche nur noch mit einem Makro verknüpfen und dieses Makro ausführen.

Eine Befehlsschaltfläche mit einem Makro verknüpfen

In dieser Übung werden Sie der Befehlsschaltfläche kein Makro zuweisen, sondern ein Makro mit einem speziellen Namen an einem speziellen Ort erstellen, das automatisch mit der Schaltfläche verknüpft wird. Zum Glück enthält die Symbolleiste *Steuerelement-Toolbox* eine Schaltfläche, die den Hauptteil der Arbeit für Sie erledigt.

❶ Stellen Sie sicher, daß diese Befehlsschaltfläche immer noch ausgewählt ist, und klicken Sie auf die Schaltfläche *Code anzeigen*.

Daraufhin wird das Visual Basic-Editor-Fenster mit einem neuen Makro eingeblendet (vgl. Abbildung 9.23). Das Wort *Private* vor dem Makro-

Abbildung 9.23
Das Codefenster.

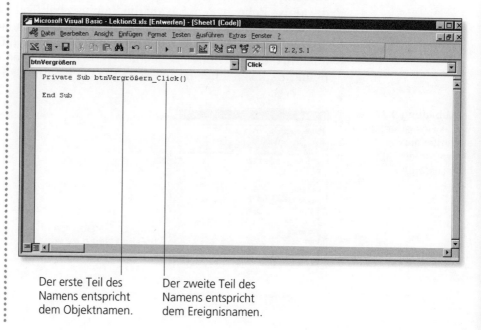

Der erste Teil des Namens entspricht dem Objektnamen.

Der zweite Teil des Namens entspricht dem Ereignisnamen.

Lektion 9 Makros über Ereignisse starten

namen bedeutet, daß dieses Makro nicht im Dialogfeld *Makro* angezeigt wird. Der Makroname ist *btnVergrößern_Click*. Dieser Name ist wichtig. Der Namensteil vor dem Unterstrich entspricht dem Namen der Befehlsschaltfläche. Der Namensteil nach dem Unterstrich entspricht dem Namen des Ereignisses, auf das dieses Makro reagieren wird. In unserem Beispiel wird das Makro immer dann ausgeführt, wenn die Schaltfläche angeklickt wird. Ein Makro, das auf diese Weise mit einem Ereignis verknüpft ist, wird auch als *Ereignisbehandlungsroutine* bezeichnet.

Das Wort *Prozedur* ist ein etwas technischeres Synonym für *Makro*. In Excel wird das Wort *Makro* verwendet, da sich „Makroaufzeichnung" weniger unheimlich anhört als „Prozeduraufzeichnung". Generell wird in diesem Buch das Wort *Makro* verwendet, wenn eine Prozedur gemeint ist, die über das Dialogfeld *Makro* ausgeführt werden kann. Der Begriff *Prozedur* wird verwendet, wenn Funktionen oder Ereignisbehandlungsroutinen gemeint sind.

Sie könnten den Programmcode aus dem Makro *Vergrößern* in die Prozedur *btnVergrößern_Click* kopieren. Es ist aber noch weniger aufwendig, dieses Makro (das bereits existiert) einfach aus dem neuen Makro heraus aufzurufen.

❷ Geben Sie in den Anweisungsteil der Prozedur **Vergrößern** ein (vgl. Abbildung 9.24).

Sie können nun auf die Schaltfläche klicken.

❸ Wechseln Sie zu Excel, klicken Sie auf eine beliebige Zelle des Arbeitsblatts, um die Auswahl der Schaltfläche rückgängig zu machen, und klicken Sie dann auf die Schaltfläche.

Abbildung 9.24
Die Definition der Ereignisbehandlungsroutine *btnVergrößern_Click*.

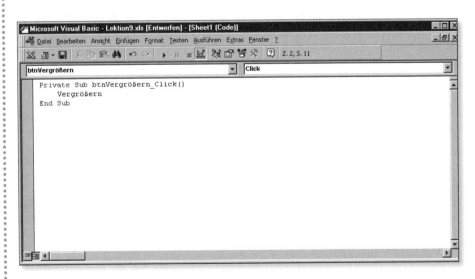

Die Prozedur wird nicht ausgeführt. Sie haben einfach wieder die Schaltfläche ausgewählt.

Wir müssen Excel irgendwie mitteilen, ob beim Anklicken eines ActiveX-Steuerelements die Ereignisbehandlungsroutine ausgeführt oder das Steuerelement nur ausgewählt werden soll. Sie erreichen dies über die Steuerung des *Entwurfsmodus*. Wenn sich Excel im Entwurfsmodus befindet, wird das Steuerelement durch das Anklicken ausgewählt. Wenn sich Excel nicht im Entwurfsmodus befindet (dieser Zustand wird als *Ausführungsmodus* bezeichnet), wird die Ereignisbehandlungsprozedur ausgeführt, sobald das Steuerelement angeklickt wird. Excel aktiviert automatisch den Entwurfsmodus, wenn ein ActiveX-Steuerelement in ein Arbeitsblatt eingefügt wird.

❹ Klicken Sie auf die Schaltfläche *Entwurfsmodus beenden*.

Die Ziehpunkte um die Befehlsschaltfläche verschwinden.

❺ Probieren Sie nun die Schaltfläche aus: Klicken Sie darauf. Drücken Sie [Alt]+[G], um die Zugriffstaste auszuprobieren.

❻ Klicken Sie auf die Schaltfläche *Entwurfsmodus*, um den Entwurfsmodus wieder einzuschalten. Klicken Sie nun auf die Befehlsschaltfläche.

Sie wird damit ausgewählt.

Zwischen der Verknüpfung einer Ereignisbehandlungsprozedur mit einem Steuerelement und der Verknüpfung eines Makros mit einer Symbolleisten-Schaltfläche bestehen folgende Unterschiede:

■ Bei der Verknüpfung eines Makros mit einer Symbolleisten-Schaltfläche kann das Makro einen beliebigen Namen haben. Über das Dialogfeld *Makro zuweisen* kann das Makro mit der Schaltfläche verknüpft werden. Bei einer Ereignisbehandlungsroutine wird über den Namen und die Position der Prozedur die Verknüpfung zum Steuerelement definiert.

■ Bei der Verknüpfung eines Makros mit einer Symbolleisten-Schaltfläche wird Excel durch den Aufruf des Dialogfelds *Anpassen* angewiesen, Ereignisse zu ignorieren. Bei der Verknüpfung einer Ereignisbehandlungsprozedur mit einem Steuerelement geschieht dies durch das Klicken auf die Schaltfläche *Entwurfsmodus*.

Eine eigene Ereignisbehandlungsroutine erstellen

Sie können eine Ereignisbehandlungsroutine für ein Steuerelement erstellen, indem Sie auf die Schaltfläche *Code anzeigen* klicken. Wie Sie im folgenden sehen werden, können Sie eine Ereignisbehandlungsroutine auch direkt im Visual Basic-Editor definieren.

❶ Wiederholen Sie die Arbeitsschritte 2 bis 7 aus dem Abschnitt *Eine benutzerdefinierte Befehlsschaltfläche erstellen*, und erstellen Sie eine Befehls-

Lektion 9 Makros über Ereignisse starten

Abbildung 9.25
Der Visual Basic-Editor mit der Prozedur *btnVergrößern_Click*.

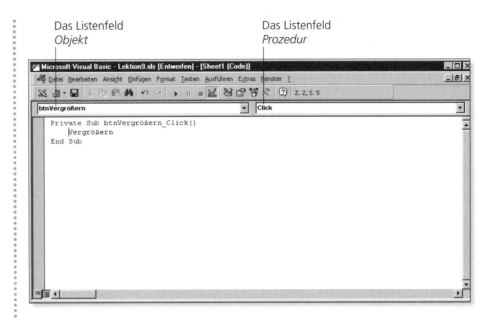

schaltfläche namens *Verkleinern*. Zeichnen Sie im Arbeitsblatt ein Rechteck von der oberen linken Ecke von Zelle A3 zur unteren rechten Ecke von Zelle B4. Im Eigenschaftenfenster geben Sie ihr den Namen **btnVerkleinern,** die Beschriftung (*Caption*) **Verkleinern** und definieren den Buchstaben **K** als Zugriffstaste (*Accelerator*). Weisen Sie außerdem der Eigenschaft *TakeFocusOnClick* den Wert **False** zu. Erstellen Sie aber keine Ereignisbehandlungsprozedur.

❷ Wechseln Sie zu Visual Basic, und klicken Sie auf eine beliebige Stelle innerhalb der Prozedur *btnVergrößern_Click* (vgl. Abbildung 9.25).

Über dem Code-Abschnitt des Fensters befinden sich zwei Listenfelder. Das linke Listenfeld *Objekt* enthält die erste Hälfte des Prozedurnamens (*btnVergrößern*) und das rechte Listenfeld *Prozedur* die zweite Hälfte des Prozedurnamens (*Click*).

❸ Klicken Sie auf den nach unten gerichteten Pfeil rechts neben dem Listenfeld *Objekt*. Daraufhin werden die verfügbaren Objekte angezeigt (vgl. Abbildung 9.26).

In der Liste werden alle Objekte angezeigt, die zur aktuellen Tabelle gehören und mit Ereignisbehandlungsroutinen verknüpft werden können. In unserem Beispiel sind das die Objekte *btnVergrößern*, *btnVerkleinern* und *Worksheet*.

❹ Wählen Sie in der Liste *btnVerkleinern*.

Lektion 9 : Makros über Ereignisse starten

Abbildung 9.26
Die Liste der verfügbaren Objekte.

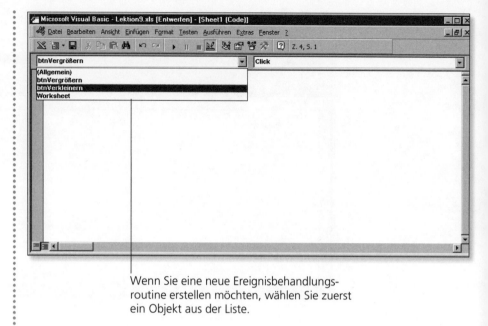

Wenn Sie eine neue Ereignisbehandlungsroutine erstellen möchten, wählen Sie zuerst ein Objekt aus der Liste.

Daraufhin wird eine neue Prozedurdeklaration eingefügt. Da *Click* das Standardereignis für Schaltflächen ist, wird die neue Prozedur wie gewünscht *btnVerkleinern_Click* genannt.

❺ Geben Sie in den Anweisungsteil der Prozedur **Verkleinern** ein.

❻ Wechseln Sie zu Visual Basic, beenden Sie den Entwurfsmodus, und probieren Sie beide Schaltflächen aus.

Sie können die Listenfelder im oberen Bereich des Codefensters zum Aufbau von Ereignisbehandlungsroutinen einsetzen, indem Sie ein Objekt mit einem Ereignis verknüpfen.

Schaltflächen erstellen, die auf Mausbewegungen reagieren

Eine Befehlsschaltfläche kann auf verschiedene Ereignisse reagieren. Drei der nützlichsten Ereignisse stellen das Klicken (das Ereignis Click), das Doppelklicken (das Ereignis DblClick) und eine Mauszeigerbewegung (das Ereignis MouseMove) dar. Das Ereignis MouseMove ist besonders nützlich, da der Prozedur hier Informationen in Form von Argumenten übergeben werden können.

❶ Wählen Sie in Visual Basic im Listenfeld *Objekt* den Eintrag *btnVerkleinern* und im Listenfeld *Prozedur* das Ereignis *MouseMove* (vgl. Abbildung 9.27).

Die Deklaration dieser neuen Prozedur ist relativ lang. Wenn man sie in kürzere Zeilen umbricht, sieht sie wie folgt aus:

Lektion 9   Makros über Ereignisse starten

Abbildung 9.27
Das Codefenster mit der neuen Ereignisbehandlungsroutine.

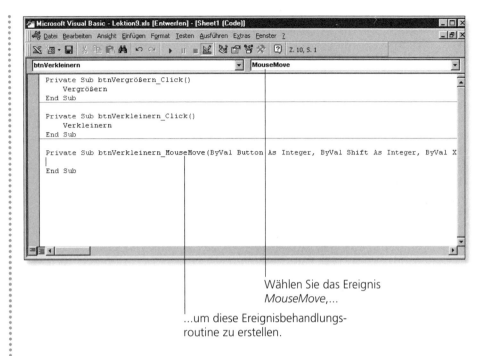

Wählen Sie das Ereignis *MouseMove*,...

...um diese Ereignisbehandlungsroutine zu erstellen.

```
Private Sub btnVerkleinern_MouseMove( _
    ByVal Button As Integer, _
    ByVal Shift As Integer, _
    ByVal X As Single, _
    ByVal Y As Single)
```

Diese Ereignisbehandlungsprozedur verfügt über vier Argumente: *Button*, *Shift*, *X* und *Y*. (Das Wort *byVal* bedeutet, daß Excel alle Änderungen ignoriert, die die Prozedur an einem Argument vornimmt). Die Argumente liefern Ihnen Informationen, die Sie beim Verfassen des Makros nutzen können. Das Argument *Button* gibt an, ob während der Mausbewegung eine Maustaste gedrückt wird. Das Argument *Shift* gibt an, ob ⇧, [Strg] oder [Alt] während der Mausbewegung gedrückt gehalten wird. Die Argumente *X* und *Y* geben die horizontale und vertikale Position des Mauszeigers an.

❷ Fügen Sie in den Anweisungsteil der neuen Prozedur **Verkleinern** ein, wechseln Sie zu Excel, und bewegen Sie den Mauszeiger über die Schaltfläche *Verkleinern* (vgl. Abbildung 9.28).

Sie müssen nicht einmal klicken. Das bloße Bewegen des Mauszeigers über die Schaltfläche bewirkt, daß die Prozedur ausgeführt wird. Wie Sie sehen, können bestimmte Ereignisse sehr schnell eintreten.

Mit den vom MouseMove-Ereignis gelieferten Argumenten kann die Prozedur gesteuert werden. Wenn das Argument *Shift* gleich 1 ist, ist die

Lektion 9   Makros über Ereignisse starten

Abbildung 9.28
Wenn der Mauszeiger über die Schaltfläche *Verkleinern* bewegt wird, wird die Tabelle verkleinert.

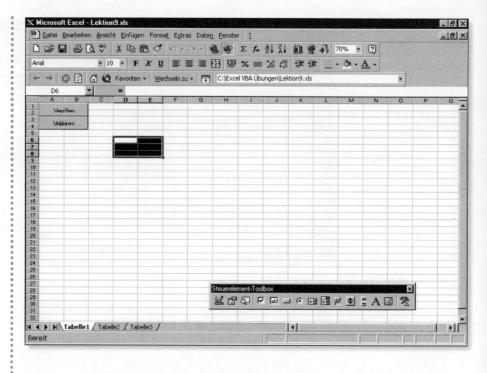

Taste ⇧ gedrückt. Wenn das Argument *Shift* gleich 2 ist, ist die Taste (Strg) gedrückt. Sie werden die Prozedur jetzt so abändern, daß ihr Verhalten davon abhängig ist, welche Taste gedrückt ist, während sich der Mauszeiger über der Schaltfläche *Verkleinern* befindet. Ist die Taste ⇧ gedrückt, wird die Tabelle vergrößert, ist die Taste (Strg) gedrückt ist, wird die Tabelle verkleinert.

❸ Ersetzen Sie die Anweisung *Verkleinern* im Anweisungsteil der Prozedur *btnVerkleinern_MouseMove* durch folgende Anweisungen:

```
If Shift = 1 Then
    Vergrößern
ElseIf Shift = 2 Then
    Verkleinern
End If
```

Das Schlüsselwort *ElseIf* ermöglicht die Kombination von Else- und If-Anweisungen in einer einzigen Anweisung.

❹ Wechseln Sie zu Excel, und probieren Sie die Ereignisbehandlungsroutine aus. Bewegen Sie den Mauszeiger. Dann halten Sie ⇧ gedrückt und bewegen den Mauszeiger über die Schaltfläche. Und abschließend halten Sie (Strg) gedrückt und bewegen den Mauszeiger über die Schaltfläche.

Lektion 9 Makros über Ereignisse starten

Während Sie den Mauszeiger über die Schaltfläche bewegen, können Sie quasi mit bloßem Auge erkennen, wie die Prozedur immer wieder ausgeführt wird. Jedesmal, wenn sich der Mauszeiger über der Schaltfläche befindet, wird das Ereignis ausgelöst und die Ereignisbehandlungsprozedur erneut ausgeführt. Ereignisbehandlungsprozeduren sind ein äußerst leistungsfähiges Verfahren zur Ausführung bestimmter Operationen.

Das Visual Basic-Projekt erkunden

Sie fragen sich vielleicht, wo alle diese Ereignisbehandlungsroutinen gespeichert werden und welche Beziehung zwischen ihnen und den Makros besteht, die mit der Makroaufzeichnungsfunktion erstellt werden. Wenn ein Makro mit der Makroaufzeichnungsfunktion erstellt wird, wird das Makro in einem Modul gespeichert. Mehrere Makros können in einem einzigen Modul abgelegt werden, und es können mehrere Module in einer Arbeitsmappe verwendet werden (jedesmal wenn eine Arbeitsmappe geschlossen und wieder geöffnet wird, erstellt die Makroaufzeichnungsfunktion ein neues Modul für alle neu aufgezeichneten Makros). Ereignisbehandlungsprozeduren für eine Befehlsschaltfläche werden an das Arbeitsblatt angehängt, das diese Schaltfläche enthält. In Visual Basic wird der gesamte Code einer einzigen Arbeitsmappe – der Code in einem Modul sowie der an ein Arbeitsblatt angehängte Code – als *Projekt* bezeichnet. Visual Basic verfügt über ein spezielles Fenster, das Ihnen einen Überblick über Projekte und die zugehörigen Komponenten gibt.

❶ Klicken Sie in Visual Basic auf die Schaltfläche *Projekt-Explorer*.

Das Projektfenster wird angezeigt (vgl. Abbildung 9.29). Das Projekt heißt *VBAProject*, und der Name der Arbeitsmappe (*Lektion9.xls*) erscheint in Klammern. Prozeduren können entweder in Modulblättern (die im Projektfenster unter der Bezeichnung *Module* gruppiert werden) oder als Anhang von Arbeitsmappen und Arbeitsblättern (die im Projektfenster unter der Bezeichnung *Microsoft Excel Objekte* gruppiert werden) gespeichert werden.

Abbildung 9.29
Das Projektfenster.

Lektion 9   Makros über Ereignisse starten

Abbildung 9.30
Das Projektfenster und das Visual Basic-Codefenster.

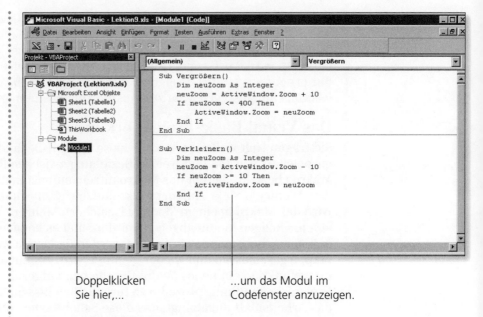

Doppelklicken Sie hier,...   ...um das Modul im Codefenster anzuzeigen.

Hinter jedem Arbeitsblatt befindet sich eine „unsichtbare" Seite, die den Code für dieses Arbeitsblatt bzw. für die Objekte dieses Arbeitsblatts enthält. Wenn Sie ein neues Arbeitsblatt erstellen, wird eine neue Codeseite im Projektfenster angezeigt. Wenn eine Tabelle gelöscht wird, wird die Codeseite dieses Arbeitsblatts entfernt.

Abbildung 9.31
Das Projektfenster und das Visual Basic-Hauptfenster.

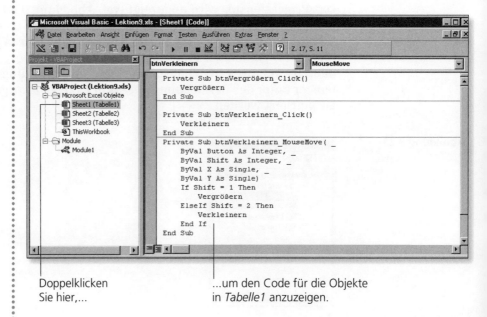

Doppelklicken Sie hier,...   ...um den Code für die Objekte in *Tabelle1* anzuzeigen.

Lektion 9   Makros über Ereignisse starten

❷ Doppelklicken Sie auf den Eintrag mit dem Namen *Modul1*.

Im Visual Basic-Hauptfenster wird das in *Modul1* gespeicherte Makro angezeigt (vgl. Abbildung 9.30).

❸ Doppelklicken Sie auf den Eintrag mit dem Namen *Sheet1*.

Im Visual Basic-Hauptfenster werden die Ereignisbehandlungsroutinen für die Objekte in *Tabelle1* angezeigt (vgl. Abbildung 9.31).

❹ Ziehen Sie in Excel das Register von *Tabelle1* nach rechts, und halten Sie [Strg] gedrückt, während Sie die Maustaste loslassen.

Excel erstellt eine Kopie des Arbeitsblatts (vgl. Abbildung 9.32). Der Name der Kopie ist *Tabelle1 (2)*, und sie verfügt ebenfalls über die Befehlsschaltflächen aus *Tabelle1*.

❺ Wechseln Sie zu Visual Basic, und betrachten Sie das Projektfenster.

In der Liste wird unter *Microsoft Excel Objekte* ein neues Arbeitsblatt angezeigt (vgl. Abbildung 9.33). Der Name in Klammern, *Tabelle1 (2)*, entspricht der Registerbezeichnung des Arbeitsblatts. Der Name vor den Klammern, *Sheet11*, ist ein eindeutiger Name, den Visual Basic erzeugt.

❻ Doppelklicken Sie im Projektfenster auf den Eintrag *Sheet11*.

Abbildung 9.32
Sie erstellen ein neues Arbeitsblatt namens *Tabelle1 (2)* in Excel.

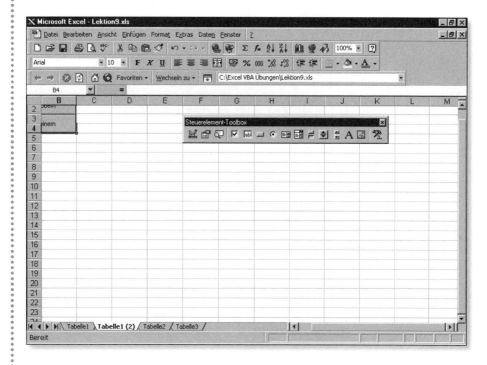

Abbildung 9.33
Das Projektfenster mit dem neuen Eintrag für *Tabelle1* (2).

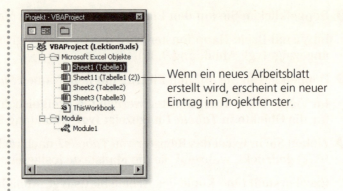

Wenn ein neues Arbeitsblatt erstellt wird, erscheint ein neuer Eintrag im Projektfenster.

Im Visual Basic-Hauptfenster werden nun die Ereignisbehandlungsprozeduren für die Kopien der Befehlsschaltflächen angezeigt (vgl. Abbildung 9.34). Diese Prozeduren sehen zwar genauso aus wie die Prozeduren, die mit den Befehlsschaltflächen in *Tabelle1* verknüpft worden sind, sind aber von diesen unabhängig. Sie können die Prozedur *btnVergrößern_Click* in *Sheet11* verändern, ohne damit die Prozedur *btnVergrößern_Click* in *Tabelle1* zu beeinflussen.

❼ Löschen Sie das Arbeitsblatt *Tabelle1 (2)* in Excel. Dann wechseln Sie zurück zu Visual Basic und betrachten das Projektfenster.

Wie Sie wahrscheinlich schon vermutet haben, wurde der Eintrag *Sheet11* zusammen mit den zugehörigen Prozeduren gelöscht (vgl. Abbildung 9.35).

Abbildung 9.34
Das Fenster mit dem Code des neuen Arbeitsblatts enthält Kopien der Ereignisbehandlungsprozeduren.

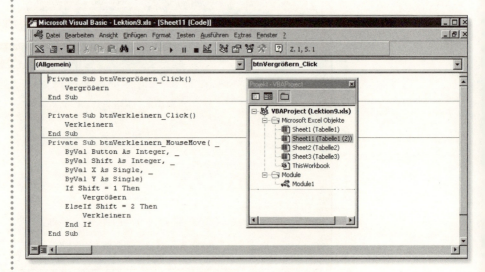

Lektion 9   Makros über Ereignisse starten

Abbildung 9.35
Wenn ein Arbeitsblatt gelöscht wird, wird auch der zugehörige Code gelöscht.

Wenn ein Arbeitsblatt gelöscht wird, zu dem Ereignisbehandlungsprozeduren gehören, werden alle Prozeduren zusammen mit dem Arbeitsblatt gelöscht. Speichern Sie Ihre Arbeit daher oft, wenn Sie Ereignisbehandlungsroutinen für Arbeitsblätter erstellen, damit Ihre Arbeit nicht verloren geht, wenn Sie versehentlich ein Blatt löschen.

Arbeitsblatt- und Arbeitsmappen-Ereignisse handhaben

ActiveX-Steuerelemente sind nicht die einzigen Objekte in Excel, die Ereignisse verarbeiten können. Arbeitsblätter und Arbeitsmappen verfügen ebenfalls über Ereignisse. Jedes dieser Objekte kann auf verschiedene Ereignisse reagieren.

Eine Prozedur ausführen, sobald sich die Auswahl ändert

❶ Aktivieren Sie in Visual Basic das Codefenster für *Tabelle1* (aktivieren Sie das Projektfenster, und doppelklicken Sie auf *Tabelle1*).

Abbildung 9.36
Das Listenfeld *Objekt* im Codefenster.

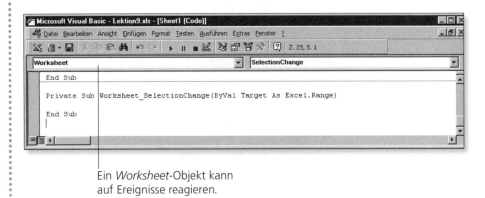

Ein *Worksheet*-Objekt kann auf Ereignisse reagieren.

313

Lektion 9 — Makros über Ereignisse starten

Abbildung 9.37
Das Listenfeld *Prozedur* zeigt die für das Worksheet-Objekt verfügbaren Ereignisse an.

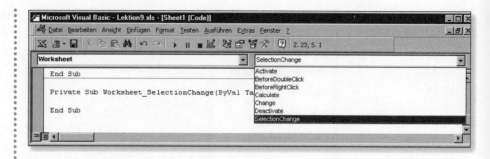

❷ Wählen Sie aus dem Listenfeld *Objekt* oben links im Codefenster *Worksheet* (vgl. Abbildung 9.36).

Daraufhin wird eine neue Prozedur mit dem Namen *Worksheet_SelectionChange* angezeigt. Dieses Ereignis wird ausgelöst, sobald im Arbeitsblatt ein anderer Bereich ausgewählt wird. Es spielt dabei keine Rolle, ob Sie auf eine Zelle klicken oder mit den Pfeiltasten zu einer anderen Zellen wechseln. Das Ereignis wird in beiden Fällen ausgelöst.

Um anzuzeigen, welche Ereignisse für ein Arbeitsblatt verfügbar sind, klicken Sie im Codefenster oben rechts auf die Pfeilschaltfläche rechts neben dem Listenfeld *Prozedur* (vgl. Abbildung 9.37).

Die Liste enthält sieben Ereignisse, auf die ein Arbeitsblatt reagieren kann. *SelectionChange* ist als Standardereignis Arbeitsblättern zugeordnet, ähnlich wie *Click* als Standardereignis von Befehlsschaltflächen definiert ist.

❸ Schließen Sie die Liste der Ereignisse durch Drücken von (Esc), und geben Sie die folgenden Anweisungen in den Anweisungsteil der Prozedur *Sheet_SelectionChange* ein:

```
If ActiveCell.Interior.Color = vbCyan Then
    Selection.Interior.Color = vbYellow
Else
    Selection.Interior.Color = vbCyan
End If
```

Mit dieser Prozedur werden alle ausgewählten Zellen blau hervorgehoben, sofern sie nicht bereits blau sind.

❹ Aktivieren Sie *Tabelle1* in Excel, und klicken Sie auf verschiedene Zellen. Verwenden Sie die Pfeiltasten, um benachbarte Zellen auszuwählen. Ziehen Sie ein Auswahlrechteck um mehrere Zellen.

Die Zellenfarbe ändert sich jedesmal, wenn eine neue Zelle ausgewählt wird (vgl. Abbildung 9.38).

❺ Aktivieren Sie jetzt *Tabelle12*, und wählen Sie eine Zelle aus.

Lektion 9 Makros über Ereignisse starten

Abbildung 9.38
Die Tabelle mit den farbig markierten Zellen.

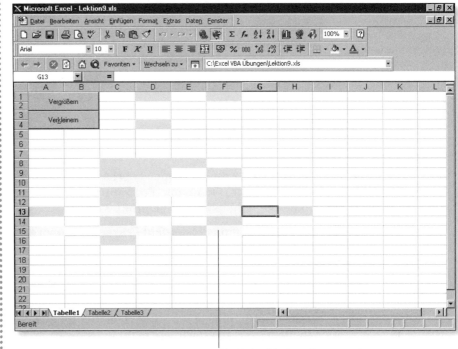

Die Ereignisbehandlungsroutine wird jedesmal ausgeführt, wenn eine neue Zelle ausgewählt wird

Es geschieht nichts. Die Ereignisbehandlungsroutine *Worksheet_SelectionChange* wird nur im Arbeitsblatt *Tabelle1* ausgeführt.

Ereignisbehandlungsroutinen in beliebigen Tabellen ausführen

Wenn Sie eine Ereignisbehandlungsroutine für das SelectionChange-Ereignis von *Tabelle1* erstellen, bezieht sich diese Behandlungsroutine nur auf dieses Arbeitsblatt. Wenn Sie *Tabelle2* aktivieren und die Auswahl ändern, passiert nichts. Ereignisbehandlungsroutinen von Arbeitsblättern reagieren nur auf die Ereignisse, die in ihrem eigenen Arbeitsblatt ausgelöst werden. Um auf Ereignisse in beliebigen Arbeitsblättern regieren zu können, müssen Sie eine Ereignisbehandlungsroutine auf Arbeitsmappenebene einsetzen.

❶ Aktivieren Sie in Visual Basic das Projektfenster, und doppelklicken Sie auf den Eintrag *ThisWorkbook*.

❷ Wählen Sie im Listenfeld *Objekt* den Eintrag *Workbook*.

Daraufhin wird eine neue Prozedur mit dem Namen *Workbook_Open* angezeigt (vgl. Abbildung 9.39). *Open* ist als Standardereignis Workbook-

Lektion 9 — Makros über Ereignisse starten

Abbildung 9.39
Das Objekt *Workbook* kann auf Ereignisse reagieren.

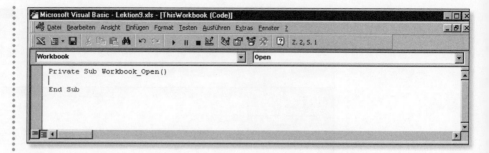

Objekten, die Arbeitsmappen repräsentieren, zugeordnet. Sie verwenden dieses Ereignis, wenn eine Prozedur jedesmal ausgeführt werden soll, sobald die Arbeitsmappe geöffnet wird.

❸ Klicken Sie auf das Listenfeld *Prozedur*, um zu sehen, welche Ereignisse für eine Arbeitsmappe verfügbar sind (vgl. Abbildung 9.40).

Arbeitsmappen können auf 19 verschiedene Ereignisse reagieren. Zufälligerweise beginnen sieben Ereignisse mit dem Wort *Sheet*. Diese sieben Arbeitsmappen-Ereignisse entsprechen den sieben Arbeitsblatt-Ereignissen, nur gelten sie für alle Arbeitsblätter der Arbeitsmappe, sogar für Arbeitsblätter, die noch gar nicht existieren.

❹ Wählen Sie das Ereignis *SheetSelectionChange*. Damit wird eine Prozedur namens *Workbook_SheetSelectionChange* erstellt.

❺ Löschen Sie die Prozedur *Worksbook_Open*. Sie wird nicht benötigt.

❻ Geben Sie in den Anweisungsteil der Prozedur **Selection.Interior.Color = vbRed** ein. Die Prozedur sollte nun wie in Abbildung 9.41 aussehen.

❼ Wechseln Sie zu Excel, aktivieren Sie *Tabelle2*, und klicken Sie auf verschiedene Zellen.

Abbildung 9.40
Im Listenfeld *Prozedur* werden die Ereignisse angezeigt, die für das *Workbook*-Objekt verfügbar sind.

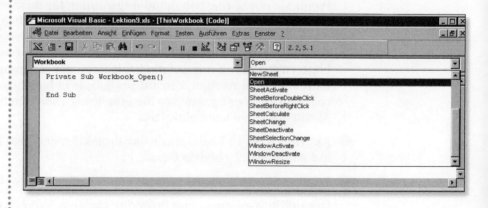

Lektion 9 Makros über Ereignisse starten

Abbildung 9.41
Die Definition der Prozedur *Workbook_SheetSelectionChange*.

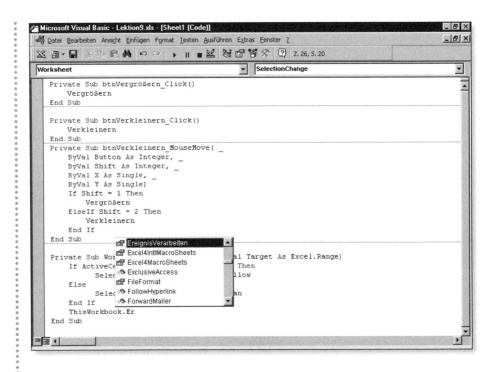

Die Farbe der Zellen ändert sich zu Rot.

❽ Aktivieren Sie *Tabelle1*, und klicken Sie auf verschiedene Zellen.

Die Farbe der Zellen ändert sich zu Rot. Was hat sich nun an der Ereignisbehandlungsprozedur für dieses Arbeitsblatt geändert?

Es sieht vielleicht so aus, als ob die Ereignisbehandlungsroutine für die Arbeitsmappe die Ereignisbehandlungsroutine des Arbeitsblatts ersetzt. Das ist aber nicht ganz korrekt. Tatsächlich wurden beide Ereignisbehandlungsroutinen ausgeführt. Die Arbeitsmappenroutine wurde nur zuletzt ausgeführt. Die Eigenschaft, die die Farbe der Zelle bestimmt, wurde zuerst zu blau (bzw. gelb) und dann ganz schnell zu rot geändert. Die erste Farbänderung wurde nicht angezeigt, da Windows die Bildschirmanzeige erst aktualisiert, nachdem die Makroausführung abgeschlossen ist. Deswegen wird nur die endgültige Farbe angezeigt.

Sie können Ereignisbehandlungsprozeduren für Ereignisse definieren, die in einem Arbeitsblatt ausgelöst werden. Arbeitsblatt-Ereignisbehandlungsprozeduren können entweder auf der Tabellen-Ebene oder auf der Arbeitsmappen-Ebene definiert werden. Falls die Prozedur auf der Arbeitsmappen-Ebene arbeitet, reagiert sie auf Ereignisse aller Arbeitsblätter, unabhängig davon, ob ein Arbeitsblatt über eine eigene Ereignisbehandlungsroutine verfügt.

Ein Arbeitsmappen-Ereignis unterdrücken

Es scheint merkwürdig, daß eine Arbeitsblatt-Ereignisbehandlungsroutine eine Arbeitsmappen-Ereignisbehandlungsroutine, die für dasselbe Ereignis definiert ist, nicht außer Kraft setzt. Die Tatsache, daß Arbeitsblatt-Ereignisse zuerst behandelt werden, gibt Ihnen jedoch weitreichende Kontrolle über die Handhabung von Ereignissen.

Wenn beide Ereignisbehandlungsroutinen ausgeführt werden sollen, müssen Sie keine Änderungen vornehmen. Wenn die Arbeitsblatt-Ereignisbehandlungsroutine die Arbeitsmappen-Ereignisbehandlungsroutine unterdrücken soll, muß die Arbeitsblatt-Ereignisbehandlungsroutine der Arbeitsmappen-Ereignisbehandlungsroutine befehlen, untätig zu bleiben. Dazu muß eine benutzerdefinierte Eigenschaft auf Arbeitsmappenebene erstellt werden.

❶ Doppelklicken Sie im Projektfenster auf *ThisWorkbook*. Geben Sie am oberen Rand des Codefensters folgende Anweisung über der Ereignisbehandlungsprozedur ein:

```
Public EreignisVerarbeiten As Boolean
```

Damit wird *EreignisVerarbeiten* als öffentliche Variable im Modul *ThisWorkbook* deklariert. Eine öffentliche Variable ist im Grunde genommen nichts anderes als eine sehr einfache Eigenschaft. Die Deklaration der Variable mit dem Datentyp Boolean bedeutet, daß sie nur die Werte True (Wahr) oder False (Falsch) annehmen kann. Wenn ihr kein Wert zugewiesen wird, hat sie den Wert False.

❷ Ändern Sie den Anweisungsteil der Ereignisbehandlungsroutine wie folgt:

```
If EreignisVerarbeiten = True Then
    EreignisVerarbeiten = False
Else
    Selection.Interior.Color = vbRed
End If
```

Die Ereignisbehandlungsroutine ändert nun die Farbe der ausgewählten Zellen nur, wenn die Variable EreignisVerarbeiten nicht den Wert True hat. Falls die Variable EreignisVerarbeiten den Wert True hat, wird ihr der Wert *False* zugewiesen. (Ansonsten würde die Ereignisbehandlungsroutine solange unterdrückt, bis die Arbeitsmappe geschlossen wird.)

❸ Doppelklicken Sie im Projektfenster auf *Tabelle1*. Geben Sie im unteren Bereich der Ereignisbehandlungsroutine direkt vor der End Sub-Anweisung **ThisWorkbook.EreignisVerarbeiten = True** ein.

Damit wird die neue Eigenschaft *EreignisVerarbeiten* in die Liste der Methoden und Eigenschaften aufgenommen (vgl. Abbildung 9.42). Ihr

Abbildung 9.42
Die neue Eigenschaft *EreignisVerarbeiten* wird in der Liste der Methoden und Eigenschaften des Objekts *ThisWorkbook* angezeigt.

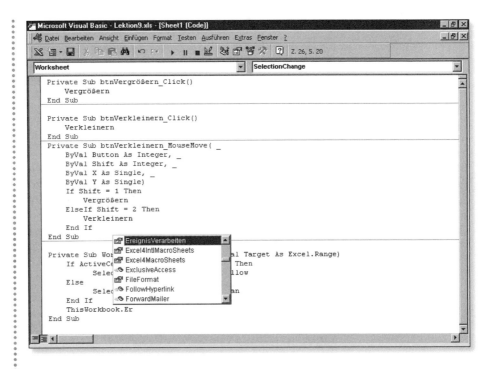

wird sogar ein Standard-Eigenschaftssymbol zugeordnet. Mit dieser Anweisung befiehlt die Arbeitsblatt-Ereignisbehandlungsroutine der Arbeitsmappen-Ereignisbehandlungsroutine, untätig zu bleiben.

❹ Aktivieren Sie *Tabelle1* in Excel, und wählen Sie andere Zellen aus.

Die Auswahl sollte sich nun zu gelb oder blau ändern. Die Arbeitsblatt-Ereignisbehandlungsroutine unterdrückt die Arbeitsmappen-Ereignisbehandlungsroutine.

❺ Aktivieren Sie *Tabelle3,* und ändern Sie die Auswahl der Zellen.

Die ausgewählten Zellen sollten jetzt rot dargestellt werden. Die Arbeitsmappen-Ereignisbehandlungsroutine funktioniert korrekt, solange sie nicht von der Arbeitsblatt-Ereignisbehandlungsroutine außer Kraft gesetzt wird.

Durch die Erstellung einer einfachen benutzerdefinierten Eigenschaft in Form einer Public-Variablen im Modul *ThisWorkbook* können Sie eine Arbeitsmappen-Ereignisbehandlungsroutine unterdrücken. Auf diese Weise können Sie nach Belieben festlegen, welche Ereignisbehandlungsroutine wann ausgeführt werden soll. Eine Ereignisbehandlungsroutine kann nur auf Arbeitsblattebene, auf Arbeitsmappenebene, auf beiden Ebenen oder fallweise auf der einen oder anderen Ebene ausgeführt werden.

Lektion 9 — Makros über Ereignisse starten

Ein Ereignis widerrufen

Einige Ereignisse scheinen nur zu existieren, um widerrufen zu werden. Beispielsweise zeigt Excel ein Kontextmenü an, wenn Sie mit der rechten Maustaste auf ein Arbeitsblatt geklickt wird. Gesetzt den Fall, Sie möchten verhindern, daß dieses Kontextmenü angezeigt wird. Sie erstellen einfach eine Ereignisbehandlungsprozedur, die das entsprechende Ereignis widerruft.

Die Namen sämtlicher Ereignisse, die widerrufen werden können, beginnen mit dem Wort *Before*. Ein Arbeitsblatt verfügt über die Ereignisse BeforeDoubleClick und BeforeRightClick. Eine Arbeitsmappe verfügt über die entsprechenden Ereignisse SheetBeforeDoubleClick und SheetBeforeRightClick sowie über die Ereignisse BeforeClose, BeforeSave und BeforePrint. Jede Ereignisprozedur, die abgebrochen werden kann, verfügt über ein Cancel-Argument. Um das entsprechende Ereignis abzubrechen, weisen Sie dem Cancel-Argument den Wert *True* zu.

❶ Wählen Sie im Codefenster von *Tabelle1* aus der Objektliste *Worksheet* und aus dem Listenfeld *Prozedur* den Eintrag *BeforeRightClick*.

❷ Im Codefenster wird die entsprechende Ereignisbehandlungsprozedur angezeigt. Geben Sie vor der Zeile *End Sub* **Cancel = True** ein. Die Prozedur sollte nun wie in Abbildung 9.43 aussehen.

❸ Aktivieren Sie Excel, und wählen Sie *Tabelle1*. Klicken Sie mit der rechten Maustaste auf eine Zelle.

Die Farbe ändert sich, aber das Kontextmenü wird nicht angezeigt. Die Ereignisbehandlungsroutine wird ausgeführt, bevor das Ereignis ausgelöst wird.

Symbolleisten und Menüs können mit Makros verknüpft werden, und Befehlsschaltflächen, Arbeitsblätter und Arbeitsmappen können mit

Abbildung 9.43
Die Definition der Ereignisbehandlungsprozedur.

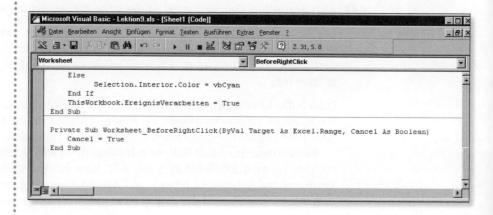

Lektion 9 : Makros über Ereignisse starten

Ereignisbehandlungsroutinen verknüpft werden. Mit diesen Werkzeugen können Sie gezielt Anwendungen erstellen, die für andere Benutzer einfach zu bedienen sind.

Zusammenfassung der Lektion

Möchten Sie	dann
eigene Symbolleisten oder Menüleisten definieren,	rufen Sie das Dialogfeld *Anpassen* auf, indem Sie mit der rechten Maustaste auf eine beliebige Symbolleiste klicken, und wählen die Option *Anpassen*.
einen Befehl in eine Symbolleiste bzw. ein Menü einfügen,	klicken Sie im Dialogfeld *Anpassen* auf die Registerkarte *Befehle*, wählen die Kategorie *Makros* und ziehen einen der Befehle in das Menü bzw. die Symbolleiste.
ein Makro einer benutzerdefinierten Symbolleisten-Schaltfläche oder einem Menü zuweisen,	klicken Sie bei geöffnetem Dialogfeld *Anpassen* auf die Schaltfläche oder den Befehl, klicken auf die Schaltfläche *Auswahl ändern*, klicken auf den Befehl *Makro zuweisen* und wählen das Makro.
eine Symbolleisten-Schaltfläche oder einen Menübefehl kopieren,	halten Sie Strg gedrückt, während Sie den betreffenden Eintrag an seine neue Position ziehen.
eine benutzerdefinierte Befehlsschaltfläche in ein Arbeitsblatt aufnehmen,	klicken Sie in der Visual Basic-Symbolleiste auf die Schaltfläche *Steuerelement-Leiste*, klicken auf die Schaltfläche *Befehlsschaltfläche (CommandButton)* und zeichnen ein Rechteck im Arbeitsblatt.
eine Befehlsschaltfläche beim Verschieben oder beim Vergrößern bzw. Verkleinern exakt an den Gitternetzlinien ausrichten,	halten Sie Alt gedrückt, während Sie die Schaltfläche ziehen bzw. ihre Größe verändern.
eine Ereignisbehandlungsroutine erstellen, die ausgeführt wird, wenn auf eine Befehlsschaltfläche geklickt wird,	geben Sie der Befehlsschaltfläche zuerst einen Namen und klicken dann in der Symbolleiste *Steuerelement-Toolbox* auf die Schaltfläche *Code anzeigen*.
eine Befehlsschaltfläche aktivieren,	klicken Sie auf die Schaltfläche *Entwurfsmodus beenden*.
eine Befehlsschaltfläche auswählen, ohne die zugehörige Ereignisbehandlungsroutine auszuführen,	klicken Sie auf die Schaltfläche *Entwurfsmodus*. ▶

Lektion 9

Makros über Ereignisse starten

Möchten Sie	dann
eine Ereignisbehandlungsroutine erstellen, die immer ausgeführt wird, wenn in einem bestimmten Arbeitsblatt eine andere Zelle ausgewählt wird,	doppelklicken Sie im Projektfenster auf den Arbeitsblattnamen, wählen dann aus der Objektliste *Worksheet* und aus der Prozedurliste *SelectionChange*.
eine Ereignisbehandlungsroutine erstellen, die immer ausgeführt wird, wenn in einem beliebigen Arbeitsblatt einer Arbeitsmappe eine andere Zelle ausgewählt wird,	doppelklicken Sie im Projektfenster auf *ThisWorkbook*, wählen dann *Workbook* aus der Objektliste und *SheetSelectionChange* aus der Prozedurliste.
verhindern, daß ein Ereignis ausgelöst wird,	prüfen Sie, ob der betreffende Ereignisname mit dem Wort *Before* beginnt. Ist dies der Fall, weisen Sie dem Argument *Cancel* in der Ereignisbehandlungsroutine den Wert *True* zu.

So erhalten Sie Online-Hilfe zum Thema:	Fordern Sie vom Assistenten mit folgendem Suchbegriff Hilfe an:
Erstellen benutzerdefinierter Symbolleisten und Menüs	Befehlsleisten
Erstellen von Befehlsschaltflächen	Befehlsschaltflächen
Verwenden von Ereignissen	Ereignisse

Ausblick auf die nächste Lektion

Normalerweise denkt man bei Listenfeldern, Bildlaufleisten und anderen grafischen Steuerelementen an Dialogfelder. In Excel können diese interaktiven Steuerelemente in Arbeitsblätter eingefügt werden. In der nächsten Lektion werden Sie lernen, wie Sie Arbeitsblätter mit Hilfe dieser aktiven Steuerelemente benutzerfreundlicher gestalten können. (Dieselben Steuerelemente werden Sie später auch in benutzerdefinierten Dialogfeldern einsetzen.)

10 Dialogfeld-Steuerelemente in Arbeitsblättern verwenden

Geschätzte Dauer:
30 Minuten

In dieser Lektion lernen Sie

- wie Sie ActiveX-Steuerelemente in ein Arbeitsblatt einfügen.
- wie Sie den Wert eines Steuerelements mit einem Arbeitsblatt verknüpfen.
- wie Sie ein Listenfeld mit einem Arbeitsblattbereich verknüpfen.
- wie Sie ein Listenfeld mit mehreren Spalten erstellen.
- wie Sie ein Arbeitsblatt schützen, das ActiveX-Steuerelemente enthält.

Microsoft Excel ist ein großartiges Programm. Viele Leute kaufen es, weil sie es im Beruf brauchen. Zumindest geben die meisten Leute vor, daß sie es aus beruflichen Gründen verwenden. Aber wir alle kennen doch den wahren Grund für den Erwerb von Excel: die Berechnung der Darlehensraten von Autofinanzierungskrediten. (Und diejenigen von uns, die keine Autofinanzierungskredite abzahlen, berechnen wahrscheinlich ihre Hypothekenzahlungen.) Erst *nachdem* sie Excel gekauft haben, erkennen viele Anwender, daß es auch für ein oder zwei andere Anwendungen brauchbar ist.

In dieser Übung gehen wir davon aus, daß Sie einen Bekannten haben, der sich gerade Excel gekauft hat, um seine Darlehensraten zu berechnen. Ihr Bekannter hat aber noch keine großen Erfahrungen mit Excel. Sie werden ihm helfen, eine Modell für die Berechnung der Darlehensraten zu erstellen. Ihr Bekannter soll einerseits in der Lage sein, verschiedene Kaufpreise, Zinssätze und Laufzeiten auszuprobieren. Andererseits sollen alle potentiellen Fehlerquellen ausgeschaltet werden. Excel verfügt über verschiedene leistungsfähige Funktionen, mit denen Sie diese Aufgabe bewältigen können.

Beginnen Sie mit der Lektion

Starten Sie Microsoft Excel, öffnen Sie die Arbeitsmappe *Kredit*, die sich im Ordner *Excel VBA Übungen* befindet, und speichern Sie sie unter dem Namen **Lektion10**.

Lektion 10 — Dialogfeld-Steuerelemente in Arbeitsblättern verwenden

Ein Modell zur Berechnung von Darlehensraten implementieren

Die Interaktion mit Excel erfolgt über seine grafische Benutzeroberfläche. Eine grafische Benutzeroberfläche umfaßt Menüs, Dialogfelder, Listenfelder, Bildlaufleisten, Schaltflächen und andere grafische Elemente. Eine grafische Benutzeroberfläche erleichtert das Erlernen und die Bedienung eines Programms und reduziert die Fehlermöglichkeiten, indem dem Anwender nur gültige Optionen zur Auswahl gestellt werden.

Die Erstellung grafischer Benutzeroberflächen ist traditionell eine Domäne professioneller Software-Entwickler gewesen. Erst in den letzten Jahren hatten Anwender von anspruchsvolleren Anwendungen die Möglichkeit, benutzerdefinierte Dialogfelder mit grafischen Steuerelementen auszustatten. In Excel können Sie jetzt Steuerelemente direkt in Arbeitsblätter einfügen, ohne eine Zeile Programmcode schreiben zu müssen. Diese Steuerelemente werden als ActiveX-Steuerelemente bezeichnet. Beispielsweise war die Befehlsschaltfläche, die Sie in Lektion 9 erstellt haben, ein solches ActiveX-Steuerelement.

In dieser Lektion werden Sie ein Arbeitsblattmodell erstellen, mit dem die Rückzahlung eines Autofinanzierungskredits berechnet wird. Dazu werden Sie ActiveX-Steuerelemente in das Arbeitsblatt einfügen, damit es für Ihren Bekannten, der mit Arbeitsblättern wenig vertraut ist, so einfach wie möglich zu handhaben ist. Sie werden die Arbeitsweise von ActiveX-Steuerelementen kennenlernen. Diese Kenntnisse sind bei der Erstellung benutzerdefinierter Formulare hilfreich, die Sie in Lektion 11 üben werden.

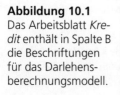

Abbildung 10.1
Das Arbeitsblatt *Kredit* enthält in Spalte B die Beschriftungen für das Darlehensberechnungsmodell.

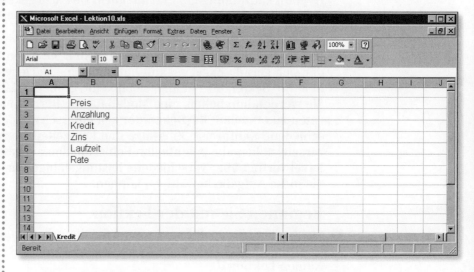

Lektion 10 — Dialogfeld-Steuerelemente in Arbeitsblättern verwenden

Das Darlehensberechnungsmodell erstellen

Das Arbeitsblatt *Kredit* enthält Beschriftungen, die das Grundgerüst für ein Modell zur Berechnung der monatlichen Raten zur Tilgung des Autofinanzierungskredits bilden.

Die Zellen B2 bis B7 enthalten die Beschriftungen *Preis*, *Anzahlung*, *Kredit*, *Zins*, *Laufzeit* und *Rate* (vgl. Abbildung 10.1). In der folgenden Übung werden Sie damit ein funktionsfähiges Modell zur Berechnung von Darlehensraten erstellen.

❶ Geben Sie in Zelle C2 (rechts neben *Preis*) **5000** ein; geben Sie in Zelle C3 (rechts neben *Anzahlung*) **20%** ein; geben Sie in Zelle C5 (rechts neben *Zins*) **8%** ein, und geben Sie in Zelle C6 (rechts neben *Laufzeit*) **3** ein (vgl. Abbildung 10.2).

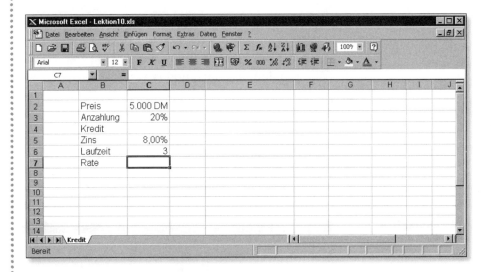

Abbildung 10.2
Das Arbeitsblatt *Kredit* enthält nun die Werte, die zur Berechnung eines Beispieldarlehens vorgegeben werden.

Diese Tabelle enthält keine benannten Bereiche.

❷ Geben Sie in Zelle C4 (rechts neben *Kredit*) **=Preis*(1-Anzahlung)** ein, und drücken Sie ⏎.

Daraufhin wird der Wert 4.000 DM in der Zelle C4 angezeigt (vgl. Abbildung 10.3). Excel ermittelt die Zellen, die den Preis und die Anzahlung enthalten, anhand der Beschriftungen neben den Zellen.

Um sicherzustellen, daß Excel in der Formel die korrekten Zellen verwendet, wählen Sie die Zelle C4 aus und klicken auf die Bearbeitungsleiste. In der Formel wird das Wort *Preis* nun blau angezeigt und im Arbeitsblatt erscheint ein blauer Rahmen um die Zelle C2, die den Wert für *Preis* enthält. Das Wort *Anzahlung* wird nun grün angezeigt und in der Tabelle erscheint ein grüner Rahmen um die Zelle C3, die den Wert für *Anzahlung* enthält. Sie können nun sicher sein, daß Excel die

Lektion 10 Dialogfeld-Steuerelemente in Arbeitsblättern verwenden

Abbildung 10.3
Mit der Formel =*Preis*(1-Anzahlung)* wird der Darlehensbetrag in Zelle C4 berechnet.

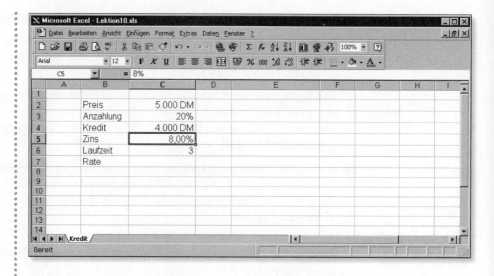

gewünschten Zellen zur Berechnung der Formel verwendet. Drücken Sie ESC, um den Standardmodus von Excel wieder zu aktivieren.

❸ Geben Sie in Zelle C7 (rechts neben *Rate*) **=RMZ(Zins/12;Laufzeit*12; Kredit)** ein, und drücken Sie ⏎.

In der Zelle wird daraufhin der Betrag einer Monatsrate – 125,35 DM – angezeigt (vgl. Abbildung 10.4). Wieder verwendet Excel die Beschriftungen neben den Zellen, um festzustellen, welche Zellen in der Formel verwendet werden sollen.

Abbildung 10.4
Mit der Formel =*RMZ(Zins/12;Laufzeit*12;Kredit)* wird der Ratenbetrag in Zelle C7 berechnet.

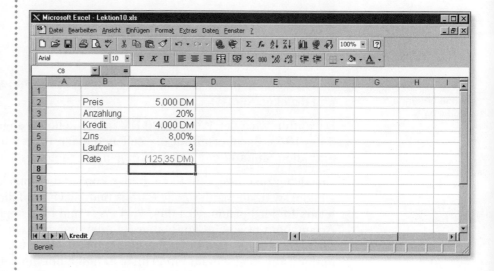

Lektion 10 Dialogfeld-Steuerelemente in Arbeitsblättern verwenden

Wir haben hier die monatliche Ratenzahlung für ein Auto berechnet, für das ein Darlehen in Höhe von 5.000 DM aufgenommen wird. Die rote Schrift und die Klammern um den Wert zeigen an, daß es sich um einen negativen Wert handelt. Leider erhalten Sie diesen Betrag ja nicht, sondern Sie müssen ihn jeden Monat zahlen. (Wenn Sie die monatliche Zahlung in eine positive Zahl umwandeln möchten, setzen Sie in der Formel ein Minuszeichen vor *Kredit*.)

Das Darlehensberechungsmodell einsetzen

❶ Geben Sie in die Zelle C2 **12000** ein. Der Kreditbetrag wird damit zu 9.600 DM geändert und die monatliche Rate zu 300,83 DM (vgl. Abbildung 10.5).

Abbildung 10.5
Für den neuen Preis in Zelle C2 wird ein neuer Ratenbetrag berechnet und in Zelle C7 angezeigt.

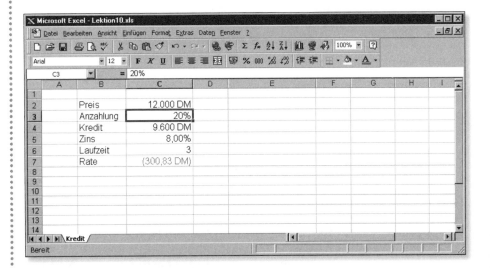

Mit diesem einfachen Modell werden die monatlichen Ratenzahlungen für die vorgegebenen Variablen berechnet. Wenn die Eingabevariablen geändert werden, ändert sich der Ratenbetrag entsprechend. Als Eingabevariablen können beliebige Zahlen verwendet werden.

❷ Geben Sie als Preis nun **1500000 DM** ein – ein sehr teures Auto. Die Monatsrate wird gnadenlos berechnet, aber Sie können sie nicht erkennen, weil sie zu lang ist (vgl. Abbildung 10.6).

❸ Drücken Sie [Strg]+[Z], um die Preisänderung rückgängig zu machen. Der Preis wird auf 12.000 DM zurückgesetzt. (Als monatliche Rate für ein 1.500.000 DM teures Auto wären übrigens 37.603,64 DM fällig.)

Problematisch ist an diesem Modell, daß es *zu* flexibel ist. Es können unsinnig hohe Preise und Zinssätze eingegeben werden. (Probieren Sie z. B. **500%** aus.) Und für die Laufzeit können sogar ganz abwegige Werte

Abbildung 10.6
Wenn Sie einen zu hohen Preis eingeben, wird das Ergebnis unleserlich.

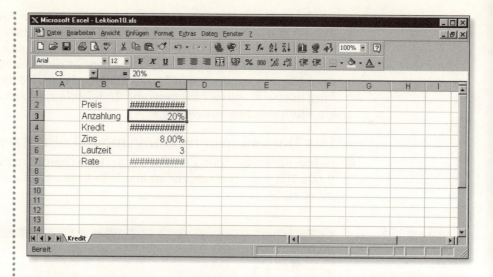

wie „Auto" eingegeben werden. Das weite Spektrum möglicher Eingaben, von denen aber nur eine relativ kleine Gruppe sinnvoll sind, ist für Ihren Bekannten möglicherweise verwirrend. Im folgenden werden Sie Steuerelemente in das Arbeitsblatt einfügen, um mögliche Irrungen und Verwirrungen ausräumen.

Ein fehlerresistentes Darlehensberechnungsmodell erstellen

Excel bietet Ihnen Werkzeuge, mit denen Sie ein fehlerresistentes Darlehensberechnungsmodell erstellen können. Durch die Einschränkung der Eingabemöglichkeiten auf bestimmte sinnvolle Bereiche wird die Fehlerwahrscheinlichkeit reduziert, und das Modell wird benutzerfreundlicher. Die Symbolleiste *Steuerelement-Toolbox* (die Symbolleiste, die Sie in Lektion 9 zur Erstellung einer Befehlsschaltfläche verwendet haben) enthält verschiedene nützliche ActiveX-Steuerelemente, die Sie in das Arbeitsblatt einfügen können: Listenfelder, Bildlaufleisten, Kombinationsfelder etc.

Die Jahresangaben auf einen bestimmten Gültigkeitsbereich beschränken

Zuerst wollen wir verhindern, daß unsinnige Wert für die Laufzeit eingegeben werden können. Autofinanzierungskredite haben in der Regel eine Laufzeit von maximal fünf Jahren. Um alle Eventualitäten abzudecken, wollen wir Werte zwischen 1 und 6 Jahren zulassen. Zur Eingabe solch niedriger Ganzzahlen empfiehlt sich die Verwendung einer sogenannten Drehen-Schaltfläche.

Lektion 10 Dialogfeld-Steuerelemente in Arbeitsblättern verwenden

Abbildung 10.7
Mit der Drehen-Schaltfläche soll die Laufzeit geändert werden können.

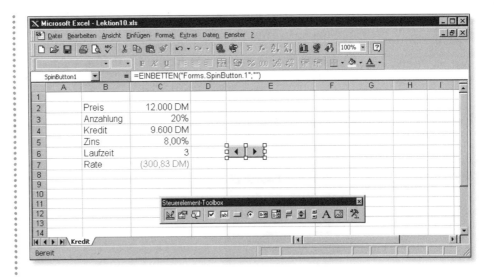

❶ Aktivieren Sie die Symbolleiste *Steuerelement-Toolbox*. (Klicken Sie in der Symbolleiste *Visual Basic* auf die Schaltfläche *Steuerelement-Toolbox*.)

❷ Klicken Sie in der Symbolleiste *Steuerelement-Toolbox* auf die Schaltfläche *Drehen-Schaltfläche*.

❸ Halten Sie [Alt] gedrückt, und klicken Sie in die obere linke Ecke der Zelle E6. (Wenn Sie [Alt] gedrückt halten, wird das Steuerelement am Zellengitter ausgerichtet.)

❹ Lassen Sie die Taste [Alt] los, und ziehen Sie die untere rechte Ecke der neuen Drehen-Schaltfläche in die Mitte der unteren Randlinie von Zelle E6. Die Drehen-Schaltfläche wird daraufhin gedreht und paßt in die Zeile (vgl. Abbildung 10.7).

Abbildung 10.8
Das Eigenschaftenfenster für die Drehen-Schaltfläche.

Ändern Sie die Eigenschaften *Min* und *Max*.

Lektion 10
Dialogfeld-Steuerelemente in Arbeitsblättern verwenden

❺ Klicken Sie auf die Schaltfläche *Eigenschaften*, um das Eigenschaftenfenster aufzurufen.

❻ Geben Sie **1** als Wert der Eigenschaft *Min* und **6** als Wert der Eigenschaft *Max* ein (vgl. Abbildung 10.8).

Mit der Drehen-Schaltfläche soll der Wert in Zelle C6 gesteuert werden.

❼ Wählen Sie die Eigenschaft *LinkedCell*, geben Sie **C6** ein, und drücken Sie ⏎.

Abbildung 10.9
Das Eigenschaftenfenster für die Drehen-Schaltfläche.

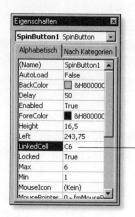

Geben Sie als Wert der Eigenschaft *LinkedCell* einen Zellbezug an, damit das Steuerelement den Wert dieser Zelle ändert.

Ein ActiveX-Steuerelement verfügt über verschiedene Eigenschaften. Sie können bei den meisten Eigenschaften einfach deren Standardwerte verwenden. Ändern Sie nur die Eigenschaften, für die Sie benutzerdefinierte Werte benötigen.

❽ Klicken Sie auf die Schaltfläche *Entwurfsmodus beenden*. Klicken Sie dann auf die Drehen-Schaltfläche, um sie zu testen.

Die Zahl in Zelle C6 ändert sich, wenn Sie auf die Drehen-Schaltfläche klicken, und der Ratenbetrag wird entsprechend angepaßt. Ihr Bekannter kann nun mühelos, gültige Eingaben für die Laufzeit des Kredits wählen.

Die Anzahlung auf einen bestimmten Gültigkeitsbereich einschränken

Unglücklicherweise können immer noch ungültige Werte für die Anzahlung eingegeben werden: z. B. -50% oder „Enzian". Aber auch das kann geregelt werden. Ein vernünftiger Wert für die Anzahlung liegt in einem Bereich zwischen 0 und 100 Prozent und sollte in Schritten von 5% eingegeben werden können. Obwohl die Anzahlung als Prozentsatz (eine Kommazahl und keine Ganzzahl) angegeben wird, können Sie auch hier eine Drehen-Schaltfläche verwenden, sofern Sie die Zwischenergebnisse in einer eigenen Zelle speichern.

Lektion 10 Dialogfeld-Steuerelemente in Arbeitsblättern verwenden

Abbildung 10.10
Mit der zweiten Drehen-Schaltfläche soll die Höhe der Anzahlung geändert werden können.

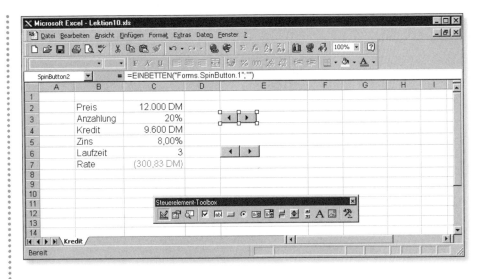

Durch das Kopieren des Steuerelements wird sichergestellt, daß beide Steuerelemente gleich groß sind.

❶ Klicken Sie auf die Schaltfläche *Entwurfsmodus,* um den Entwurfsmodus wieder aufzurufen.

❷ Halten Sie sowohl [Alt] als auch [Strg] gedrückt, und ziehen Sie die Drehen-Schaltfläche von der Zelle E6 in die Zelle E3. Wenn Sie die Maustaste loslassen, wird die Kopie an der oberen linke Ecke von Zelle E3 ausgerichtet (vgl. Abbildung 10.10).

❸ Geben Sie im Eigenschaftenfenster für die Eigenschaft *Max* den Wert **100**, für die Eigenschaft *Min* den Wert **0** und für die Eigenschaft *LinkedCell* den Zellbezug **H3** ein.

❹ Geben Sie als Wert der Eigenschaft *SmallChange* **5** ein, und drücken Sie ⏎. Diese Eigenschaft steuert den Schrittwert, um den der Wert bei jedem Klicken auf das Steuerelement erhöht wird (vgl. Abbildung 10.11).

Abbildung 10.11
Die Eigenschaft *SmallChange* steuert den Schrittwert, um den der Wert bei jedem Klicken auf die Drehen-Schaltfläche erhöht wird.

Lektion 10 Dialogfeld-Steuerelemente in Arbeitsblättern verwenden

Abbildung 10.12
Das Arbeitsblatt *Kredit* mit zwei Drehen-Schaltflächen zur Angabe der Laufzeit und der Anzahlung.

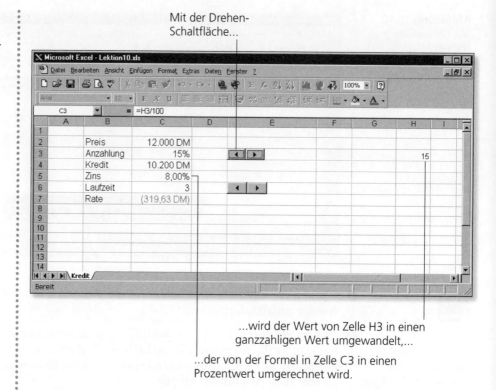

Mit der Drehen-Schaltfläche...

...wird der Wert von Zelle H3 in einen ganzzahligen Wert umgewandelt,...

...der von der Formel in Zelle C3 in einen Prozentwert umgerechnet wird.

❺ Klicken Sie auf die Schaltfläche *Entwurfsmodus beenden* und dann auf das Steuerelement.

Der Wert in Zelle H3 ändert sich im Bereich zwischen 0 und 100 jeweils in 5er-Schritten. In Zelle C3 wird ein Wert benötigt, der zwischen 0% und 100% liegt.

❻ Wählen Sie die Zelle C3 aus, geben Sie **=H3/100** ein, und drücken Sie ⏎.

Daraufhin wird in der Zelle C3 ein Prozentwert angezeigt (vgl. Abbildung 10.12).

❼ Klicken Sie auf die Drehen-Schaltfläche, und beobachten Sie, wie sich sowohl der ganzzahlige Wert in Zelle H3 als auch der daraus abgeleitete Wert in Zelle C3 ändern.

Die Drehen-Schaltfläche kann nur ganzzahlige Werte verarbeiten. Die Anzahlung kann aber nur als Prozentwert eingegeben werden. Durch die Division des Werts in Zelle H3 durch 100 kann die Drehen-Schaltfläche die Ganzzahlen verwenden und die Anzahlung als Prozentwert angegeben werden.

Lektion 10   Dialogfeld-Steuerelemente in Arbeitsblättern verwenden

Den Zinssatz auf einen bestimmten Gültigkeitsbereich einschränken

Die Eingabe des Zinssatzes ist eine weitere potentielle Fehlerquelle. Der Zinssatz ist wie die Anzahlung ein Prozentwert. Für dieses Beispiel wollen wir nur Zinssätze zwischen 0 und 20 Prozent in Schritten von jeweils 0,25 Prozent zulassen. Da damit relativ viele Werte in relativ kleinen Schritten zulässig sind, werden Sie hierfür statt einer Drehen-Schaltfläche ein Bildlaufleisten-Steuerelement einsetzen. Wie eine Drehen-Schaltfläche gibt auch eine Bildlaufleiste nur Ganzzahlen zurück. Auch dieses Steuerelement muß wieder mit einer Zelle für das Zwischenergebnis verknüpft werden.

❶ Klicken Sie in der Symbolleiste *Steuerelement-Toolbox* auf die Schaltfläche *Bildlaufleiste*, und halten Sie [Alt] gedrückt, während Sie in die obere linke Ecke von Zelle E5 klicken.

❷ Halten Sie die Taste [Alt] weiterhin gedrückt, während Sie die untere rechte Ecke der neu erstellten Bildlaufleiste in die untere rechte Ecke von Zelle E5 ziehen (vgl. Abbildung 10.13).

Abbildung 10.13
Erstellen Sie eine Bildlaufleiste zur Eingabe des Zinssatzes.

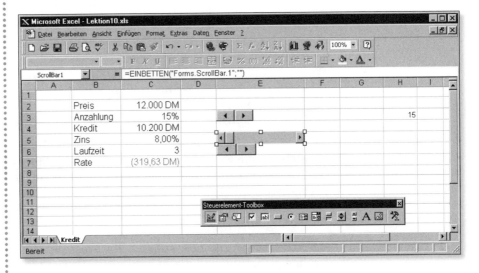

❸ Geben Sie im Eigenschaftenfenster für die Eigenschaft *Max* den Wert **2000**, für die Eigenschaft *SmallChange* den Wert **25**, für die Eigenschaft *LargeChange* den Wert **100** und für die Eigenschaft *LinkedCell* den Zellbezug **H5** ein. Drücken Sie ⏎.

❹ Klicken Sie auf die Schaltfläche *Entwurfsmodus beenden,* und probieren Sie das Bildlaufleisten-Steuerelement aus, indem Sie auf die Pfeilschaltflächen und in den dazwischen liegenden Bereich klicken.

333

Lektion 10 — Dialogfeld-Steuerelemente in Arbeitsblättern verwenden

Abbildung 10.14
In das Arbeitsblatt *Kredit* wurde eine Bildlaufleiste zur Angabe des Zinssatzes eingefügt.

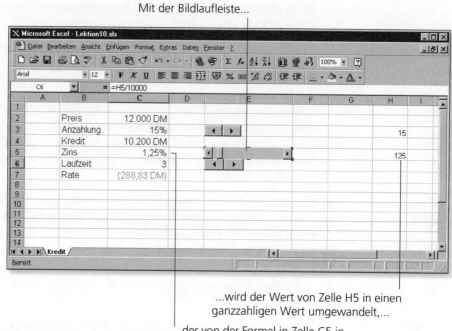

Mit der Bildlaufleiste...

...wird der Wert von Zelle H5 in einen ganzzahligen Wert umgewandelt,...

...der von der Formel in Zelle C5 in einen Prozentwert umgerechnet wird.

Wenn Sie auf eine der Pfeilschaltflächen klicken, wird der Wert in Zelle H5 in Schritten von 25 geändert (dem Wert der Eigenschaft *SmallChange*). Wenn Sie in den Bereich zwischen den Pfeilschaltflächen klicken, wird der Wert in Schritten von jeweils 100 geändert (dem Wert der Eigenschaft *LargeChange*).

❺ Wählen Sie die Zelle **C5** aus, geben Sie **=H5/10000** ein, und drücken Sie ⏎. Der Wert von Zelle H5 wird einmal durch 100 geteilt, um ihn in einen Prozentwert umzuwandeln, und dann nochmals durch 100 geteilt (100 * 100 = 10000), um die Hundertstel eines Prozents angeben zu können (vgl. Abbildung 10.14).

Ihr Bekannter kann nun mühelos die Laufzeit des Darlehens (mit einer Drehen-Schaltfläche), die Anzahlung in Prozent (ebenfalls mit einer Drehen-Schaltfläche) und den Zinssatz (mit einem Bildlaufleisten-Steuerelement) ändern. Es fehlt lediglich eine komfortable Möglichkeit zur Eingabe des Kaufpreises.

Werte aus einer Liste abrufen

Der Kaufpreis könnte auch wieder mit Hilfe einer Bildlaufleiste eingegeben werden, doch hängt der Preis natürlich davon ab, welches Auto gekauft werden soll. Ihr Bekannter hat verschiedene Gebrauchtwagen-

Lektion 10 Dialogfeld-Steuerelemente in Arbeitsblättern verwenden

Abbildung 10.15
Die Liste der Gebrauchtwagen im Arbeitsblatt *Kredit*.

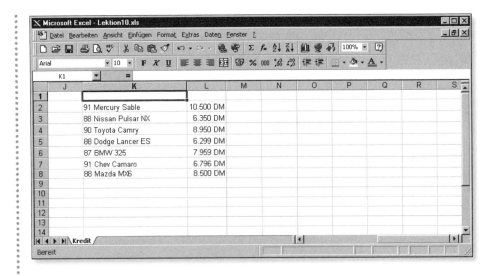

anzeigen durchgesehen und daraus eine Liste der für ihn in Frage kommenden Autos zusammengestellt. Sie können dieses Modell sehr benutzerfreundlich gestalten, indem Sie Ihren Bekannten die Beschreibung des gewünschten Autos auswählen und den betreffenden Preis automatisch in der Preis-Zelle anzeigen lassen.

Eine Auswahliste vorbereiten

Das Arbeitsblatt *Kredit* enthält eine Beispielliste mit Automodellen und Preisen. Die Liste beginnt in Zelle K2 (vgl. Abbildung 10.15).

Sie werden nun ein Listenfeld erstellen, mit dem diese Autoliste angezeigt werden kann.

❶ Wählen Sie die Zelle K2 aus, und drücken Sie [Strg]+[⇧]+[*], um den gesamten Zellenblock auszuwählen.

Abbildung 10.16
Das Dialogfeld *Namen festlegen*.

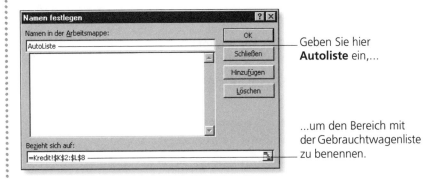

335

Lektion 10 Dialogfeld-Steuerelemente in Arbeitsblättern verwenden

❷ Wählen Sie im Menü *Einfügen* den Befehl *Namen,* und klicken Sie auf *Festlegen*. Geben Sie **Autoliste** als Namen der Liste ein, und klicken Sie auf *OK* (vgl. Abbildung 10.16). Der definierte Name bezieht sich sowohl auf die Autotypen wie auch auf die zugehörige Preisliste.

❸ Klicken Sie in der Symbolleiste *Steuerelement-Toolbox* auf *Kombinationsfeld*. Halten Sie [Alt] gedrückt, und ziehen Sie ein Rechteck von der oberen linken Ecke zur unteren rechten Ecke der Zelle E2 (vgl. Abbildung 10.17).

Abbildung 10.17
Zur Auswahl des gewünschten Gebrauchtwagens wurde ein Kombinationsfeld erstellt.

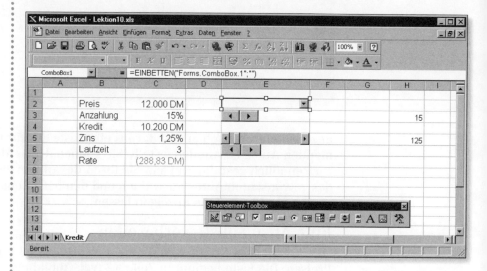

Es gibt zwei Arten von Kombinationsfeldern: Dropdown-Listenfelder, in denen nur ein Eintrag aus einer Liste ausgewählt werden kann, und Listenfelder, die mit einem Bearbeitungsfeld kombiniert sind und in denen ein neuer Werte eingegeben oder ein Eintrag aus der Liste ausgewählt werden kann. Da in diesem Beispiel nur Autos aus der bereits bestehenden Auswahlliste verwendet werden sollen, definieren Sie das Kombinationsfeld als Dropdown-Listenfeld.

❹ Wählen Sie im Eigenschaftenfenster als Wert für die Eigenschaft *Style* den Eintrag **2 - fmStyleDropDownList** (vgl. Abbildung 10.18).

❺ Geben Sie **C2** als Wert der Eigenschaft *LinkedCell* ein, und drücken Sie ⏎.

Die Zelle C2 wird mit dem Kombinationsfeld verknüpft und ihr Wert im Kombinationsfeld angezeigt.

❻ Geben Sie **Autoliste** als Wert der Eigenschaft *ListFillRange* ein, und drücken Sie ⏎.

Lektion 10   Dialogfeld-Steuerelemente in Arbeitsblättern verwenden

Abbildung 10.18
Das Eigenschaften-
fenster mit den
zulässigen Werten
für die Eigenschaft
Style.

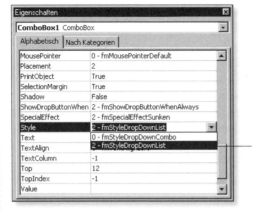

Wenn Sie diesen Typ wählen, können nur Einträge aus der Liste ausgewählt werden.

Die Anzeige ändert sich nicht, aber das Kombinationsfeld „weiß" jetzt, daß es die Werte aus dem Bereich *Autoliste* verwenden soll. Der Wert in Zelle C2 soll sich ändern, wenn im Kombinationsfeld ein anderes Auto ausgewählt wird.

❼ Klicken Sie auf die Schaltfläche *Entwurfsmodus beenden*, klicken Sie auf die Pfeilschaltfläche im Kombinationsfeld, und wählen Sie *90 Toyota Camry* aus der Liste.

Der Name des Autos wird im Dropdown-Steuerelement angezeigt, aber leider auch in der Zelle C2. Und unser Darlehensberechnungsmodell

Abbildung 10.19
Das Arbeitsblatt
Kredit mit dem
Kombinationsfeld
zur Angabe des
Kaufpreises.

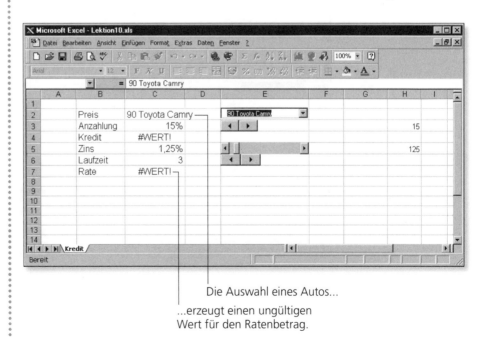

Die Auswahl eines Autos...
...erzeugt einen ungültigen
Wert für den Ratenbetrag.

337

Lektion 10 Dialogfeld-Steuerelemente in Arbeitsblättern verwenden

kann mit einem Autonamen als Preisangabe nichts anfangen (vgl. Abbildung 10.19).

Sie können jetzt zwar ein Auto im Kombinationsfeld auswählen, aber in der Zelle C2 wird dann die Bezeichnung des Autos angezeigt und nicht, wie gewünscht, der Kaufpreis. Da der Eigenschaft *ListFillRange* der Bereich *Autoliste* zugewiesen wurde und dieser Bereich eine zweite Spalte mit den Preisen enthält, muß das Kombinationsfeld nun so abgeändert werden, daß die Werte aus dieser zweiten Spalte verwendet werden.

Die Preise aus der Liste abrufen

❶ Klicken Sie auf die Schaltfläche *Entwurfsmodus* und dann auf das Kombinationsfeld.

❷ Geben Sie im Eigenschaftenfenster für die Eigenschaft *ColumnCount* den Wert **2** ein.

Die Eigenschaft *ColumnCount* teilt dem Kombinationsfeld mit, daß für *ListFillRange* zwei Spalten mit Werten existieren.

Abbildung 10.20
Das Arbeitsblatt *Kredit* und das Eigenschaftenfenster für das Kombinationsfeld.

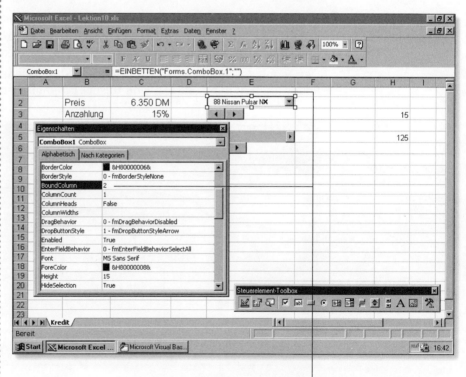

Mit der Eigenschaft *BoundColumn* wird gesteuert, aus welcher Spalte die Werte in die Zelle C2 übernommen werden.

Lektion 10 Dialogfeld-Steuerelemente in Arbeitsblättern verwenden

Abbildung 10.21
Wenn Sie ein Auto auswählen, wird der entsprechende Preis in die Zelle C2 eingetragen.

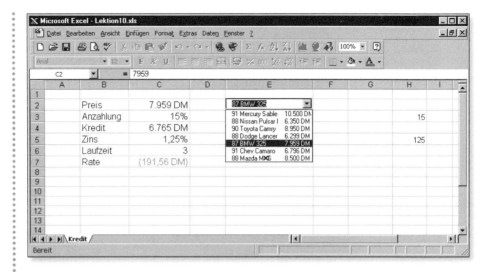

❸ Geben Sie für die Eigenschaft *BoundColumn* den Wert **2** ein, und drücken Sie ⏎.

Mit der Eigenschaft *BoundColumn* wird festgelegt, aus welcher Spalte die Werte in die verknüpfte Zelle übernommen werden sollen (vgl. Abbildung 10.20). Und Voilà! Der Preis des Toyotas (8.950 DM), wird in der Zelle angezeigt.

❹ Deaktivieren Sie den Entwurfsmodus, und klicken Sie auf die Pfeilschaltfläche im Kombinationsfeld (vgl. Abbildung 10.21).

Abbildung 10.22
Mit der Auswahl eines anderen Autos ändert sich auch der Preis in der Zelle C2.

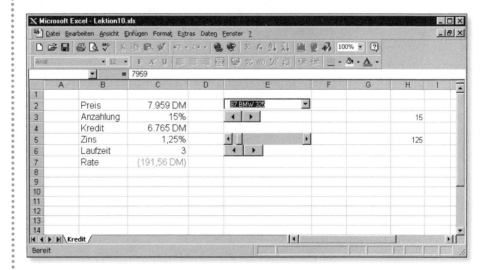

Lektion 10 Dialogfeld-Steuerelemente in Arbeitsblättern verwenden

❺ Wählen Sie in der Dropdown-Liste mit den Autos den Eintrag *87 BMW 325*.

Der Preis ändert sich zu 7.959 DM (vgl. Abbildung 10.22).

Wir haben nun alle potentiellen Fehlerquellen für die Berechnung eines Autofinanzierungskredits ausgeschaltet. Ihr Bekannter kann nicht mehr versehentlich die Monatsraten für ein 1.000.000 DM teures Auto berechnen, sondern braucht das gewünschte Auto einfach nur aus einer Liste zu wählen. Excel fügt automatisch den zugehörigen Preis in die Preis-Zelle ein und berechnet unter Verwendung verschiedener anderer Daten wie Zins und Laufzeit die Ratenzahlungen.

Die Spaltenbreite einstellen

Das Kombinationsfeld funktioniert nun einwandfrei. Es wird jedoch am unteren Rand des Dropdown-Listenfelds eine horizontale Bildlaufleiste angezeigt, da nicht der gesamte Inhalt der Preisliste in der Spalte Platz hat. Obwohl genügend Raum für die Anzeige des Preises vorhanden wäre, ist die Preisspalte genauso breit wie die Spalte mit den Autonamen. Per Voreinstellung werden sämtliche Spalten in einem Kombinationsfeld in derselben Breite angezeigt. In unserem Beispiel sollen die Spalten aber unterschiedlich breit sein. Sie können die Spaltenbreiten manuell einstellen.

❶ Aktivieren Sie den Entwurfsmodus, und wählen Sie das Kombinationsfeld aus.

Ein Punkt entspricht 1/72 eine Zolls (1 Zoll = 2,54 cm).

❷ Geben Sie im Eigenschaftenfenster für die Eigenschaft *ColumnWidths* die Werte **2,6 cm; 1,25 cm** ein (damit wird die Breite der ersten Spalte auf 2,6 cm und die Breite der zweiten Spalte auf 1,25 cm eingestellt), und drücken Sie ⏎.

Für die Eigenschaft werden daraufhin die Werte *73,65 Pt;35,45 Pt* angezeigt. Die Zentimeterangaben werden in *Punkt* umgerechnet. Die Werte dieser Eigenschaft können in den Einheiten Zoll (in), Zentimeter (cm) oder Punkt (Pt) eingegeben werden, im Eigenschaftenfenster werden die Werte aber immer in der Maßeinheit Punkt angezeigt.

❸ Schalten Sie den Entwurfsmodus aus, und klicken Sie auf die Pfeilschaltfläche des Kombinationsfelds.

Das Kombinationsfeld wird nun ohne Bildlaufleiste angezeigt (vgl. Abbildung 10.23).

Das Arbeitsblatt schützen

Das Modell funktioniert jetzt einwandfrei. Alle Eingaben können über Schaltflächen vorgenommen werden. Und zu seiner Erstellung wurden nicht einmal Makros verwendet! Das Modell ist aber noch nicht völlig

Lektion 10 | Dialogfeld-Steuerelemente in Arbeitsblättern verwenden

Abbildung 10.23
Die Spalten des Kombinationsfelds sind unterschiedlich breit.

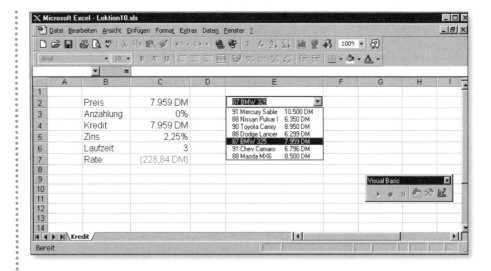

kugelsicher. Es gibt zum Beispiel keinen Schutz gegen Texteingaben in Zelle C2, mit denen die Formel wieder zerstört werden könnte.

Sie könnten das Arbeitsblatt schützen. Dies würde Ihren Bekannten daran hindern, ungültige Werte in das Modell einzugeben, aber es würde auch bewirken, daß die ActiveX-Steuerelemente die Werte in den verknüpften Zellen nicht mehr ändern können. Sie können den Blattschutz jedoch so definieren, daß die Zellen mit Hilfe von Visual Basic-Prozeduren geändert werden können. Dazu müssen Sie lediglich fünf einfache Ereignisbehandlungsroutinen eingeben.

Eine Ereignisbehandlungsroutine für das Kombinationsfeld erstellen

Im ersten Schritt werden die ActiveX-Steuerelemente so verändert, daß die Werte statt über eine Verknüpfung mit Hilfe einer Ereignisbehandlungsroutine in die Zelle eingetragen werden.

❶ Aktivieren Sie den Entwurfsmodus, und wählen Sie das Kombinationsfeld.

❷ Im Eigenschaftenfenster ändern Sie den Wert der Eigenschaft *Name* zu **cboPreis**. (Das Präfix *cbo* kennzeichnet ein Kombinationsfeld.) Löschen Sie den Wert im Feld der Eigenschaft *LinkedCell*, und klicken Sie dann in der Symbolleiste *Steuerelement-Toolbox* auf die Schaltfläche *Code anzeigen*.

Daraufhin wird eine neue Ereignisbehandlungsprozedur namens *cboPreis_Change* angezeigt. Nun ändern Sie das Standardereignis für das Kombinationsfeld.

Lektion 10 : Dialogfeld-Steuerelemente in Arbeitsblättern verwenden

Abbildung 10.24
Die Ereignisbehandlungsprozedur *cboPreis_Change*.

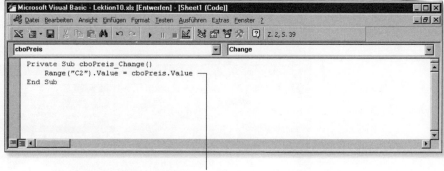

Die Eigenschaft *LinkedCell* kann durch eine Ereignisbehandlungsprozedur ersetzt werden.

❸ Geben Sie in den Makrorumpf folgende Anweisung ein (vgl. Abbildung 10.24):

`Range("C2").Value = cboPreis.Value`

Mit dieser Ereignisbehandlungsprozedur wird bei jeder Änderung des Werts des Kombinationsfelds der Inhalt von Zelle C2 entsprechend geändert.

❹ Aktivieren Sie Excel, schalten Sie den Entwurfsmodus aus, und probieren Sie das Kombinationsfeld aus.

In Zelle C2 wird bei der Auswahl eines anderen Autos der zugehörige Preis angezeigt.

❺ Wiederholen Sie die Arbeitsschritte 1 bis 4 für die Drehen-Schaltfläche, mit der der Prozentwert für die Anzahlung eingestellt wird. Geben Sie dieser Prozedur den Namen **spnAnzahlung**. Löschen Sie den Wert der Eigenschaft *LinkedCell*, und geben Sie in die Ereignisbehandlungsprozedur folgende Anweisung ein (vgl. Abbildung 10.25):

`Range("C3").Value = spnAnzahlung.Value / 100`

Abbildung 10.25
Die Ereignisbehandlungsprozedur *spnAnzahlung_Change*.

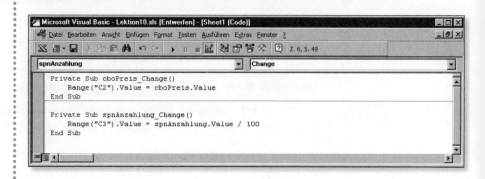

Lektion 10 · Dialogfeld-Steuerelemente in Arbeitsblättern verwenden

❻ Wiederholen Sie die Arbeitsschritte 1 bis 4 für das Bildlaufleisten-Steuerelement. Geben Sie dieser Prozedur den Namen **scrZins**. Löschen Sie den Wert der Eigenschaft *LinkedCell*, und geben Sie in die Ereignisbehandlungsprozedur folgende Anweisung ein (vgl. Abbildung 10.26):

```
Range("C5").Value = scrZins.Value / 10000
```

Abbildung 10.26
Die Ereignisbehandlungsprozedur *scrZins_Change*.

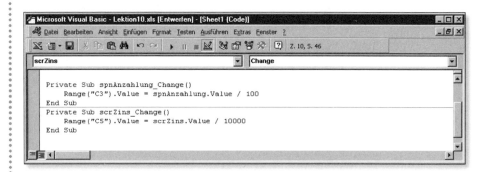

❼ Wiederholen Sie die Arbeitsschritte 1 bis 4 für die Drehen-Schaltfläche, mit der die Laufzeit eingestellt wird. Geben Sie dieser Prozedur den Namen **spnLaufzeit**. Löschen Sie den Wert der Eigenschaft *LinkedCell*, und geben Sie in die Ereignisbehandlungsprozedur folgende Anweisung ein (vgl. Abbildung 10.27):

```
Range("C6").Value = spnLaufzeit.Value
```

Abbildung 10.27
Die Ereignisbehandlungsprozedur *spnLaufzeit_Change*.

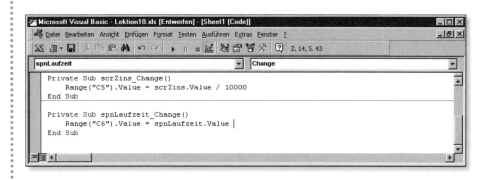

❽ Löschen Sie die Zellen H3 und H5, da diese Werte nicht länger verwendet werden.

Sie haben nun für jedes Steuerelement eine Ereignisbehandlungsprozedur erstellt. Keines der Steuerelemente ist mehr mit einer Zelle verknüpft. Jetzt können Sie das Arbeitsblatt schützen.

Lektion 10 Dialogfeld-Steuerelemente in Arbeitsblättern verwenden

Das Arbeitsblatt schützen

Weitere Informationen zum Sperren von Zellen erhalten Sie, wenn Sie Excel aktivieren und vom Assistenten mit dem Suchbegriff *Gesperrte Zellen* Hilfe anfordern.

Um Arbeitsblätter zu schützen, wählen Sie normalerweise im Menü *Extras* die Option *Schutz* und dann die Option *Blatt*. Wenn ein Arbeitsblatt auf diese Weise geschützt wird, können in den gesperrten Zellen keine Werte mehr geändert werden. In Arbeitsblättern, die mit einem Menübefehl geschützt worden sind, können gesperrte Zellen weder vom Anwender, noch von ActiveX-Steuerelementen oder Makros geändert werden.

Mit einem Makro kann ein Arbeitsblatt allerdings so geschützt werden, daß die gesperrten Zellen noch durch ein Makro verändert werden können. Diese besondere Art von Schutz wird aber deaktiviert, wenn die betreffende Arbeitsmappe geschlossen wird. Das Arbeitsblatt muß daher jedesmal, wenn die Arbeitsmappe geöffnet wird, erneut geschützt werden. Natürlich ist ein passendes Ereignis verfügbar, das jedesmal ausgeführt wird, wenn die Arbeitsmappe geöffnet wird.

❶ Aktivieren Sie Visual Basic, klicken Sie auf die Schaltfläche *Projekt-Explorer*, und doppelklicken Sie auf das Projekt *DieseArbeitsmappe*.

❷ Wählen Sie aus der Liste *Objekt* (über dem Codefenster) den Eintrag *Workbook*.

❸ Geben Sie folgende Anweisung in den Rumpf der Prozedur *Workbook_Open* ein (vgl. Abbildung 10.28):

```
Sheets("Kredit").Protect UserInterfaceOnly:=True
```

Abbildung 10.28
Die Prozedur
Workbook_Open.

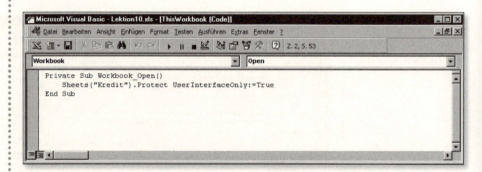

Das Argument *UserInterfaceOnly* für die Protect-Methode ermöglicht dem Makro, Änderungen vorzunehmen, selbst wenn weder der Anwender noch die Steuerelemente Änderungen ausführen können.

❹ Speichern und schließen Sie die Arbeitsmappe *Lektion10*. Öffnen Sie sie dann erneut.

❺ Geben Sie einige Zahlen in das Modell ein.

Lektion 10 Dialogfeld-Steuerelemente in Arbeitsblättern verwenden

Abbildung 10.29
Es wird eine Fehlermeldung angezeigt, da das Arbeitsblatt geschützt ist und der Inhalt der Zellen nur über Ereignisbehandlungsroutinen geändert werden kann.

Excel macht Sie höflich darauf aufmerksam, daß das Arbeitsblatt geschützt ist (vgl. Abbildung 10.29).

❻ Probieren Sie nun die ActiveX-Steuerelemente aus.

Alles funktioniert wie gewünscht.

Das Modell zur Darlehensberechnung ist nun recht robust und kann an andere Anwender weitergegeben werden. Ihr Bekannter kann nun verschiedene Autofinanzierungsmodelle ausprobieren, ohne sich um ungültige Eingaben Gedanken machen zu müssen. Tatsächlich kann gar nichts in das Arbeitsblatt eingegeben werden, da es geschützt ist. Es besteht aber auch gar keine Notwendigkeit für Eingaben. Alle Eingabe können im Arbeitsblatt durch Mausklicks vorgenommen werden. Einer der größten Vorteile von grafischen Benutzeroberflächen ist die Möglichkeit, die Auswahl auf gültige Werte zu beschränken, womit sich Eingabefehler fast ausschließen lassen und die entsprechende Anwendung wesentlich benutzerfreundlicher wird.

Zusammenfassung der Lektion

Möchten Sie	dann
ein ActiveX-Steuerelement in ein Arbeitsblatt einfügen,	aktivieren Sie die Symbolleiste *Steuerelement-Toolbox*, klicken auf eine Steuerelement-Schaltfläche und zeichnen das Steuerelement in das Arbeitsblatt ein.
den Wert eines Steuerelements mit einer Zelle verknüpfen,	weisen Sie der Eigenschaft *LinkedCell* des Steuerelements die Zellenadresse zu.
Grenzwerte für Bildlaufleisten- und Drehen-Schaltfläche-Steuerelemente einstellen,	weisen Sie den Eigenschaften *Min* und *Max* der Steuerelemente Minimal- und Maximalwerte zu.
die Liste für ein Listenfeld oder Kombinationsfeld mit einem Arbeitsblattbereich verknüpfen,	weisen Sie die Adresse bzw. den Namen des Bereichs der Eigenschaft *ListFillRange* des Steuerelements zu. ▶

Lektion 10: Dialogfeld-Steuerelemente in Arbeitsblättern verwenden

Möchten Sie	dann
mehrere Spalten in einem Listenfeld oder Kombinationsfeld anzeigen,	weisen Sie der Eigenschaft *Column-Count* des Listen- oder Kombinationsfelds die Anzahl der Spalten zu.
ein Arbeitsblatt schützen und trotzdem die Werte der Zellen mit ActiveX-Steuerelementen ändern können,	verwenden Sie Ereignisbehandlungsprozeduren, um die Werte der Steuerelemente den Zellen zuzuweisen, und rufen dann die Protect-Methode des Workbook-Objekts mit dem Argument *UserInterfaceOnly = True* auf.

So erhalten Sie Online-Hilfe zum Thema:	Fordern Sie vom Assistenten mit folgendem Suchbegriff Hilfe an:
Einsatz von ActiveX-Steuerelementen in Arbeitsblättern	**ActiveX-Steuerelemente**
Schutz von Arbeitsblättern	**Arbeitsblatt schützen**

Ausblick auf die nächste Lektion

In dieser Lektion haben Sie gelernt, wie Sie ActiveX-Steuerelemente in einem Arbeitsblatt einsetzen können. Sie können diese sowie andere Steuerelemente, die für Arbeitsblätter nicht verfügbar sind, in Dialogfeldern verwenden. In der nächsten Lektion lernen Sie, wie Sie eine effizientes Dialogfeld für eine Visual Basic-Anwendung erstellen.

11 Benutzerdefinierte Formulare erstellen

Geschätzte Dauer:
55 Minuten

In dieser Lektion lernen Sie

- wie Sie ein benutzerdefiniertes Formular erstellen.
- wie Sie ein Formular initialisieren.
- wie Sie die Gültigkeit von Werten eines Textfelds überprüfen.
- wie Sie Makros aus einem Formular heraus aufrufen.

Nehmen Sie eine 1 m x 1,5 m große Sperrholzplatte und drei Dosen mit blauer, gelber und oranger Farbe. Malen, sprühen, schmieren, sprenkeln und spritzen Sie die Farben ganz nach Gusto auf die Sperrholzplatte. Sie haben dann – eine mit Farben beschmierte Sperrholzplatte. Wenn Sie diese Platte jedoch in einen 800 DM teuren Rahmen setzen, haben Sie – ein potentielles Kunstwerk! Was lernen wir daraus? Der Rahmen trägt wesentlich zur Wirkung eines Kunstwerks bei. Auch ein echtes Kunstwerk kommt erst im richtigen Rahmen richtig zur Geltung, und die wertvollste Diamantbrosche wird kaum als wertvolles Geschenk empfunden werden, wenn sie in einer braunen Papiertüte übergeben wird.

Analog hierzu werden selbst praktische, nützliche und leistungsfähige Makros erst dann zu einer wirklich wertvollen Anwendung, wenn Sie ihnen einen Rahmen geben, sie benutzerfreundlich und optisch attraktiv gestalten. Die Erstellung von benutzerdefinierten Formularen ist eine ausgezeichnete Möglichkeit, die Bedienung von Funktionen zu erleichtern und den Nutzwert von Makros zu erhöhen. In dieser Lektion lernen Sie, wie Sie ein benutzerdefiniertes Formular anlegen, die Funktionen des Formulars definieren und Funktionen und Formular zu einem integrierten Werkzeug verknüpfen.

Beginnen Sie mit der Lektion

● Starten Sie Microsoft Excel, öffnen Sie die Arbeitsmappe *Budget* (dieselbe Arbeitsmappe, die Sie in Lektion 1 verwendet haben) aus dem Ordner *Excel VBA Übungen*, und speichern Sie sie unter dem Namen **Lektion11**.

Die Benutzeroberfläche für ein Formular erstellen

Das Arbeitsblatt *Budget* enthält detaillierte Budgetinformationen über das Jahr 1997. Es enthält sowohl Zeilen mit Detaildaten als auch Zeilen mit Zusammenfassungen (vgl. Abbildung 11.1).

Angenommen, Sie möchten verschiedene Versionen dieses Budgets ausdrucken. Die Abteilungsleiter benötigen lediglich einen Überblick über die Budgetdaten. Der für die Dateneingabe zuständige Mitarbeiter benötigt die Detaildaten, ohne die Zusammenfassungen. Der für die Budgetanalyse zuständige Mitarbeiter benötigt sowohl die Detaildaten als auch die Zusammenfassungen, aber keine Informationen für Monate, die bereits abgeschlossen sind.

Damit Sie verschiedene Versionen dieses Budgets mit möglichst geringem Aufwand ausdrucken können, werden Sie ein benutzerdefiniertes Dialogfeld oder *UserForm* erstellen. Zur Erstellung eines solchen Formulars sind grundsätzlich folgende Arbeitsgänge auszuführen:

1. Sie entwerfen das Erscheinungsbild des Formulars. Dieses Erscheinungsbild wird auch als *Benutzeroberfläche* des Formulars bezeichnet. Der Formularentwurf ist in Visual Basic einfach; am besten Sie probieren es einfach aus.

2. Sie erstellen die Makros, die die Funktionen enthalten, die von der Benutzeroberfläche (dem Formular) aufgerufen werden. Dies wird auch als die *Funktionalität* des Formulars bezeichnet. Während der Erstellung der

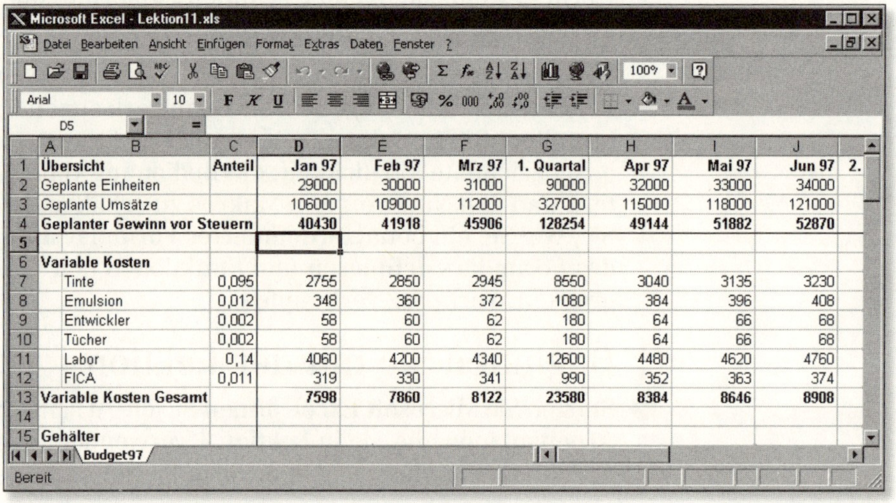

	A B	C	D	E	F	G	H	I	J
1	**Übersicht**	**Anteil**	**Jan 97**	**Feb 97**	**Mrz 97**	**1. Quartal**	**Apr 97**	**Mai 97**	**Jun 97**
2	Geplante Einheiten		29000	30000	31000	90000	32000	33000	34000
3	Geplante Umsätze		106000	109000	112000	327000	115000	118000	121000
4	**Geplanter Gewinn vor Steuern**		**40430**	**41918**	**45906**	**128254**	**49144**	**51882**	**52870**
5									
6	**Variable Kosten**								
7	Tinte	0,095	2755	2850	2945	8550	3040	3135	3230
8	Emulsion	0,012	348	360	372	1080	384	396	408
9	Entwickler	0,002	58	60	62	180	64	66	68
10	Tücher	0,002	58	60	62	180	64	66	68
11	Labor	0,14	4060	4200	4340	12600	4480	4620	4760
12	FICA	0,011	319	330	341	990	352	363	374
13	**Variable Kosten Gesamt**		**7598**	**7860**	**8122**	**23580**	**8384**	**8646**	**8908**
14									
15	**Gehälter**								

Abbildung 11.1
Das Arbeitsblatt *Budget*.

Lektion 11 — Benutzerdefinierte Formulare erstellen

Makros müssen Sie möglicherweise das Arbeitsblatt modifizieren, damit die Makros funktionieren.

❸ Sie verknüpfen das Formular mit den Makros und stellen ein Verfahren zur Verfügung, mit dem das Formular angezeigt werden kann. Dieser Schritt wird auch als *Implementierung* bezeichnet.

Der Entwurf der Benutzeroberfläche kann Ihnen Hinweise dazu geben, welche Funktionen Sie implementieren müssen.

Das Formular erstellen

❶ Die Arbeitsmappe *Lektion11* sollte bereits geöffnet sein. Klicken Sie auf die Schaltfläche *Visual Basic-Editor*.

Die Standardsymbolleiste von Visual Basic enthält als zweite Schaltfläche von links die Schaltfläche *UserForm einfügen*.

❷ Klicken Sie auf den nach unten gerichteten Pfeil rechts neben der Schaltfläche *UserForm einfügen*. Daraufhin wird eine Liste der Objekte angezeigt, die Sie einfügen können (vgl. Abbildung 11.2).

Abbildung 11.2
Die Schaltfläche *UserForm einfügen* und die Auswahlliste. Wenn Sie die Schaltfläche zuvor bereits verwendet haben, sieht sie möglicherweise anders aus.

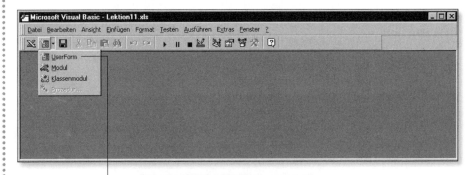

Klicken Sie auf die Option *UserForm*, um ein neues Formular zu erstellen.

Abbildung 11.3
Das neue Formular.

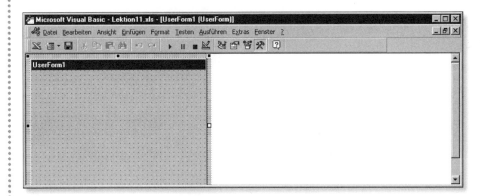

Lektion 11

Benutzerdefinierte Formulare erstellen

Abbildung 11.4
So sieht das Formular aus, wenn Sie es ausführen.

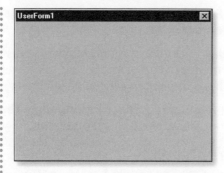

❸ Klicken Sie auf die Option *UserForm*, um ein neues leeres Formular einzufügen (vgl. Abbildung 11.3).

Das Formular wird genauso wie ein Modul in Ihrem Projekt gespeichert. In Visual Basic kann ein Formular so wie ein Makro „ausgeführt" werden.

❹ Drücken Sie F5, um das Formular anzuzeigen, und klicken Sie dann auf die Schaltfläche *Fenster schließen* (in der oberen rechten Fensterecke), um es zu schließen (vgl. Abbildung 11.4).

Per Voreinstellung trägt das Formular den Titel Namen *UserForm1*. Dieser Titel wird durch die Eigenschaft *Caption* definiert und kann im Eigenschaftenfenster geändert werden.

Abbildung 11.5
Das Eigenschaftenfenster für das Formular.

Der Titel des Formulars...

...wird mit der Einstellung der Eigenschaft *Caption* festgelegt.

Lektion 11   **Benutzerdefinierte Formulare erstellen**

❺ Klicken Sie auf die Schaltfläche *Eigenschaftenfenster,* und ändern Sie den Wert der Eigenschaft *Caption* zu **Druckoptionen**.

In der Titelzeile des Formulars erscheint dann der mit der Eigenschaft *Caption* definierte Begriff (vgl. Abbildung 11.5).

❻ Ändern Sie den Wert der Eigenschaft *Name* zu **frmDrucken**. Das Präfix *frm* steht für Formular. Der Namensteil *Drucken* beschreibt den Zweck des Formulars. Wenn Sie in einer Prozedur auf dieses Formular Bezug nehmen müssen, können Sie diesen aussagekräftigen Namen verwenden.

Damit haben Sie ein benutzerdefiniertes Formular erstellt! Sie müssen jetzt nur noch einige Schaltfläche einfügen.

Optionsfelder hinzufügen

Wenn Sie den Bericht ausdrucken, müssen Sie zwischen drei Layouts wählen: alle Zeilen drucken, nur Zeilen mit Zusammenfassungen oder nur Zeilen mit Detaildaten drucken. Wir werden Optionsfelder verwenden, um die Auswahl einer dieser Optionen aus einer kurzen und vordefinierten Optionsliste zu ermöglichen. Optionsfelder befinden sich in der Regel in einem Rahmen.

Während Visual Basic das benutzerdefinierte Formular anzeigt, wird automatisch auch das Dialogfeld *Werkzeugsammlung* mit dem Register *Steuerelemente* eingeblendet. Diese Steuerelemente-Werkzeugsammlung entspricht weitgehend der Symbolleiste *Steuerelement-Toolbox*, mit der Sie ActiveX-Steuerelemente in ein Excel-Arbeitsblatt einfügen.

❶ Klicken Sie auf das Formularfenster.

❷ Klicken Sie in der Steuerelemente-Werkzeugsammlung auf die Schaltfläche *Rahmen*. Klicken Sie dann in die obere linke Ecke des Formulars.

Wenn die Steuerelemente-Werkzeugsammlung nicht angezeigt wird, klicken Sie in der Standardsymbolleiste auf die Schaltfläche *Werkzeugsammlung*.

Daraufhin wird ein großes Rahmen-Steuerelement im Formular angezeigt (vgl. Abbildung 11.6). Die Größe und Position des Rahmens kann später geändert werden. Als nächstes werden Sie die Optionsfelder einfügen. Wenn Sie mehrere Steuerelemente gleichen Typs in ein Formular einfügen möchten, können Sie in der Werkzeugsammlung auf die gewünschte Schaltfläche doppelklicken und müssen dann nicht nach jedem Einfügen in der Werkzeugsammlung die entsprechende Schaltfläche anklicken. Diese Schaltfläche bleibt solange aktiviert, bis Sie es erneut anklicken.

❸ Doppelklicken Sie auf die Schaltfläche *Optionsfeld,* und klicken Sie drei Positionen im Formular an. Daraufhin werden drei Optionsfelder in das Formular eingefügt (vgl. Abbildung 11.7). Dann klicken Sie in der Werkzeugsammlung erneut auf die Schaltfläche *Optionsfeld*, um sie zu deaktivieren.

Lektion 11

Benutzerdefinierte Formulare erstellen

Abbildung 11.6
Es wurde ein Rahmen in das Formular eingefügt.

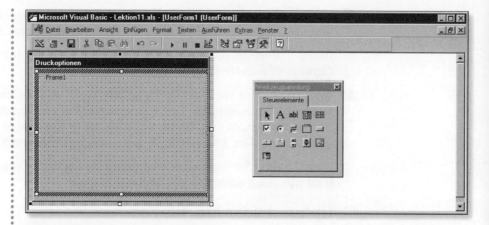

Abbildung 11.7
Das Formular enthält nun drei Optionsfelder.

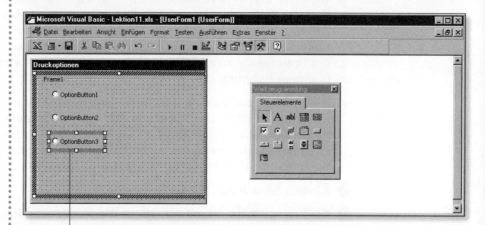

Wenn Sie in der Werkzeugsammlung auf eine Steuerelement-Schaltfläche doppelklicken, können Sie rasch mehrere Steuerelemente desselben Typs in das Formular einfügen.

❹ Aktivieren Sie das Eigenschaftenfenster, und wählen Sie in der Dropdown-Liste *Objekt* am oberen Fensterrand den Eintrag *Frame1*.

❺ Geben Sie **Zeilen** als Wert der Eigenschaft *Caption* und **grpZeilen** als Wert der Eigenschaft *Name* ein. Das Präfix *grp* steht für *Group* (früher verwendete man die Bezeichnung Group statt Frame).

❻ Wählen Sie die erste Optionsfeld, und geben Sie **Alles** als Wert der Eigenschaft *Caption*, **optAlles** als Wert der Eigenschaft *Name* und **A** als Wert der Eigenschaft *Accelerator* ein. (Wie Sie bereits vermutet haben, steht das Präfix *opt* für *Option*). Das Steuerelement *optAlles* ist immer noch ausgewählt. Geben Sie **True** als Wert der Eigenschaft *Value* ein.

Abbildung 11.8
Die Optionsfelder wurden im Rahmen ausgerichtet.

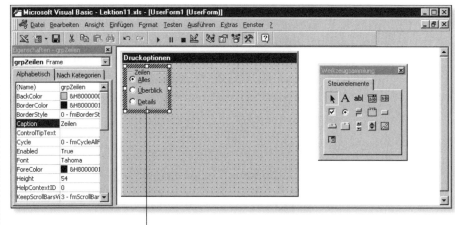

Mit den Befehlen im Menü *Format* kann das Formular übersichtlich gestaltet werden.

Mit der Zuweisung des Werts *True* an die Eigenschaft *Value* wird diese Option per Voreinstellung aktiviert.

❼ Wählen Sie das zweite Optionsfeld aus, und weisen Sie der Eigenschaft *Caption* den Wert **Überblick**, der Eigenschaft *Name* den Wert **optÜberblick** und der Eigenschaft *Accelerator* den Wert **Ü** zu.

❽ Wählen Sie das dritte Optionsfeld aus, und weisen Sie der Eigenschaft *Caption* den Wert **Details**, der Eigenschaft *Name* den Wert **optDetails** und der Eigenschaft *Accelerator* den Wert **t** zu.

❾ Wählen Sie alle drei Optionsfelder aus, indem Sie in den Bereich zwischen dem unteren Optionsfeld und der unteren Rahmenlinie klicken und dann ein Rechteck ziehen, das die Optionsfelder und die Bezeichnungen umschließt.

❿ Im Visual Basic-Menü *Format* klicken Sie auf *Vertikaler Abstand* und dann auf *Entfernen*. Dann wählen Sie aus dem Menü *Format* die Option

Abbildung 11.9
Das Formular mit den Optionsfeldern.

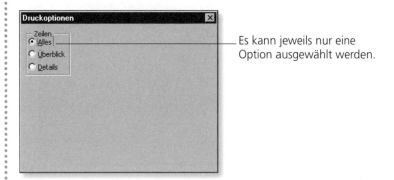

Es kann jeweils nur eine Option ausgewählt werden.

Lektion 11   Benutzerdefinierte Formulare erstellen

Ausrichten und klicken auf *Links*. Wählen Sie anschließend im Menü *Format* die Option *Größe anpassen*. Schließlich ziehen Sie die Steuerelementgruppe in die linke obere Ecke des Rahmens, und passen die Größe des Rahmens so an, das er die Optionsfelder eng umschließt.

Das Menü *Format* enthält verschiedene leistungsfähige Optionen zur Ausrichtung von Steuerelementen in einem Formular.

⑪ Speichern Sie die Arbeitsmappe, und drücken Sie F5, um zu sehen, wie die Optionsfelder aussehen (vgl. Abbildung 11.9). (Klicken Sie testweise auf die Optionsfelder.) Dann schließen Sie das Fenster *Druckoptionen*.

Ein Rahmen mit einer Gruppe von Optionsfeldern bildet eine übersichtliche Benutzeroberfläche zur Auswahl einer Option aus einer vordefinierten Liste.

Ein Kontrollkästchen mit einem zugeordneten Textfeld einfügen

Im Formular kann nicht angegeben werden, ob die Daten aller Monate oder nur diejenigen der restlichen Monate des Jahres ausgedruckt werden sollen. Es handelt sich hierbei im Grunde genommen um eine Ja-/Nein-Frage. Für Ja/Nein-Antworten bietet sich der Einsatz eines Kontrollkästchens an. Wenn das Kontrollkästchen ausgewählt (aktiviert) ist, soll das Makro den Ausdruck mit dem aktuellen Monat beginnen.

Obwohl der für die Budgetplanung zuständige Mitarbeiter sagt, daß er eigentlich nur die Daten ab dem aktuellen Monat benötigt, wissen Sie, daß sicherlich auch einmal andere Daten benötigt werden. Sie sollten daher ein Textfeld einfügen, mit dem ein anderer Startmonat als der aktuelle Monat angegeben werden kann.

❶ Das Formularfenster sollte immer noch sichtbar sein. Klicken Sie in der Steuerelemente-Werkzeugsammlung auf die Schaltfläche *Kontrollkäst-*

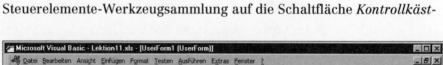
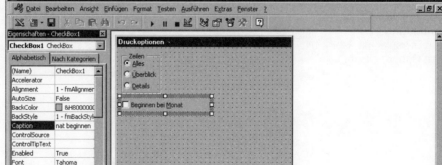

Abbildung 11.10
Fügen Sie das Kontrollkästchen unter dem Rahmen ein.

Lektion 11   **Benutzerdefinierte Formulare erstellen**

Abbildung 11.11
Sie ändern die Eigenschaft *Caption* des Kontrollkästchens, um die Beschriftung *Beginnen bei Monat* einzufügen.

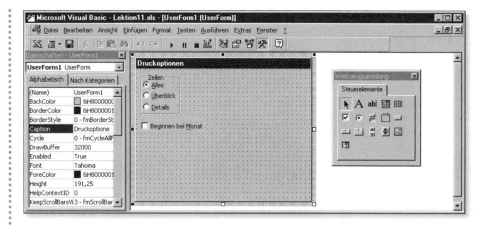

chen, und klicken Sie dann im Formular unterhalb des Rahmens auf die Position, an der das Kontrollkästchen eingefügt werden soll (vgl. Abbildung 11.10).

❷ Im Eigenschaftenfenster für das Kontrollkästchen ändern Sie die Eigenschaft *Caption* zu **Beginnen bei Monat**, *die* Eigenschaft *Name* zu **chkMonat** und die Eigenschaft *Accelerator* zu **M**.

❸ Doppelklicken Sie auf den rechten Ziehpunkt des Auswahlrahmens des Kontrollkästchens, und verkleinern Sie das Rechteck, so daß es die Beschriftung genau umschließt (vgl. Abbildung 11.11).

Sie werden nun das Textfeld, in das der Monat eingegeben werden soll, direkt neben der Beschriftung des Kontrollkästchens einfügen, so daß die Eingabe in das Textfeld die Beschriftung *Beginnen bei Monat* „ergänzt".

Abbildung 11.12
Das Textfeld ergänzt die Beschriftung.

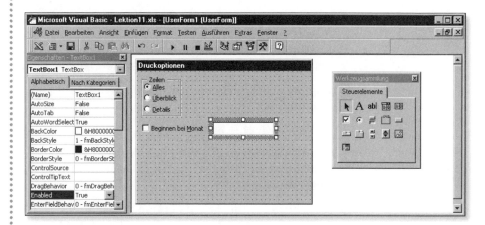

Lektion 11 Benutzerdefinierte Formulare erstellen

❹ Klicken Sie in der Steuerelemente-Werkzeugsammlung auf die Schaltfläche *Textfeld*, und klicken Sie dann rechts neben die Kontrollkästchenbeschriftung (vgl. Abbildung 11.12).

❺ Ändern Sie den Textfeldnamen zu **txtMonat**, geben Sie für die Eigenschaft *Value* den Wert **1.7.97** ein, und ändern Sie dann die Eigenschaft *Enabled* zu **False**.

Die Monatsangabe muß nicht geändert werden, wenn das Kontrollkästchen nicht aktiviert ist. Wenn Sie der Eigenschaft *Enabled* den Wert *False* zuweisen, wird der Feldinhalt grauschraffiert angezeigt. Das Textfeld soll aktiviert werden, sobald der Anwender das Kontrollkästchen anklickt. Dies sieht nach einer Aufgabe für ein Ereignis aus.

❻ Doppelklicken Sie auf das Kontrollkästchen-Steuerelement *chkMonat*.

Abbildung 11.13
Doppelklicken Sie auf das Kontrollkästchen, um eine Ereignisbehandlungsroutine für das Standardereignis erzeugen.

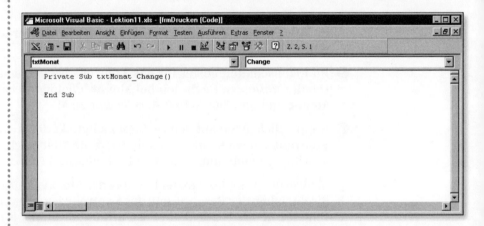

Daraufhin wird ein neues Fenster mit der Bezeichnung *frmDrucken (Code)* eingeblendet (vgl. Abbildung 11.13). Es enthält eine neue Ereignisbehandlungsprozedur namens *chkMonat_Click*. Das Ereignis *Click* ist als Standardereignis Kontrollkästchen zugeordnet.

❼ Fügen Sie die folgende Anweisung in den Rumpf der neuen Prozedur *chkMonat_Click* ein:

```
txtMonat.Enabled = chkMonat.Value
```

Mit dieser Anweisung wird das Textfeld aktiviert, wenn das Kontrollkästchen ausgewählt wird, und deaktiviert, wenn das Kontrollkästchen nicht ausgewählt ist.

❽ Speichern Sie die Arbeitsmappe, drücken Sie F5, um das Formular auszuführen, und klicken Sie mehrmals auf das Kontrollkästchen (vgl. Abbildung 11.14). Dann schließen Sie das Formular.

Abbildung 11.14
Das Kontrollkästchen ist im Formular aktiviert.

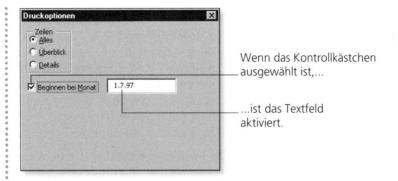

Wenn das Kontrollkästchen ausgewählt ist,...

...ist das Textfeld aktiviert.

Solange das Kontrollkästchen nicht aktiviert ist, kann das Datum nicht geändert werden. Wenn es ausgewählt ist, kann das Datum geändert werden.

Durch die Definition einer Ereignisbehandlungsroutine für das Kontrollkästchen-Steuerelement ist die Benutzeroberfläche zwar einfacher zu bedienen, aber diese Änderung wirkt sich nicht auf Excel aus. Obwohl das Ereignis aus Visual Basic-Programmcode besteht, trägt es nicht direkt zur Funktionalität der Anwendung bei.

Das Textfeld initialisieren

Bei der Erstellung des Textfelds zur Eingabe des Monats wurde ihm als Voreinstellung das Datum *1.7.97* zugewiesen. Da dieses Feld häufig aber den aktuellen Monat enthalten soll, wäre es wesentlich benutzerfreundlicher, wenn das Textfeld mit dem aktuellen Monat initialisiert werden würde. Das bedeutet, daß Sie das entsprechende Datum jeweils zu dem Zeitpunkt, an dem das Formular geöffnet wird, für das Textfeld berechnen müssen.

Abbildung 11.15
Wenn Sie auf das Formular doppelklicken, wird eine Ereignisbehandlungsprozedur für das Standardereignis erzeugt.

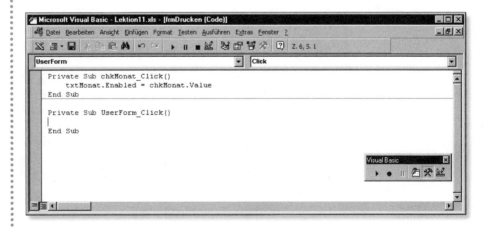

Lektion 11   **Benutzerdefinierte Formulare erstellen**

❶ Doppelklicken Sie auf den Hintergrund des Formulars.

Eine neue Prozedur namens *UserForm_Click* wird angezeigt (vgl. Abbildung 11.15). Der Objektname eines Formulars ist immer *UserForm*. Es spielt keine Rolle, welchen Namen Sie dem Formular geben; in Ereignisbehandlungsprozeduren wird immer der Name *UserForm* verwendet. Als Standardereignis ist Formularen *Click* zugeordnet. Mit der Initialisierung des Textfelds soll aber nicht gewartet werden, bis der Benutzer auf das Formular klickt. Hierfür wird ein anderes Ereignis benötigt.

❷ Wählen Sie aus der Liste *Prozedur* das Ereignis *Initialize*. Nachdem die Prozedur *UserForm_Initialize* eingefügt worden ist, löschen Sie die Prozedur *UserForm_Click*.

❸ Geben Sie die folgende Anweisung in den Rumpf der Prozedur ein (vgl. Abbildung 11.16):

txtMonat.Value = Date

Abbildung 11.16
Mit der Prozedur *UserForm_Initialize* des Formulars wird das Textfeld initialisiert.

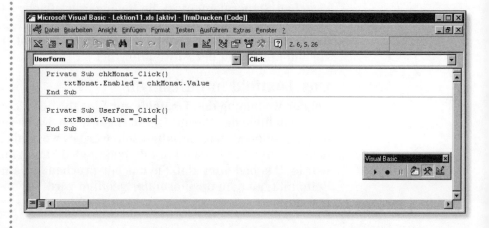

Date ist eine integrierte Visual Basic-Funktion, die das aktuelle Datum von der internen Systemuhr des Computers abfragt.

❹ Drücken Sie [F5], um das Formular auszuführen (vgl. Abbildung 11.17).

Mit dieser Funktion soll der Monat ermittelt werden, mit dem der Ausdruck beginnen soll. Im folgenden werden Sie ein Makro erstellen, das die erste Zeile des Arbeitsblatts nach einem Datum durchsucht, das dem Datum im Textfeld entspricht. Die Datumsangaben in der obersten Zeile des Arbeitsblatts bezeichnen jeweils den ersten Tag des Monats. Damit die Suche erfolgreich ausgeführt werden kann, muß auch das Datum im Textfeld den ersten Tag eines Monat zeigen.

Das Makro trägt derzeit das aktuelle Datum in das Textfeld ein. Da es relativ unwahrscheinlich ist, daß das aktuelle Datum auf den ersten Tag

Lektion 11 Benutzerdefinierte Formulare erstellen

Abbildung 11.17
Das Textfeld wird mit dem aktuellen Datum initialisiert.

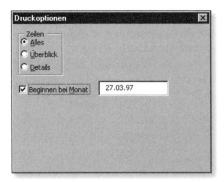

eines Monats fällt, müssen Sie das aktuelle Datum irgendwie in den ersten Tag des aktuellen Monats umwandeln.

❺ Schließen Sie das Formular, und doppelklicken Sie dann auf den Hintergrund, um wieder die Prozedur *UserForm_Initialize* aufzurufen.

Sie werden nun eine benutzerdefinierte Funktion erstellen, mit der jedes beliebige Datum in den ersten Tag des entsprechenden Monats umgewandelt wird.

❻ Geben Sie folgende Funktion unter der Prozedur *UserForm_Initialize* ein:

```
Function Monatsanfang(InputDate)
    If IsDate(InputDate) Then
        Monatsanfang = DateSerial(Year(InputDate), _
            Month(InputDate), 1)
    Else
        Monatsanfang = Empty
    End If
End Function
```

Dieser Funktion wird eine Datumseingabe als Argument übergeben. Die Funktion überprüft zunächst, ob die Datumseingabe ein Datum ist oder in ein Datum umgewandelt werden kann. Ist dies der Fall, extrahiert die Funktion das Jahr und den Monat aus der Datumseingabe und berechnet mit Hilfe der Funktion *DateSerial* ein neues Datum. Wenn der Funktion *DateSerial* eine Datumsangabe mit Jahr, Monat und Tag übergeben wird, gibt sie das entsprechende Datum zurück. Die Funktion *Monatsanfang* ignoriert die Tagesangabe des Datums und gibt statt dessen immer den Wert *1* für den Tag aus.

Falls die Datumseingabe aus irgendeinem Grund nicht als Datum interpretiert werden kann, gibt die Funktion den speziellen Wert *Empty* zurück. Mit dem Wert Empty hat eine Variable den gleichen Status wie vor ihrer Initialisierung. Die Visual Basic-Funktion *Date,* die in der Prozedur *UserForm_Initialize* verwendet wird, gibt stets ein gültiges Datum zurück.

Lektion 11 Benutzerdefinierte Formulare erstellen

Wenn Sie die Funktion *Monatsanfang* lediglich aus der Prozedur *UserForm_Initialize* aufrufen, muß sie nie ein ungültiges Datum verarbeiten. Sie sollten eine benutzerdefinierte Funktion aber immer so gestalten, daß sie in den verschiedensten Situationen eingesetzt werden kann. Die Funktion wird wesentlich flexibler, wenn Sie den Fall einer ungültigen Eingabe vorsehen und den Wert Empty zurückgegeben lassen.

Sie können die Funktion, wenn Sie möchten, im Direktfenster testen. Da diese Funktion Teil des Programmcodes für ein Formularobjekt ist, muß der Formularname vor dem Funktionsnamen angegeben werden. Sie können die Funktion *Monatsanfang* beispielsweise durch die Eingabe folgender Anweisung im Direktfenster testen: **?frmDrucken.Monatsanfang ("23. Mai 1997")**.

❼ Ändern Sie die Anweisung in der Prozedur *UserForm_Initialize* zu **txtMonat.Value = Monatsanfang(Date)**.

❽ Drücken Sie [F5], um das Formular auszuführen. Überprüfen Sie das Datum im Monatsfeld, und schließen Sie das Formular.

Abbildung 11.18
Das Textfeld wird mit dem ersten Tag des aktuellen Monats initialisiert.

Im Textfeld sollte nun als Datum der erste Tag des aktuellen Monats angezeigt werden (vgl. Abbildung 11.18).

Viele Steuerelemente müssen initialisiert werden. Einige Steuerelemente, wie z. B. die Optionsfelder, können während der Erstellung des Formulars initialisiert werden. Andere Steuerelemente, wie z. B. das Textfeld zur Eingabe des Monats, müssen während der Ausführung des Formulars initialisiert werden. In letzteren Fällen definieren Sie zu diesem Zweck eine Ereignisbehandlungsroutine für das Ereignis *Initialize*.

Befehlsschaltflächen einfügen

Sie können nun im Formular angeben, welche Zeilen und Spalten im Bericht ausgedruckt werden sollen. Jetzt müssen Sie nur noch eine Funktion einfügen, mit der der Druckvorgang tatsächlich gestartet werden

Lektion 11   **Benutzerdefinierte Formulare erstellen**

kann. Dazu werden Sie eine Befehlsschaltfläche verwenden. Eigentlich benötigen Sie in diesem Beispiel keine Schaltfläche namens *Abbrechen*, da das Formular durch Klicken auf die Schaltfläche *Fenster schließen* geschlossen werden kann. Allerdings ist das Formular einfacher zu handhaben, wenn Sie eine Schaltfläche zum Abbrechen des Druckvorgangs einfügen, und Ziel einer guten Benutzeroberfläche ist es, das Formular so zu gestalten, daß es verständlich und einfach zu bedienen ist.

❶ Aktivieren Sie das Formularfenster.

❷ Klicken Sie in der Steuerelemente-Werkzeugsammlung auf das Steuerelement *Befehlsschaltfläche,* und klicken Sie dann im Formular rechts neben den Rahmen mit den Optionsfeldern.

❸ Halten Sie [Strg] gedrückt, und ziehen Sie die neue Befehlsschaltfläche, um eine Kopie dieser Schaltfläche zu erstellen (vgl. Abbildung 11.19).

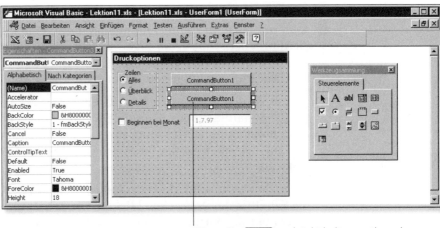

Abbildung 11.19
Es wurden zwei Befehlsschaltflächen in das Formular eingefügt.

Wenn Sie [Strg] gedrückt halten, während Sie die Befehlsschaltfläche ziehen, wird eine Kopie dieser Schaltfläche erstellt.

Mit der oberen Schaltfläche soll der Ausdruck gestartet und mit der unteren Schaltfläche das Formular geschlossen werden.

❹ Ändern Sie bei der oberen Befehlsschaltfläche die Eigenschaft *Caption* zu **Drucken**, die Eigenschaft *Accelerator* zu **D** zu, die Eigenschaft *Name* zu **btnDrucken** und die Eigenschaft *Default* zu **True**.

Mit der Eigenschaft *Default* wird festgelegt, ob die Schaltfläche die Standardbefehlsschaltfläche ist. Ein Formular kann jeweils nur eine Standardbefehlsschaltfläche enthalten. Bei der Standardbefehlsschaltfläche handelt es sich um die Schaltfläche, die aktiviert wird, wenn Sie ⏎ drücken.

Abbildung 11.20
Das Formular mit den beiden Befehlsschaltflächen.

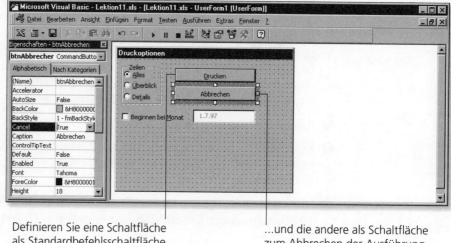

Definieren Sie eine Schaltfläche als Standardbefehlsschaltfläche...

...und die andere als Schaltfläche zum Abbrechen der Ausführung.

❺ Ändern Sie bei der unteren Befehlsschaltfläche die Eigenschaft *Caption* zu **Abbrechen**, weisen der Eigenschaft *Accelerator* keinen Wert zu, ändern Sie die Eigenschaft *Name* zu **btnAbbrechen** und die Eigenschaft *Cancel* zu **True**. Das Formular sollte nun etwa wie in Abbildung 11.20 aussehen.

Indem Sie die Eigenschaft *Cancel* mit dem Wert True definieren, weisen Sie die Schaltfläche als Schaltfläche zum Abbrechen der Ausführung aus. In einem Formular kann nur einer Befehlsschaltfläche diese Funktion zugewiesen werden. Diese Schaltfläche wird aktiviert, wenn Sie [Esc] drücken.

Normalerweise sollte das Formular geschlossen werden, wenn Sie auf die Schaltfläche *Abbrechen* klicken. Die Schaltfläche *Abbrechen* selbst kann aber das Formular nicht schließen. Sie müssen zuerst eine entsprechende Ereignisbehandlungsroutine einfügen.

Abbildung 11.21
Die Prozedur für die Schaltfläche *Abbrechen*.

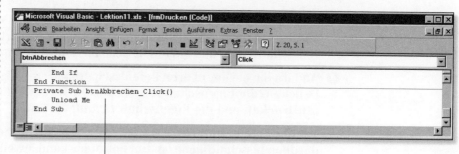

Wenn Sie auf die Schaltfläche *Abbrechen* klicken, wird das Formular geschlossen.

Lektion 11 Benutzerdefinierte Formulare erstellen

Abbildung 11.22
Die Prozedur für die Schaltfläche *Drucken*.

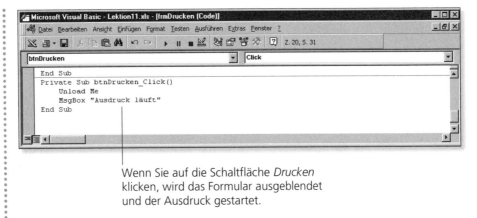

Wenn Sie auf die Schaltfläche *Drucken* klicken, wird das Formular ausgeblendet und der Ausdruck gestartet.

❻ Doppelklicken Sie auf die Schaltfläche *Abbrechen*, um eine Ereignisbehandlungsroutine namens *btnAbbrechen_Click* zu erstellen, und geben Sie die Anweisung **Unload Me** in den Rumpf der Prozedur ein (vgl. Abbildung 11.21).

Mit dem Befehl *Unload* wird das Formular aus dem Speicher gelöscht. Das Schlüsselwort *Me* bezieht sich auf das aktuelle Formular. Die Makroanweisung *Unload Me* weist also Visual Basic an, das Formular, das das Steuerelement enthält, dessen Ereignisbehandlungsroutine im Augenblick ausgeführt wird, aus dem Speicher zu entfernen.

Wählen Sie aus der Liste *Objekt* im oberen Bereich des Codefensters *btnDrucken*, um eine neue Prozedur namens *btnDrucken_Click* zu erstellen.

Abbildung 11.23
Das Formular verfügt über eine übersichtliche Benutzeroberfläche.

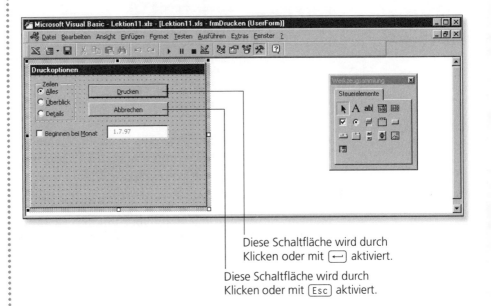

Diese Schaltfläche wird durch Klicken oder mit ⏎ aktiviert.

Diese Schaltfläche wird durch Klicken oder mit Esc aktiviert.

Lektion 11 Benutzerdefinierte Formulare erstellen

Geben Sie die folgenden zwei Anweisungen in den Rumpf der Prozedur ein (vgl. Abbildung 11.22):

```
Unload Me
MsgBox "Ausdruck läuft"
```

Mit der ersten Anweisung wird das Formular gelöscht, und mit der zweiten Anweisung wird ein Meldungsfenster eingeblendet. Diese Anweisung dient hier als Platzhalter für die später zu ergänzende Druckfunktion.

❼ Speichern Sie die Arbeitsmappe, und führen Sie das Formular mehrmals aus. Klicken Sie testweise auf die Schaltflächen *Abbrechen* und *Drucken*. Drücken Sie `Esc` bzw. `↵` (vgl. Abbildung 11.23).

Wenn Sie `↵` drücken oder auf die Schaltfläche *Drucken* klicken, wird die Meldung *Ausdruck läuft* angezeigt. Wenn Sie `Esc` drücken oder auf die Schaltfläche *Abbrechen* klicken, sollte das Formular ohne weitere Meldungen geschlossen werden.

Die Aktivierreihenfolge der Steuerelemente festlegen

❶ Führen Sie das Formular noch einmal aus. Diesmal drücken Sie wiederholt `⇥`. Beachten Sie, wie der kleine graue Rahmen von Steuerelement zu Steuerelement wandert.

Abbildung 11.24
Das Kontrollkästchen besitzt den Fokus.

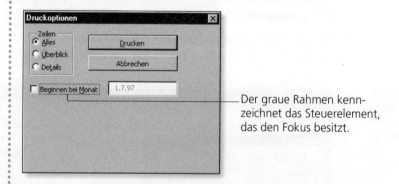

Der graue Rahmen kennzeichnet das Steuerelement, das den Fokus besitzt.

Der graue Rahmen kennzeichnet das Steuerelement, das den Fokus besitzt (vgl. Abbildung 11.24). Wenn Sie `⇥` drücken, wird der Fokus von einem Steuerelement zum nächsten verschoben.

❷ Klicken Sie auf *Abbrechen*, um das Formular zu schließen.

Manche Anwender arbeiten lieber mit der Tastatur statt mit der Maus. Deswegen sollten Sie sicherstellen, daß die Zugriffstasten und die Aktivierreihenfolge (auch Tabulatorreihenfolge genannt) sinnvoll und logisch sind. Die Steuerelemente dieses Formulars sollen die folgende Aktivierreihenfolge aufweisen: *optAlles*, *optÜberblick*, *optDetails*, *chkMonat*, *txt-*

Lektion 11 Benutzerdefinierte Formulare erstellen

Abbildung 11.25
Das Dialogfeld *Aktivierreihenfolge*.

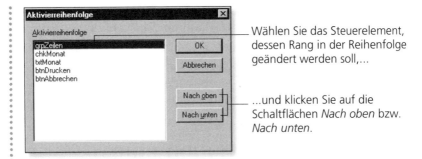

Wählen Sie das Steuerelement, dessen Rang in der Reihenfolge geändert werden soll,...

...und klicken Sie auf die Schaltflächen *Nach oben* bzw. *Nach unten*.

Monat, *btnDrucken* und *btnAbbrechen*. In Visual Basic ändern Sie die Aktivierreihenfolge der Steuerelemente mit folgenden Schritten.

Wenn der Befehl *Aktivierreihenfolge* nicht angezeigt wird, setzen Sie den Mauszeiger über den Pfeil am unteren Ende des Menüs *Ansicht*.

❸ Klicken Sie auf den Hintergrund des Formulars. Im Menü *Ansicht* klicken Sie auf den Befehl *Aktivierreihenfolge*. Daraufhin wird das Dialogfeld *Aktivierreihenfolge* eingeblendet (vgl. Abbildung 11.25).

Im Dialogfeld *Aktivierreihenfolge* werden fünf Steuerelemente angezeigt: *grpZeilen*, *chkMonat*, *txtMonat*, *btnDrucken* und *btnAbbrechen*. Das Rahmen-Steuerelement *grpZeilen* und die darin enthaltenen Steuerelemente *optAlles*, *optÜberblick*, *optDetails* werden als ein Element behandelt. Falls sich ein Steuerelement nicht in der gewünschten Reihenfolge befindet, wählen Sie das betreffende Steuerelement einfach aus und klicken auf die Schaltfläche *Nach oben* bzw. *Nach unten*, um es an die gewünschte Position zu verschieben.

❹ Nachdem Sie die gewünschten Änderungen vorgenommen haben, klicken Sie auf *OK*, um das Dialogfeld zu schließen. Wählen Sie den Rahmen (oder eines der Optionsfelder) aus, und klicken Sie im Menü *Ansicht* nochmals auf den Befehl *Aktivierreihenfolge*.

Diesmal werden im Dialogfeld *Aktivierreihenfolge* nur die Steuerelemente innerhalb des Rahmens angezeigt (vgl. Abbildung 11.26).

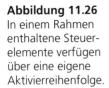

Abbildung 11.26
In einem Rahmen enthaltene Steuerelemente verfügen über eine eigene Aktivierreihenfolge.

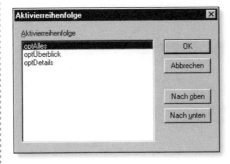

❺ Nachdem Sie die gewünschten Änderungen vorgenommen haben, klicken Sie auf *OK*, um das Dialogfeld zu schließen. Speichern Sie die Arbeitsmappe.

Wie Sie sehen, kann die Aktivierreihenfolge recht einfach festgelegt werden. Sie müssen hierbei allerdings beachten, daß die Aktivierreihenfolge von in Rahmen enthaltenen Steuerelementen für jeden Rahmen getrennt eingestellt werden muß.

Die Funktionen eines Formulars definieren

Das Formular sieht jetzt gut aus. Als nächstes müssen Sie die Funktionalität zum Ausdruck des Berichts definieren. Zum Ausdrucken müssen Sie zwischen Ansichten mit verschiedenen Datenzeilen wechseln und unerwünschte Spalten ausblenden können. Sie können in Excel verschiedene Ansichten eines Arbeitsblatts speichern, die Sie dann später nach Bedarf aktivieren können. Sie werden daher zunächst verschiedene Ansichten für das Arbeitsblatt definieren und dann ein Makro erstellen, mit dem zwischen diesen Ansichten hin- und hergeschaltet werden kann.

Benutzerdefinierte Ansichten eines Arbeitsblatts erstellen

Die Definition einer benutzerdefinierten Ansicht ermöglicht Ihnen, nach Belieben Zeilen oder Spalten eines Arbeitsblatts auszublenden und diese Ansicht zu benennen, so daß Sie sie später über diesen Namen aufrufen können. Für unser Beispiel benötigen wir drei Ansichten. Die erste Ansicht zeigt alle Zeilen und Spalten. Die Erstellung dieser Ansicht ist kinderleicht. Die zweite Ansicht gibt einen Überblick über die Zeilen, die Zusammenfassungen enthalten. Die dritte Ansicht zeigt nur die Zeilen mit den Detaildaten. Die betreffenden Zeilen auszublenden kann recht zeitaufwendig sein. Zum Glück müssen Sie sie aber nur einmal ausblenden, da Sie die resultierenden Ansichten speichern können. Zudem erleichtert der Excel-Befehl *Gehe zu* die Auswahl von Zeilen.

Abbildung 11.27
Das Dialogfeld *Ansicht hinzufügen*.

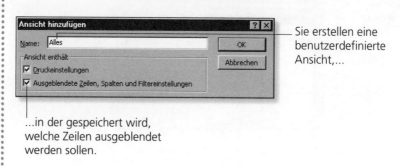

Sie erstellen eine benutzerdefinierte Ansicht,...

...in der gespeichert wird, welche Zeilen ausgeblendet werden sollen.

Lektion 11   Benutzerdefinierte Formulare erstellen

Abbildung 11.28
Das Dialogfeld *Inhalte auswählen*.

Mit der Option *Konstanten* werden nur diejenigen Zellen ausgewählt, die Konstanten enthalten.

❶ Aktivieren Sie Excel. Im Menü *Ansicht* klicken Sie auf den Befehl *Ansicht anpassen*.

❷ Im Dialogfeld *Benutzerdefinierte Ansichten* klicken Sie auf die Schaltfläche *Hinzufügen*, geben **Alles** als Namen für die neue Ansicht ein, deaktivieren das Kontrollkästchen *Druckeinstellungen* und lassen das Kontrollkästchen *Ausgeblendete Zeilen, Spalten und Filtereinstellungen* aktiviert (vgl. Abbildung 11.27). Abschließend klicken Sie auf *OK*.

Damit haben Sie die erste Ansicht erstellt, in der alle Zeilen und Spalten angezeigt werden. Nun werden Sie die Ansicht erstellen, in der nur die Zeilen mit den Summen angezeigt werden. Dazu müssen Sie alle Zeilen mit Detaildaten ausblenden. Beachten Sie, daß Spalte B ausschließlich Bezeichnungen für die Detaildatenzeilen enthält.

Abbildung 11.29
Die Zeilen mit den Konstanten in Spalte B sind ausgeblendet.

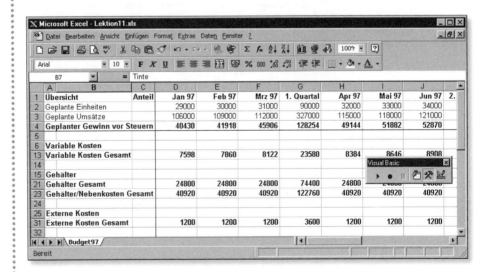

Lektion 11

Benutzerdefinierte Formulare erstellen

❸ Markieren Sie Spalte B. Klicken Sie im Menü *Bearbeiten* auf *Gehe zu* und dann auf *Inhalte*. Das Dialogfeld *Inhalte auswählen* wird angezeigt (vgl. 11.28). Wählen Sie die Option *Konstanten*, und klicken Sie auf *OK*.

Damit werden nur die Zellen in den Zeilen mit Detaildaten ausgewählt.

❹ Blenden Sie die ausgewählten Zeilen aus. Klicken Sie dazu im Menü *Format* auf *Zeile* und dann auf *Ausblenden*. Die Zeilen werden ausgeblendet, und das Arbeitsblatt sollte nun wie in Abbildung 11.29 aussehen.

Nun müssen Sie nur noch die leeren Zellen in Spalte D ausblenden. Können Sie sich vorstellen, wie Sie dazu vorgehen?

❺ Wählen Sie Spalte D. Im Menü *Bearbeiten* klicken Sie auf *Gehe zu* und dann auf *Inhalte*. Wählen Sie die Option *Leerzellen*, und klicken Sie auf *OK*. Blenden Sie die ausgewählten Zeilen wie in Arbeitsschritt 4 beschrieben aus. Das Arbeitsblatt sollte daraufhin wie in Abbildung 11.30 aussehen.

Abbildung 11.30
Die Zeilen mit den leeren Zellen in Spalte D sind ausgeblendet.

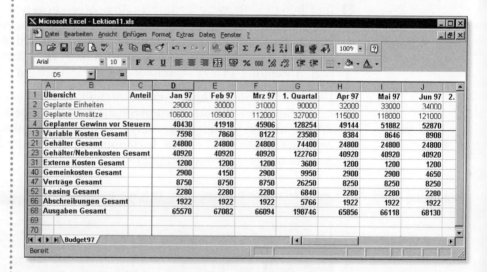

Diese Ansicht, die keinerlei Detailinformationen enthält, soll dem Abteilungsleiter einen allgemeinen Überblick vermitteln.

❻ Es werden jetzt nur die Zeilen mit den zusammenfassenden Daten angezeigt. Erstellen Sie daraus eine weitere Ansicht namens **Überblick**. (Klicken Sie im Dialogfeld *Benutzerdefinierte Ansichten* auf die Schaltfläche *Hinzufügen*, geben Sie als Namen für die neue Ansicht **Überblick** ein, deaktivieren Sie das Kontrollkästchen *Druckeinstellungen*, und klicken Sie auf *OK*).

Nun werden Sie die Detailansicht erstellen. Dazu sollen alle Zeilen ausgeblendet werden, in denen Daten zusammengefaßt werden. Der Bereich A4:A68 enthält die Beschriftungen für die auszublendenden Zeilen.

Lektion 11

Benutzerdefinierte Formulare erstellen

❼ Rufen Sie die benutzerdefinierte Ansicht *Alles* auf, damit wieder alle Zeilen angezeigt werden. Markieren Sie den Bereich A4:A68, wählen Sie den Befehl *Gehe zu* und dann die Schaltfläche *Inhalte*, um die Zellen auszuwählen, die Konstanten enthalten. Blenden Sie dann die Zeilen aus. Wählen Sie Spalte D, und blenden Sie alle Zeilen mit leeren Zellen aus.

Abbildung 11.31
Die Zeilen mit den Zusammenfassungen sind ausgeblendet.

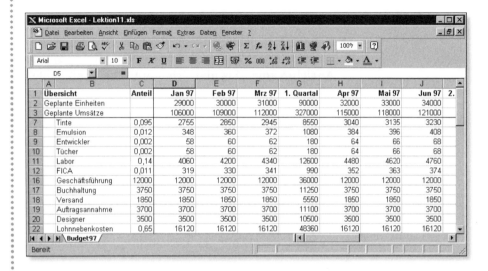

❽ Es werden jetzt nur noch die Zeilen mit den Detaildaten angezeigt (vgl. Abbildung 11.31). Geben Sie dieser neuen Ansicht den Namen **Details**, und deaktivieren Sie wieder die Option *Druckeinstellungen*.

❾ Speichern Sie die Arbeitsmappe. Probieren Sie die drei Ansichten aus. Rufen Sie zuletzt die Ansicht *Alles* auf.

Die Erstellung von benutzerdefinierten Ansichten ist relativ mühselig, muß aber nur einmal ausgeführt werden. Nachdem Sie die Ansichten definiert haben, ist die Erstellung eines Makro zum Hin- und Herschalten zwischen den Ansichten dagegen einfach.

Ein Makro zum Hin- und Herschalten zwischen den Ansichten erstellen

❶ Starten Sie die Aufzeichnung eines Makros namens **AnsichtAnzeigen**. Rufen Sie die Ansicht *Überblick* auf, beenden Sie die Aufzeichnung, und sehen Sie sich das Makro einmal genauer an. Es sollte folgendermaßen aufgebaut sein:

```
Sub AnsichtAnzeigen()
    ActiveWorkbook.CustomViews("Überblick").Show
End Sub
```

Lektion 11

Benutzerdefinierte Formulare erstellen

Anscheinend verfügen Arbeitsmappen über eine Auflistung namens *CustomViews*. Der Name der Ansicht wird zum Aufruf eines Elements dieser Auflistung verwendet. Dieses Element verfügt über eine Show-Methode. Um zwischen Ansichten hin- und herzuschalten, müssen Sie einfach den in Klammern angegebenen Namen der Ansicht austauschen.

Statt drei verschiedene Makros zu erstellen, können Sie den Namen der gewünschten Ansicht als Argument übergeben.

❷ Geben Sie in die Klammern nach *AnsichtAnzeigen* **AnsichtName** ein, und ersetzen Sie "*Überblick*" (einschließlich der Anführungszeichen) durch **AnsichtName**. Das überarbeitete Makro sollte folgendermaßen aussehen:

```
Sub AnsichtAnzeigen(AnsichtName)
    ActiveWorkbook.CustomViews(AnsichtName).Show
End Sub
```

Nun werden Sie das Makro und die Argumente im Direktfenster testen.

❸ Drücken Sie , um das Direktfenster aufzurufen.

❹ Geben Sie **AnsichtAnzeigen "Details"** ein, und drücken Sie ⏎ (vgl. Abbildung 11.32).

Es sollte daraufhin die Ansicht mit den Detaildaten angezeigt werden.

❺ Geben Sie **AnsichtAnzeigen "Alles"** ein, und drücken Sie ⏎. Dann geben Sie **AnsichtAnzeigen "Überblick"** ein und drücken ⏎.

Das Makro funktioniert mit allen drei Argumenten.

❻ Schließen Sie das Direktfenster, und speichern Sie die Arbeitsmappe.

Damit haben Sie die Funktionen zur Anzeige unterschiedlicher Ansichten definiert. Die Erstellung der Ansichten war etwas umständlich, aber sie erleichterte die Erstellung des Makros merklich. Und wenn Sie eine dieser

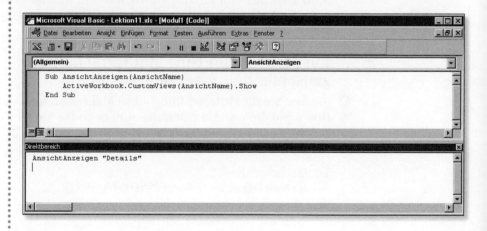

Abbildung 11.32
Testen Sie die Prozedur im Direktfenster.

Lektion 11   **Benutzerdefinierte Formulare erstellen**

Ansichten verändern (z. B. um Leerzeilen anzuzeigen), brauchen Sie das Makro nicht entsprechend abzuändern.

Sie müssen jetzt noch Funktionen einfügen, um die Spalten ausblenden zu können, die Daten zu Monaten enthalten, die vor dem Startmonat liegen.

Spalten dynamisch ausblenden

Zur Änderung der Spaltenanzeige wollen wir keine benutzerdefinierten Ansichten erstellen, da wir ansonsten 36 verschiedene benutzerdefinierte Ansichten erstellen müßten: eine für jeden Monat multipliziert mit drei verschiedenen Ansichten (*Alles*, *Überblick*, *Details*). Die Spalten sollen dynamisch geändert werden, basierend auf den Auswahlen im Dialogfeld. Die Spalten sollen von Spalte C bis zu der Spalte für den Monat, der angegeben worden ist, ausgeblendet werden. Zum Auffinden des Monats bietet sich die Find-Methode von Excel an.

❶ Wählen Sie in Excel die gesamte Zeile 1, und beginnen Sie die Aufzeichnung eines Makros namens **MonateAusblenden**.

Geben Sie "1997" und nicht "97" für das Jahr ein.

❷ Im Menü *Bearbeiten* klicken Sie auf den Befehl *Suchen*. Geben Sie **01.05.1997** in das Feld *Suchen nach* ein, klicken Sie auf das Kontrollkästchen *Nur ganze Zellen*, und stellen sicher, daß im Dropdown-Listenfeld *Suchen in* der Eintrag *Formeln* angegeben ist (vgl. Abbildung 11.33).

Abbildung 11.33
Das Dialogfeld *Suchen*.

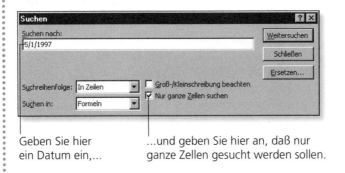

Geben Sie hier ein Datum ein,...

...und geben Sie hier an, daß nur ganze Zellen gesucht werden sollen.

Die Auswahl von *Formeln* bewirkt, daß nach dem in einer Zelle enthaltenen Datum gesucht und das Format der Datumsangabe ignoriert wird. Durch die Vorgabe *Nur ganze Zellen* wird sichergestellt, daß beispielsweise mit der Eingabe 1.1.1997 nur der Januar (1.1.1997) und nicht auch der November (11.1.1997) gefunden wird.

❸ Klicken Sie auf *Weitersuchen*, schließen Sie das Dialogfeld *Suchen*, stoppen Sie die Aufzeichnung des Makros, und bearbeiten Sie dann das Makro *MonateAusblenden*. Fügen Sie nach jedem Komma Zeilenfortsetzungszeichen (ein Leerzeichen, einen Unterstrich und eine neue Zeile) ein, damit die Anweisung übersichtlicher wird. Die Anweisung sollte nun folgendermaßen aussehen:

Lektion 11

Benutzerdefinierte Formulare erstellen

```
Sub MonateAusblenden()
    Selection.Find(What:="01.05.1997", _
        After:=ActiveCell, _
        LookIn:=xlFormulas, _
        LookAt:=xlWhole, _
        SearchOrder:=xlByRows, _
        SearchDirection:=xlNext, _
        MatchCase:=False).Activate
End Sub
```

Das Makro sucht im ausgewählten Bereich (in diesem Fall Zeile 1), beginnend bei der aktiven Zelle (hier Zelle A1), nach dem angegebenen Datum und aktiviert die gefundene Zelle.

Das Makro soll die Auswahl nicht ändern, und es soll die gefundene Zelle nicht aktivieren. Vielmehr soll das Makro den gefundenen Bereich einer Variablen zuweisen, damit Sie darauf Bezug nehmen können.

❹ Nehmen Sie dazu folgende Änderungen im Makro vor: Deklarieren Sie die Variable *neuSuchen* mit dem Typ *Range* (d. h. Bereich). Ändern Sie *Selection* zu **Rows(1)** und *ActiveCell* zu **Range("A1")**. Löschen Sie am Ende der zweiten Anweisung *.Activate,* und fügen Sie am Beginn der Anweisung **Set neuSuchen** = ein.

Das überarbeitete Makro sieht nun folgendermaßen aus:

```
Sub MonateAusblenden()
    Dim neuSuchen as Range
    Set neuSuchen = Rows(1).Find(What:="01.05.1997", _
        After:=Range("A1"), _
        LookIn:=xlFormulas, _
        LookAt:=xlWhole, _
        SearchOrder:=xlByRows, _
        SearchDirection:=xlNext, _
        MatchCase:=False)
End Sub
```

Wenn die Find-Methode erfolgreich ausgeführt wird, enthält die Variable *neuSuchen* einen Verweis auf die Zelle, die den gesuchten Monat enthält. Es sollen dann alle Spalten von Spalte C bis zu der Spalte, die sich links neben der durch *neuSuchen* bezeichneten Spalte befindet, ausgeblendet werden.

❺ Geben folgende Anweisung vor der Anweisung *End Sub* ein:

```
Range("C1",neuSuchen.Offset(0,-1)).EntireColumn.Hidden = True
```

Damit wird der Bereich zwischen Zelle C1 und der Zelle, die sich links von der Zelle mit dem gesuchten Monatsnamen befindet, ausgewählt. Dann werden die Spalten in diesem Bereich ausgeblendet.

Lektion 11

Benutzerdefinierte Formulare erstellen

❻ Speichern Sie die Arbeitsmappe, und drücken Sie wiederholt F8, um das Makro schrittweise auszuführen. Beachten Sie, wie die Spalten C bis H ausgeblendet werden.

Sie werden diese Subroutine nun so ändern, daß die Spalten bis zu einem beliebigen Datum ausgeblendet werden können. Dazu muß festgestellt werden können, ob die Find-Methode eine Entsprechung gefunden hat oder nicht. Wenn die Find-Methode eine Entsprechung findet, weist sie der Variablen einen Zellbezug zu. Wenn die Find-Methode keine Entsprechung findet, weist sie der Variablen einen besonderen Objektverweis namens *Nothing* zu. Sie können damit überprüfen, ob das Objekt gleich *Nothing* ist. Da Objektbezüge verglichen werden (und nicht Werte), wird der Vergleich nicht mit dem Gleichheitszeichen formuliert. Sie verwenden statt dessen wird das speziell für Objektvergleiche vorgesehene Schlüsselwort *Is*.

Eine Variable, die mit dem Typ *Variant* deklariert ist, enthält den Wert *Empty*, wenn ihr kein anderer Wert zugewiesen wird. Eine Variable, die als Objekttyp deklariert ist, enthält den Verweis *Nothing*, wenn ihr kein anderer Objektverweis zugewiesen wird. *Empty* bedeutet also soviel wie „kein Wert", und *Nothing* bedeutet also soviel wie „kein Objektbezug". Um zu überprüfen, ob die Variable *neuWert* den Wert *Empty* enthält, verwenden Sie den Ausdruck *IsEmpty(neuWert)*. Mit dem Ausdruck *neuObjekt Is Nothing* überprüfen Sie, ob die Variable *neuObjekt* einen Verweis auf *Nothing* enthält.

❼ Ersetzen Sie die Anweisung, mit der die Spalten ausgeblendet werden, durch die folgende If-Struktur:

```
If Not neuSuchen Is Nothing Then
    Range("C1", neuSuchen.Offset(0, -1)).EntireColumn.Hidden = True
End If
```

Die Anweisung, mit der die Spalten ausblendet werden, bleibt unverändert. Wenn die Find-Methode fehlschlägt, weist sie der Variablen *neuSuchen* den Wert *Nothing* zu, so daß der Bedingungsausdruck den Wert False hat und keine Spalten ausgeblendet werden.

❽ Testen Sie nun die Fähigkeit des Makros, Fehler abzufangen, indem Sie den Wert der Find-Methode von *01.05.1997* zu *Enzian* ändern. Dann führen Sie das Makro schrittweise aus und beobachten, was während der Bearbeitung der If-Struktur passiert. Halten Sie den Mauszeiger über die Variable *neuSuchen*. Sie enthält den Wert *Nothing*. Das Codefenster sollte nun wie Abbildung 11.34 aussehen.

Wenn nach einem Datum in Zeile 1 gesucht wird, enthält *neuSuchen* einen Verweis auf die Zelle, die dieses Datum enthält, und das Makro blendet die Monate vor dem gefundenen Datum aus. Wenn nach irgend

Lektion 11   Benutzerdefinierte Formulare erstellen

Abbildung 11.34
Die Anweisungen im Monat *MonateAusblenden*, mit denen eine Zelle mit einem bestimmten Datum gesucht wird.

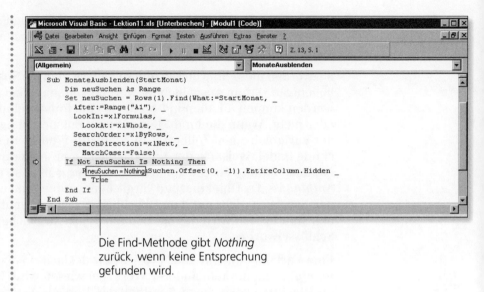

Die Find-Methode gibt *Nothing* zurück, wenn keine Entsprechung gefunden wird.

etwas anderem gesucht wird, enthält *neuSuchen* einen Verweis auf *Nothing*, und das Makro blendet keine Spalten aus.

❾ Drücken Sie [F5], um das Makro zu beenden.

Im letzten Arbeitsschritt werden Sie das Datum in ein Argument umwandeln.

❿ Geben Sie **StartMonat** in die Klammern nach *MonateAusblenden* ein, und ersetzen Sie "01.05.1997" bzw. "Enzian" (einschließlich der Anführungszeichen) durch **StartMonat**. Die überarbeitete (und fertige) Prozedur sollte wie folgt aussehen:

```
Sub MonateAusblenden(StartMonat)
    Dim neuSuchen As Range
    Set neuSuchen = Rows(1).Find(What:=StartMonat, _
        After:=Range("A1"), _
        LookIn:=xlFormulas, _
        LookAt:=xlWhole, _
        SearchOrder:=xlByRows, _
        SearchDirection:=xlNext, _
        MatchCase:=False)
    If Not neuSuchen Is Nothing Then
        Range("C1", neuSuchen.Offset(0, -1)).EntireColumn.Hidden = True
    End If
End Sub
```

Das Jahr muß im Format "1997" eingegeben werden.

⓫ Testen Sie nun das Makro. Drücken Sie [Strg]+[G], um das Direktfenster aufzurufen. Geben Sie **AnsichtAnzeigen "Alles"** und anschließend

Lektion 11 Benutzerdefinierte Formulare erstellen

Abbildung 11.35
Die Monate vor August sind ausgeblendet.

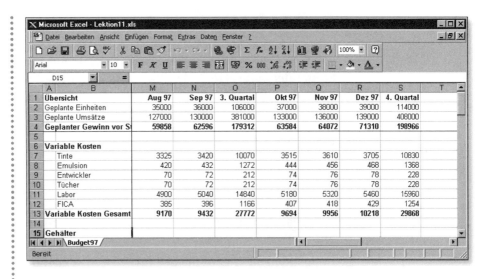

MonateAusblenden "8/1/1997" ein. Daraufhin werden die Spalten bis zum Monat August ausgeblendet (vgl. Abbildung 11.35)

⑫ Schließen Sie das Direktfenster, und speichern Sie die Arbeitsmappe.

Sie haben jetzt die Makros erstellt, die den funktionellen Kern des Formulars bilden und die gewünschten Zeilen und Spalten ein- und ausblenden. Im nächsten Abschnitt werden Sie diesen funktionellen Kern nun mit der Benutzeroberfläche – also dem Formular – verknüpfen.

Ein Formular implementieren

Im ersten Teil dieser Lektion haben Sie eine Benutzeroberfläche für das Formular erstellt. Über die Benutzeroberfläche kann angegeben werden, welche Zeilen und Spalten ausgedruckt werden sollen. Im zweiten Teil dieser Lektion haben Sie die notwendigen Funktionen für das Formular erstellt. Die Makros *AnsichtAnzeigen* und *MonateAusblenden* blenden die gewünschten Zeilen und Spalten ein und aus. Im nun folgenden Teil dieser Lektion werden Sie die Benutzeroberfläche mit dem funktionellen Kern (Makros und Ansichten) verknüpfen, damit die Funktionen über das Formular gesteuert werden können. Sie werden das Formular *implementieren*.

In unserem Beispielformular wird der Bericht mit der Schaltfläche *Drukken* formatiert und ausgedruckt. Sie werden den gesamten Programmcode, mit dem das Formular mit dem funktionellen Kern verknüpft wird, in die Prozedur *btnDrucken_Click* einfügen.

Lektion 11 — Benutzerdefinierte Formulare erstellen

Optionsfelder implementieren

Damit wir die Optionsfelder implementieren können, müssen wir irgendwie feststellen können, welches Optionsfeld ausgewählt ist. Das Rahmen-Steuerelement verfügt über die Eigenschaft *Controls*, die eine Auflistung aller im Rahmen enthaltenen Steuerelemente liefert. Sie können diese Auflistung mit einer Schleifenanweisung abarbeiten, um zu ermitteln, welches Optionsfeld den Wert True hat.

❶ In Visual Basic klicken Sie in der Standardsymbolleiste auf die Schaltfläche *Projekt-Explorer*. Doppelklicken Sie auf das Formular *frmDrucken*, und schließen Sie dann das Projektfenster (vgl. Abbildung 11.36).

Wenn Sie Projekte bearbeiten, die verschiedene Komponenten enthalten, ist es häufig am einfachsten, die Komponenten über das Projektfenster aufzurufen.

❷ Doppelklicken Sie auf die Schaltfläche *Drucken*, um die Ereignisbehandlungsprozedur *btnDrucken_Click* anzuzeigen.

❸ Fügen Sie die folgenden Anweisungen am Beginn der Prozedur vor der Anweisung *Unload Me* ein:

```
Dim neuOption As Control
Dim neuAnsicht

For Each neuOption In grpZeilen.Controls
    If neuOption.Value = True Then
        neuAnsicht = neuOption.Caption
    End If
Next neuOption
AnsichtAnzeigen neuAnsicht
```

Diese For Each-Schleife überprüft jedes im Rahmen enthaltene Steuerelement auf den Wert *True*. Die Schleifenvariable *neuOption* ist als Objekt vom Typ *Control* (also Steuerelement) und nicht vom Typ OptionButton (also Optionsfeld) deklariert, da ein Rahmen neben Optionsfeldern auch andere Steuerelementtypen enthalten kann.

Abbildung 11.36
Das Formular kann über das Projektfenster aufgerufen werden.

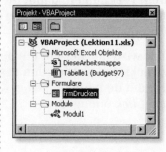

Lektion 11 Benutzerdefinierte Formulare erstellen

Wenn die Steuerelemente eines Rahmens, der neben Optionsfeldern auch andere Steuerelemente enthält, in einer Schleife bearbeitet werden, sollten Sie überprüfen, ob es sich bei dem bearbeiteten Steuerelement um ein Optionsfeld handelt. Indem Sie dem Namen von Optionsfeldern das Präfix *opt* voranstellen, können Sie mit Hilfe des Bedingungsausdrucks *Left(neuOption.Name,3) = "opt"* feststellen, ob das Steuerelement ein Optionsfeld ist.

Die Schleife speichert die Beschriftung der ausgewählten Option in einer Variablen. Diese Variable wird später während der Ausführung des Makros *AnsichtAnzeigen* als Argument verwendet. Es ist nun sehr hilfreich, daß wir dieselben Namen für die benutzerdefinierten Ansichten und die Bezeichnungen der Optionsfelder verwendet haben.

❹ Speichern Sie die Arbeitsmappe, und drücken Sie F8, um das Formular auszuführen. (Drücken Sie wiederholt F8, um die Initialisierungsprozeduren schrittweise auszuführen). Wenn das Formularentwurfsfenster oder das Codefenster aktiv ist, kann das Formular durch Drücken von F5 oder F8 ausgeführt werden. Wenn Sie F8 drücken, können Sie alle Ereignisbehandlungsprozeduren, die ausgeführt werden, während das Formular sichtbar ist, schrittweise ausführen lassen.

❺ Klicken Sie auf das Optionsfeld *Überblick* und anschließend auf *Drucken*. Drücken Sie wiederholt F8, um die Prozedur *btnDrucken_Click* schrittweise auszuführen. Schließen Sie das Meldungsfenster, falls notwendig.

Mit einem gewissen Maß an Vorausplanung können Optionsfelder relativ einfach implementiert werden. In unserem Beispiel wurde die Implementierung der Optionsfelder dadurch erleichtert, daß gleichlautende Namen für die benutzerdefinierten Ansichten des Arbeitsblatt und für die Beschriftungen der Optionsfelder vergeben wurden. Wenn Sie eine vierte Ansicht hinzufügen wollten, müßten Sie diese neue Ansicht nur im Arbeitsblatt definieren und ein Optionsfeld mit der entsprechenden Beschriftung in das Formular einfügen. Die Prozeduren müßten nicht verändert werden.

Ein Kontrollkästchen implementieren

Wenn das Kontrollkästchen ausgewählt ist, soll die Ereignisbehandlungsroutine für die Schaltfläche *Drucken* das Makro *MonateAusblenden* ausführen. Das Makro *MonateAusblenden* blendet aber nichts aus, wenn ein Datum angegeben wird, das es nicht findet. Sie können diese Tatsache nutzen, indem Sie einer Variablen entweder das Datum aus dem Monatsfeld oder einen ungültigen Wert zuweisen.

❶ Doppelklicken Sie auf die Schaltfläche *Drucken*, um die Prozedur *btnDrucken_Click* anzuzeigen, und fügen Sie nach *Dim neuAnsicht* folgende Anweisungen ein:

Lektion 11   Benutzerdefinierte Formulare erstellen

```
Dim neuMonat

If chkMonat.Value = True Then
    neuMonat = txtMonat.Value
Else
    neuMonat = "Kein Datum"
End If
```

Mit diesen Anweisungen wird der Variablen *neuMonat* entweder der Wert aus dem Textfeld oder ein offensichtlich ungültiger Wert zugewiesen.

❷ Fügen Sie die Anweisung **MonateAusblenden neuMonat** nach der Anweisung *AnsichtAnzeigen neuAnsicht* ein.

Diese Anweisung wird nach der Anweisung *AnsichtAnzeigen* eingefügt, da die Ansicht geändert werden soll, bevor die Monate ausgeblendet werden. Durch den Aufruf der benutzerdefinierten Ansicht werden wieder alle ausgeblendeten Spalten angezeigt.

Das Jahr muß im Format "1997" eingegeben werden.

❸ Speichern Sie die Arbeitsmappe, und drücken Sie F5, um das Formular auszuführen. Wählen Sie das Kontrollkästchen, geben Sie **1.9.1997** in das Textfeld ein, und klicken Sie auf *Drucken*.

Im Arbeitsblatt werden jetzt nur die Monate ab September 97 angezeigt (vgl. Abbildung 11.37).

❹ Klicken Sie auf *OK*, um das Meldungsfenster zu schließen.

Abbildung 11.37
Das Datum im Textfeld des Formulars legt fest, ab welchem Monat die Daten angezeigt werden.

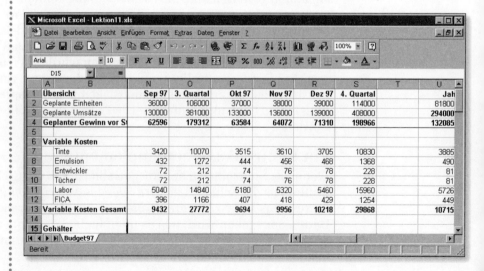

Lektion 11 Benutzerdefinierte Formulare erstellen

Fehler in einem Eingabefeld abfangen

Was passiert, wenn Sie das Formular ausführen und als Datum "15.04.1997" eingeben? Das Makro blendet ganz einfach keine Spalten aus. Und was passiert, wenn Sie "April" als Datum eingegeben? Das Makro blendet wieder keine Spalten aus. Das Formular wäre wesentlich nützlicher, wenn es die Datumsangabe *15.04.1997* in das erforderliche Format *01.04.1997* konvertieren würde. (Aber wo finden wir eine Funktion, die ein Datum einliest und den ersten Tag des angegebenen Monats ausgibt?) Bei einer offensichtlich unpassenden Eingabe wie "April" sollte das Formular natürlich eine entsprechende Fehlermeldung ausgeben.

❶ Doppelklicken Sie auf die Schaltfläche *Drucken*. Ersetzen Sie in der Prozedur *btnDrucken_Click* die Anweisung *neuMonat = txtMonat.Value* durch **neuMonat = Monatsanfang(txtMonat.Value)**.

Die Funktion *Monatsanfang* berechnet für eine Datumsangabe den ersten Tag des betreffenden Monats. Falls die Datumseingabe kein gültiges Datum enthält, liefert die Funktion den Wert *Empty* zurück. (Sind Sie jetzt nicht froh, daß Sie mit der Funktion *Monatsanfang* ungültige Datumsangaben abfragen können?) Wenn die Variable *neuMonat* den Wert *Empty* enthält, soll eine Meldung angezeigt werden und eine Möglichkeit zur Fehlerkorrektur gegeben sein.

❷ Fügen Sie die folgenden Anweisungen vor der Else-Anweisung ein:

```
If neuMonat = Empty Then
    MsgBox "Ungültige Monatsangabe"
    txtMonat.SetFocus
    txtMonat.SelStart = 0
    txtMonat.SelLength = 1000
    Exit Sub
End If
```

Wenn während der Ausführung des Formulars ein ungültiges Datum eingegeben wird, zeigt das Makro ein entsprechendes Meldungsfenster mit einer Fehlerbeschreibung an. Nachdem das Meldungsfenster geschlossen worden ist, sollte es sinnvollerweise möglich sein, einen korrekten Wert einzugeben. Um dies zu ermöglichen, muß das Makro aber das Textfeld aktivieren und den aktuellen ungültigen Inhalt auswählen.

Mit der SetFocus-Methode wird das Textfeld aktiviert. Mit der Zuweisung des Werts 0 zur Eigenschaft *SelStart* wird festgelegt, daß die Textauswahl ab dem Beginn des Textfelds erfolgen soll. Mit der Einstellung der Eigenschaft *SelLength* auf 1000 wird festgelegt, daß die Textauswahl den gesamten Inhalt des Textfelds umfassen soll. (Durch den Einsatz eines relativ großen Werts wie 1000 wird verhindert, daß die tatsächliche Länge des Feldinhalts berechnet werden muß.)

Lektion 11 Benutzerdefinierte Formulare erstellen

❸ Speichern Sie die Arbeitsmappe, und drücken Sie [F5], um das Formular auszuführen. Aktivieren Sie das Kontrollkästchen *Bei Monat beginnen*, geben Sie **Enzian** ein, und klicken Sie auf *Drucken*. Geben Sie testweise **23. Jun 97** ein, und klicken Sie auf *Drucken*. (Schließen Sie das Meldungsfenster.)

Wenn Sie ein Eingabefeld in ein Formular einfügen, müssen Sie bedenken, wie sich das Makro im Fall ungültiger Benutzereingaben verhalten soll. Häufig läßt sich dieses Problem durch die Anzeige einer Fehlermeldung und die Auswahl des ungültigen Eintrags am besten lösen. Die Set-Focus-Methode und die Eigenschaften *SelStart* und *SelLength* sind hierbei äußerst hilfreich.

Den Bericht ausdrucken

Das Formular *Druckoptionen* ist nun mit allen möglichen Funktionen ausgestattet, es fehlt nur noch die Druckfunktion. Wenn Sie den Bericht erst in der Seitenansicht ausgeben lassen, können Sie ihn sich ansehen und dann entscheiden, ob Sie ihn tatsächlich auf Papier ausdrucken möchten.

❶ Doppelklicken Sie auf die Schaltfläche *Drucken*. Ersetzen Sie in der Prozedur btnDrucken_Click die Anweisung *MsgBox "Ausdruck läuft"* durch **ActiveSheet.PrintPreview**.

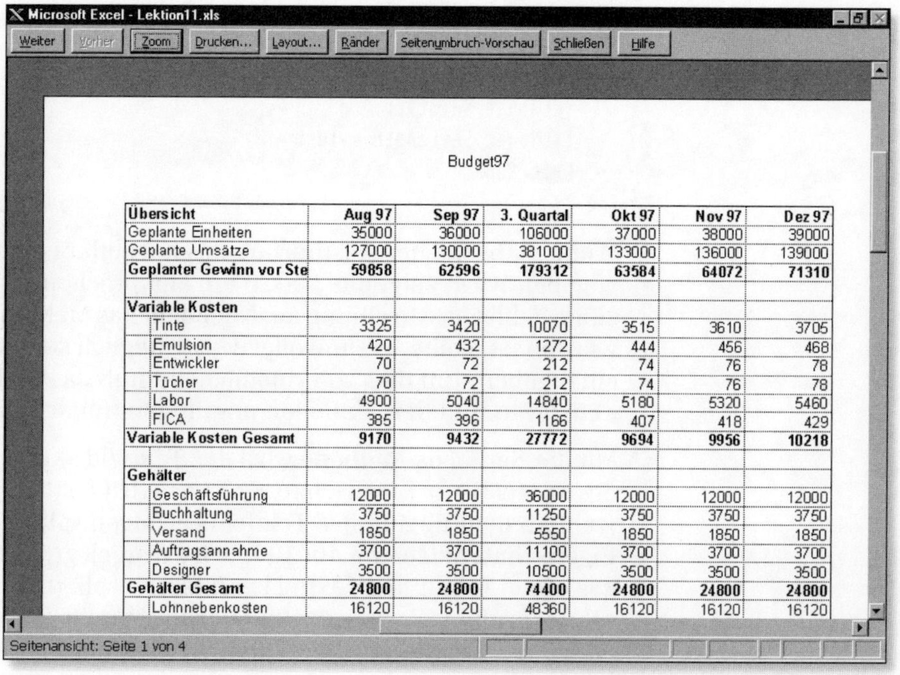

Abbildung 11.38
In der Seitenansicht wird angezeigt, wie der ausgedruckte Bericht aussehen wird.

Lektion 11 Benutzerdefinierte Formulare erstellen

Nach dem „Ausdruck" des Berichts sollen wieder alle Zeilen und Spalten im Arbeitsblatt angezeigt werden.

❷ Geben Sie nach der Anweisung *ActiveSheet.PrintPreview* die Anweisung **AnsichtAnzeigen "Alles"** ein.

❸ Speichern Sie die Arbeitsmappe, und drücken Sie [F5], um das Formular auszuführen. Wählen Sie die Option *Überblick*, wählen Sie die Anzeige der Monate ab August 97, und klicken Sie auf die Schaltfläche *Drucken*. Klicken Sie auf *Zoom*, um den Bericht genauer unter die Lupe nehmen zu können (vgl. Abbildung 11.38).

❹ Schließen Sie das Seitenansichtsfenster.

Die Benutzeroberfläche des Formulars ist nun mit der Funktionalität verknüpft. Wir müssen nun nur noch dafür sorgen, daß der Anwender das Formular aus Excel anstatt aus Visual Basic heraus ausführen kann.

Das Formular starten

Zum Starten des Formulars werden Sie ein Standardmakro erstellen, mit dem das Formular angezeigt wird. Dann erstellen Sie Ereignisprozeduren, mit denen beim Öffnen der Arbeitsmappe automatisch ein Menübefehl in die Excel-Menüleiste eingefügt und beim Schließen der Arbeitsmappe wieder entfernt wird.

❶ Klicken Sie auf die Schaltfläche *Projekt-Explorer*, um das Projektfenster anzuzeigen. Doppelklicken Sie auf das *Modul1* (also das Modul, das die Makros *AnsichtAnzeigen* und *MonateAusblenden* enthält), aktivieren Sie das Codefenster, und blättern Sie zum Ende des Moduls.

❷ Fügen Sie folgendes Makro ein:

```
Sub FormularAnzeigen()
    frmDrucken.Show
End Sub
```

Mit der Show-Methode wird das Formular angezeigt. Sie nehmen über den Namen, den Sie dem Formular bei seiner Erstellung zugewiesen haben, auf das Formular Bezug.

❸ Doppelklicken Sie im Projektfenster auf das Objekt *DieseArbeitsmappe*. Wählen Sie *Workbook* aus der Objektliste, und fügen Sie die folgenden Anweisungen in den Rumpf der Prozedur *Workbook_Open* ein:

```
Dim neuSchaltfläche As CommandBarButton
Set neuSchaltfläche = _
    Application.CommandBars("Worksheet Menu Bar").Controls.Add
neuSchaltfläche.Caption = "Be&richt drucken"
neuSchaltfläche.Style = msoButtonCaption
```

Lektion 11 Benutzerdefinierte Formulare erstellen

```
neuSchaltfläche.BeginGroup = True
neuSchaltfläche.OnAction = "FormularAnzeigen"
```

Die CommandBars-Auflistung funktioniert wie alle anderen Auflistungen: Sie können über den Namen auf ein Element Bezug nehmen. Die Controls-Auflistung funktioniert ebenfalls wie alle anderen Auflistungen: Sie fügen ein Element – in diesem Fall ein CommandBarButton-Objekt – mit der Add-Methode der Auflistung hinzu. Die Add-Methode liefert einen Verweis auf das neue Objekt, der dann einer Objektvariablen zugewiesen werden kann. Falls nicht anderes angegeben wird, fügt die Add-Methode das Steuerelement am Ende der Auflistung ein.

Die Beschriftung der Befehlsschaltfläche wird über die Eigenschaft *Caption* definiert. Indem Sie der Eigenschaft *Style* den Wert *msoButtonCaption* zuweisen, wird im Menü die Beschriftung statt des Symbols angezeigt. Mit der Eigenschaft *BeginGroup* wird ein Trennstrich links neben dem Befehl eingefügt, um diesen von den Standardbefehlen abzusetzen. Der Eigenschaft *OnAction* wird der Name des Makros zugewiesen, das ausgeführt werden soll.

Diese Befehlsschaltfläche wird in die Hauptmenüleiste von Excel eingefügt, wenn die Arbeitsmappe geöffnet wird.

❹ Wählen Sie aus der Liste *Prozedur* im oberen Bereich des Codefensters *BeforeClose*. Fügen Sie die folgenden Anweisungen als Körper der Prozedur *Workbook_BeforeClose* ein:

```
ActiveWorkbook.Save
On Error Resume Next
Application.CommandBars("Worksheet Menu Bar") _
    .Controls("Bericht drucken").Delete
```

Mit der ersten Anweisung wird die Arbeitsmappe gespeichert. Damit wird verhindert, daß Excel fragt, ob Sie die Arbeitsmappe speichern wollen. Mit der zweiten Anweisung wird Visual Basic davon abgehalten, eine Warnmeldung auszugeben, wenn der Befehl *Bericht drucken* aus irgendeinem Grund nicht vorhanden ist. Mit der dritten Anweisung wird der neue Menübefehl *Bericht drucken* gelöscht. Diese Anweisungen werden immer dann ausgeführt, wenn die Arbeitsmappe geschlossen wird, und „verwischen alle Spuren" des Befehls *Bericht drucken*.

❺ Wechseln Sie zu Excel. Speichern und schließen Sie die Arbeitsmappe.

❻ Öffnen Sie die Arbeitsmappe *Lektion11*.

Der neue Befehl wird, nachdem die Arbeitsmappe geöffnet worden ist, ganz rechts in der Hauptmenüleiste von Excel angezeigt.

❼ Klicken Sie auf den neuen Menübefehl *Bericht drucken*, und klicken Sie dann auf *Abbrechen*.

Lektion 11   Benutzerdefinierte Formulare erstellen

❽ Schließen Sie die Arbeitsmappe.

Der neue Befehl verschwindet. Das benutzerdefinierte Formular ist nun in Excel integriert.

Die Erstellung eines effizienten Formulars erfordert drei wesentliche Arbeitsschritte: die Erstellung der Benutzeroberfläche, die Erstellung des funktionellen Kerns und die Verknüpfung von Benutzeroberfläche und funktionellem Kern zu einem funktionellen Werkzeug.

Zusammenfassung der Lektion

Möchten Sie	dann
ein Formular einfügen,	klicken Sie auf die Schaltfläche *User-Form einfügen*.
ein aktives Formular testweise ausführen,	drücken Sie [F5] (oder drücken Sie [F8], um die Prozeduren des Formulars schrittweise auszuführen).
Steuerelemente in einem Formular anordnen,	wählen Sie mehrere Steuerelemente und verwenden die entsprechenden Befehle auf dem Visual Basic-Menü *Format*.
ein Steuerelement beim Entwurf des Formulars initialisieren,	stellen Sie den Wert der Eigenschaften des Steuerelements im Eigenschaftenfenster ein.
ein Steuerelement während der Ausführung des Formulars initialisieren,	weisen Sie einer Eigenschaft des Steuerelements in der Ereignisbehandlungsprozedur *UserForm_Initialize* des Formulars einen Wert zu.
das Formular mit einer Ereignisbehandlungsprozedur schließen,	verwenden Sie die Anweisung *Unload Me*.
die Reihenfolge der in einem Formular oder Rahmen enthalten Steuerelemente festlegen, in der die Steuerelemente durch Drücken von [⇥] ausgewählt werden,	wählen Sie das Formular oder den Rahmen und klicken im Menü *Ansicht* auf den Befehl *Aktivierreihenfolge*.
überprüfen, ob die Find-Methode die gesuchte Zelle gefunden hat,	weisen Sie das Ergebnis der Find-Methode einer Objektvariablen zu und verwenden *Is Nothing*, um die Variable zu überprüfen.
feststellen, welches Optionsfeld in einem Rahmen ausgewählt ist,	verwenden Sie eine For Each-Schleife, um die Controls-Auflistung des Rahmen-Steuerelements nach dem Wert *True* zu durchsuchen. ▶

Lektion 11 — Benutzerdefinierte Formulare erstellen

Möchten Sie	dann
den Inhalt eines Textfelds auswählen, das einen Fehler enthält,	verwenden Sie die SetFocus-Methode, um das Textfeld zu aktivieren, und weisen der Eigenschaft *SelStart* den Wert **0** und der Eigenschaft *SelLength* den Wert **1000** zu.
ein Formular aus einem Makro heraus aufrufen,	geben Sie den Formularnamen an und verwenden die Show-Methode.
einen Befehl in die Menüleiste eines Arbeitsblatts aufnehmen,	verwenden Sie die Anweisung *Application.CommandBars("Worksheet Menu Bar").Commands.Add*.
Prozeduren erstellen, die ausgeführt werden, wenn die Arbeitsmappe geöffnet bzw. geschlossen wird,	fügen Sie die Prozeduren *Workbook_Open* bzw. *Workbook_BeforeClose* in das Modul *DieseArbeitsmappe* der Arbeitsmappe ein.

So erhalten Sie Online-Hilfe zum Thema:	Fordern Sie vom Assistenten mit folgendem Suchbegriff Hilfe an:
Erstellen von benutzerdefinierten Formularen	**Benutzerdefinierte Formulare**
Verwendung von Optionsfeldern	**Optionsfelder**
Verwendung von Menüs und Symbolleisten	**Menüleisten**

Ausblick auf die nächste Lektion

In der nächsten Lektion werden Sie ein sogenanntes *Informationssystem* erstellen. Sie werden eine Benutzeroberfläche mit einer Pivot-Tabelle und einer Grafik erstellen und Daten dynamisch aus einer externen Datenbank abfragen.

12 Ein Informationssystem erstellen

Geschätzte Dauer:
50 Minuten

In dieser Lektion lernen Sie

- wie Sie Daten aus einer externen Datenbank abrufen.
- wie Sie eine grafische Benutzerschnittstelle für eine Anwendung erstellen.
- wie Sie ein animiertes Logo erstellen.
- wie Sie die Einstellungen für Arbeitsmappen ändern und wiederherstellen.

Ich war während meines Studiums zwei Jahre lang in Japan. Vor meiner Abreise habe ich einen zweimonatigen Intensivsprachkurs absolviert. Nach diesen zwei Monaten war ich überzeugt, einigermaßen vernünftig Japanisch sprechen zu können. Dann bin ich in Tokio gelandet. In den ersten beiden Wochen war es mir nicht möglich, auch nur die *entfernteste* Ähnlichkeit zwischen der Sprache, die ich gelernt hatte, und der Sprache, die von den Einheimischen gesprochen wurde, zu erkennen. Dies war, gelinde gesagt, eine recht ernüchternde Erfahrung.

Nach einigen Wochen war ich in der Lage, gelegentlich einzelne Wörter aufzuschnappen, und nach einigen Monaten konnte ich mich recht gut verständigen. Nach diesen zwei Monaten war ich wieder überzeugt, einigermaßen vernünftig Japanisch sprechen zu können. Und diese Erfahrung hat mich gelehrt, daß Trockenübungen im Klassenzimmer eben etwas anderes sind als die praktische Anwendung im täglichen Leben.

Das Schreiben von Makros zu erlernen läßt sich in vielerlei Hinsicht mit dem Erlernen einer Fremdsprache vergleichen. Auch hier benötigen Sie neben der Theorie praktische Erfahrungen. In dieser Lektion werden Sie ein einfaches, aber umfassendes Informationssystem (IS) erstellen, mit dem die Mitarbeiter einer fiktiven Firma die Bestellungen der letzten zwei Jahre abrufen können. Bei der Entwicklung einer solchen Paketanwendung für andere Mitarbeiter sind zahlreiche neue Aspekte zu beachten, die sich aus der praktischen Verwendung ergeben und auf die Sie nicht aufmerksam werden, wenn Sie ein Makro ausschließlich für die eigene

Lektion 12 Ein Informationssystem erstellen

Verwendung erstellen. In dieser Lektion werden Sie sehen, wie Sie derartige Herausforderungen bewältigen können.

Die meisten Konzepte in dieser Lektion wurden bereits in früheren Kapiteln dieses Buches besprochen. In dieser Lektion werden Sie erfahren, wie Sie diese verschiedenen Konzepte zur Erstellung einer umfassenden Paketanwendung einsetzen können, und Sie werden einige nützliche Tricks kennenlernen.

Beginnen Sie mit der Lektion
- Starten Sie Microsoft Excel.

Das vorhandene Informationssystem untersuchen

In dieser Lektion werden Sie ein Informationssystem (IS) erstellen, mit dem die Auftragsdaten für die Bundesstaaten im Vertriebsgebiet der amerikanischen Niederlassung der Firma Müller Textilien angezeigt werden. Damit Sie besser verstehen, welche Teile Sie für eine solche Anwendung erstellen müssen, sehen wir uns zunächst die fertige Anwendung an, bevor Sie diese selbst von Grund auf neu erstellen.

Die Anwendung betrachten

1. Klicken Sie auf die Schaltfläche *Arbeitsmappe öffnen*, und öffnen Sie *Lektion12*, die sich im Ordner *Fertig* innerhalb des Ordners *Excel VBA Übungen* befindet.

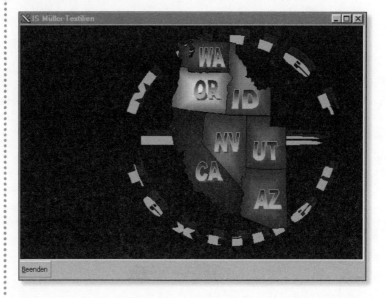

Abbildung 12.1
Der Hauptbildschirm mit der Animation.

Lektion 12   Ein Informationssystem erstellen

Abbildung 12.2
Die Daten für den Bundesstaat Kalifornien.

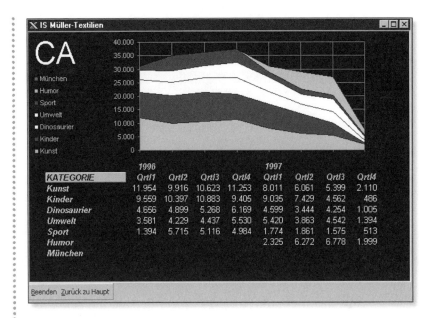

Die Arbeitsmappe wird geöffnet. Zuerst wird eine einführende Animation und dann eine farbige Landkarte der Bundesstaaten an der Westküste der USA angezeigt (vgl. Abbildung 12.1).

❷ Klicken Sie in der Landkarte auf *CA*.

Daraufhin werden die nach Quartalen zusammengefaßten Auftragsdaten für die letzten zwei Jahre zusammen mit einem Diagramm angezeigt (vgl. Abbildung 12.2).

❸ Klicken Sie auf den Befehl *Zurück zu Haupt* in der unteren linken Ecke des Arbeitsmappenfensters, um wieder zur Landkarte zurückzukehren.

❹ Klicken Sie auf den Befehl *Beenden* im unteren Bereich des Fensters, um die Arbeitsmappe zu schließen.

Dies ist ein einfaches Informationssystem. Es zeigt Daten aus einer Firmendatenbank in einer benutzerfreundlichen, übersichtlichen und effizienten Weise an.

Die Anwendung genauer untersuchen

Viele kleine Details machen den Unterschied zwischen einer benutzerfreundlichen, einfach zu bedienenden Anwendung und einer Anwendung aus, deren Einsatz eher frustrierend ist. Wir wollen uns das Informationssystem der Firma Müller Textilien noch einmal genauer ansehen und uns dabei auf einige Details konzentrieren, die wir in unser Informationssystem übernehmen wollen.

Lektion 12 Ein Informationssystem erstellen

Abbildung 12.3
Das Excel-Fenster mit verschiedenen Symbolleisten.

Ändern Sie die Größe des Fensters, um feststellen zu können, ob die Anwendung den ursprünglichen Fensteraufbau wiederherstellt.

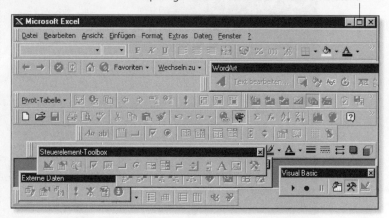

❶ Bevor Sie die Arbeitsmappe mit dem Informationssystem erneut öffnen, sollten Sie verschiedene Symbolleisten öffnen und auf dem Bildschirm anordnen (vgl. Abbildung 12.3). Verändern Sie die Größe des Excel-Fensters, so daß es schmal und breit ist, damit Sie sofort feststellen können, ob die Anwendung das Fenster wieder auf seine ursprüngliche Größe zurücksetzt, wenn sie beendet wird.

❷ Öffnen Sie erneut die bereits fertiggestellte Arbeitsmappe *Lektion12*. Warten Sie den Beginn der Animation ab, und drücken Sie vor deren Ende [Strg]+[Untbr].

Die Animation wird angehalten, und die Prozedur, die die Animation steuert, beendet die Animation und zeigt die Landkarte an. Animationen können die Aufmerksamkeit der Betrachter wecken, aber auch die Nerven ungeduldiger Anwender strapazieren. Deshalb sollte jede Anwendung mit einer Animation eine Möglichkeit zum Abbruch der Animation bieten.

❸ Setzen Sie den Mauszeiger dicht neben die Grenze zwischen Nevada (NV) und Arizona (AZ) (vgl. Abbildung 12.4). Klicken Sie einmal auf Nevada, kehren Sie zur Haupttabelle zurück, und klicken Sie dann auf Arizona.

Sie können auf eine beliebige Stelle innerhalb des Territoriums eines Bundesstaats (auch nahe an dessen Grenzen) klicken, um die Daten für diesen Bundesstaat anzuzeigen.

Dieser Bildschirm mit der Tabelle und der Landkarte ist tatsächlich ein Excel-Arbeitsblatt. In manchen Situationen sollen die Funktionen von Excel-Arbeitsblättern genutzt werden, ohne daß der Anwender dies bemerkt.

❹ Versuchen Sie, eine Zelle in der Tabelle auszuwählen.

Lektion 12 Ein Informationssystem erstellen

Abbildung 12.4
Der Hauptbildschirm der Anwendung.

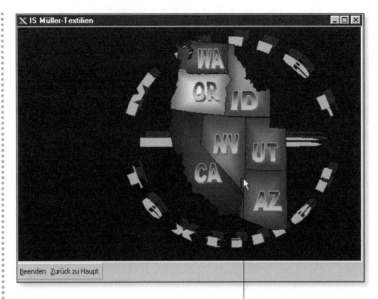

Klicken Sie dicht neben die Grenze zwischen Nevada und Arizona.

Es handelt sich hier offensichtlich um ein „Schaufenster", in dem man Dinge betrachten, aber nicht „anfassen" kann. Die Anwendung verwendet zwar ein Arbeitsblatt, aus der Sicht des Benutzers könnte es sich aber um eine völlig benutzerdefinierte Anwendung handeln. Das Arbeitsblatt ist geschützt, und es wird keine aktive Zelle darin angezeigt.

Die Datentabelle ähnelt einer Pivot-Tabelle, weist aber auch einige Unterschiede zu Pivot-Tabellen auf.

❺ Beachten Sie die Beschriftung ganz oben in der Anwendung. Hier wird *IS Müller-Textilien* und nicht Excel angezeigt.

Diese Beschriftung verstärkt das benutzerdefinierte Erscheinungsbild der Anwendung.

❻ Beachten Sie die Schaltfläche unten links im Anwendungsfenster. Sie sieht wie eine Symbolleiste bzw. eine Menüleiste aus, verfügt aber im Gegensatz zu den meisten Symbolleisten nicht über eine doppelte Trennlinie an der linken Seite, so daß Sie sie nicht verschieben können.

In einem Informationssystem ist es häufig sinnvoll, daß der Anwender die Umgebung und das Erscheinungsbild der Anwendung nur in begrenztem Umfang verändern kann.

❼ Klicken Sie auf die Schaltfläche *Beenden*.

Lektion 12 — Ein Informationssystem erstellen

Daraufhin wird wieder das ursprüngliche Excel-Fenster angezeigt: Es hat dieselbe Größe und Form wie zuvor und enthält die gleiche Symbolleistenanordnung.

Dieses Informationssystem verfügt über viele Details, die Sie im Verlauf dieser Lektion in Ihr eigenes Informationssystem einbauen werden.

Daten aus einer Datenbank in einem Diagramm anzeigen

Als ersten Schritt werden Sie den funktionellen Kern der Anwendung erstellen: das Arbeitsblatt *Daten*. In diesem Arbeitsblatt werden mit Hilfe einer Pivot-Tabelle Daten aus einer externen Datenbank abgerufen. Sie werden dann ein Diagramm mit der Pivot-Tabelle verknüpfen, und das Diagramm und die Pivot-Tabelle so formatieren, daß die Daten in einer ansprechenden Form präsentiert werden.

Damit Sie Daten aus einer externen Datenbank abrufen können, muß die zu Microsoft Office gehörende Komponente *Microsoft Query* installiert sein. Hinweise zur Installation von Microsoft Query und anderer Werkzeuge für den Zugriff auf Datenbanken finden Sie am Beginn dieses Buches im Abschnitt *Die erforderlichen Microsoft Excel-Komponenten installieren*.

Externe Daten in eine Pivot-Tabelle übernehmen

Um Daten aus einer externen Datenbank in eine Pivot-Tabelle zu übernehmen, verwendet Excel ein spezielles Programm namens Microsoft Query, mit dem Sie definieren können, welche Daten übernommen werden sollen. Microsoft Query lädt die Daten nicht aus der Datenbank, sondern liefert die Definition und die Position der Daten, die übernommen werden sollen. Die Pivot-Tabelle ruft die Daten dann mit Hilfe dieser Informationen ab.

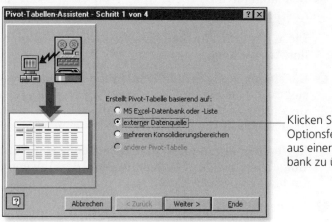

Abbildung 12.5
Das Dialogfeld *Pivot-Tabellen-Assistent - Schritt 1 von 4*.

Lektion 12 — Ein Informationssystem erstellen

Abbildung 12.6
Das Dialogfenster *Datenquelle auswählen.*

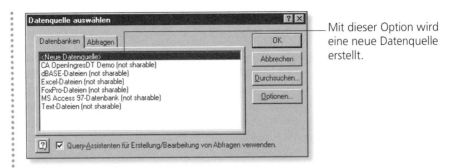

Mit dieser Option wird eine neue Datenquelle erstellt.

① Speichern Sie im Ordner *Excel VBA Übungen* eine neue leere Arbeitsmappe unter dem Namen **Lektion12**, und benennen Sie das Arbeitsblatt *Tabelle1* dieser Arbeitsmappe in **Daten** um.

② Im Menü *Daten* klicken Sie auf *Pivot-Tabellenbericht*. Im Dialogfeld *Schritt 1 von 4* des Assistenten wählen Sie das Optionsfeld *externer Datenquelle* und klicken auf *Weiter* (vgl. Abbildung 12.5).

③ Im Dialogfeld *Schritt 2 von 4* klicken Sie auf die Schaltfläche *Daten abrufen*.

Daraufhin wird das Dialogfeld *Datenquelle auswählen* angezeigt (vgl. Abbildung 12.6). Hier geben Sie eine Datenquelle an, um Microsoft Query darüber zu informieren, wo sich die gewünschten Daten befinden und welcher Treiber zum Abruf der Daten verwendet werden soll.

④ Wählen Sie die Option *<Neue Datenquelle>*, und klicken Sie dann auf *OK*.

⑤ Geben Sie im Dialogfeld *Neue Datenquelle erstellen* als Namen der neuen Datenquelle **Müller Textilien** ein, wählen Sie die Option *Microsoft dBase-Treiber (*.dbf)*, und klicken Sie auf *Verbinden* (vgl. Abbildung 12.7).

Abbildung 12.7
Das Dialogfenster *Neue Datenquelle erstellen.*

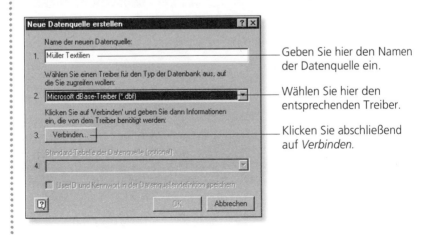

Geben Sie hier den Namen der Datenquelle ein.

Wählen Sie hier den entsprechenden Treiber.

Klicken Sie abschließend auf *Verbinden*.

Lektion 12 Ein Informationssystem erstellen

Abbildung 12.8
Das Dialogfenster *Verzeichnis auswählen*.

Wählen Sie den korrekten Ordner aus.

Die in diesem Verzeichnis vorhandene Datenbankdatei wird angezeigt.

ODBC steht für *Open DataBase Connectivity*. Dies ist ein Standardmechanismus für die Kommunikation zwischen Anwendungen und Datenbanken. Alle wichtigen Datenbankhersteller stellen ODBC-Treiber für ihre Datenbanken zur Verfügung. Wenn ein ODBC-Treiber für einen anderen Datenbanktyp, wie z. B. Oracle oder SQL Server, installiert ist, wird der Treiber in dieser Liste aufgeführt.

❻ Deaktivieren Sie das Kontrollkästchen *Aktuelles Verzeichnis verwenden*, und klicken Sie auf die Schaltfläche *Verzeichnis auswählen*.

❼ Wählen Sie im Dialogfeld *Verzeichnis auswählen* den Ordner *Excel VBA Übungen* aus (vgl. Abbildung 12.8). Im Feld *Dateiname* erscheint dann der Dateiname *AUFTRÄGE.DBF* (Sie können ihn jedoch nicht auswählen). Klicken Sie dann viermal auf *OK*, womit nacheinander vier weitere Dialogfelder angezeigt und geschlossen werden.

Damit werden alle Dialogfelder zur Angabe der Datenquelle geschlossen, eine neue Datenquelle ausgewählt und der Query-Assistent aktiviert.

Abbildung 12.9
Das Dialogfenster *Query-Assistent - Spalten auswählen*.

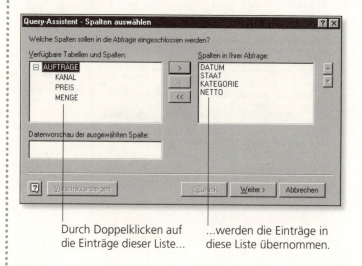

Durch Doppelklicken auf die Einträge dieser Liste...

...werden die Einträge in diese Liste übernommen.

392

Lektion 12 Ein Informationssystem erstellen

Abbildung 12.10
Das Dialogfeld *Query-Assistent - Daten filtern*.

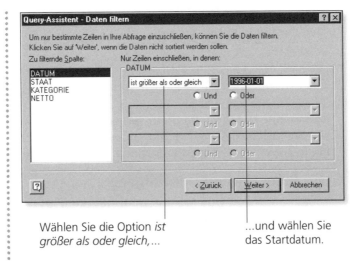

Wählen Sie die Option *ist größer als oder gleich,...*

...und wählen Sie das Startdatum.

Eine „Spalte" im Query-Assistenten entspricht einem Feld in der Pivot-Tabelle.

❽ Im Dialogfeld *Query-Assistent - Spalten auswählen* klicken Sie auf das Pluszeichen neben der Tabelle AUFTRÄGE und doppelklicken dann auf die Spalten *Datum*, *STAAT*, *Kategorie* und *Netto* (vgl. Abbildung 12.9).

Dies sind die Felder, die wir für unser Informationssystem benötigen.

❾ Klicken Sie auf *Weiter*, um zum Dialogfeld *Query-Assistent - Daten filtern* zu gelangen. Wählen Sie als *Zu filternde Spalte* die Spalte *Datum*, wählen Sie *ist größer als oder gleich* aus der ersten Dropdown-Listenfeld, und wählen Sie *1996-01-01* aus dem zweiten Listenfeld (vgl. Abbildung 12.10).

Das Informationssystem wird nun nur die Daten aus den letzten beiden Jahren anzeigen.

❿ Klicken Sie zweimal auf *Weiter* und dann auf *Fertigstellen*, um die Definition der Datenquelle an den Pivot-Tabellen-Assistenten zurückzugeben.

Damit haben Sie dem Pivot-Tabellen-Assistenten die Namen der Spalten und Anweisungen zum Abruf der Daten geliefert.

Obwohl Sie eine Datenquelle (Müller Textilien) in Microsoft Query zum Abruf der Daten erstellen, verwendet die Pivot-Tabelle diese Datenquelle nicht. Microsoft Query verwendet die Datenquelle, um die Verbindungsinformationen festzulegen. Die Pivot-Tabelle speichert lediglich diese Ver-

Abbildung 12.11
Das Dialogfeld *Pivot-Tabellen-Assistent - Schritt 2 von 4*.

Microsoft Query liefert die Feldnamen und Anweisungen zum Abruf der Daten.

Lektion 12   Ein Informationssystem erstellen

bindungsinformationen. Wenn Sie die Datenquelle nicht für eine andere Anwendung benötigen, können Sie sie löschen, sobald die Pivot-Tabelle erstellt ist.

Datenquellen können mit dem *ODBC-Datenquellen-Administrator* gelöscht werden. Rufen Sie die Systemsteuerung auf, und öffnen Sie das Programm *32-Bit-ODBC*. Klicken Sie auf das Register *Datei DSN*, wählen Sie den Namen der Datenquelle (in unserem Beispiel *Müller Textilien*), und klicken Sie auf *Entfernen*. Die Datenquelle wird nicht zur Aktualisierung der Pivot-Tabelle benötigt, sondern nur zu deren Erstellung.

Die Pivot-Tabelle definieren

Sobald Microsoft Query seine Informationen an den Pivot-Tabellen-Assistenten weitergegeben hat, können Sie das Erscheinungsbild der Pivot-Tabelle definieren.

❶ Klicken Sie auf *Weiter*, um das Dialogfeld *Schritt 3 von 4* des Pivot-Tabellen-Assistenten aufzurufen. Ziehen Sie *STAAT* in den Seitenbereich, *DATUM* in den Spaltenbereich, *KATEGORIE* in den Zeilenbereich und *NETTO* in den Datenbereich (vgl. Abbildung 12.12).

❷ Doppelklicken Sie auf das Feld *DATUM* (im Spaltenbereich), um das Dialogfeld *Pivot-Tabellen-Feld* aufzurufen. Aktivieren Sie das Kontrollkästchen *Elemente ohne Daten anzeigen*, und klicken Sie auf *OK*.

Die Tabelle soll die Daten sämtlicher Monate für alle Bundesstaaten anzeigen. Wenn die Elemente ohne Daten stets angezeigt werden, ist die Tabelle

Abbildung 12.12
Das Dialogfeld *Pivot-Tabellen-Assistent - Schritt 3 von 4*.

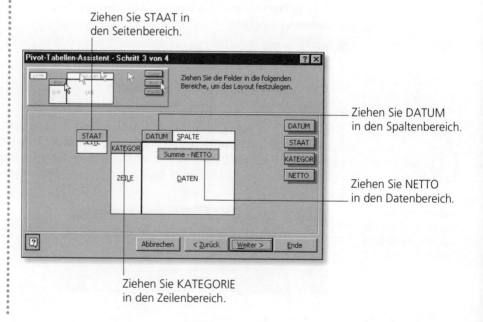

Lektion 12

Ein Informationssystem erstellen

Abbildung 12.13
Das Dialogfeld *Pivot-Tabellen-Feld*.

Aktivieren Sie diese Option, damit immer alle Einträge angezeigt werden.

immer gleich groß, und Sie können einfach ablesen, in welchen Bundesstaaten nur in bestimmten Monaten Bestellungen getätigt wurden.

❸ Doppelklicken Sie auf das Feld *KATEGORIE* (im Zeilenbereich), aktivieren Sie das Kontrollkästchen *Elemente ohne Daten anzeigen,* und klicken Sie dann auf die Schaltfläche *Weitere*. Daraufhin wird das Dialogfeld *Weitere Optionen* eingeblendet (vgl. Abbildung 12.14). Wählen Sie im Bereich *AutoSortieren* die Option *Absteigend* und im zugehörigen Listenfeld *Verwende Feld* den Eintrag *Summe - NETTO*. Klicken Sie dann zweimal auf *OK*.

Wieder soll die Größe der Tabelle nicht geändert werden, wenn in einem Bundesstaat keine Produkte einer Kategorien verkauft worden sind. Mit dieser Sortiereinstellung werden die Kategorien automatisch innerhalb der einzelnen Bundesstaaten absteigend sortiert.

Abbildung 12.14
Das Dialogfeld *Weitere Optionen*.

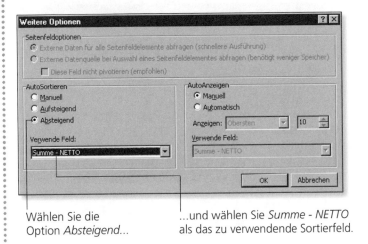

Wählen Sie die Option *Absteigend*...

...und wählen Sie *Summe - NETTO* als das zu verwendende Sortierfeld.

395

Lektion 12

Ein Informationssystem erstellen

Abbildung 12.15
Das Register *Zahlen* im Dialogfeld *Zellen*.

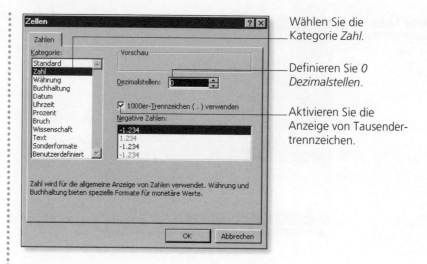

Wählen Sie die Kategorie *Zahl*.

Definieren Sie *0 Dezimalstellen*.

Aktivieren Sie die Anzeige von Tausendertrennzeichen.

❹ Doppelklicken Sie auf das Feld *Summe - NETTO*, und klicken Sie auf die Schaltfläche *Zahlen*. Daraufhin wird das Dialogfeld *Zellen* angezeigt (vgl. Abbildung 12.15). Wählen Sie die Kategorie *Zahl*, geben Sie für *Dezimalstellen* den Wert 0 an, und aktivieren Sie das Kontrollkästchen *1000er-Trennzeichen*. Klicken Sie dann zweimal auf *OK*.

Die Umsatzzahlen werden nun mit Tausendertrennzeichen (Punkten) formatiert, wodurch sie leichter lesbar sind.

❺ Klicken Sie auf *Weiter*, um zum Dialogfeld *Schritt 4 von 4* des Pivot-Tabellen-Assistenten zu gelangen, und klicken Sie dort auf die Schalt-

Abbildung 12.16
Das Dialogfeld *Pivot-Tabellenoptionen*.

Schalten Sie die Gesamtsummen für Spalten und Zeilen aus.

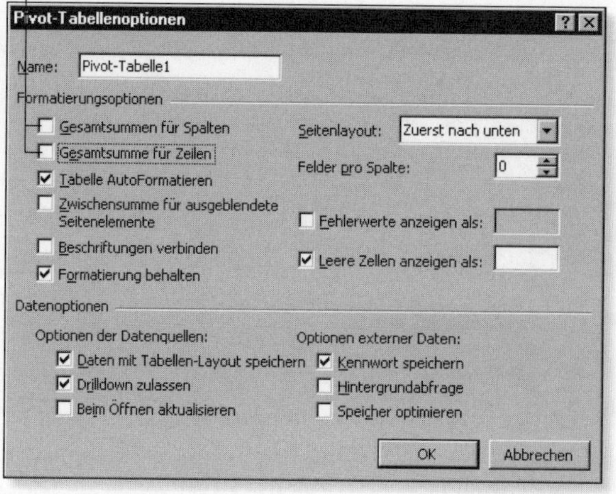

Lektion 12 Ein Informationssystem erstellen

Abbildung 12.17
Das Dialogfeld *Pivot-Tabellen-Assistent - Schritt 4 von 4.*

Geben Sie **B2** als die Position der oberen linken Ecke der Pivot-Tabelle ein.

fläche *Optionen*. Daraufhin wird das Dialogfeld *Pivot-Tabellenoptionen* (vgl. Abbildung 12.16) angezeigt. Deaktivieren Sie die Optionen *Gesamtsummen für Spalten* und *Gesamtsumme für Zeilen*, und klicken Sie dann auf OK.

Wenn Sie die Daten einer Pivot-Tabelle in einem Diagramm darstellen, sollen für gewöhnlich keine Gesamtsummen berechnet werden.

❻ Im Dialogfeld *Schritt 4 von 4* des Pivot-Tabellen-Assistenten geben Sie **B2** unter *Pivot-Tabelle beginnen in: Bestehendem Arbeitsblatt* ein (vgl. Abbildung 12.17). Die linke obere Ecke der Pivot-Tabelle wird somit an dieser Position in die bereits vorhandene Tabelle eingefügt. Klicken dann auf *Ende*.

Die Pivot-Tabelle ruft nun die Daten aus der externen Datenbank ab und erstellt die Tabelle im Arbeitsblatt.

❼ Speichern Sie die Arbeitsmappe *Lektion12*.

Die Pivot-Tabelle formatieren

Die Tabelle sieht gut aus, nur sollen eigentlich Quartale und nicht Monate angezeigt werden. Das Arbeitsblatt soll zudem etwas ansprechender gestaltet werden, und die Spaltenbreite soll immer gleich bleiben, statt an die Daten angepaßt werden.

Abbildung 12.18
Das Dialogfeld *Gruppierung*.

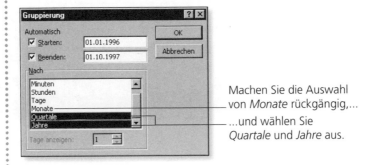

Machen Sie die Auswahl von *Monate* rückgängig,...
...und wählen Sie *Quartale* und *Jahre* aus.

Lektion 12   Ein Informationssystem erstellen

❶ Klicken Sie auf das Feld *Datum*, und klicken Sie in der Symbolleiste *Pivot-Tabelle* auf die Schaltfläche *Gruppierung*. Daraufhin wird das Dialogfeld *Gruppierung* angezeigt (vgl. Abbildung 12.18). Deaktivieren Sie im Listenfeld *Nach* die Option *Monate*, wählen Sie statt dessen *Quartale* und *Jahre*, und klicken Sie abschließend auf *OK*.

Wenn Sie Datumsangaben gruppieren, erhalten Sie zwei Zeilen mit Beschriftungen. Im Diagramm können eine oder mehrere Zeilen als Beschriftungen verwendet werden.

Aufgrund der Art und Weise, in der Größenangaben in Excel verarbeitet werden, wird trotz der Einstellung der Spaltenbreite auf 6,5 von Excel der Wert 6,57 verwendet.

❷ Stellen Sie die Breite der Spalte A auf **3**, die Breite der Spalte B auf **18**, die Breite der Spalten C bis J auf **6,5** und die Breite der Spalte K auf **1** ein.

Der Hintergrund der Pivot-Tabelle kann mit dem Excel-Befehl *AutoFormat* formatiert werden.

❸ Wählen Sie eine beliebige Zelle in der Pivot-Tabelle. Klicken Sie im Menü *Format* auf den Befehl *AutoFormat*, und klicken Sie dann auf die Schaltfläche *Optionen*, damit das Dialogfeld um die Formatoptionen erweitert wird. Wählen Sie aus der Liste *Formate* die Option *Farbig 3*, deaktivieren Sie das Kontrollkästchen *Breite/Höhe*, und klicken Sie auf *OK*. Wählen Sie die Zelle A1, um die formatierte Tabelle anzuzeigen (vgl. Abbildung 12.19).

Abbildung 12.19
Das Dialogfeld *AutoFormat* und die formatierte Pivot-Tabelle.

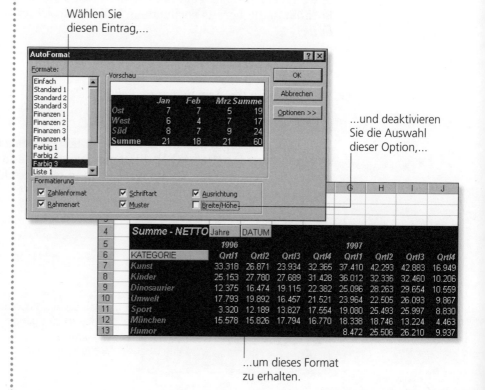

Lektion 12 Ein Informationssystem erstellen

AutoFormat würde normalerweise die Spaltenbreiten anpassen, wenn von Bundesstaat zu Bundesstaat gewechselt wird. Durch die Deaktivierung der Option *Breite/Höhe* übernimmt *AutoFormat* die gewünschte Formatierung, läßt jedoch die Attribute, die Sie selbst einstellen möchten, unverändert.

Abgesehen von den pinkfarbenen Beschriftungen, sieht die Tabelle nun ganz passabel aus. Zum Glück können bestimmte Teile der automatischen Formatierung außer Kraft gesetzt werden.

❹ Klicken Sie auf die Zelle B6. Excel wählt daraufhin den Bereich B7:B13 aus (vgl. Abbildung 12.20). Klicken Sie in der Symbolleiste *Format* auf den Pfeil neben der Schaltfläche *Schriftfarbe* und dann auf die Farbe *Himmelblau*.

❺ Klicken Sie noch einmal auf die Zelle B6. Da der Bereich B7:B13 bereits ausgewählt war, wählt Excel diesmal tatsächlich die Zelle B6 aus. Klicken Sie auf die Schaltfläche *Fett* und auf die Schaltfläche *Kursiv*. Wählen Sie als Schriftfarbe *Schwarz*.

Abbildung 12.20
In der Pivot-Tabelle sind die Werte des Felds *Kategorie* ausgewählt.

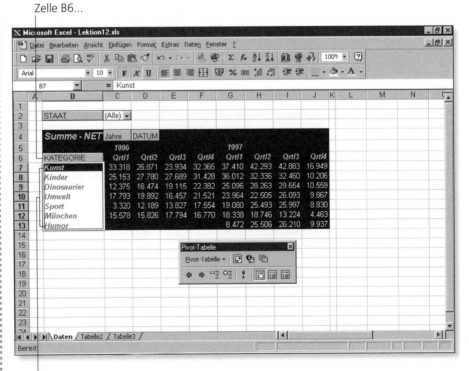

Klicken Sie auf Zelle B6...

...um die Kategoriebezeichnungen auszuwählen.

Abbildung 12.21
Durch eine Änderung der Formatvorlage *Standard* werden alle unformatierten Zellen der Arbeitsmappe formatiert.

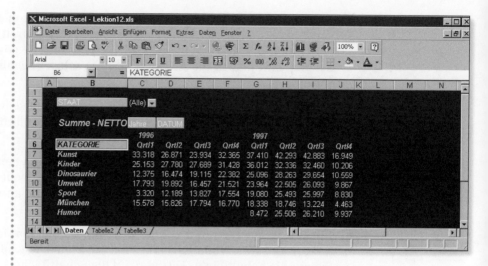

Die Pivot-Tabelle sieht nun (abgesehen von den oberen drei Zeilen) ganz annehmbar aus. Das Arbeitsblatt hat aber immer noch einen weißen Hintergrund. Eine Möglichkeit, den Hintergrund des Arbeitsblatts zu ändern, bestünde darin, alle Zellen auszuwählen und die Füllfarbe zu Schwarz zu ändern. Eine bessere Möglichkeit – insbesondere weil nicht nur der Hintergrund eines Arbeitsblatts, sondern der Hintergrund aller Arbeitsblätter geändert werden soll – besteht in der Neudefinition der Formatvorlage *Standard*. Die Formatvorlage *Standard* definiert das Standardformat einer Arbeitsmappe.

❻ Klicken Sie im Menü *Format* auf den Befehl *Formatvorlage*. Wählen Sie *Standard*, und klicken Sie auf die Schaltfläche *Ändern*. In der Registerkarte *Muster* wählen Sie die Farbe *Schwarz* (die Farbe in der linken oberen Ecke der Palette), und in der Registerkarte *Schrift* klicken Sie in der Farbenliste auf die Farbe *Weiß*. Klicken Sie dann zweimal auf *OK*. Das Arbeitsblatt sollte nun wie in Abbildung 12.21 aussehen.

Damit wird das gesamte Arbeitsblatt mit einem schwarzen Hintergrund angezeigt. Durch die Änderung der Formatvorlage *Standard* wird der Hintergrund sämtlicher Arbeitsblätter der Arbeitsmappe geändert.

❼ Speichern Sie die Arbeitsmappe *Lektion12*.

Die Pivot-Tabelle ist nun fertiggestellt. Im nächsten Abschnitt werden Sie ein Diagramm erstellen, in dem die Daten der Pivot-Tabelle angezeigt werden.

Ein Diagramm erstellen und formatieren

Ein Diagramm kann die Interpretation der in einer Tabelle enthaltenen Zahlen erleichtern. Damit die Auftragsdaten sowohl nach Bundesstaaten

Lektion 12   Ein Informationssystem erstellen

zusammengefaßt als auch nach Kategorien aufgeschlüsselt dargestellt werden können, empfiehlt sich der Einsatz des Diagrammtyps *Flächen (gestapelt)*.

Das Diagramm soll über der Pivot-Tabelle angezeigt werden. Statt Zeilen einzufügen, können Sie die Zeile 1 so vergrößern, daß das gesamte Diagramm darin Platz hat.

❶ Geben Sie als Zeilenhöhe von Zeile 1 den Wert **150** ein.

Nun werden Sie das Diagramm erstellen, das in diese vergrößerte Zeile eingefügt werden soll.

❷ Klicken Sie auf Zelle B4, um die gesamte Pivot-Tabelle auszuwählen, und klicken Sie auf die Schaltfläche *Diagramm-Assistent*.

❸ Im Dialogfeld *Schritt 1 von 4* wählen Sie als Diagrammtyp *Fläche (gestapelt)* und klicken auf *Weiter*. Im Dialogfeld *Schritt 2 von 4* klicken Sie einfach auf *Weiter*. Im Dialogfeld *Schritt 3 von 4* wählen Sie im Register *Gitternetzlinien* im Bereich *Rubrikenachse (X)* die Option *Hauptgitternetz*.

Abbildung 12.22
Die Dialogfelder des *Diagramm-Assistenten*.

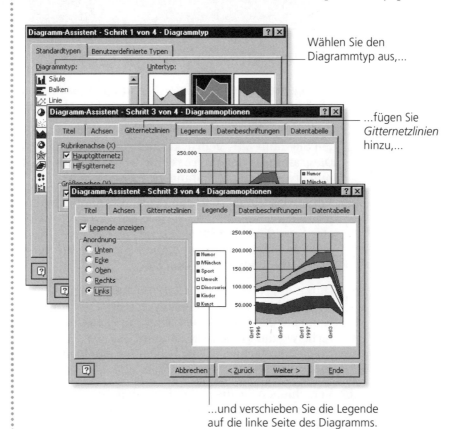

Abbildung 12.23
Das Diagramm wurde in das Arbeitsblatt eingefügt.

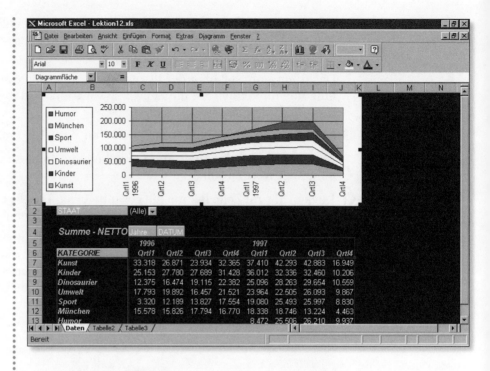

Im Register *Legende* wählen Sie unter *Anordnung* die Option *Links* und klicken auf *Ende*. Dieser Vorgang wird in Abbildung 12.22 dargestellt.

❹ Ziehen Sie das Diagramm in die obere linke Ecke des Arbeitsblatts. Halten Sie dann [Alt] gedrückt, und ziehen Sie die untere rechte Ecke des Diagramms in die untere rechte Ecke von Zelle K1. Das Arbeitsblatt sollte nun etwa wie in Abbildung 12.23 aussehen.

❺ Vergewissern Sie sich, daß die Diagrammfläche immer noch ausgewählt ist. Klicken Sie im Menü *Format* auf *Markierte Diagrammfläche*. Im Register *Schrift* wählen Sie als *Farbe* das Farbfeld *Grau-25%* und *8* als *Schriftgrad*. Im Register *Muster* wählen Sie *Ohne* für *Rahmen* und *Ohne* für *Ausfüllen*. Dann klicken Sie auf *OK*.

Durch die Auswahl von *Ohne* für das Füllmuster wird das Diagramm durchsichtig. Diese Änderungen treten allerdings erst in Erscheinung, wenn Sie die Auswahl des Diagramms aufheben und sich die Hintergrundfarbe wieder zu Schwarz ändert. Mit der Festlegung der Schrift für die Diagrammfläche wird die Schrift für alle Elemente des Diagramms gleichzeitig eingestellt.

❻ Verschieben Sie die Legende an den unteren Rand des Diagramms. Dann klicken Sie, während die Legende immer noch ausgewählt ist, im Menü *Format* auf *Markierte Legende* und wählen im Register *Muster* unter

Rahmen die Option *Ohne* und unter *Ausfüllen* die Option *Ohne*. Klicken Sie abschließend auf *OK*.

❼ Wählen Sie die Größenachse, klicken Sie im Menü *Format* auf *Markierte Achse,* ändern Sie im Register *Muster* die Farbe zu *Grau-40%,* und klicken Sie auf *OK*.

❽ Wählen Sie die Rubrikenachse, klicken Sie im Menü *Format* auf *Markierte Achse,* ändern Sie im Register *Muster* die Farbe zu *Grau-40%,* wählen Sie *Ohne* für *Teilstrichbeschriftungen,* und klicken Sie auf *OK*.

Die Beschriftungen der Rubrikenachsen werden nicht benötigt, da die Teilstriche später an den Beschriftungen in der Pivot-Tabelle ausgerichtet werden.

❾ Ändern Sie die Farbe beider Gitternetzlinien zu *Grau-50%*.

❿ Wählen Sie die *Zeichnungsfläche,* und markieren Sie im Register *Muster* sowohl im Bereich *Ausfüllen* als auch im Bereich *Rahmen* die Option *Ohne.* Ziehen Sie den oberen Ziehpunkt der Zeichnungsfläche so weit wie möglich nach oben. Ziehen Sie dann den unteren Ziehpunkt so weit wie möglich nach unten. Ziehen Sie den rechten Ziehpunkt der Zeichnungsfläche, bis er sich über der Mitte der Spalte *1997 Qtrl4* der Pivot-Tabelle befindet. Ziehen Sie den linken Ziehpunkt der Zeichnungsfläche, bis er sich über der Mitte der Spalte *1996 Qtrl1* befindet.

⓫ Drücken Sie zweimal (Esc), um die Auswahl der Zeichnungsfläche und des Diagramms aufzuheben. Speichern Sie die Arbeitsmappe *Lektion12*.

Damit ist das Diagramm fertiggestellt. Es paßt gut zum Hintergrund. Im nächsten Arbeitsschritt werden Sie einige einfache Makros erstellen, mit denen Sie die Pivot-Tabelle steuern können.

Die Pivot-Tabelle mit Makros steuern

Der Anwender soll weder das Seitenfeld sehen, noch einen Bundesstaat aus diesem Feld wählen können. Dazu soll der Anwender ja die Landkarte verwenden. Daher müssen die Zeilen, die das Seitenfeld enthalten, ausgeblendet werden, und zur Auswahl des Bundesstaates muß ein Makro erstellt werden. Außerdem benötigen Sie ein effizienteres Verfahren, um feststellen zu können, welcher Bundesstaat gerade angezeigt wird. Darüber hinaus werden Sie ein Makro erstellen, mit dem die Pivot-Tabelle aktualisiert wird, so daß neue Daten aus der Datenbank auch in der Tabelle erscheinen.

Unerwünschte Zeilen der Pivot-Tabelle ausblenden

Der Anwender soll die ersten drei Zeilen der Pivot-Tabelle nicht sehen. Sie sind häßlich und überflüssig. Andererseits muß der Anwender aber

Lektion 12

Ein Informationssystem erstellen

Abbildung 12.24
Geben Sie in die Bearbeitungsleiste **=C2** ein, um das Textfeld mit der Zelle C2 zu verknüpfen.

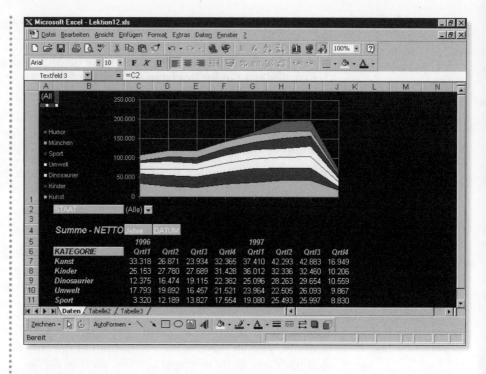

irgendwie feststellen können, auf welchen Bundesstaat sich die gerade angezeigten Daten beziehen.

❶ Wählen Sie eine Zelle außerhalb der Pivot-Tabelle, und klicken Sie dann in der Symbolleiste *Zeichnen* auf die Schaltfläche *Textfeld*. Dann Klicken Sie in die obere linke Ecke von Zelle A1.

Sie müssen diese Eingabe in der Bearbeitungsleiste vornehmen und nicht im Textfeld.

❷ Klicken Sie in die Bearbeitungsleiste, geben Sie **=C2** ein, und drücken Sie dann ⏎ (vgl. Abbildung 12.24).

Zelle C2 ist diejenige Zelle der Pivot-Tabelle, die die Bundesstaatenkürzel enthält. Ein Textfeld kann mit dem Inhalt einer Zelle verknüpft werden.

❸ Ändern Sie den Schriftgrad des Textfelds zu *36*, klicken Sie auf die Schaltfläche *Fett*, und ändern Sie die Schriftfarbe zu *Himmelblau*.

❹ Wählen Sie den Bereich A2:A4 aus, und blenden Sie die Zeilen aus. (Klicken Sie im Menü *Format* auf den Befehl *Zeile*, und wählen Sie dann die Option *Ausblenden*.)

❺ Blenden Sie die Zeilen- und die Spaltenüberschriften aus. (Klicken Sie im Menü *Extras* auf *Optionen*, klicken Sie auf das Register *Ansicht*, und deaktivieren Sie das Kontrollkästchen *Zeilen- und Spaltenköpfe*.) Klicken Sie auf *OK*.

❻ Speichern Sie die Arbeitsmappe *Lektion12*.

Wer würde jetzt noch vermuten, daß diesem ansprechenden Arbeitsblatt eine einfache Pivot-Tabelle zugrundeliegt? Da nun das Seitenfeld ausgeblendet ist, benötigen Sie eine andere Möglichkeit zur Auswahl des Bundesstaats.

Die Pivot-Tabelle über ein Makro ändern

Wenn Sie ein Makro erstellen, dem das Bundesstaatenkürzel als Argument übergeben wird, kann dieses Makro für jeden Bundesstaat verwendet werden. In diesem Abschnitt werden Sie zuerst ein Makro erstellen, das die Pivot-Tabelle so ändert, daß die Aufträge für einen Bundesstaat angezeigt werden. Dann werden Sie ein Argument einfügen, um das Makro zu verallgemeinern.

❶ Klicken Sie in der Symbolleiste *Visual Basic* auf die Schaltfläche *Makro ausführen*. Geben Sie als Makronamen **PivotZuweisen** ein, und klicken Sie auf *Erstellen*.

Daraufhin legt Visual Basic ein neues Makro namens *PivotZuweisen* an.

❷ Geben Sie die folgenden Anweisungen in den Rumpf des Makros *PivotZuweisen* ein:

```
Worksheets("Daten").Select
ActiveSheet.PivotTables(1).PageFields(1).CurrentPage = "OR"
```

Mit diesem Makro werden in der Pivot-Tabelle die Aufträge aus dem Bundesstaat Oregon angezeigt. Mit der ersten Anweisung wird das Arbeitsblatt *Daten* ausgewählt, für den Fall, das es nicht bereits aktiviert war. Mit der zweiten Anweisung wird der Wert der Eigenschaft *CurrentPage* für das Seitenfeld der Pivot-Tabelle geändert. Im Augenblick ist der neue Bundesstaat (OR für Oregon) noch eine Konstante.

❸ Drücken Sie [F5], um das Makro auszuführen und den Bundesstaat in Oregon zu ändern. Dann ändern Sie das Bundesstaatenkürzel im Makro zu **NV** (für Nevada) und probieren es erneut aus.

Nun können Sie das Makro so abändern, daß ihm das Bundesstaatenkürzel als Argument übergeben wird.

❹ Fügen Sie zwischen die Klammern hinter dem Makronamen **StaatÄndern** ein. Dann ersetzen Sie "*NV*" durch **StaatÄndern**.

❺ Rufen Sie durch Drücken von [Strg]+[G] das Direktfenster auf. Geben Sie **PivotZuweisen "AZ"** ein, und drücken Sie [↵].

Nun werden die Auftragsdaten aus dem Bundesstaat Arizona angezeigt. Mit dem Makro *PivotZuweisen* kann in der Pivot-Tabelle jeder beliebige Bundesstaat angezeigt werden.

❻ Speichern Sie die Arbeitsmappe *Lektion12*.

Lektion 12 — Ein Informationssystem erstellen

Das Makro *PivotZuweisen* ist nun einsatzbereit. Später werden Sie eine grafische Benutzeroberfläche erstellen, mit der das Makro *PivotZuweisen* aufgerufen und das gewünschte Bundesstaatenkürzel als Argument übergeben werden kann.

Die Pivot-Tabelle über ein Makro aktualisieren

Für Pivot-Tabellen ist eine Option namens *Beim Öffnen aktualisieren* verfügbar. Diese Option bewirkt, daß die Daten der Pivot-Tabelle beim Öffnen der Arbeitsmappe automatisch aktualisiert werden. Wenn das Arbeitsblatt, das die Pivot-Tabelle enthält, jedoch geschützt ist (wie es in unserem Beispiel der Fall sein wird), funktioniert die Option *Beim Öffnen aktualisieren* nicht. Sie müssen daher ein Makro erstellen, um die Pivot-Tabelle zu aktualisieren.

Das ist weniger erfreulich. Die Sache hat jedoch etwas Gutes. Wenn Sie nämlich ein Makro zur Aktualisierung der Pivot-Tabelle erstellen, können Sie auch die Verbindung zur Datenquelle flexibler gestalten. Während der Erstellung der Pivot-Tabelle informiert Microsoft Query die Pivot-Tabelle darüber, wo sich die Datenbank befindet. Die Pivot-Tabelle speichert die genaue Position der Datenbank. Wenn die Arbeitsmappe oder die Datenbank an eine neue Position verschoben wird, kann die Pivot-Tabelle die Datenbank nicht finden. Erfolgt die Aktualisierung der Pivot-Tabelle über ein Makro, können Sie Programmcode hinzufügen, der die Pivot-Tabelle darüber informiert, daß sich die Datenbank im selben Ordner wie die Arbeitsmappe befindet. Wenn Sie die Arbeitsmappe dann an eine neue Position verschieben, funktioniert die Anwendung weiterhin, sofern Sie auch die Datenbank an diese andere Position verschoben haben.

Eine Pivot-Tabelle speichert ihre Daten in einem sogenannten *Pivot-Cache*. Mehrere Pivot-Tabellen einer Arbeitsmappe können gemeinsam denselben Pivot-Cache benutzen. Der Pivot-Cache wird durch ein eigenes Objekt repräsentiert, das PivotCache-Objekt. Das PivotCache-Objekt verfügt über die Eigenschaft *Connection*, in der gespeichert wird, von wo die Daten abgerufen werden sollen. Wenn sich die betreffende Datenbank immer im selben Ordner wie die Arbeitsmappe der Anwendung befindet, kann die Connection-Eigenschaft so eingestellt werden, daß in diesem Ordner nach der Datenbank gesucht wird.

❶ Geben Sie in Visual Basic das folgende neue Makro in das Modul1 ein:

```
Sub PivotAktualisieren()
    Dim neuVerbindung As String
    neuVerbindung = "ODBC;"
    neuVerbindung = neuVerbindung & _
        "Treiber={Microsoft dBase-Treiber (*.dbf)};"
    neuVerbindung = neuVerbindung & "DBQ="
```

Lektion 12   Ein Informationssystem erstellen

```
        neuVerbindung = neuVerbindung & ActiveWorkbook.Path
        ActiveWorkbook.PivotCaches(1).Connection = neuVerbindung
        ActiveWorkbook.PivotCaches(1).Refresh
End Sub
```

Achten Sie besonders auf die Eingabe der Strichpunkte hinter ODBC und dem Treibernamen. Geben Sie vor und nach den Gleichheitszeichen keine Leerzeichen ein. Beachten Sie die geschweiften und normalen Klammern im Treibernamen. Zwischen *Microsoft dBase-Treiber* und der öffnenden runden Klammer befindet sich ein Leerzeichen.

Dieses Makro erzeugt eine neue Zeichenfolge zur Kennzeichnung der Verbindung. Diese Zeichenfolge wird aus Variablen und einer langen Konstanten zusammengesetzt. Sie wird lediglich in drei Anweisungen gegliedert, damit sie übersichtlicher ist. Mit der Anweisung *ActiveWorkbook. Path* wird der Wert der Path-Eigenschaft der aktiven Arbeitsmappe abgerufen. Diese Eigenschaft enthält den Namen des Ordners, in dem die Arbeitsmappe gespeichert ist.

Angenommen, die aktive Arbeitsmappe wird im Ordner *C:\ExcelVBA* gespeichert. Die endgültige Verbindungszeichenfolge würde dann *ODBC; Treiber={Microsoft dBase-Treiber (*.dbf)};DBQ=C:\ExcelVBA* lauten. Damit eine Verbindung mit einer dBase-Datenbank hergestellt werden kann, sind die in dieser Verbindungszeichenfolge enthaltenen Angaben unbedingt erforderlich. Nachdem eine Datenbank mit Microsoft Query erstellt worden ist, kann mit Hilfe der Connection-Eigenschaft des PivotCache-Objekts abgefragt werden, was erstellt wurde. Die von der Connection-Eigenschaft zurückgegebene Zeichenfolge kann relativ lang sein. Sie können probieren, bestimmte Teile auszulassen, um festzustellen, welche Teile unbedingt angegeben werden müssen.

Sie müssen die Arbeitsmappe jetzt speichern.

❷ Speichern Sie die Arbeitsmappe *Lektion12*.

❸ Drücken Sie [F5], um das Makro *PivotAktualisieren* auszuführen.

In der Statusleiste sollte eine Meldung angezeigt werden, die besagt, daß die Daten aktualisiert werden.

Wenn das Makro einen Fehler erzeugt, enthält die Verbindungszeichenfolge wahrscheinlich irgendwo einen Fehler. Wenn dies der Fall ist, wird die Pivot-Tabelle ungültig. Schließen Sie dann die Arbeitsmappe ohne die Änderungen zu speichern, öffnen Sie das zuletzt gesicherte Exemplar der Arbeitsmappe, und versuchen Sie noch einmal die oben gezeigte Verbindungszeichenfolge einzugeben.

Damit haben Sie die Kernfunktionalität der Anwendung erstellt. Die Pivot-Tabelle ruft nun Daten aus einer externen Datenbank ab und das Diagramm zeigt die Daten übersichtlich an. Ihre nächste Aufgabe ist die Erstellung einer effizienten Möglichkeit zur Steuerung der Anwendung.

Lektion 12 Ein Informationssystem erstellen

Eine grafische Benutzeroberfläche erstellen

Eine grafische Benutzeroberfläche, wie beispielsweise eine Landkarte, kann ein effizientes Mittel nur Präsentation von Optionen sein. In unserem Beispiel sollen die Anwender die Auftragsdaten eines Bundesstaats abrufen können, indem sie in der Landkarte auf einen Bundesstaat klikken, statt den Staat aus einer Liste auszuwählen.

Eine Landkarte einfügen

Zuerst müssen Sie eine Landkarte in das Arbeitsblatt einfügen. Unter Windows können Grafiken und Bilder aus der Excel ClipArt-Gallerie oder aus einer Datei importiert werden. Für unsere Beispielanwendung importieren wir eine Grafik aus einer Datei.

❶ Wählen Sie in der Arbeitsmappe *Lektion12* das Blatt *Tabelle2*. Benennen Sie das Arbeitsblatt in **Haupt** um.

❷ Wählen Sie Zelle D3, klicken Sie im Menü *Einfügen* auf den Befehl *Grafik* und im Untermenü dann auf *Aus Datei*.

❸ Aktivieren Sie den Ordner *Excel VBA Übungen*, wählen Sie die Datei *Karte.wmf,* und klicken Sie auf *Einfügen*.

❹ Klicken Sie im Menü *Format* auf den Befehl *Grafik*, klicken Sie auf das Register *Größe*, geben Sie als *Höhe* den Wert **8,04 cm** ein, und klicken Sie auf *OK*.

❺ Falls notwendig, klicken Sie auf die Schaltfläche *Zeichnen,* um die Symbolleiste *Zeichnen* aufzurufen. Klicken Sie in der Symbolleiste *Zeichnen*

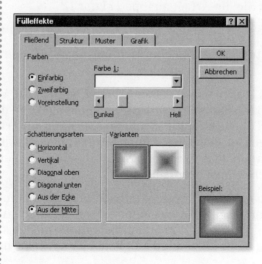

Abbildung 12.25
Das Dialogfeld *Fülleffekte*.

Lektion 12 Ein Informationssystem erstellen

auf das Menü *Zeichnen*, klicken Sie auf den Befehl *Gruppierung aufheben*, und bestätigen Sie die Frage, ob das Bild in eine Microsoft Office-Zeichnung konvertiert werden soll, mit *Ja*.

❻ Klicken Sie auf den nach unten gerichteten Pfeil neben der Schaltfläche *Füllfarbe*, und wählen Sie *Fülleffekte*. Daraufhin wird das Dialogfeld *Fülleffekte* angezeigt (vgl. Abbildung 12.25).

❼ Im Dialogfeld *Fülleffekte* wählen Sie unter *Farben* die Option *Einfarbig*, im Bereich *Schattierungsarten* die Option *Aus der Mitte* und klicken dann auf *OK*. Die Landkarte sollte nun etwa wie in Abbildung 12.26 aussehen.

Mit dieser Schattierung sehen die Bundesstaaten fast so aus wie Juwelen. Nachdem eine importierte Grafik in eine Microsoft Office-Zeichnung konvertiert wurde, können verschiedene eindrucksvolle Formatierungsfunktionen eingesetzt werden.

❽ Speichern Sie die Arbeitsmappe *Lektion12*.

Die Landkarte ist nun fertiggestellt. Jetzt kann der Anwender einfach auf den entsprechenden Bundesstaat klicken, um die gewünschten Daten aufzurufen. Um die Auswahl der Bundesstaaten etwas zu erleichtern, wer-

Abbildung 12.26
Die Landkarte mit der neuen Formatierung.

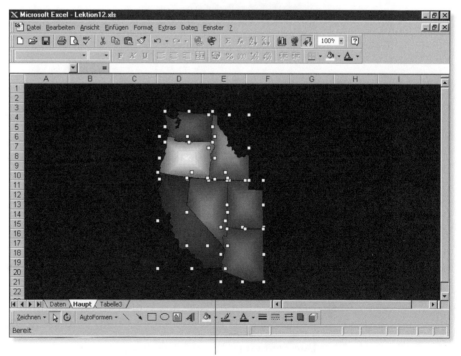

Das neue Format wird auf alle Bundesstaaten angewendet.

Lektion 12 Ein Informationssystem erstellen

den Sie aus jeweils zwei Buchstaben bestehende Bundesstaatenkürzel in die Karte eintragen.

Bundesstaatenkürzel in die Landkarte einfügen

Sie könnten Befehlsschaltflächen verwenden, um die Bundesstaatenkürzel in die Landkarte einzufügen. Schaltflächen bieten aber sehr eingeschränkte Formatierungsmöglichkeiten. Statt dessen werden wir WordArt-Text verwenden, um die Bundesstaatenkürzel möglichst attraktiv zu gestalten.

❶ In der Symbolleiste *Zeichnen* klicken Sie auf die Schaltfläche *WordArt einfügen*. Daraufhin wird das Dialogfeld *WordArt-Text bearbeiten* angezeigt. Wählen Sie den dritten Stil in der vierten Zeile, und klicken Sie auf *OK*.

Abbildung 12.27
Das Dialogfeld *WordArt-Text bearbeiten*.

Ersetzen Sie den Standardtext durch **WA**.

Wenn Sie versehentlich einen Bundesstaat anstatt eines WordArt-Objekts ziehen, klicken Sie auf die Schaltfläche *Rückgängig*, um den Vorgang rückgängig zu machen.

❷ Im Dialogfeld *WordArt-Text bearbeiten* geben Sie **WA** als Text ein und klicken auf *OK* (vgl. Abbildung 12.27).

❸ Im Menü *Format* wählen Sie den Befehl *WordArt*. Geben Sie **0,9 cm** als Höhe und **1,3 cm** als Breite an, und klicken Sie auf *OK*. Dann ziehen Sie die Beschriftung in die Mitte der Landkarte über den Bundesstaat Washington (der Bundesstaat ganz oben links in der Landkarte).

❹ Halten Sie [Strg] gedrückt, und ziehen Sie jeweils eine Kopie der Beschriftung *WA* über die übrigen sechs Bundesstaaten.

❺ Ersetzen Sie den Text des WordArt-Objekts durch die entsprechende Abkürzung für den jeweiligen Bundesstaat (*OR*, *ID*, *CA*, *NV*, *UT* und *AZ*).

Der Text eines WordArt-Objekts kann problemlos mit der Tastatur geändert werden. Mit [↹] können Sie das zu ändernde Objekt aktivieren. Dann drücken Sie [Alt]+[X], um den Befehl *Text bearbeiten* aus der Symbolleiste

Lektion 12   Ein Informationssystem erstellen

Abbildung 12.28
Die Landkarte mit der Beschriftung.

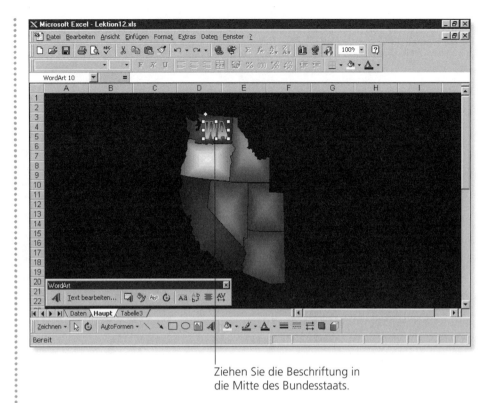

Ziehen Sie die Beschriftung in die Mitte des Bundesstaats.

WordArt aufzurufen. Geben Sie den neuen Text ein. Drücken Sie ⇥, um die Schaltfläche *OK* auszuwählen, und drücken Sie dann ↵. Wiederholen Sie diesen Vorgang beim nächsten WordArt-Objekt.

❻ Klicken Sie auf die Beschriftung *WA*. Halten Sie ⇧ gedrückt, und klicken Sie auf die Landkarte des Bundesstaats Washington. Klicken Sie in der Symbolleiste *Zeichnen* auf das Menü *Zeichnen* und dann auf den Befehl *Gruppierung*. Wiederholen Sie diesen Arbeitsschritt für die übrigen sechs Bundesstaaten.

❼ Überprüfen Sie, ob in der Landkarte die Kürzel der Bundesstaaten mit den zugehörigen Flächen gruppiert sind, indem Sie auf die Bundesstaatenkürzel klicken (vgl. Abbildung 12.29). Die Objekte sind korrekt gruppiert, wenn durch Anklicken des Kürzels das gesamte Gebiet des zugehörigen Bundesstaats in der Landkarte ausgewählt wird.

❽ Speichern Sie die Arbeitsmappe *Lektion12*.

Durch die Gruppierung des WordArt-Textes mit der Hintergrundgrafik erreichen Sie, daß der Anwender sowohl auf die Beschriftung als auch auf den Hintergrund klicken kann, um das Makro auszuführen.

Lektion 12   Ein Informationssystem erstellen

Abbildung 12.29
Die Landkarte mit den Beschriftungen.

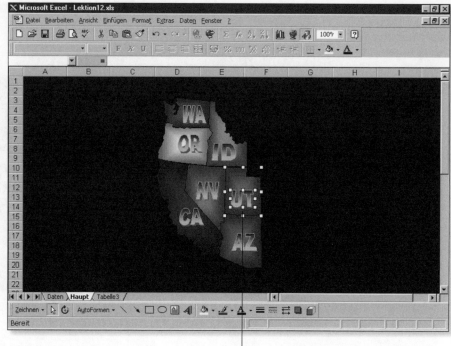

Wenn die Formen gruppiert sind, wird durch Klicken auf die Beschriftung der gesamte Bundesstaat ausgewählt.

Ein Makro mit den Grafikobjekten verknüpfen

Im Verlauf dieser Lektion haben Sie ein Makro namens *PivotZuweisen* erstellt. Dieses Makro zeigt jeden beliebigen Bundesstaat an, vorausgesetzt, ihm wird das entsprechende Bundesstaatenkürzel übergeben. Zufälligerweise erscheinen diese Bundesstaatenkürzel in der Landkarte als Text der WordArt-Objekte. Sie werden also ein Makro erstellen, das bei dem Bundesstaat, auf den der Anwender klickt, den Text aus dem WordArt-Objekt abfragen kann.

Das Application-Objekt verfügt über eine Eigenschaft namens *Caller*, die in Makros verwendet werden kann. Die Caller-Eigenschaft liefert den Bezeichner des Objekts, auf das der Anwender geklickt hat, um das Makro auszuführen. Dieser Bezeichner ist der Name, der links neben der Bearbeitungsleiste angezeigt wird, wenn das betreffende Objekt ausgewählt wird. In unserem Beispiel hat der Bezeichner für den Bundesstaat Washington einen Namen wie *Gruppenfeld 16*. Wir können diesen von der Caller-Eigenschaft gelieferten Objektbezeichner nun verwenden, um das Objekt aus der Shapes-Auflistung des aktiven Arbeitsblatts auszuwählen.

Das Grafikobjekt, auf das Sie in der Anwendung klicken, ist tatsächlich eine Gruppierung, die aus zwei Teilen besteht: aus der Landkarte des Bundesstaats und aus der WordArt-Beschriftung (das Bundesstaatenkürzel). Shape-Objekte verfügen über die Auflistung *GroupItems*, die als Index zum Abruf des WordArt-Objekts verwendet werden kann. Es ist ziemlich aufwendig, über den Bezeichner, den die Caller-Eigenschaft zurückgibt, zum Text im WordArt-Objekt zu gelangen. Der entscheidende Vorteil ist jedoch, daß Sie damit ein Makro erstellen, das für alle Bundesstaaten funktioniert.

❶ Klicken Sie in der Symbolleiste *Zeichnen* auf die Schaltfläche *Objekte markieren*. Dann ziehen Sie ein Rechteck um die gesamte Landkarte. Damit sollten Ziehpunkte um jeden der sieben Bundesstaaten angezeigt werden. Klicken Sie noch einmal auf die Schaltfläche *Objekte markieren*, um diese Schaltfläche zu deaktivieren.

❷ Klicken Sie mit der rechten Maustaste auf die Landkarte, und wählen Sie den Befehl *Makro zuweisen*.

Wenn mehrere Objekte zusammen ausgewählt werden, bevor ein Makro zugewiesen wird, wird allen ausgewählten Objekten dasselbe Makro zugeordnet (was wesentlich effizienter ist, als das Makro einzeln jedem Objekt zuzuordnen).

❸ Geben Sie im Dialogfeld *Zuweisen* als Makronamen **Anzeigen** ein, und klicken Sie auf *Neu*.

❹ Geben Sie die folgenden Anweisungen in den Rumpf des Makros *Anzeigen* ein:

```
Dim neuID As String
Dim neuForm As Shape
Dim neuName As String

neuID = Application.Caller
Set neuForm = ActiveSheet.Shapes(neuID)
neuName = neuForm.GroupItems(2).TextEffect.Text
PivotZuweisen neuName
```

In einer Gruppierung eines WordArt-Objekts mit einem Hintergrundobjekt ist das WordArt-Objekt immer das zweite Elemente der GroupItems-Auflistung, unabhängig davon, in welcher Reihenfolge die Gruppe erstellt worden ist. Die TextEffect-Eigenschaft liefert einen Verweis auf die WordArt-Funktionen der Form.

Wenn man bedenkt, daß dieses Makro für alle Bundesstaaten verwendet werden kann, ist es eigentlich nicht sehr kompliziert. (Das Makro wäre noch einfacher, wenn Sie nicht darauf bestanden hätten, daß der Anwender zur Auswahl eines Staates in der Landkarte auf einen beliebigen Punkt innerhalb des Bundesstaats klicken können soll.)

Lektion 12   Ein Informationssystem erstellen

❺ Aktivieren Sie Excel, und klicken Sie in der Symbolleiste *Zeichnen* auf das Menü *Zeichnen (*dazu sollten alle Bundesstaaten ausgewählt sein). Wählen Sie den Befehl *Gruppierung,* und drücken Sie [Esc], um die Auswahl der Landkarte aufzuheben.

Damit werden alle Bundesstaaten in einer einzigen Gruppe zusammengefaßt, was besonders nützlich sein wird, wenn die Landkarte ein- und ausgeblendet werden soll. Auch wenn alle Bundesstaaten in einer Gruppe zusammengefaßt sind, liefert die Caller-Eigenschaft den Bezeichner für jeden einzelnen Bundesstaat, auf den in der Landkarte geklickt wird.

❻ Speichern Sie die Arbeitsmappe *Lektion12,* und klicken Sie irgendwo innerhalb der Grenzen des Bundesstaats Nevada.

Daraufhin sollte das Arbeitsblatt *Daten* mit den Auftragsdaten für Nevada eingeblendet werden.

Die Eigenschaft *Application.Caller* ist ein besonders nützliches Werkzeug, wenn ein Makro verwendet werden soll, um verschiedene Objekte zu verarbeiten.

Wenn Sie die Symbolleiste *Steuerelement-Toolbox* verwenden, um ein Objekt zu einzufügen, erstellen Sie damit ein ActiveX-Steuerelement. Mehrere ActiveX-Steuerelemente können nicht gemeinsam ein einziges Makro nutzen, da sie Ereignisbehandlungsprozeduren verwenden und eine Ereignisbehandlungsroutine nur mit einem einzigen Objekt verknüpft werden kann.

Ein Logo in den Hintergrund einfügen

Sie werden mit Hilfe von WordArt auch ein attraktives Logo für das Informationssystem entwerfen. Später in dieser Lektion werden Sie dieses Logo in eine Animation integrieren.

❶ Aktivieren Sie das Arbeitsblatt *Haupt,* und klicken Sie in der Symbolleiste *Zeichnen* auf die Schaltfläche *WordArt einfügen.*

❷ Wählen Sie den vierten Stil in der vierten Zeile, und klicken Sie auf *OK*. Geben Sie **Müller** ein, und drücken Sie ⏎, geben Sie **IS** ein, drücken Sie ⏎. Geben Sie **Textilien** ein, und klicken Sie auf *OK*. Ihr Bildschirm sollte nun etwa wie in Abbildung 12.30 aussehen.

Das neue WordArt-Objekt hat damit zwar die gewünschten Farben, aber eine recht merkwürdige Form. Die Form läßt sich jedoch relativ einfach ändern.

❸ Klicken Sie in der Symbolleiste *WordArt* auf die Schaltfläche *WordArt-Form*, und wählen Sie die Form *Schaltfläche (gefüllt)* (die Form ganz rechts in der zweiten Zeile). Das Logo sollte nun etwa wie in Abbildung 12.31 aussehen.

Lektion 12   Ein Informationssystem erstellen

Abbildung 12.30
Die Landkarte mit dem Firmenlogo.

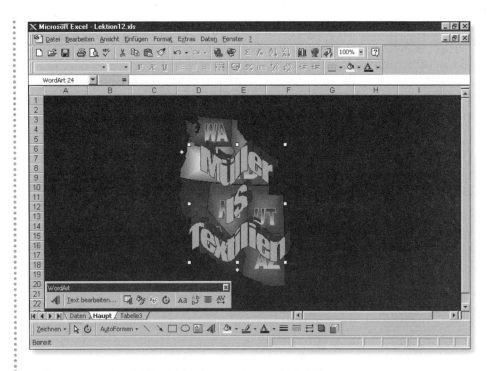

Abbildung 12.31
Die Landkarte mit dem formatierten Firmenlogo.

Lektion 12   Ein Informationssystem erstellen

❹ In der Symbolleiste *WordArt* klicken Sie auf die Schaltfläche *WordArt-Buchstaben mit gleicher Höhe*. Dann klicken Sie auf die Schaltfläche *Ausrichtung für WordArt* und wählen die Option *Streckung ausrichten*.

❺ Ziehen Sie den oberen linken Ziehpunkt in die obere linke Ecke von Zelle C3, und ziehen Sie den unteren rechten Ziehpunkt in die Mitte der unteren Randlinie von Zelle H22.

Verschiedene Formen verfügen über Anpassungsmarkierungen, mit der die Form verändert werden kann. Diese Markierung erscheint als gelbe Raute links von der Mitte des WordArt-Objekts. Später in dieser Lektion werden Sie sehen, wie Sie diese Anpassungsmarkierung mit einem Makro verändern.

❻ Ziehen Sie die Anpassungsmarkierung nach links, bis sie sich etwa 7 mm vom äußeren Kreis befindet (vgl. Abbildung 12.32).

❼ In der Symbolleiste *Zeichnen* klicken Sie auf das Menü *Zeichnen*, wählen Sie das Untermenü *Reihenfolge,* und klicken Sie auf *In den Hintergrund*.

❽ Blenden Sie die Zeilen- und Spaltenüberschriften aus. (Klicken Sie im Menü *Extras* auf *Optionen*, klicken Sie auf das Register *Ansicht* und deaktivieren Sie das Kontrollkästchen *Zeilen- und Spaltenköpfe.*)

Abbildung 12.32
Die Landkarte mit dem für die Animation formatierten Firmenlogo.

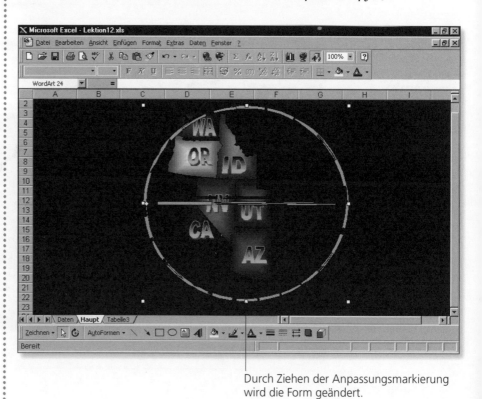

Durch Ziehen der Anpassungsmarkierung wird die Form geändert.

Lektion 12 • **Ein Informationssystem erstellen**

❾ Drücken Sie ⌜Esc⌝, um die Auswahl des Logos aufzuheben, und speichern Sie die Arbeitsmappe *Lektion12*.

Das Logo sieht nun so aus, wie wir es uns vorstellen. Im nächsten Abschnitt werden Sie das Logo in eine Animation einbauen, die das Logo auf dem Bildschirm dreht und anderweitig verändert.

Das Logo animieren

Die Animation eines WordArt-Objekts ist relativ einfach. Das Makro nimmt lediglich kleine Änderungen an den verfügbaren Anpassungswerten vor. Wenn Formen in einem Makro angepaßt werden, aktualisiert Windows die Bildschirmanzeige allerdings erst, wenn die Makroausführung abgeschlossen ist. In vielen Fällen ist dies eine sehr nützliche Funktion, da das Makro dann wesentlich schneller ausgeführt werden kann. Bei der Animation einer Form sollte der Bildschirm jedoch jedesmal aktualisiert werden, wenn das Makro die Form verändert.

❶ Aktivieren Sie den Visual Basic-Editor, und klicken Sie in den Bereich am unteren Ende des Moduls. Klicken Sie im Menü *Einfügen* auf *Datei*, wechseln Sie zum Ordner *Excel VBA Übungen*, und doppelklicken Sie auf die Datei *Code12a.txt*. Daraufhin wird das folgende Makro *AnimationStarten* in das Modul eingefügt:

```
Sub AnimationStarten()
    Dim neuLogo As Shape
    Dim neuKarte As Shape
    Dim i As Double
    Set neuLogo = Worksheets("Haupt").Shapes(1)
    Set neuKarte = Worksheets("Haupt").Shapes(2)

    Application.EnableCancelKey = xlErrorHandler
    On Error GoTo AnimationStarten_End

    neuKarte.Visible = msoFalse
    neuLogo.Adjustments(1) = 91
    neuLogo.Adjustments(2) = 0.5
    neuLogo.TextEffect.Tracking = 0.1
    Worksheets("Haupt").Select
    Application.ScreenUpdating = True

    For i = 91 To 166 Step 5
        neuLogo.Adjustments(1) = i
        DoEvents
    Next i
    For i = 0.5 To 0.18 Step -0.02
        neuLogo.Adjustments(2) = i
        DoEvents
    Next i
```

Lektion 12   Ein Informationssystem erstellen

```
        For i = 0.1 To 1.5 Step 0.1
            neuLogo.TextEffect.Tracking = i
            DoEvents
        Next i
        For i = 0.2 To 0.455 Step 0.02
            neuLogo.Adjustments(2) = i
            DoEvents
        Next i

AnimationStarten_End:
    neuLogo.Adjustments(1) = 166
    neuLogo.Adjustments(2) = 0.455
    neuLogo.TextEffect.Tracking = 1.5
    neuLogo.Visible = msoTrue
    neuKarte.Visible = msoTrue
End Sub
```

Dieses Makro besteht aus fünf Teilen, die durch Leerzeilen voneinander getrennt sind. Im ersten Teil werden einige Variablen deklariert und diesen Verweise auf die beiden Formen (Shape-Objekte) im Arbeitsblatt zugewiesen.

Weitere Informationen zur On Error-Anweisung finden Sie in Lektion 8.

Der zweite Teil und der fünfte Teil gehören zusammen und ermöglichen den Abbruch der Animation durch die Tastenkombination (Strg)+(Untbr). Mit der Anweisung *On Error Resume Next* wird das Makro angewiesen, im Fall eines Fehlers zu *AnimationStarten_End* zu springen. Mit der Eigenschaft *EnableCancelKey* wird Excel angewiesen, die Betätigung von (Strg)+(Untbr) als Fehler zu werten. Mit den Anweisungen im letzten Teil werden die Formen auf ihre endgültigen Werte eingestellt und angezeigt.

Im dritten Teil werden die Anpassungen der Logoform auf ihre Anfangswerte zurückgesetzt, die Landkarte wird ausgeblendet, und es wird sichergestellt, daß die Bildschirmaktualisierung nicht von einer vorhergehenden Prozedur deaktiviert worden ist. Dann wird das Arbeitsblatt *Haupt* aktiviert. Damit sind alle Vorbereitungen für die Anzeige der Animation getroffen. Mit der Tracking-Eigenschaft wird gesteuert, wie stark sich die WordArt-Buchstaben überlappen.

Die Konstanten *msoTrue* und *msoFalse* entsprechen den normalen Visual Basic-Konstanten *True* und *False*. Das Präfix *mso* steht für „Microsoft Office". Aus unerfindlichen Gründen haben die Entwickler der shape-Objekte eigene True- und False-Werte erstellt, die nur für Microsoft Office gelten. Sie können die Konstanten True und False mit Shape-Objekten verwenden. Wenn Sie jedoch eine Anweisung für ein shape-Objekt eingeben, werden in der Liste der Konstanten lediglich *msoTrue* und *msoFalse* angezeigt.

Der vierte Teil bewirkt die eigentliche Animation. Er besteht aus vier Schleifen, die drei verschiedene Einstellungen der Logoform ändern. Sie können die jeweiligen Start- und Endwerte der Animation ermitteln, indem Sie die Aufzeichnungsfunktion einschalten und manuell Änderungen an den Anpassungsmarkierungen der Form vornehmen. Die Anweisung *DoEvents* birgt das eigentliche Geheimnis der Animation. Mit dieser Anweisung wird Windows angewiesen, den Bildschirm zu aktualisieren. Diese Aktualisierung ist ein Ereignis („Event"), das Windows erledigen soll („do"), ohne dabei die Beendigung des Makros abzuwarten.

Weitere Informationen zum Setzen von Haltepunkten finden Sie in Lektion 8.

❷ Speichern Sie die Arbeitsmappe *Lektion12*, klicken Sie in das Makro *AnimationStarten,* und drücken Sie F5, um das Makro zu testen. Sie haben die Möglichkeit, Haltepunkte im Makro zu setzen und Teile des Makros schrittweise auszuführen.

Die Anwendung ist nun mit einem funktionellen Kern und einer Benutzeroberfläche ausgestattet. Sie stellt sich aber immer noch nicht als Teil von Excel dar. Im folgenden Abschnitt werden Sie die Anwendung „verpacken", indem Sie alle störenden Symbolleisten, Fensterfunktionen und Menübefehle entfernen und das Makro automatisch ausführen lassen.

Die Anwendung verpacken

Mit Verpacken der Anwendung ist hier der Vorgang gemeint, mit dem Sie das Erscheinungsbild und die Funktionen der Excel-Umgebung an Ihre Anforderungen anpassen. Viele Einstellungen, die Sie ändern werden – z. B. die Fenstergröße und die Anordnung der Symbolleisten – können auch vom Anwender eingestellt werden. Excel speichert die geänderten Einstellungen. Wenn ein Anwender z. B. eine Symbolleiste aufruft, speichert Excel diese Einstellung beim Beenden des Programms und lädt die geänderten Einstellungen beim nächsten Start des Programms.

Falls eine Anwendung die benutzerdefinierten Einstellungen ändert, sollten diese beim Schließen der Anwendung wieder auf ihre ursprünglichen Einstellungen zurückgesetzt werden. Wenn eine Anwendung beim Öffnen beispielsweise alle Symbolleisten ausblendet, sollten die Symbolleisten wieder eingeblendet werden, wenn die Anwendung geschlossen wird.

Die Menüleiste austauschen und wiederherstellen

Eine Windows-Anwendung kann über mehrere Symbolleisten aber nur über eine Menüleiste verfügen. Wenn Sie die Excel-Menüleiste „ausblenden" möchten, müssen Sie sie durch eine andere benutzerdefinierte Menüleiste ersetzen. Wenn die Anwendung geschlossen wird, soll die benutzerdefinierte Menüleiste entfernt und automatisch die Excel-Standardmenüleiste wiederhergestellt werden. Eine Menüleiste ist nichts anderes als eine Befehlsleiste oder eine Symbolleiste, die als Menüleiste deklariert worden ist. Sie weisen einer benutzerdefinierten Menüleiste bei ihrer Erstellung einen Namen zu, und Sie können diesen Namen später verwenden, um die Menüleiste zu löschen. In unserer Beispielanwendung geben Sie der Menüleiste den Namen *IS*.

❶ Fügen Sie im Visual Basic-Editor folgende Prozedur in das Modul ein:

```
Sub MenüAusblenden()
    On Error Resume Next
    CommandBars("IS").Delete
End Sub
```

Die Anweisung *On Error Resume Next* ermöglicht Ihnen, mit Hilfe dieses Makros sicherzustellen, daß das benutzerdefinierte Menü gelöscht wird, und zwar unabhängig davon, ob das Menü überhaupt erstellt worden ist. Wenn die Anwendung einwandfrei funktioniert, sollte diese Menüleiste nur dann angezeigt werden, wenn Sie vom Makro zuvor erstellt worden ist. Außerdem sollte sie natürlich immer vorhanden sein, wenn sie vom Makro gelöscht werden soll. Während der Entwicklung und dem Testen der Anwendung kann es jedoch vorkommen, daß das Makro *MenüAusblenden* ausgeführt wird, nachdem die Menüleiste bereits gelöscht worden ist. In diesem Fall wird durch das Nichtbeachten des Fehlers die Erstellung des Makros erleichtert.

Die Menüleiste für diese Anwendung soll zwei Befehle enthalten: *Beenden* und *Zurück zu Haupt*. Bevor Sie das Makros schreiben, mit dem die benutzerdefinierte Menüleiste erstellt wird, müssen Sie erst einmal die Sub-Prozeduren für die Befehle definieren.

❷ Fügen Sie folgende Prozedur in das Modul ein:

```
Sub ISBeenden()
    MenüAusblenden
    ActiveWorkbook.Close
End Sub
```

Mit dieser Prozedur wird die aktive Arbeitsmappe geschlossen. Das Makro soll ausgeführt werden, sobald die Schaltfläche *Beenden* angeklickt wird.

❸ Fügen Sie folgende Prozedur in das Modul ein:

```
Sub ZurückzuHaupt()
    Worksheets("Haupt").Select
End Sub
```

Mit dieser Prozedur wird das Arbeitsblatt *Haupt* aktiviert. Das Makro soll ausgeführt werden, wenn die Schaltfläche *Zurück zu Haupt* angeklickt wird.

Nun können Sie das Makro erstellen, mit der die benutzerdefinierte Menüleiste eingefügt wird.

Lektion 12 Ein Informationssystem erstellen

❹ Klicken Sie in die leere Zeile am Ende des Moduls. Wählen Sie im Menü *Einfügen* die Option *Datei,* und doppelklicken Sie auf die Datei *Code12b.txt,* um folgende Prozedur in das Modul einzufügen:

```
Sub MenüZuweisen()
    Dim neuLeiste As CommandBar
    Dim neuSchalter As CommandBarButton

    MenüAusblenden
    Set neuLeiste = CommandBars.Add(Name:="IS", _
        Position:=msoBarBottom, _
        MenuBar:=True)

    Set neuSchalter = neuLeiste.Controls.Add(msoControlButton)
    neuSchalter.Style = msoButtonCaption
    neuSchalter.Caption = "&Beenden"
    neuSchalter.OnAction = "ISBeenden"

    Set neuSchalter = neuLeiste.Controls.Add(msoControlButton)
    neuSchalter.Style = msoButtonCaption
    neuSchalter.Caption = "&Zurück zu Haupt"
    neuSchalter.OnAction = "ZurückzuHaupt"
    neuSchalter.Visible = False

    neuLeiste.Protection = msoBarNoMove + msoBarNoCustomize
    neuLeiste.Visible = True
End Sub
```

Dieses Makro besteht aus fünf Teilen, die durch Leerzeilen voneinander getrennt sind. Im ersten Teil werden etliche Variablen deklariert.

Im zweiten Teil wird das Makro *MenüAusblenden* ausgeführt, um sicherzustellen, daß die Menüleiste des Informationssystems nicht bereits existiert. Dann wird die neue Menüleiste für das Informationssystem erstellt. Durch die Übergabe des Werts *True* im Argument *MenuBar* wird diese neue Befehlsleiste als Menüleiste definiert. Indem diese Menüleiste am unteren Bildschirmrand positioniert wird, hebt sie sich auch optisch von einer konventionellen Menüleiste ab.

Im dritten und vierten Teil werden die beiden Befehle in die Menüleiste eingefügt. Beim Start der Anwendung wird der Befehl *Zurück zu Haupt* nicht angezeigt.

Im letzten Teil wird die neue Menüleiste geschützt. Der Eigenschaft *Protection* können Konstanten aus einer numerierten Liste von Werten zugewiesen werden, mit denen Sie genau festlegen können, in welcher Weise der Anwender die Menüleiste verwenden kann. Sie können verschiedene Werte kombinieren, um die Bearbeitungsmöglichkeiten weitergehend zu steuern. Unser Beispielmakro erlaubt dem Anwender weder, die neue Menüleiste zu verschieben, noch sie anderweitig zu verändern.

Lektion 12   Ein Informationssystem erstellen

❺ Speichern Sie die Arbeitsmappe *Lektion12,* und führen Sie das Makro *MenüZuweisen* und das Makro *MenüAusblenden* aus.

Der Austausch der Excel-Menüleiste ist also relativ unkompliziert: Sie erstellen einfach eine neue Menüleiste. Und die Wiederherstellung der Excel-Menüleiste ist noch einfacher: Sie löschen einfach die Menüleiste, die Sie erstellt haben.

Einen Menübefehl ein- und ausblenden

Der Befehl *Zurück zu Haupt* soll eingeblendet werden, sobald das Arbeitsblatt *Daten* aktiviert wird, und ausgeblendet werden, wenn das Arbeitsblatt *Daten* geschlossen wird. Dazu werden Sie Ereignisbehandlungsprozeduren einsetzen – einmal zum Ausblenden des Befehls und ein zweites Mal zum Einblenden des Befehls. Hierzu werden Sie eine Prozedur mit einem Argument erstellen. Die Ereignisbehandlungsroutinen rufen dann diese Prozedur auf.

❶ Fügen Sie die folgende Prozedur in das Modul ein:

```
Sub BefehlEinblenden(IsVisible)
    On Error Resume Next
    CommandBars("IS").Controls(2).Visible = IsVisible
End Sub
```

Mit der Anweisung *On Error Resume Next* werden wieder Fehler beim Erstellen und Testen der Anwendung abgefangen. In diesem Fall wäre es z. B. problematisch, wenn diese Prozedur ausgeführt wird und das Menü noch nicht erstellt worden ist. Mit der zweiten Anweisung wird der Befehl, abhängig vom Wert des Arguments, ein- bzw. ausgeblendet.

❷ Klicken Sie auf die Schaltfläche *Projekt-Explorer*, und doppelklicken Sie auf den Eintrag für das Arbeitsblatt *Daten*.

❸ Fügen Sie die folgenden beiden Ereignisbehandlungsprozeduren ein:

```
Private Sub Blatt_Aktivieren()
    BefehlEinblenden True
End Sub

Private Sub Blatt_Deaktivieren()
    BefehlEinblenden False
End Sub
```

Sobald das Arbeitsblatt *Daten* aktiviert ist, wird der Befehl *Zurück zu Haupt* ausgeblendet. Wenn das Arbeitsblatt nicht aktiv ist, wird der Befehl eingeblendet.

❹ Aktivieren Sie das Modul erneut, schließen Sie das Projektfenster. Speichern Sie die Arbeitsmappe *Lektion12*, und führen Sie das Makro *MenüZuweisen* aus.

Lektion 12   **Ein Informationssystem erstellen**

❺ Aktivieren Sie Excel, und schalten Sie zwischen den Arbeitsblättern *Daten* und *Haupt* hin- und her. Beachten Sie, wie der Befehl ein- und ausgeblendet wird.

❻ Führen Sie das Makro *MenüAusblenden* aus.

Fenster ändern und wiederherstellen

Um die Anwendung noch ansprechender zu gestalten, können Sie sie in einem Fenster plazieren, das gerade so groß ist, daß die Pivot-Tabelle und das Diagramm darin Platz haben. Wenn die Anwendung geschlossen wird, sollte das Fenster wieder auf seine ursprüngliche Größe zurückgesetzt werden. Die Wiederherstellung eines Fensters ist jedoch komplizierter, als die Wiederherstellung der Excel-Menüleiste, da sich dazu das Makro an die ursprüngliche Größe des Fensters „erinnern" muß.

Die Größe eines Fensters kann in einer Variablen gespeichert werden. Wenn aber *Dim* zur Deklaration einer Variablen in einer Prozedur verwendet wird, existiert die Variable nur solange, wie diese Prozedur ausgeführt wird. Die „Lebensdauer" der Variablen kann durch den Einsatz des Wortes *Static* in der Variablendeklaration verlängert werden.

❶ Fügen Sie die folgende Teilprozedur in das Modul ein:

```
Sub FensterEinstellen(Status)
    Const neuBreite = 425
    Const neuHöhe = 320
    Static alteBreite
    Static alteHöhe
    Static alterStatus

End Sub
```

Sie werden dieselbe Prozedur verwenden, um das Fenster zu ändern und es später wiederherzustellen. Das Argument *Status* wird feststellen, welche Aufgabe die Prozedur ausführen soll. Durch Einsatz einer einzigen Prozedur für verschiedene Aufgaben können die ursprünglichen Werte hier in der FensterEinstellen-Prozedur mit dem Schlüsselwort *Static* gespeichert werden. Die Const-Anweisungen geben die neuen benutzerdefinierten Werte für die Höhe und Breite des Fensters an. Mit *Const* wird ein konstanter Wert bezeichnet, der wie eine schreibgeschützte Variable verwendet werden kann. Die Festlegung der neuen Werte für Höhe und Breite am Anfang der Prozedur erleichtert die Änderung der Werte zu einem späteren Zeitpunkt.

❷ Klicken Sie in der Prozedur *FensterEinstellen* in die Leerzeile vor der Anweisung End *Sub*. Wählen Sie im Menü *Einfügen* die Option *Datei,* und doppelklicken Sie auf die Datei *Code12c.txt*. Damit wird folgender Teil des Makros eingefügt:

Lektion 12 Ein Informationssystem erstellen

```
If Status = xlOn Then
    alteBreite = Application.Width
    alteHöhe = Application.Height
    alterStatus = Application.WindowState
    Application.WindowState = xlNormal
    Application.Width = neuBreite
    Application.Height = neuHöhe
    Application.Caption = "IS Müller Textilien"

    ActiveWorkbook.Unprotect
    ActiveWindow.WindowState = xlMaximized
    ActiveWindow.Caption = ""
    ActiveWorkbook.Protect , True, True

    ProtectSheet xlOn, "Haupt"
    ProtectSheet xlOn, "Daten"
    Application.DisplayFormulaBar = False
    Application.DisplayStatusBar = False
    ActiveWindow.DisplayHorizontalScrollBar = False
    ActiveWindow.DisplayVerticalScrollBar = False
    ActiveWindow.DisplayWorkbookTabs = False
```

Die ist die erste Hälfte einer If...Else...End If-Struktur. Sie wird ausgeführt, wenn der Wert des Arguments *Status* gleich *xlOn* ist. Der Wert *xlOn* ist eine vordefinierte Excel-Konstante. Durch den Einsatz der Konstanten ist das Makro übersichtlicher als beim Einsatz einer Zahl. Außerdem ist der Einsatz einer vordefinierten Konstante wesentlich einfacher als die Erstellung einer benutzerdefinierten Konstante.

Die Einstellung des Fensters besteht aus drei Teilen. Im ersten Teil wird die ursprüngliche Höhe, Breite und der Fensterstatus des Excel-Anwendungsfensters in der statischen Variable gespeichert. Dann werden diesen Eigenschaften die neuen Werte zugewiesen. Wenn die Größe des Anwendungsfensters verändert wird, sollte die WindowState-Eigenschaft immer zuerst auf *xlNormal* eingestellt werden, da die Breite oder Höhe nicht geändert werden kann, falls die Anwendung maximiert wird. In diesem Teil wird außerdem die Beschriftung (Caption) der Excel-Anwendung festgelegt.

Im zweiten Teil wird sichergestellt, daß das Arbeitsmappenfenster maximiert und geschützt ist. Bevor das Fenster maximiert werden kann, muß jedoch der Schutz aufgehoben werden. Durch die Einstellung der Caption-Eigenschaft auf eine leere Textzeichenfolge wird verhindert, daß der Arbeitsmappenname in der Titelleiste erscheint. In der letzten Anweisung werden die Struktur und die Fenster der Arbeitsmappe geschützt. Mit der Prozedur *ProtectSheet*, die Sie im Verlauf dieser Übung noch erstellen werden, wird das Arbeitsblatt geschützt bzw. ihr Schutz aufgehoben. Diese Prozedur erhält den Tabellennamen und Anweisungen dazu, ob der Schutz ein- oder ausgeschaltet werden soll.

Der dritte Teil soll eigentlich nur die Entwicklung der Anwendung vereinfachen. Das Arbeitsblatt könnte interaktiv geschützt werden, dann müßte sein Schutz aber ebenfalls immer interaktiv aufgehoben werden, um Änderungen vorzunehmen. Entsprechend könnten die Bildlaufleisten, die Tabellenregister, die Bearbeitungsleiste und die Statusleiste interaktiv ausgeblendet werden. Diese können während der Entwicklung der Anwendung jedoch noch nützlich sein.

❸ Klicken Sie in der Prozedur *FensterEinstellen* in die Zeile vor der Anweisung *End Sub*, und fügen Sie die Datei *Code12d.txt* ein. Sie bildet den letzten Teil des Makros:

```
Else
    Application.Caption = Empty
    If Not IsEmpty(alteBreite) Then
        Application.Width = alteBreite
        Application.Height = alteHöhe
        Application.WindowState = alterStatus
    End If
    ProtectSheet xlOff, "Haupt"
    ProtectSheet xlOff, "Daten"
    ActiveWorkbook.Unprotect
    Application.DisplayFormulaBar = False
    Application.DisplayStatusBar = False
    Application.DisplayFormulaBar = True
    Application.DisplayStatusBar = True
    ActiveWindow.DisplayHorizontalScrollBar = True
    ActiveWindow.DisplayVerticalScrollBar = True
    ActiveWindow.DisplayWorkbookTabs = True
End If
```

Diese Anweisungen bilden die zweite Hälfte der If...Else...End If-*Struktur*. Im grunde genommen machen Sie alle Einstellungen rückgängig, die von den Anweisungen in der ersten Hälfte vorgenommen worden sind. Die Überprüfung, ob die Variable *alteBreite* leer ist, soll wieder die Erstellung des Makros erleichtern. Wenn in Visual Basic bestimmte Änderungen vorgenommen werden – wie z.B. das Hinzufügen oder Löschen einer Prozedur – kann der Wert der statischen Variablen verlorengehen, wobei der Wert durch Null ersetzt wird. Durch die Überprüfung, ob die Variable *alteBreite* leer ist, wird verhindert, daß Visual Basic das Anwendungsfenster auf ein winziges Fenster verkleinert, wenn Änderungen im Makro vorgenommen werden, die die statischen Variablen zurücksetzen.

❹ Klicken Sie in die Leerzeile am Ende des Moduls, und fügen Sie die Datei *Code12e.txt* und damit folgendes Makro ein:

Lektion 12   **Ein Informationssystem erstellen**

```
Sub BlattSchutz(Status, Blatt)
    If Status = xlOn Then
        Worksheets(Blatt).EnableSelection = xlNoSelection
        Worksheets(Blatt).Protect , True, True, True, True
    Else
        Worksheets(Blatt).Unprotect
    End If
End Sub
```

Dieses Makro wird vom Makro *FensterEinstellen* aufgerufen, um das Arbeitsblatt zu schützen. Durch die Einstellung der Eigenschaft *EnableSelection* auf *xlNoSelection* wird verhindert, daß der Anwender Zellen auswählen kann, solange das Arbeitsblatt geschützt ist.

Sie benötigen nun eine Möglichkeit, um das Makro *FensterEinstellen* mit den entsprechenden Argumenten auszuführen.

❺ Fügen Sie die folgenden zwei Makros in das Modul ein:

```
Sub StartAnsicht()
    MenüZuweisen
    FensterEinstellen xlOn
End Sub

Sub EndAnsicht()
    MenüAusblenden
    FensterEinstellen xlOff
End Sub
```

❻ Speichern Sie die Arbeitsmappe *Lektion12*, und testen Sie die Prozeduren *StartAnsicht* und *EndAnsicht*.

Statische Variablen eignen sich besonders zum Speichern von Werten, die später wiederhergestellt werden sollen.

Symbolleisten entfernen und wiederherstellen

Die Prozedur zum Entfernen und Wiederherstellen von Symbolleisten ähnelt sehr der Prozedur zum Ändern und Wiederherstellen von Fenstern: die ursprünglichen Werte werden gespeichert, bevor die Änderungen durchgeführt werden. Die gespeicherten Werte werden dann später verwendet, um die ursprüngliche Arbeitsumgebung wiederherzustellen. Das Speichern von Symbolleisten stellt jedoch eine neue Herausforderung dar. Zum Speichern von Fenstern sind immer genau drei statische Variablen für drei Werte (Höhe, Breite und Status) notwendig. Beim Speichern einer Liste der angezeigten Symbolleisten ist die Anzahl der Symbolleisten unbekannt und kann variieren.

Wie Sie wissen, verwaltet Excel Objekte in Auflistungen. Tatsächlich sind auch die Symbolleisten Teil einer Auflistung. Visual Basic ermöglicht Ihnen die Erstellung Ihrer eigenen benutzerdefinierten Auflistung. Sie

Lektion 12   Ein Informationssystem erstellen

können also eine Auflistung erstellen, die nur aus den Symbolleisten besteht, die wiederhergestellt werden sollen. Auflistungen sind leistungsfähige Werkzeuge. Dieses Beispiel zeigt lediglich eine ihrer vielfältigen Einsatzmöglichkeiten.

❶ Klicken Sie in die Leerzeile am Ende des Moduls, und fügen Sie die Datei *Code12f.txt* ein, um die folgende Prozedur zu erstellen:

```
Sub LeistenZuweisen(Status)
    Static alteLeisten As New Collection
    Dim neuLeiste

    If Status = xlOn Then
        For Each neuLeiste In Application.CommandBars
            If neuLeiste.Type <> 1 And neuLeiste.Visible Then
                alteLeisten.Add neuLeiste
                neuLeiste.Visible = False
            End If
        Next neuLeiste
    Else
        For Each neuLeiste In alteLeisten
            neuLeiste.Visible = True
        Next
    End If
End Sub
```

Wieder wird die Änderung und Wiederherstellung von einer einzigen Prozedur gehandhabt. Die ursprünglichen Werte können also in einer statischen Variablen gespeichert werden. Diesmal wird eine statische Variable vom Typ *New Collection* deklariert. Die Deklaration einer Variablen als *New Collection* zeigt Visual Basic an, daß eine benutzerdefinierte Auflistung erstellt werden soll.

Die erste Hälfte der If...Else...End If-Struktur arbeitet in einer Schleife jeden Eintrag der CommandBars-Auflistung der Anwendung ab. Falls die Befehlsleiste eine Menüleiste ist, hat ihre Eigenschaft Type den Wert 1, und sie soll dann weder ausgeblendet noch wiederhergestellt werden. Ansonsten soll die Befehlsleiste, sofern sie sichtbar ist, in die benutzerdefinierte Auflistung eingefügt und dann ausgeblendet werden. Sie können einen Eintrag in eine benutzerdefinierte Auflistung einfügen, indem Sie der Add-Method einen Verweis auf den Eintrag, der eingefügt werden soll, übergeben.

Die zweite Hälfte der If...Else...End If-Struktur arbeitet in einer Schleife die benutzerdefinierte Auflistung ab, und blendet jede darin aufgeführte Symbolleiste wieder ein.

Die Sub-Prozedur *LeistenZuweisen* kann genauso wie *FensterEinstellen* aus den Makros *StartAnsicht* und *EndAnsicht* ausgeführt werden.

Lektion 12   Ein Informationssystem erstellen

❷ Fügen Sie die Anweisung **LeistenZuweisen(xlOn)** im Makro *StartAnsicht* vor der Anweisung *End Sub* ein.

❸ Fügen Sie die Anweisung **LeistenZuweisen(xlOff)** im Makro *EndAnsicht* vor der Anweisung *End Sub* ein.

❹ Speichern Sie die Arbeitsmappe *Lektion12,* und testen Sie die Prozeduren *StartAnsicht* und *EndAnsicht*.

Im vorangegangenen Abschnitt wurden nicht alle Details über die Verwendung von benutzerdefinierten Auflistungen behandelt. Aber selbst wenn Sie benutzerdefinierte Auflistungen nur zum Speichern von Einträgen aus einer Standardauflistung einsetzen, sind sie ein äußerst nützliches Werkzeug. (Sie können in Ihren eigenen Anwendungen später einfach den Code aus dieser Lektion verwenden.)

Das Paket vervollständigen

Damit haben Sie alle Bestandteile für die endgültige Anwendung erstellt. Die Anwendung soll automatisch ausgeführt werden, wenn die Arbeitsmappe geöffnet wird.

❶ Aktivieren Sie das Projektfenster, und doppelklicken Sie auf *DieseArbeitsmappe*.

❷ Fügen Sie die folgende Ereignisbehandlungsroutine für das Öffnen der Arbeitsmappe ein:

```
Private Sub Workbook_Open()
    Application.ScreenUpdating = False
    PivotAktualisieren
    StartAnsicht
    AnimationStarten
End Sub
```

Jedesmal, wenn die Arbeitsmappe geöffnet wird, soll überprüft werden, ob die Datenbank neue Daten enthält, die Excel-Umgebung soll verändert werden (Fenster und Symbolleisten), und es soll eine Animation abgespielt werden. Durch Einstellen von *ScreenUpdating* auf *False* wird das Blinken des Bildschirms eingeschränkt.

❸ Fügen Sie die folgende Ereignisbehandlungsroutine für das Schließen der Arbeitsmappe ein:

```
Private Sub Workbook_BeforeClose(Abbrechen As Boolean)
    EndAnsicht
    ActiveWorkbook.Saved = True
End Sub
```

Jedesmal, wenn die Arbeitsmappe geschlossen wird, soll die ursprüngliche Arbeitsumgebung wiederhergestellt werden. Außerdem soll verhindert werden, daß Excel abfragt, ob die Änderungen gespeichert werden sollen. Indem der *Saved*-Eigenschaft der aktiven Arbeitsmappe der Wert *True* zugewiesen wird, wird Excel vorgetäuscht, daß die Arbeitsmappe bereits gespeichert worden ist. Folglich blendet Excel keine entsprechende Abfrage ein.

❹ Fügen Sie im Makro *ISBeenden* vor der Anweisung *ActiveWindow.Close* die Anweisung **EndAnsicht** ein.

Die Ereignisbehandlungsroutine *Workbook_BeforeClose* muß *EndAnsicht* ausführen, falls der Anwender die Arbeitsmappe durch Klicken auf die Excel- Schaltfläche *Fenster schließen* schließt.

Theoretisch hätte das Makro *ISBeenden* und nicht *EndAnsicht* ausführen sollen. *ISBeenden* schließt das Fenster, und die Ereignisbehandlungsroutine soll immer ausgeführt werden, wenn das Fenster geschlossen wird, unabhängig davon, wodurch der Schließvorgang ausgelöst wurde. Die Ereignisbehandlungsroutine führt das Makro *EndAnsicht* nicht aus, wenn das Ereignis vom Makro *ISBeenden* ausgelöst worden ist. (Diese ist eine interne Ungereimtheit in Visual Basic.)

❺ Benennen Sie in Excel *Tabelle3* in **Leer** um. Blenden Sie die Zeilen- und Spaltenkopfzeilen aus. Wählen Sie eine Zelle aus, die sich einige Zeilen und Spalten von Zelle A1 entfernt befindet. Speichern Sie die Arbeitsmappe, während das Arbeitsblatt *Leer* aktiv ist, so daß der Anwender eine leere Tabelle sieht, wenn die Arbeitsmappe geöffnet wird.

❻ Schließen Sie die Arbeitsmappe, und öffnen Sie sie erneut. Testen Sie die Anwendung, und schließen Sie die Arbeitsmappe.

Die Anwendung ist damit fertig. Sie verfügt über einen funktionellen Kern und eine effiziente Benutzeroberfläche. Sie ist beispielhaft „verpackt". Gratulation!

Zusammenfassung der Lektion

Möchten Sie	dann
Daten aus einer externen Datenbank in eine Pivot-Tabelle importieren,	wählen Sie im Dialogfeld *Schritt 1 von 4* des Pivot-Tabellen-Assistenten die Option e*xterner Datenquelle*. In Schritt 2 klicken Sie auf *Daten abrufen* und erstellen eine neue Datenquelle für die externe Datenbank.
eine Pivot-Tabelle mit einer konstanten Größe definieren, auch wenn sie Leereinträge enthält,	doppelklicken Sie auf das Feld, dessen Einträge angezeigt werden sollen, und wählen das Kontrollkästchen *Elemente ohne Daten anzeigen*. ▶

Lektion 12 — Ein Informationssystem erstellen

Möchten Sie	dann
das Standardformat für Zellen in einer Arbeitsmappe ändern,	klicken Sie im Menü *Format* auf den Befehl *Formatvorlage*. Wählen Sie die Formatvorlage *Standard* und ändern Sie die Formatierung auf die gewünschte Voreinstellung.
ein Textfeld mit dem Inhalt einer Zelle verknüpfen,	erstellen Sie das Textfeld. Drücken Sie [Esc], um das Container-Feld auszuwählen. In der Bearbeitungsleiste geben Sie ein Gleichheitszeichen und die Zellenadresse ein, die mit dem Textfeld verknüpft werden soll.
ein Makro verwenden, um die Daten in einer Pivot-Tabelle zu aktualisieren,	weisen Sie der Connection-Eigenschaft des PivotCache-Objekts einen neuen Wert zu.
eine importierte Grafik in Office 97 Shape-Objekte konvertieren,	wählen Sie die Grafik aus, klicken auf das Menü *Zeichnen* in der Symbolleiste Zeichnen und wählen die Option *Gruppierung aufheben*.
feststellen, welches Objekt ein Makro aufgerufen hat, wenn das Makro mit verschiedenen Objekten verbunden ist,	verwenden Sie die Eigenschaft *Application.Caller*, um den Bezeichner des Objekts zu finden.
eine Bildschirmaktualisierung während der Animation eines Shape-Objekts erzwingen,	fügen Sie eine DoEvents-Anweisung in das Makro ein.
durch [Strg]+[Untbr] einen Fehler auslösen, der abgefangen werden kann,	weisen Sie der Eigenschaft *Application.EnableCancelKey* den Wert *xlErrorHandler* zu.
die Excel Standard-Menüleiste ersetzen,	erstellen Sie mit der Methode *CommandBars.Add* eine neue Menüleiste mit dem Wert *True* für das Argument *MenuBar*.
den Wert in einer Variable von einer Ausführung des Makros zur nächsten Ausführung speichern,	verwenden Sie zur Deklaration der Variablen das Schlüsselwort *Static* anstatt *Dim*.
verhindern, daß der Anwender irgendwelche Zellen in einem Arbeitsblatt auswählen kann,	weisen Sie der Eigenschaft *EnableSelection* des Arbeitsblatts den Wert *xlNoSelection* zu und schützen dann das Arbeitsblatt.
eine benutzerdefinierte Auflistung zum Speichern von Referenzen zu Objekten erstellen,	deklarieren Sie eine Variable als *New Collection*. Dann verwenden Sie die Add-Methode mit dieser Variablen, um neue Einträge in die Auflistung einzufügen.

Lektion 12 — Ein Informationssystem erstellen

So erhalten Sie Online-Hilfe zum Thema:	Fordern Sie vom Assistenten mit folgendem Suchbegriff Hilfe an:
Abrufen von Daten aus einer externen Datenquelle	**Externe Daten** (im Excel-Fenster)
Automatisieren von Shape-Objekten	**Shape-Objekt** (im Visual Basic-Fenster)
Einsatz von benutzerdefinierten Auflistungen	**Auflistungen** (im Visual Basic-Fenster)
Einsatz von statischen Variablen	**Lebensdauer von Variablen** (im Visual Basic-Fenster)

Ausblick auf die Zukunft

Sie haben nun alle Lektionen in diesem Buch durchgearbeitet. Sie haben einfache Makros mit der Makroaufzeichnungsfunktion erstellt. Sie haben die in Excel verfügbaren Objekte kennengelernt. Sie haben gelernt, wie Visual Basic-Befehle und -Anweisungen eingesetzt werden, um eine Anwendung zu steuern. Sie haben Makros mit Formularen, Symbolleisten, Menübefehlen und ActiveX-Steuerelementen benutzerfreundlicher gestaltet. Abschließend haben Sie einen Großteil der erworbenen Fähigkeiten zur Erstellung einer kompletten „Paketanwendung" eingesetzt.

Sowohl Excel als auch Visual Basic sind leistungsfähige und komplexe Werkzeuge. Ihr Funktionsumfang und ihre Möglichkeiten sind schier unerschöpflich. Mit den hier erlernten Konzepten und Fähigkeiten können Sie nun eigene nützliche und leistungsfähige Anwendungen erstellen. Dieses Buch hat Ihnen eine solide Grundlage vermittelt, auf der Sie Ihre Kenntnisse über Excel und Visual Basic erweitern können.

Anhänge

Alternative Techniken

Microsoft Excel bietet Ihnen gewöhnlich mehrere Möglichkeiten zur Ausführung einer Aufgabe. Ihnen stehen Menübefehle, Tastenkombinationen und Schaltflächen in Symbolleisten zur Verfügung. In diesem Anhang wird mindestens eine alternative Technik zur Ausführung der in diesem Buch beschriebenen Aufgaben genannt.

Lektion 1

Aufgabe	Alternativen
Eine Symbolleiste anzeigen	Klicken Sie mit der rechten Maustaste in eine beliebige Symbolleiste, und klicken Sie im Kontextmenü auf die gewünschte Symbolleiste.
	Klicken Sie im Menü *Ansicht* auf *Symbolleisten* und dann auf den Namen der gewünschten Symbolleiste.
Ein Makro aufzeichnen	Klicken Sie auf die Schaltfläche *Makro aufzeichnen*.
	Klicken Sie im Menü *Extras* auf *Makro* und dann auf *Aufzeichnen*.
Die Aufzeichnung eines Makros beenden	Klicken Sie in der Symbolleiste *Visual Basic* auf *Aufzeichnung beenden*.
	Im Menü *Extras* klicken Sie auf *Makro* und dann auf *Aufzeichnung beenden*.
Das Dialogfeld *Makro* anzeigen, um ein Makro auszuführen	Klicken Sie in der Symbolleiste *Visual Basic* auf die Schaltfläche *Makro ausführen*.
	Im Menü *Extras* klicken Sie auf *Makro* und dann auf *Makros*.
	Drücken Sie [Alt]+[F8]. ▶

Anhang A — Alternative Techniken

Aufgabe	Alternativen
Den Visual Basic-Editor anzeigen	Wählen Sie im Dialogfeld *Makro* ein Makro, und klicken Sie auf *Bearbeiten*.
	In der Symbolleiste *Visual Basic* klicken Sie auf die Schaltfläche *Visual Basic-Editor*.
	Im Menü *Extras* klicken Sie auf *Makro* und dann auf *Visual Basic-Editor*.
	Drücken Sie [Alt]+[F11]
Ein Makro aus Visual Basic heraus ausführen	Drücken Sie [F5].
	In der Symbolleiste *Bearbeiten* klicken Sie die Schaltfläche *Sub/UserForm ausführen* an.
	Im Menü *Ausführen* klicken Sie *Sub/UserForm ausführen* an.
	Im Menü *Extras* klicken Sie auf *Makros*, wählen das Makro und klicken auf *Ausführen*.

Lektion 2

Aufgabe	Alternativen
Die Zeilen löschen, welche die ausgewählten Zellen enthalten	Im Menü *Bearbeiten* klicken Sie auf *Zellen löschen* und dann auf die Option *Ganze Zeile*.
	Drücken Sie [Strg]+[-] (Minus), und klicken Sie auf *Ganze Zeile*.
	Drücken Sie [⇧]+[Leer], um die Auswahl auf die gesamte Zeile zu erweitern, und wählen Sie *Zellen löschen* im Menü *Bearbeiten*.
Ein Makro schrittweise ausführen	Drücken Sie [F8].
	Klicken Sie in der Symbolleiste *Testen* auf die Schaltfläche *Einzelschritt*.
	Im Menü *Testen* klicken Sie *Einzelschritt* an. ▶

Anhang A   Alternative Techniken

Aufgabe	Alternativen
Das Dialogfeld *Gehe zu* in Excel anzeigen	Im Menü *Bearbeiten* klicken Sie *Gehe zu* an.
	Drücken Sie [Strg]+[G].
	Drücken Sie [F5].
Den aktuellen Bereich wählen	Drücken Sie [Strg]+[0]+[*].
	Drücken Sie [Strg]+[x] (auf der numerischen Tastatur).
	Klicken Sie auf die Schaltfläche *Aktuellen Bereich markieren*. (Um die Schaltfläche *Aktuellen Bereich markieren* in eine Symbolleiste aufzunehmen, klicken Sie mit der rechten Maustaste in eine beliebige Symbolleiste, wählen Sie *Anpassen*, und klicken Sie im Register *Befehle* auf *Bearbeiten*. Ziehen Sie die Schaltfläche *Aktuellen Bereich markieren* über eine Symbolleiste.)
Eine Arbeitsmappe schließen	Im Menü *Datei* klicken Sie auf *Schließen*.
	Drücken Sie [Strg]+[W].
	Drücken Sie [Strg]+[F4].
Ein Arbeitsblatt löschen	Im Menü *Bearbeiten* klicken Sie auf *Blatt löschen*.
	Klicken Sie mit der rechten Maustaste auf das Register des Arbeitsblatts und dann auf *Löschen*.

Lektion 3

Aufgabe	Alternativen
Eine Zeile in einem Makro löschen	Wählen Sie die gesamte Zeile, und drücken Sie [Entf].
	Drücken Sie [Strg]+[Y].
Das Lokal-Fenster anzeigen	Klicken Sie im Menü *Ansicht* auf *Lokal-Fenster*.
	Klicken Sie in der Symbolleiste *Testen* auf die Schaltfläche *Lokal-Fenster*. ▶

Anhang A Alternative Techniken

Aufgabe	Alternativen
Die Anweisung, die als nächste ausgeführt werden soll, wählen	Ziehen Sie den gelben Pfeil am linken Rand zur gewünschten Anweisung.
	Im Menü *Testen* klicken Sie auf *Nächste Anweisung festlegen*.
	Drücken Sie [Strg]+[F9].
Das Direktfenster anzeigen	Im Menü *Ansicht* klicken Sie *Direktfenster* an.
	Drücken Sie [Strg]+[G].
	In der Symbolleiste *Testen* klicken Sie auf die Schaltfläche *Direktfenster*.
Hilfe zu einem Schlüsselwort erhalten	Klicken Sie auf das Schlüsselwort, und drücken Sie [F1].
	Klicken Sie im Menü *Hilfe* auf *Inhalt/Index* und auf das Register *Index*. Geben Sie das Schlüsselwort ein, und drücken Sie [↵].
Die globale Liste der Eigenschaften und Methoden anzeigen	Wenn der Cursor in einer leeren Zeile steht, drücken Sie [Strg]+[Leer].
	Drücken Sie [Strg]+[J].
	Klicken Sie im Menü *Bearbeiten* auf *Eigenschaften/Methoden anzeigen*.
	Klicken Sie in der Symbolleiste *Bearbeiten* auf die Schaltfläche *Eigenschaften/Methoden anzeigen*.
Die Liste der Konstanten anzeigen	Verwenden Sie die Liste der Elemente.
	Drücken Sie [Strg]+[⇧]+[J].
	Klicken Sie im Menü *Bearbeiten* auf *Konstanten anzeigen*.
	Klicken Sie in der Symbolleiste *Bearbeiten* auf die Schaltfläche *Konstanten anzeigen*.
Den Objektkatalog anzeigen	Klicken Sie in der Symbolleiste *Voreinstellung* auf die Schaltfläche *Objektkatalog*.
	Drücken Sie [F2].
	Klicken Sie im Menü *Ansicht* auf *Objektkatalog*.

Anhang A   **Alternative Techniken**

Lektion 4

Aufgabe	Alternativen
Einer Zelle das Format *Fett* zuweisen	Klicken Sie auf die Schaltfläche *Fett*.
	Drücken Sie [Strg]+[ô]+[B].
	Drücken Sie [Strg]+[1], und wählen Sie das Register *Schrift*.
Einer Zelle das Format *Kursiv* zuweisen	Klicken Sie auf die Schaltfläche *Kursiv*.
	Drücken Sie [Strg]+[ô]+[I].
	Drücken Sie [Strg]+[1], und wählen Sie das Register *Schrift*.

Lektion 5

Aufgabe	Alternativen
Ein Arbeitsblatt wählen	Klicken Sie auf das Blattregister.
	Drücken Sie [Strg]+[Bild↑] oder [Strg]+[Bild↓], um zum nächsten bzw. vorhergehenden Blatt zu wechseln.
Ein Element eines Diagramms wählen	Klicken Sie auf das Objekt.
	Wählen Sie das Objekt aus der Liste *Diagrammobjekte* in der Symbolleiste *Diagramm*.
	Drücken Sie [↑] und [↓], um zwischen den Objektgruppen zu wechseln. Drücken Sie [←] oder [→], um einzelne Objekte nacheinander auszuwählen.
Eine Form in einem Arbeitsblatt wählen	Klicken Sie auf die Form.
	Um alle Formen und andere Objekte zu wählen, drücken Sie [Strg]+[G], klicken auf *Inhalte*, wählen die Option *Objekte* und klicken auf *OK*.
	Um von einer Form zur nächsten zu wechseln, klicken Sie auf eine Form und drücken [↹].

Lektion 7

Aufgabe	Alternativen
Einen Haltepunkt einfügen oder entfernen	Klicken Sie in den Rand neben der Anweisung, bei der die Ausführung angehalten werden soll.
	Drücken Sie `F9`.
	Klicken Sie im Menü *Testen* auf *Haltepunkt ein/aus*.
	Klicken Sie entweder in der Symbolleiste *Testen* oder der Symbolleiste *Bearbeiten* auf *Haltepunkt ein/aus*.
Alle Anweisungen bis zu derjenigen ausführen, in der der Cursor positioniert ist	Klicken Sie im Menü *Testen* auf *Ausführen bis Cursor-Position*.
	Drücken Sie `Strg`+`F8`.

Lektion 8

Aufgabe	Alternativen
Eine Formel bearbeiten	Klicken Sie auf die Schaltfläche *Formeln bearbeiten*.
	Drücken Sie `F2`.

Lektion 9

Aufgabe	Alternativen
Ein Steuerelement auf dem Arbeitsblatt verschieben	Ziehen Sie das Steuerelement mit der Maus an eine anderen Position.
	Drücken Sie auf eine Pfeiltaste, um das Steuerelement in die entsprechende Richtung zu verschieben.
Eine Eigenschaft im Eigenschaftenfenster auswählen	Klicken Sie auf den Namen der Eigenschaft.
	Drücken Sie `Strg`+`ß`, und geben Sie gleichzeitig den ersten Buchstaben des Eigenschaftsnamens ein. ▶

Anhang A   **Alternative Techniken**

Aufgabe	Alternativen
Verschiedene Bereiche des Eigenschaftenfensters auswählen	Klicken Sie in den Bereich.
	Drücken Sie ⇥.
Den Entwurfsmodus beenden	Klicken Sie in der Symbolleiste *Visual Basic* auf die Schaltfläche *Entwurfsmodus beenden*.
	In Visual Basic klicken Sie im Menü *Ausführen* auf *Entwurfsmodus beenden*.
Das Projektfenster anzeigen	Klicken Sie in der Symbolleiste *Standard* auf die Schaltfläche *Projekt-Explorer*.
	Drücken Sie [Strg]+[R].
	Im Menü *Ansicht* klicken Sie auf *Projekt-Explorer*.

Lektion 11

Aufgabe	Alternativen
Ein UserForm einfügen	Klicken Sie im Menü *Einfügen* auf *UserForm*.
	Klicken Sie auf die Schaltfläche *UserForm einfügen*.
	Klicken Sie mit der rechten Maustaste auf das Projektfenster, um das Kontextmenü einzublenden.
	Klicken Sie auf *Einfügen* und dann auf *UserForm*.
Das Eigenschaftenfenster in Visual Basic anzeigen	Klicken Sie auf die Schaltfläche *Eigenschaftenfenster*.
	Drücken Sie auf [F4].
	Im Menü *Ansicht* klicken Sie auf *Eigenschaftenfenster*.
Ein Formular ausführen	Drücken Sie [F5].
	Klicken Sie im Menü *Ausführen* auf *Sub/UserForm ausführen*.
	Klicken Sie in der Symbolleiste *Standard* oder in der Symbolleiste *Testen* auf die Schaltfläche *Sub/UserForm ausführen*.

▶

Anhang A Alternative Techniken

Aufgabe	Alternativen
Das Dialogfeld *Suchen* anzeigen	Klicken Sie im Menü *Bearbeiten* auf *Suchen*.
	Drücken Sie [Strg]+[F].
Eine Zeile verbergen	Klicken Sie im Menü *Format* auf *Zeile* und dann auf *Ausblenden*.
	Drücken Sie [Strg]+[9].
Eine Zeile einblenden	Klicken Sie im Menü *Format* auf *Zeile* und dann auf *Einblenden*.
	Drücken Sie [Strg]+[⇧]+[9].
Eine Spalte verbergen	Klicken Sie im Menü *Format* auf *Spalte* und dann auf *Ausblenden*.
	Drücken Sie [Strg]+[8].
Eine Spalte einblenden	Klicken Sie im Menü *Format* auf *Spalte* und dann auf *Einblenden*.
	Drücken Sie [Strg]+[⇧]+[0].

Lektion 12

Aufgabe	Alternativen
Das Dialogfeld *Formatvorlage* anzeigen	Klicken Sie im Menü *Format* auf *Formatvorlage*.
	Drücken Sie [Alt]+[⇧]+['] (Apostroph).
Im Pivot-Tabellen-Assistenten ein Feld in den Spalten-, Zeilen- oder Datenbereich verschieben	Ziehen Sie das Seitenfeld an eine andere Position.
	Drücken Sie [Alt]+[T], [Alt]+[S], [Alt]+[L] oder [Alt]+[D].
Das Dialogfeld *Pivot-Tabellen-Feld* anzeigen	Doppelklicken Sie auf das Seitenfeld der Pivot-Tabelle.
	Wählen Sie das Seitenfeld, und drücken Sie [Alt]+[K].
Den Cursor nächsten Prozedur in einem Modul bewegen	Verwenden Sie die Bildlaufleiste.
	Um den Cursor nach unten zu bewegen, drücken Sie [Strg]+[↓]. Um den Cursor nach oben zu bewegen, drücken Sie [Strg]+[↑]. ▶

Anhang A — Alternative Techniken

Aufgabe	Alternativen
Den Cursor zu einer bestimmten Prozedur bewegen	Verwenden Sie die Bildlaufleiste.
	Klicken Sie auf den Namen der Prozedur, und drücken Sie ⇧+F2.
	Wählen Sie den Prozedurnamen aus der Prozedurliste oben im Codefenster.
	Klicken Sie in einen Bereich außerhalb der Prozeduren, drücken Sie F5, wählen Sie die Prozedur, und klicken Sie auf *Bearbeiten*.

B Die Konfiguration anpassen

Microsoft Excel erlaubt Ihnen, die Arbeitsumgebung weitgehend anzupassen. Sie entscheiden, welche Symbolleisten eingeblendet werden, wie die Gitternetzlinien angezeigt werden sowie über unzählige weitere Optionen. Sie könnten Ihre Arbeitsumgebung tatsächlich so anpassen, daß dadurch einige der Übungen nicht mehr in der Weise ausgeführt werden können, wie es in diesem Buch beschrieben ist.

Allgemein wird in diesem Buch davon ausgegangen, daß Ihre Umgebung den Voreinstellungen von Excel entspricht. Dieser Anhang beschreibt die Einstellungen, die sich auf die Durchführung der Übungen in diesem Buch auswirken. Wenn Ihnen auffällt, daß sich Ihre Kopie von Excel oder Visual Basic nicht wie im Buch beschrieben verhält, vergleichen Sie Ihre Einstellungen mit den hier aufgeführten.

Die Microsoft Excel-Umgebung

Die Einstellungen für Microsoft Excel unterscheiden sich von denen von Visual Basic.

Fenster

- Das Fenster der Arbeitsmappe ist maximiert.
- Das Fenster von Microsoft Excel kann entweder maximiert oder veränderbar sein.

Symbolleisten

- Die Symbolleisten *Standard* und *Format* sind eingeblendet.
- Nach Lektion 1 mit dem Titel *Mit einem Makro einfache Aufgaben ausführen* ist die Symbolleiste *Visual Basic* eingeblendet.
- Die Menüs und alle Symbolleisten enthalten die voreingestellten Befehle.

Sie steuern, welche Symbolleisten eingeblendet werden, indem Sie im Menü *Extras* auf *Anpassen* klicken. Im Register *Symbolleisten* versehen Sie alle Symbolleisten, die angezeigt werden sollen, mit einem Häkchen.

Um die Symbolleisten zurückzusetzen, klicken Sie im Menü *Extras* auf *Anpassen* und dann auf das Register *Symbolleisten*. Wählen Sie eine Symbolleiste oder einen Menünamen, und klicken Sie auf *Zurücksetzen*.

Add-Ins

Für dieses Buch ist es nicht erforderlich, Add-Ins zu installieren. Das Installieren oder Entfernen von Excel-Add-Ins sollte die Übungen in diesem Buch nicht beeinflussen (außer, Sie haben *Automatisches Speichern* installiert, da Sie dann von Zeit zu Zeit aufgefordert werden, die geöffneten Arbeitsmappen zu speichern). Wenn Sie nicht sicher sind, ob sich ein Add-In auf die Übungen in diesem Buch auswirkt, deaktivieren Sie dieses Add-In.

Um ein Add-In zu deaktivieren, klicken Sie im Menü *Extras* auf *Add-In-Manager*, wählen den Namen des Add-Ins und entfernen das Häkchen neben dem Namen.

Ansicht-Optionen

In diesem Buch wird davon ausgegangen, daß die folgenden Ansicht-Optionen aktiv sind. Optionen, die nicht genannt werden, sind für die Ausführung der Übungen unerheblich.

- *Bearbeitungsleiste* anzeigen.
- *Statusleiste* anzeigen.
- *Objekte alle anzeigen*.
- *Formeln* nicht anzeigen.
- *Gitternetzlinien* anzeigen.
- *Farbe* der Gitternetzlinien ist *Automatisch*.
- *Zeilen- und Spaltenköpfe* anzeigen.
- *Horizontale Bildlaufleiste* anzeigen.
- *Vertikale Bildlaufleiste* anzeigen.
- *Arbeitsmappen-Register* anzeigen.

Sie stellen die Ansicht-Optionen ein, indem Sie im Menü *Extras* auf *Optionen* und dann auf das Register *Ansicht* klicken. Wählen Sie darin die gewünschten Optionen aus.

Anhang B — Die Konfiguration anpassen

Berechnen-Optionen

In diesem Buch wird davon ausgegangen, daß die folgenden Berechnen-Optionen aktiv sind. Optionen, die nicht genannt werden, sind für die Ausführung der Übungen unerheblich.

- *Berechnen* ist *Automatisch*.
- Unter *Arbeitsmappe* ist *Beschriftungen in Formeln zulassen* gewählt.

Sie stellen die Berechnen-Optionen ein, indem Sie im Menü *Extras* auf *Optionen* und dann auf das Register *Berechnen* klicken. Wählen Sie darin die gewünschten Optionen aus.

Allgemeine Optionen

In diesem Buch wird davon ausgegangen, daß die folgenden Optionen im Register *Allgemein* aktiv sind. Optionen, die nicht genannt werden, sind für die Ausführung der Übungen unerheblich.

- *R1C1 Bezugsart* ist ausgeschaltet.
- *Makrovirus-Schutz* ist ausgeschaltet (nach Lektion 1, *Mit einem Makro einfache Aufgaben ausführen*).
- *Blätter in neuer Arbeitsmappe* ist *3*.
- *Benutzername* ist Ihr eigener Name.

Sie stellen die allgemeinen Optionen ein, indem Sie im Menü *Extras* auf *Optionen* und dann auf das Register *Allgemein* klicken. Wählen Sie darin die gewünschten Optionen aus.

Die Umgebung des Visual Basic-Editors

Die Einstellungen der Umgebung des Visual Basic-Editors sind unabhängig von den Einstellungen von Microsoft Excel. Sie zeigen den Visual Basic-Editor an, indem Sie in Excel in der Symbolleiste *Visual Basic* auf die Schaltfläche *Visual Basic-Editor* klicken.

Fenster

- Alle Fenster bis auf das Codefenster sind geschlossen.
- Das Codefenster ist maximiert.

Symbolleisten

- Die Symbolleiste *Standard* wird angezeigt.
- Menüs und Symbolleisten enthalten die voreingestellten Befehle.

Sie steuern, welche Symbolleisten eingeblendet werden, indem Sie im Menü *Ansicht* auf *Symbolleisten* und dann auf *Anpassen* klicken. Im Register *Symbolleisten* versehen Sie die Symbolleiste *Voreinstellung* mit einem Häkchen.

Um die Symbolleisten zurückzusetzen, klicken Sie im Menü *Ansicht* auf *Symbolleisten*, auf *Anpassen* und dann auf das Register *Symbolleisten*. Wählen Sie eine Symbolleiste oder einen Menünamen, und klicken Sie auf *Zurücksetzen*.

Editor-Optionen

In diesem Buch wird davon ausgegangen, daß die folgenden Editor-Optionen aktiv sind. Optionen, die nicht genannt werden, sind für die Ausführung der Übungen unerheblich.

- *Automatische Syntaxüberprüfung* ist eingeschaltet.
- *Variablendeklaration erforderlich* ist ausgeschaltet (bis Lektion 8, *Den Funktionsumfang von Microsoft Excel und Visual Basic erweitern*).
- *Elemente automatisch auflisten* ist eingeschaltet.
- *Automatische QuickInfo* ist eingeschaltet.
- *Automatische Daten-Tips* ist eingeschaltet.
- *Automatisch Einzug vergrößern* ist eingeschaltet.
- *Standardmäßig ganzes Modul anzeigen* ist eingeschaltet.
- *Prozedurtrennlinie* ist eingeschaltet.

Sie stellen die Editor-Optionen ein, indem Sie im Menü *Extras* auf *Optionen* und dann auf das Register *Editor* klicken. Wählen Sie darin die gewünschten Optionen aus.

Editorformat-Optionen

In diesem Buch wird davon ausgegangen, daß die folgenden Editorformat-Optionen aktiv sind. Optionen, die nicht genannt werden, sind für die Ausführung der Übungen unerheblich.

- *Normaler Text* ist *Automatisch* für *Vordergrund*, *Hintergrund* und *Kennzeichen*.
- *Ausführungsstelle-Text* ist *Automatisch* für *Vordergrund* und *Gelb* für *Hintergrund* und *Kennzeichen*.
- *Haltepunktext* ist *Weiß* für *Vordergrund* und *Dunkelrot* für *Hintergrund* und *Kennzeichen*.

- *Kommentartext* ist *Grün* für *Vordergrund* und *Automatisch* für *Hintergrund* und *Kennzeichen*.
- *Schlüsselworttext* ist *Dunkelblau* für *Vordergrund* und *Automatisch* für *Hintergrund* und *Kennzeichen*.
- *Kennzeichenleiste* ist eingeschaltet.

Sie stellen die Editorformat-Optionen ein, indem Sie im Menü *Extras* auf *Optionen* und dann auf das Register *Editorformat* klicken. Wählen Sie darin die gewünschten Optionen aus.

Allgemeine Optionen

In diesem Buch wird davon ausgegangen, daß die folgenden allgemeinen Optionen aktiv sind. Optionen, die nicht genannt werden, sind für die Ausführung der Übungen unerheblich.

- *Benachrichtigung vor Zustandsänderung* ist ausgeschaltet.
- *Fehlerbehandlung* ist auf *In Klassenmodul unterbrechen* gesetzt.
- *Kompilieren bei Bedarf* ist eingeschaltet.
- *Im Hintergrund kompilieren* ist eingeschaltet.

Sie stellen diese allgemeinen Optionen ein, indem Sie im Menü *Extras* auf *Optionen* und dann auf das Register *Allgemein* klicken. Wählen Sie darin die gewünschten Optionen aus.

Verankern-Optionen

In diesem Buch wird davon ausgegangen, daß die folgenden Verankern-Optionen aktiv sind. Optionen, die nicht genannt werden, sind für die Ausführung der Übungen unerheblich. (Diese Einstellungen haben keine Auswirkungen auf die Übungen, unter Umständen stimmt aber Ihre Bildschirmanzeige nicht mit den Abbildungen im Buch überein.)

- *Verankerbar* sind alle Fenster (der Objektkatalog ist nach Lektion 3, *Die Objektbibliothek von Microsoft Excel erforschen*, verankerbar).

Sie stellen die Verankern-Optionen ein, indem Sie im Menü *Extras* auf *Optionen* und dann auf das Register *Verankern* klicken. Wählen Sie darin die gewünschten Optionen aus.

Über den Autor

Reed Jacobson ist Eigentümer der Firma Jacobson GeniusWorks, die sich auf Training, Beratung und Anwendungsentwicklung für Microsoft Excel und andere Microsoft Office-Produkte spezialisiert hat. Jacobson GeniusWorks war eine der ersten Firmen, die zur Teilnahme an einem Programm eingeladen wurde, das nunmehr unter der Bezeichnung Microsoft Solution Provider bekannt ist.

Reed hat an der Brigham Young University den Titel B.A. in Japanisch und Linguistik sowie den Titel M.B.A. und an der Cornell University den Status eines Graduate Fellows erworben.

Reed ist Autor des Titels *Excel Trade Secrets of Windows*. Er hat auf der TechEd und anderen Microsoft-Konferenzen und -Schulungen Vorträge über Excel gehalten. Er hat Schulungsvideos zu Microsoft Excel produziert und schreibt Beiträge für *Inside Visual Basic*.

Reed Jacobson
Jacobson GeniusWorks
P. O. Box 3632
Arlington, WA 98223
rj900@msn.com

Stichwortverzeichnis

A ActiveCell (Eigenschaft) 104
ActiveWorkbook (Eigenschaft) 119
ActiveX-Steuerelemente, *siehe auch* Steuerelemente
– Beschreibung 298
– Eigenschaften festlegen 299
Add (Methode) 170, 427
AddFields (Methode) 204
AddShape (Methode) 170
– Argumente 172
Aktivierreihenfolge
– Beschreibung 364
– festlegen 383
Animation
– Bildschirm aktualisieren 430
– erstellen 417
Ansicht
– anpassen 366
– benutzerdefinierte erstellen 367
– hinzufügen 366
– vergrößern/verkleinern 286
Application (Objektklasse)
– Caller (Eigenschaft) 412
Arbeitsblätter
– auswählen 439
– Blattschutz entfernen 235
– Formen einfügen 195
– Grafiken einfügen 169
– Hintergrund ändern 400
– Inhalte auswählen 368
– kopieren 311
– löschen 437
– neu berechnen 237
– schützen 234, 344, 346, 430
Arbeitsmappen
– Eigenschaften ändern 318
– Ereignisbehandlungsroutinen 316
– Ereignisse 315
– schließen über Makro 437
Array (Funktion) 176, 205
Auflistungen 101
– benutzerdefinierte 428, 430

– ChartObjects-Auflistung 189
– Charts-Auflistung 184
– Columns-Auflistung 144
– CommandBars-Auflistung 382
– Controls-Auflistung 383
– CustomViews-Auflistung 370
– GroupItems-Auflistung 413
– Eigenschaften 109
– Elemente auswählen 128
– Elemente hinzufügen 427
– GroupItems-Auflistung 413
– PivotFields-Auflistung 200, 205
– Workbooks-Auflistung 108
Auswahl
– benennen 78
– relativer Bezug 77
Automatisierung 28

B Bedingungsausdrücke 225
– If-Anweisungen 226
Befehlsschaltflächen
– aktivieren 321
– ausrichten 321
– benutzerdefinierte erstellen 297
– Beschreibung 297
– Beschriftung ändern 300
– Eigenschaften 299, 361
– einfügen in Formular 361
– Ereignisbehandlungsroutinen definieren 303, 306, 321
– erstellen in Arbeitsblatt 321
– erstellen in Formular 361
– Standardauswahl 362
– verknüpfen mit Makro 302
BeforeDoubleClick (Ereignis) 320
BeforeRightClick (Ereignis) 320
Beispielanwendungen
– Budgetdaten ausdrucken 348
– Darlehensberechnungsmodell 325
– Informationssystem 386
Beispielmakros
– Ansicht vergrößern/verkleinern 286

Stichwortverzeichnis

– Arbeitsblätter anlegen und löschen 271
– Arbeitsblätter schützen 234
– Arbeitsblätter umbenennen 273
– Bereiche auswählen 134
– Bereiche formatieren 132
– Bereiche vergleichen 237
– Beschriftungen einfügen 67
– Blattschutz aufheben 235, 236
– Datenbank drucken 244
– Datum einfügen 69
– Diagramm ändern 189
– Diagramm erstellen 182
– Diagramme synchronisieren 191
– Eingabeaufforderung 228
– Eingaben überprüfen 230
– Fenstergröße ändern 423
– Formeln in Wert umwandeln 46
– Formeln verwenden 155
– Gitternetzlinien ein- und ausblenden 41
– If-Anweisungen 224
– Makroausführung steuern 231
– Rechteck zeichnen 168
– relative Zeigerbewegung 77
– Summenformel 161
– Tabelle an Datenbank anhängen 72
– Tabelle löschen 80
– Textdatei importieren 56
– Verzeichnisliste erstellen 240
– Währungsformat zuweisen 32
– Zellen vertikal verbinden 39
Benutzeroberfläche
– Beschreibung 324
– erstellen 349, 408
Bereiche
– absoluter Bezug 160
– Adresse abfragen 165
– Auflistungen 139
– Auswahl verschieben 165
– auswählen 83, 130, 140, 164, 437
– benennen 78, 84, 336
– berechnen 144
– formatieren 132
– Größe ändern 147
– leere Zellen auswählen 83
– mit Werten füllen 84, 165
– Objektvariablen zuweisen 133
– Summen berechnen 162
– verschieben 148

Beschriftungen
– einfügen 65
Bildlaufleisten
– einfügen in Arbeitsblatt 333

C Caller (Eigenschaft) 414
Cells (Eigenschaft) 139
– Bereiche auswählen 140
ChartObject (Objektklasse) 185
– aktivieren 187
ChartObjects-Auflistung 189
Chart (Objektklasse) 181
Charts-Auflistung 184
ChartType (Eigenschaft) 182
CLng (Funktion) 259
Close (Methode) 79
Codefenster
– anzeigen 39
– Cursorbewegung 442
– Module 35
Color (Eigenschaft) 97
ColorIndex (Eigenschaft) 97
Columns (Eigenschaft) 139
Columns-Auflistung 144
CommandBars-Auflistung 382
Connection (Eigenschaft) 406
– abfragen 407
Controls-Auflistung 383
– bearbeiten 383
CurrentRegion (Eigenschaft) 149
CustomViews-Auflistung 370

D Date (Funktion) 358
Datenbanken
– Daten abrufen 391
– Daten importieren 429
– drucken 244
– ODBC 392
– öffnen in Excel 198
– Zugriff 390
Datentypen
– Boolean 90
– Date 90
– Double 90
– Integer 90
– String 90
DateSerial (Funktion) 359
Datumsangaben kovertieren 359
Delete (Methode) 81
Diagramm-Assistent 401
– aufrufen 181

Stichwortverzeichnis

Diagramme
- Achsen formatieren 190, 403
- Achsenskalierung 190
- auswählen 184
- Bezug Variablen zuweisen 195
- Bezugname auf eingebettete 185
- Container auswählen 187
- Datenbereiche zuweisen 195
- Diagrammfläche formatieren 402
- Diagrammtyp festlegen 183
- Elemente auswählen 439
- erstellen 182, 195, 400
- Farben ändern 188
- formatieren 194
- Gitternetzlinien formatieren 403
- Größenachse skalieren 193
- plazieren 195
- Typ definieren 401
- umbenennen 192
- Zeichnungsfläche formatieren 403

Dir (Funktion) 240
Direktfenster 100, 127
- Inhalt in Makro kopieren 216
- verwenden 100

DisplayAlerts (Methode) 268
Do...Loop-Anweisungen 253
- Abbruchbedingung 242
- Beschreibung 240

DrawingObjects (Objektklasse) 180
- Verhältnis zu Shape-Objekten 180

Drehen-Schaltflächen
- Eigenschaften 329
- einfügen in Arbeitsblatt 329

E Eigenschaften 36
- ActiveCell 104
- ActiveWorkbook 119
- ändern 93
- Caller 414
- Cells 139
- ChartType 182
- Color 97
- ColorIndex 97
- Columns 139
- Connection 406
- CurrentRegion 149
- EntireColumn 145
- EntireRow 145
- Formula 157
- FormulaZ1S1 160
- Interior 97

- Offset 144
- Parent 100, 127
- Range 134
- Resize 145
- Rows 139
- schreibgeschützte 94
- Shapes 175
- StatusBar 251
- Value 159
- Wert speichern 50
- WindowState 117
- Worksheets 102 f.
- Zellenausrichtung 39

Eigenschaftenfenster
- anzeigen 441
- Eigenschaften auswählen 440 f.

ElseIf-Anweisungen 308
EntireColumn (Eigenschaft) 145
EntireRow (Eigenschaft) 145

Entwurfsmodus
- aktivieren 331
- aktivieren/deaktivieren 304
- beenden 332, 441

Ereignisbehandlungsroutinen
- Arbeitsblattauswahl ändern 314
- Arbeitsblattebene 322
- Arbeitsmappenebene 322
- Beschreibung 303
- eingeben 341
- Ereignisse unterdrücken 318, 322
- erstellen 304, 321
- Mauszeigerbewegung 307

Ereignisse
- Behandlungsroutinen erstellen 304, 321
- BeforeDoubleClick 320
- BeforeRightClick 320
- MouseMove 306
- SelectionChange 314
- SheetSelectionChange 316
- unterdrücken 322
- widerrufen 320

Err (Objektklasse) 273
- Clear (Methode) 277
- Description (Eigenschaft) 280
- Number (Eigenschaft) 274
- zurücksetzen 282

Exit Sub-Anweisungen 233

F Fehlerbehandlung 265
- Fehler abfangen 278, 282, 430

– Fehler ignorieren 266, 282
– Fehlermeldungen definieren 280
– Laufzeitfehler ignorieren 269
– On Error Resume Next 269
– Option Explicit 266, 269
– Sprungmarken definieren 282
– zurücksetzen 277
Fehlerbeschreibung
– Compilerfehler 265
– Laufzeitfehler 266
– Logikfehler 266
– Syntaxfehler 265
Fenster
– verankern 126
– Verankerung lösen 127
Find (Methode) 372
– Ergebnis überprüfen 383
– verwenden 383
For Each-Anweisungen 253
– Schleifen erstellen 234
For...Next-Anweisungen 253
Formatvorlagen
– ändern 400, 430
– auswählen 442
– verwenden 400
Formeln
– absolute Bezüge 153
– bearbeiten 440
– Begriffsdefinition 150
– Bezüge prüfen 325
– eingeben 151, 326
– eingeben in Zelle 158
– in Wert konvertieren 45
– kopieren 152, 165
– kopieren in Bereich 158
– relative Bezüge 152
– Summen berechnen 160
– Wert abrufen 159
Formelpalette 258
Formen
– auswählen 195, 439
– Farbe ändern 195
– umbenennen 178
– zeichnen 195
Formula (Eigenschaft) 157
Formulare
– aufrufen aus Makro 384
– aus Speicher entfernen 383
– ausführen 383, 441
– benennen 350
– benutzerdefinierte einfügen 349

– einfügen 383
– erstellen 348
– Fehlerbehandlung 379
– implementieren 375
– initialisieren 358
– integrieren in Excel 382
– starten aus Excel 381
FormulaZ1S1 (Eigenschaft) 160
For-Schleifen
– definieren 238
– verwenden 236
Funktionen
– Argumente definieren 258, 281
– Array 176, 205
– Begriffsdefinition 256
– benutzerdefinierte erstellen 256 f., 281
– benutzerdefinierte verwenden 263
– Date 358
– DateSerial 359
– Dir 240
– InputBox 71, 228
– IsDate 230
– kennzeichnen als flüchtig 262
– Konvertierung von Datentypen 259
– MsgBox 231
– neu berechnen 281
– optionale Argumente 281
– Rnd 256
– Rückgabewert ermitteln 281
– Rückgabewert verwenden 233
– Standardwerte definieren 281
– testen in Direktfenster 360
– ZUFALLSZAHL 256

G
GetOpenFilename (Methode) 61
Gitternetzlinien
– ein- und ausblenden 41
Grafiken
– auswählen 175, 413
– benennen 179
– Beschreibung 167
– deklarieren 171
– einfügen aus Datei 408
– einfügen in Arbeitsblatt 408
– Elemente gruppieren 411
– formatieren 408
– Fülleffekte 409
– konvertieren 430
– Makro zuweisen 413

Stichwortverzeichnis

– Reihenfolge ändern 416
– Vordergrundfarbe ändern 176
GroupItems-Auflistung 413

H Haltepunkte
– ein- und ausschalten 254
– entfernen 440
– setzen 247, 440
– temporär setzen 250
Hilfe
– aurufen 106
– Objekthierarchie 106

I If...Then...Else-Anweisungen 253
– definieren 226
If-Anweisungen 225
– definieren 225
– eingeben 226
– verschachtelte 230
– verwenden 253
Importieren
– Grafiken 408
– Textdateien 56
InputBox (Funktion) 71, 228
Interior (Eigenschaft) 97
IsDate (Funktion) 230

K Kombinationsfelder
– einfügen in Arbeitsblatt 336
– mehrspaltige definieren 338, 346
– Spaltenbreite festlegen 340
– Typen 336
– verknüpfen mit Bereich 345
– verknüpfen mit Zellen 337
Kontrollkästchen
– Eigenschaften 355
– Ereignisbehandlungsroutine definieren 356
– erstellen in Formular 354
– implementieren 377

L Laufzeitfehler
– abfangen 278
– Beschreibung 266
– ignorieren 281
Liste der Konstanten 117
Liste der Methoden und Eigenschaften 114, 128
Listenfelder
– einfügen in Arbeitsblatt 336
– mehrspaltige definieren 346

Lokal-Fenster 88, 127
– anzeigen 88
– Beschreibung 97

M Makros
– aktivieren durch Mausbewegung 307
– Anweisungen gliedern 48
– Anweisungen kopieren 43
– Anweisungen löschen 59
– Anweisungen umbrechen 50
– anzeigen 34, 50
– Argumente eingeben 116
– Aufrufer feststellen 430
– aufzeichnen 31, 50, 435
– Aufzeichnung beenden 32, 50, 435
– ausführen 33, 50, 435
– ausführen bis Cursor-Position 250
– Ausführung stoppen 254
– bearbeiten 40, 42
– bedingte Ausführung 253
– benennen 32
– Dateien einfügen 417
– Dateien öffnen 61
– Datenbankzugriff definieren 407
– Eigenschaften ändern 36, 39, 50, 114
– Eingaben anfordern 70, 84
– Fehlerprüfung 273
– Fortschrittsanzeige 251
– Haltepunkte setzen 254
– Kommentare 35
– Methoden eingeben 113
– Schaltflächen zuweisen 288
– schrittweise ausführen 58, 59, 84, 436
– Sub-Prozeduren definieren 83, 84
– Tastenkombinationen zuweisen 34, 50
– testen 74
– verallgemeinern 271
– Virenwarnung 49
– Zeigerbewegungen aufzeichnen 67
– Zeilen löschen 40
– zusammenführen 82
Meldungsfenster
– anzeigen 228
– erzeugen 231
Menüleisten
– anpassen 321
– Befehle ein- und ausblenden 422

Stichwortverzeichnis

– Befehle einfügen 292
– Befehle kopieren 294
– benutzerdefinierte erstellen 292, 419, 421
– schützen 421
– Zugriffstasten definieren 293
Methoden
– Add 170, 427
– AddFields 203
– AddShape 170
– Argumente 47
– Begriffsdefinition 47
– Clear 277
– Close 79
– Delete 81
– DisplayAlerts 268
– Find 372
– GetOpenFilename 61
– OpenText 61
– Volatile 262
Microsoft Excel
– Beschreibung 13
– Komponenten installieren 18
– starten 30
Microsoft Query 390
– Daten abrufen 393
MouseMove (Ereignis) 306
– Argumente 307
MsgBox (Funktion) 231

O
Objektbezüge
– überprüfen 373
Objektbibliothek 28
Objekte
– ausrichten 298
– Eigenschaften ändern 93
– markieren 413
Objekthierarchie 99
– Hilfe aufrufen 106
– Objekte auswählen 104
– untergeordnete Objekte auswählen 101
Objektkatalog 122
– anzeigen 123, 128, 438
– Eigenschaften anzeigen 123
– Methoden anzeigen 123
Offset (Eigenschaft)
– Argumente 144, 146
OpenText (Methode) 61
Optionsfelder
– Eigenschaften 352

– erstellen in Formular 351
– implementieren 376

P
Parent (Eigenschaft) 100, 127
PivotFields-Auflistung 200, 205
Pivot-Tabellen
– aktualisieren 430
– aktualisieren über Makros 406
– ändern über Makros 405
– Aufbau 199
– AutoFormat 398
– Daten gruppieren 398
– Datenbereiche suchen 214
– Datenfelder bearbeiten 210
– Datenfelder einfügen 210
– Datenquelle auswählen 391
– Datumsangaben gruppieren 398
– Detaildaten ein-/ausblenden 209
– Diagramm erstellen 401
– Elemente bearbeiten 206
– Elemente umbenennen 207
– Elemente verbergen 208
– Elemente einblenden 208
– erstellen 198 f., 218, 394
– externe Daten filtern 393
– externe Datenquellen 390, 429
– Feldbezüge 219
– Felder definieren 219, 394
– Felder umbenennen 219
– Felder Variablen zuweisen 200
– Felder verbergen 203
– Felder verschieben 442
– Feldoptionen 395
– Feldreihenfolge ändern 205, 219
– formatieren 399
– Größe festlegen 429
– Hintergrund ändern 400
– mehrere Felder zuweisen 203
– Optionen 397
– Pivot-Cache 406
– Position festlegen 397
– Seitenfeld definieren 202
– Spaltenbreite festlegen 398
– steuern über Makros 403
– Summen berechnen 200
– Summenformel ändern 212
– Verbindung zu Datenquelle 407
– Zahlen formatieren 200
– Zahlenformat festlegen 396
– Zeilen ausblenden 403
– Zeilenfeld definieren 200

Stichwortverzeichnis

Pivot-Tabellen-Assistent 390
PivotTables (Objektklasse) 405
– AddFields (Methode) 203
– CurrentPage (Eigenschaft) 405
Projekt-Explorer
– anzeigen 309, 441

Q QuickInfo
– anzeigen 125

R Rahmen
– Eigenschaften 352
– erstellen in Formular 351
Range (Eigenschaft) 134
– Argumente 138
– globale 138
Range (Objektklasse) 129
– Eigenschaften 138
Rechtecke
– Füllfarben 169, 173
– Größe definieren 172
– zeichnen 168
Relativer Bezug 77
Resize (Eigenschaft) 145
Rnd (Funktion) 256
Rows (Eigenschaft) 139

S Schaltflächen
– anpassen 288
– Symbol ändern 290
Select-Anweisungen 130
– löschen 131
SelectionChange (Ereignis) 314
Set-Anweisung 91
Shape (Objektklasse)
– Formatdaten 173
– verwenden 178
ShapeRange-Auflistung 175
– verwenden 178
Shapes (Eigenschaft) 175
Shapes-Auflistung 170, 189
– Methoden und Eigenschaften 171
– verwenden 177
SheetSelectionChange (Ereignis) 316
Spalten
– auswählen 144, 149, 165
– dynamisch ausblenden 371
– einblenden 442
– verbergen 442
Spaltenbreite

– ändern über Makro 94
Startprozeduren 384
StatusBar (Eigenschaft) 251
Statusleiste
– anpassen 251
– Meldungen einblenden 254
Steuerelemente
– Aktivierreihenfolge ändern 364
– Aktivierreihenfolge festlegen 383
– ausrichten in Formular 353, 383
– benennen 300
– Bildlaufleisten 333
– Drehen-Schaltfläche 329
– Eigenschaften 330
– einfügen in Arbeitsblatt 345
– einfügen in Formular 352
– Ereignisbehandlungsroutinen 341
– Grenzwerte definieren 331, 345
– initialisieren 360, 383
– Kombinationsfelder 336
– kopieren 331
– verknüpfen mit Zellen 330, 345
– verschieben 440
– verwenden 298
Steuerelement-Toolbox
– anzeigen 351
Symbolleisten
– anpassen 288
– anzeigen 435
– Befehle in Menü kopieren 294
– benutzerdefinierte erstellen 287
– benutzerdefinierte löschen 295
– definieren 321
– ein- und ausblenden 31, 50, 426
– Makros zuweisen 288, 321
– Schaltflächen ändern 288
– Steuerelement-Toolbox 328
– WordArt 411
– Zeichnen 168, 404, 410
Symbolleisten (Kontextmenü) 31

T Tabellen
– Bereiche definieren 74
– einfügen in Datenbank 72
Text
– formatieren 439
– Schriftfarbe ändern 399
Text-Assistent
– verwenden 56
Textdateien
– importieren 56

Stichwortverzeichnis

Textfelder
- Eingaben überprüfen 384
- erstellen 404
- erstellen in Formular 356
- formatieren 404
- initialisieren 357
- verknüpfen mit Zelle 404, 430

Ü Übungsdateien
- installieren 17
- löschen 21
- Überblick 19
- verwenden 19

UserForm, siehe auch *Formular*
- Beschreibung 441

V Value (Eigenschaft) 159
Variablen
- benennen 43
- Bereiche zuweisen 92
- deklarieren 119, 171
- konstanter Wert 423
- Lebensdauer 423
- Objektverweise speichern 127
- Objektverweise zuweisen 91
- Static 423
- statische 430
- Wert überwachen 88, 127
- Wert anzeigen 241
- Werte zuweisen 90, 93
Verkettungsoperator 252
Verweise 87
Virenwarnung 49
Visual Basic-Editor
- anzeigen 436
- Makros ausführen 42
- Module 35
Volatile (Methode) 262

W Währungsformat
- Dezimalstellen 32
Warnungen
- unterdrücken 268
WindowState (Eigenschaft) 117
With-Anweisungen 133
- Begriffsdefinition 40

WordArt-Text
- Ausrichtung ändern 416
- einfügen 410, 414
- Form ändern 414
- formatieren 410
- kopieren 410
Workbooks-Auflistung 108
- Eigenschaften 108
- Methoden 109
Workbooks (Objektklasse)
- Methoden 111
Worksheets (Eigenschaft) 102 f.
Worksheets-Auflistung 139

Z Z1S1-Notation 68, 141
- aktivieren 154
- verwenden 155
Zeichnen
- Auswahlmodus 413
Zeichnen (Symbolleiste)
- anzeigen 168
Zeigerbewegungen
- relative 84
- relative aufzeichnen 77
Zeilen
- ausblenden 404
- auswählen 64, 149
- einblenden 442
- löschen 57, 436
- verbergen 442
Zellen
- aktuellen Wert abfragen 165
- ausrichten 37
- auswählen 64, 141, 165
- formatieren 32
- Formel abfragen 165
- Füllfarbe ändern 97
- Inhalte auswählen 64
- löschen 57
- verbinden 37
- vertikal verbinden 39
- Währungsformat zuweisen 32
ZUFALLSZAHL (Funktion) 256
Zufallszahlen
- benutzerdefinierte 258
- generieren 236, 256

Wissen aus erster Hand

Mit diesem Buch lernen Sie schnell und effizient, mehr aus Microsoft Access herauszuholen: Automatisierung von Alltagsaufgaben oder eigene Anwendungen sind mit der intergrierten Programmiersprache Visual Basic für Applikationen leichter zu realisieren als Sie denken. Die Lektionen enthalten klare Ziele, realitätsnahe Beispiele und Schritt-für-Schritt-Anleitungen, so daß Sie nach Ihren persönlichen Bedürfnissen lernen können.

Autor	Evan Callahan
Umfang	460 Seiten, 1 CD-ROM
Reihe	Schritt für Schritt
Preis	DM 44,00
ISBN	3-86063-739-8

Microsoft Press-Titel erhalten Sie im Buchhandel, PC-Fachhandel und in den Fachabteilungen der Warenhäuser

Microsoft Press

Wissen aus erster Hand

Lösungen auf einen Blick:
nachschlagen, ansehen, einsetzen.

Lesen Sie:
- Dokumentverwaltung
- Dateneingabe
- Datenbearbeitung
- Listen
- Tabellengestaltung
- Diagramme
- Drucken, Versenden, Web-Seiten
- Makros und Hyperlinks
- Individuelle Anpassung

Das Buch für jeden Arbeitsplatz.

Autor	Michael Kolberg
Umfang	200 Seiten
Reihe	auf einen Blick
Preis	DM 29,90
ISBN	3-86063-861-0

Microsoft Press-Titel erhalten Sie im Buchhandel, PC-Fachhandel und in den Fachabteilungen der Warenhäuser

Microsoft Press

Wissen aus erster Hand

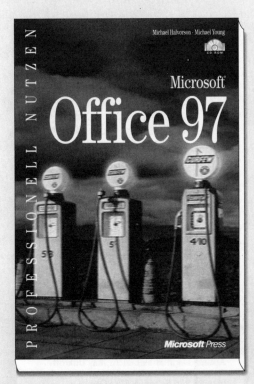

Auf den mehr als 1200 Seiten dieses Buches finden Sie klare Anleitungen für den beruflichen Einsatz des kompletten Microsoft Office-Paketes. Lernen Sie jede einzelne der Office-Anwendungen kennen und nutzen: Word, Excel, PowerPoint, Access und Outlook. Arbeiten Sie schneller und einfacher, indem Sie die Integrationsmöglichkeiten der einzelnen Anwendungen nutzen. Entdecken Sie, wie Sie Ihre Arbeit und Ihren Zeitplan mit anderen teilen: mit dem neuen Office-Programm Microsoft Outlook. Nutzen Sie Microsoft Office um Internet-Dokumente anzusehen und selbst Internet-Dokumente zu erstellen. Auf der randvollen Begleit-CD finden Sie schließlich das Wissen, das Sie zum Experten macht.

Autor	Michael Halvorson, Michael Young
Umfang	1.250 Seiten, 1 CD-ROM
Reihe	Professionell nutzen
Preis	DM 79,00
ISBN	3-86063-124-1

Microsoft Press-Titel erhalten Sie im Buchhandel, PC-Fachhandel und in den Fachabteilungen der Warenhäuser

Microsoft Press

Wissen aus erster Hand

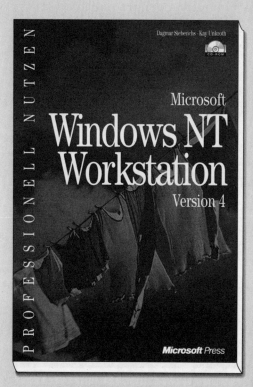

Die Betriebssystemspezialisten Dagmar Sieberichs und Kay Unkroth kennen Windows und Windows NT nicht nur in- und auswendig, sondern wissen aus der täglichen Praxis auch um die Aufgaben, Fragen und Probleme der Anwender. Beide haben sich zusammengetan, um Ihnen die Nutzung von Windows NT Workstation so angenehm, einfach und effizient wie möglich zu machen. In drei großen Abschnitten lernen Sie zunächst, was Sie unbedingt wissen müssen, was Sie wissen sollten, und schließlich was Administratoren wünschen. Dabei bietet jedes Kapitel Lösungswege zu konkreten Aufgabenstellungen aus der Praxis und gibt weiterführende Informationen. Diese Methodik hat sich in Hunderten von Microsoft-Schulungen bestens bewährt. Darüber hinaus finden Sie auf der Begleit-CD mehr als 550 MB technische Information sowie Software von Microsoft.

Autor	Dagmar Sieberichs, Kay Unkroth
Umfang	926 Seiten, 1 CD-ROM
Reihe	Professionell nutzen
Preis	DM 79,00
ISBN	3-86063-125-X

Microsoft Press-Titel erhalten Sie im Buchhandel, PC-Fachhandel und in den Fachabteilungen der Warenhäuser

Microsoft Press